표 징 적 교 회 [28]

—출애굽기 32·33·34장 영해(靈解)—

예 수 인

천계비의(天界秘義) 제 31 권

표 징 적 교 회 〔28〕

—출애굽기 32 • 33 • 34장 영해(靈解)—

E. 스베덴보리 지음
이 영 근 옮김

예 수 인

차　례

옮긴이의 머리말 [3] · 9
옮긴이의 머리말 [2] · 12
옮긴이의 머리말 [1] · 13

출애굽기 32장……………………………………………………15
제 32장 서문 : 인애와 믿음의 교리에 관하여(10) · 15
제 32장 본문(32장 1-35절) · 16
간추린 내용(32장 1-35절) · 20
상세한 영적인 뜻(32장 1-35절) · 21
별들의 창공에 보여진 셋째 지구에 관한 속편[8] · 168

출애굽기 33장……………………………………………………171
제 33장 서문 : 인애와 믿음의 교리에 관하여(11) · 171
제 33장 본문(33장 1-23절) · 173
간추린 내용(33장 1-23절) · 175
상세한 영적인 뜻(33장 1-23절) · 176
별들의 창공에 보여진 넷째 지구에 관하여 · 281

출애굽기 34장……………………………………………………284
제 34장 서문 : 인애와 믿음의 교리에 관하여(12) · 284
제 34장 본문(34장 1-35절) · 286
간추린 내용(34장 1-35절) · 290
상세한 영적인 뜻(34장 1-35절) · 291
별들의 창공에 보여진 넷째 지구에 관한 속편[2] · 416

옮긴이의 머리말 [3]

저자 스베덴보리 선생님의 역작(力作) ≪천계비의≫(天界秘義 · Arcana Coelestia)를 우리 말로 옮길 수 있었다는 것 자체가 학문적으로나 신앙적으로 제대로 다 갖추지 못한 저에게는 한마디로 우리 주님의 축복이고 은총이었습니다. 왜냐하면 저자의 ≪천계비의≫나 그 밖의 많은 서책을 번역, 출간하면서 제 자신이 첫째는 주님을 올바르게 알 수 있게 되었고, 둘째는 성경말씀(聖言) 또한 올바르게 알 수 있었기 때문입니다.

스베덴보리 선생님은 본서는 물론, 다른 여러 저서에서 성경말씀을 영해(靈解)하시면서 일관되게 밝히고자 한 사실은, 첫째는 "주님 · 주님말씀 · 주님나라"이었고, 그 둘째는 우리 주님의 사랑이요, 자비이신 "인류의 구원" 그것이었습니다. 이 둘의 목적 자체를 달리 한마디로 표현한다면, 우리 사람이 주님의 나라에서 살게 하기 위하여 "주님말씀"(聖言)을 주셨고, 그리고 그 모든 역사(役事)를 주관하시는 분이 "주님"이시다는 것입니다. 따라서 오늘의 우리가 스베덴보리 선생님의 저서들에서 반드시 굴착(掘鑿)하여, 터득하여야 할 것은, 주님과 나의 관계이고, 주님말씀과 나의 삶의 관계이며, 주님나라와 나의 삶의 목적의 관계 그것입니다. 이 관계는 곧 우리 사람들이 주님말씀(聖言), 즉 성경말씀을 읽을 때 좁게는 "나 자신의 됨됨이"를 찾아야 하고, 넓고 높게는 "주님과 주님나라"를 찾고, 알아야 한다는 것이 저자의 주장입니다. 왜냐하면 성경말씀은 주님께서 우리 사람의 됨됨이를 보여주고 있기 때문입니다.

그럼에도 불구하고 작금의 기독교회와 그 교회에 속해 있는 사람들은, 주님의 말씀을 이 세상적이고, 현세적으로 이해하고 있고, 또 자기 자신의 이 세상적이고, 현세적인 온갖 욕망 · 정욕의 원천(源泉)인 자기사랑(自我愛)과 세상사랑(世間愛)의 굴레에 사로잡혀 주님은 물론 주님말씀 · 주님나라를 잃어버렸고, 결과적으로 "나"라는 사람의 주님의 창조목적(創造目的)까지 잃게 되었다는 것이 저자가 오늘의 우리에게 피력(披瀝)하고 있습니다.

저자는 본서나 그 밖의 그의 저서에서 피력하려고 한 것은 성경말씀(聖言)은 주님께서 우리 사람을 주님나라로 구원하시는 주님의 안내서(案內書)이고,

따라서 주님의 나라와 주님 그분을 그려 보여 주고 있습니다. 그러므로 반복되는 말이지만, 성경을 읽을 때 우리는 거기에서 주님·주님나라·사람 즉 나 자신을 찾아야 하겠습니다.

여기서 우리가 잃지 말아야 할 사실은 오늘의 우리가 가지고 있는 "성경말씀"은 오늘의 우리 사람들뿐만 아니라, 육신을 벗은 인류들을 위한 것이다는 것, 즉 이 세상을 떠난 사람들에게도 "성경말씀"이 그대로 적용된다는 것입니다. 그러나 다만 그들에게 적용되는 내용은 육신을 벗은 사람들에게 맞게, 또는 그들의 이해에 영적인 뜻으로 이해된다는 것입니다. 육신을 벗은 사람들에게 적용되고, 또한 그들의 이해나 영적인 뜻의 내용이 다름 아닌 "성경말씀의 영적인 해석"(靈解)이요, 또한 성경말씀의 속뜻입니다. 왜냐하면 우리 주님의 말씀(聖言)은 이 세상의 사람들뿐만 아니라, 저 세상의 사람들에게도 공히 주님말씀이시기 때문입니다. 그리고 이 세상에서와 꼭 같이 저 세상에서도 주님말씀일 때, 주님말씀(聖言)은 시간적으로는 영원한 것이고, 불변(不變)의 것이고, 공간적으로는 광대무변(廣大無邊)한 것이기 때문입니다. 그러므로 주님말씀(聖言)은 주님이시고, 생명이십니다. 이 사실을 주님께서 요한복음서에 이렇게 선포하셨습니다.

말씀이 육신이 되어 우리 가운데 사셨다.

(요한 1 : 14)

이 주님이 존재(存在)와 실재(實在)의 관계에서는 성경에서 "하나님 아버지와 독생자"라고 기술되었고, 스베덴보리 선생님의 저서에서는 "신령존재(神靈存在)와 신령인간(神靈人間)"이라고 서술되었습니다. 그리고 거기에서 한 계도 내려온 낱말로는 "사랑과 지혜" "선과 진리" "인애와 믿음"이라고 하였고, 그리고 주님의 호칭이나 이름에서는 "여호와와 하나님" "아버지와 아들" "예수와 그리스도"라고 하였습니다.

저는 세 번째의 "옮긴이의 머리말"을 쓰면서 만감(萬感)을 느낍니다. "천계비의" 시리즈로 "아담교회"라는 제하의 첫 권이 발간된 것이 1996년이었습니다. 그후 2007년 8월까지 저자의 ≪창세기 영해≫만 총 18권의 책이 출간되었습니다. 무려 12년이라는 긴 세상이 지나갔습니다. 이 기간 중 특히 한 준명 목사님의 소천(召天)도 경험하였고, 또 한 분의 스승이신 이 모세 목사님의 육신적인 노쇠(老衰)함도 안타깝지만 목격해야만 했습니다. 그리고 저 역시 고희(古稀)가 얼마 남지 않았다는 내 자신을 새삼스럽게 되돌아보면서 과거와 내일의 "나"라는 사람의 삶을 반추(反芻)하게 되면서, 무엇이라고 형언하기 어려운 감회에 젖고는 합니다.

그리고 다시 저자의 ≪출애굽기 영해≫인 "천계비의" 시리즈를 번역, 출간하려고 합니다. 얼마의 시간이 걸릴지 모르지만, ≪출애굽기 영해≫인 "표징적 교회"라는 제하의 책도 대략 14권 정도가 될 것으로 생각되는데, 이 "천계비의"가 완역될 때까지 내 삶을 주님께서 허락하여 주신다면 불학무식(不學無識)하고, 미력(微力)하지만, 최선을 다 하고자 합니다.

"천계비의" 시리즈는 물론, 스베덴보리 선생님의 한마디로 "놀라운 천계의 사실들"을 번역할 수 있도록 격려해 주시고, 물심(物心) 양면으로 도와주신 많은 분들과 독자 여러분의 은덕에 다시 머리 숙여 감사의 마음을 드립니다.

다소나마 저 자신의 고마운 마음을 전하고자 몇 분의 이름을 밝히겠습니다. 저를 키워주시고, 지도해 주신 이 모세 목사님, 사모님 우 보영 여사님, 친구 동역자 이 경삼 목사님 내외분과 특히 모든 것을 인내로 참아 준 내자 이문희 권사님, 아들 이 선교 집사님, 민 경원·이 보영 교수님 내외분, 송 경·이 인애 집사님 내외분에게 감사의 말씀을 드립니다.

그리고 재정적인 지원을 아끼지 않으신 유 기채 복음사님, 윤 정해·정 대성 권사님, 안 영기·이 영구 집사님 내외분, 방 성찬 복음사님과 박정숙 권사님 내외분, 박 종용 목사님, 김 응남 목사님, 현 재웅 성도님, 프리지덴트 호텔 임 승순 사장님과, 한 경업 권사님 내외분, 정 인보 목사님의 사위되시는 이 한구 박사님과 정 영희 여사님 내외분, 그리고 ≪예수+교회 제일 예배당≫과 ≪예수+교회 동산 예배당≫ 성도 여러분들에게 감사의 마음을 드립니다. 끝으로 word processing에 수고해 주시는 조 근휘 목사님에게 깊은 감사의 말씀을 드립니다. 이름을 일일이 밝히지 못한 많은 분들의 노고와 협조에 감사 말씀드리면서, 여러분의 배전(倍前)의 격려와 기도를 면구(面灸)스럽지만 당부 드립니다.

2008년 구정 아침에

이 영근 드림

옮긴이의 머리말 [2]

머리말 [1]에서 알 수 있듯이 스베덴보리 선생님의 저서 천계비의(天界秘義・Arcana Coelestia)에서 그 일부를 ≪창세기 1・2・3장 영해≫라는 제하로 출판한 것이 1993년이었습니다. 그 뒤 제일 예배당에서는 그의 저서 ≪순정기독교≫상・하권, ≪최후심판과 말세≫ 그리고 ≪생명의 길≫을 번역, 출판하였습니다.

이 때마다 그런 책들 가운데 나오는 참고 문헌이나 관련항목을 대하는 독자들이 그것에 관한 것을 더 알기를 원하였습니다. 그리고 또 저자의 저서들을 체계적으로 소개될 여러 여건의 변화에 부응하여, 우선 ≪천계비의≫ 중 창세기 1장부터 11장까지의 출판을 계획하였습니다.

그 첫권(창세기 1-5장)을 아담교회로, 그리고 둘째권과 셋째권을 노아교회 (1)(2)로 각각 출판할 계획입니다. 우선 1992년 ≪창세기 1・2・3장 영해≫를 일부 수정, 보완하고 여기에 4・5장의 내용을 첨가하여 ≪아담교회≫로 출판하게 되었습니다.

저자의 학문과 신앙을 섭렵하지 못한 본인으로서 그의 저서를 번역한다는 것은 너무나 외람되고, 또 당돌한 일이 아닐 수 없습니다. 그러나 오직 하나의 디딤돌을 놓는다는 일념으로 이 거창한 일을 저질렀습니다. 부족하고 모자라는 것은 역자의 무식(無識)과 부덕(不德)의 소치로 양해하여 주시기 바라며, 바라건대, 이 졸역이 밑거름이 되어 더 훌륭하고 알찬 작업이 계속 이어지기를 빌 뿐입니다.

교본은 영어 표준판을 사용하였고, 성경말씀은 ≪표준 새 번역 성경전서≫를 본문으로 삼았습니다.

이 책의 발간을 위해 격려해 주신 <예수+교회 동산예배당>의 김순도 목사와 방성찬 장로 내외분, 그리고 내자(內子)에게 감사의 말씀을 드립니다.

1996년 광복절
옮 긴 이

옮긴이의 머리말 [1]

금년도 우리나라 교계는 이른바 "휴거"라는 잘못된 가르침 때문에 큰 소용돌이 속에 휘말리는 역경(逆境)을 겪어야 했습니다. 이것은 한국 기독교 백 년 역사 가운데 가장 큰 오점(汚點)을 남긴 추태(醜態)였고, 교회가 저지른 사회적 무리(無理)라고 지적할 수 있겠습니다. 이러한 일은 당사자들의 무지(無知)의 소치로만 일축할 일은 아니고, 우리나라 교회 전체가 부둥켜안고 해결해야 할 문제요 과제임을 절감하며, 누구를 탓하고 손가락질하기에 앞서 우리 각자 스스로 반성하고 뉘우쳐야 할 일이라고 말씀드리지 않을 수 없습니다.

왜 이런 일이 일어났습니까? 그 첫째는 "예수"님이 누구이신지를, 둘째는 성경말씀의 가르침(靈意)을 몰랐기 때문입니다. 스베덴보리 선생님께서는 이 해답을 250여 년 전 주님의 계시(啓示)로 우리에게 제공하였습니다. 이것이 이 책을 번역하게 된 동기요 목적입니다.

스베덴보리 선생님께서는 "예수"님이 우리의 아버지요, 창조주요, 구원주이심을 증거합니다. 다시 말하면, 하나님의 이름(固有名詞)이 바로 "예수"라는 것을 역설했습니다.

이것이 바로 성경의 가르침입니다. 이것을 예수님께서는 요한복음서에서 "너희는 성서 속에 영원한 생명이 있는 것을 알고 파고 들거니와 그 성서는 바로 나를 증거하고 있다." 또 이어서 "만일 너희가 모세를 믿는다면 나를 믿을 것이다. 모세가 기록한 것은 바로 나에 관한 것이기 때문이다"(5 : 39, 46)라고 말씀하셨습니다.

두 번째는 성경말씀의 바른 이해(理解)입니다. 성경말씀은 하늘나라(天國)에서 읽혀지고, 이해되고, 통용되는 속뜻(또는 영의)과 그 속뜻을 담고 있어서 우리 육신을 입은 사람들이 읽고, 깨달아, 순종하여, 구원의 길로 인도하는 겉뜻(또는 문자적인 뜻)이 있다는 것입니다. 오늘의 교회는 이 영의(靈意)를 모르고 있을 뿐 아니라 영의를 잃어버린 상태입니다. 마치 유대교회가 주님의 이름을 어떻게 부르는지 모르다가 종국에 주님을 잃은 것과 같다고 하겠습니다. 그러다 보니 문자적인 뜻마저도 왜곡(歪曲)되게 읽고, 해석하기에 이른 것입니다.

이 두 증인(계시록 11 : 4) 즉 올바른 예수관과 성경말씀의 바른 이해가 바로 신학(神學)이요 교리(敎理)요 신앙(信仰)의 전부입니다. 사람의 삶의 궁극적 목적은 구원에 있습니다. 이것은 회개의 결과이고 중생(重生)의 시작입니다. 이것을 스베덴보리 선생님께서는 '창조' 또는 '새창조', '재창조'라고 하셨습니다. 성경말씀은 수많은 곳에서 우리 사람의 구원의 노정(路程)을 크게는 한 나라의 역사(歷史)로, 작게는 한 사람의 삶이나 비유로 그려 보여 주고 있습니다. 이 중에서도 특히 창세기 1·2·3 장은 사람의 구원의 여정(旅程)과 비극적 타락(墮落)의 이야기를 너무나 생생하고도 드라마틱하게 그려 보여 주고 있습니다. 다시 말하면 창세기 첫 세 장은 전 성경말씀이 가르치는 모든 교회의 가르침과 신학이 고스란히 담겨 있는 정수(精髓)라고 하겠습니다.

이 책은 스베덴보리 선생님의 저서 천계비의(天界秘義·Arcana Coelestia ; 창세기·출애굽기의 영해로 모두 12권임)의 영어 표준판에서 첫 1·2·3 장을 우리말로 옮긴 것입니다.

25여 년 동안 교회를 섬겨 오면서 수요 성경공부, 사경집회(査經集會) 또는 특별 프로그램에서 강의할 때 틈틈이 준비하였던 것을 활자로 옮기게 된 것입니다. 번역에서는 ≪공동번역 성서≫를 본문으로 택하였고, 경우에 따라 한글 개역 성경을 인용하였습니다.

이 번역서를 내기까지 나의 일생을 신앙적으로, 신학적으로 지도해 주시고 키워주신 이모세 목사님, 격려와 조언을 아끼지 않으신 예수교회 공의회 의장이신 김희방 목사님, 그리고 예수교회 동역자 여러 목사님들의 많은 사랑과 본인이 시무하는 예수+교회 제일예배당 교우 여러분의 정성에 재삼 감사의 말씀을 드립니다.

1992년 크리스마스 날

옮 긴 이

제 32장 서문 : 인애와 믿음의 교리에 관하여(10)

10386. 세례(洗禮 · baptism)는, 그 사람이 교회에 속해 있다는 증표(證票 · a sign)로서 제정되었습니다. 그리고 그가 중생(重生) 되었다는 기념의 증표로서 제정되었습니다. 왜냐하면 세례의 씻음(the washing of baptism)은, 중생을 가리키는, 영적인 씻음(洗滌 · spiritual washing) 이외의 아무것도 아니기 때문입니다.

10387. 모든 중생은, 믿음에 속한 진리들에 의하여, 그리고 그것들에 일치하는 삶에 의하여, 주님에 의해 성취됩니다. 그러므로 세례는, 사람이 교회에 속해 있다는 것과 그리고 사람이 중생될 수 있다는 것을 확인, 입증합니다. 왜냐하면 교회에서 주님은 중생시키시는 분으로 시인되고 있기 때문이고, 그리고 교회에는, 그것에 의하여 중생이 성취되는 믿음에 속한 진리들을 담고 있는, 성언이 있기 때문입니다.

10388. 이것은 주님께서 요한복음서에서 가르치셨습니다. 요한복음서의 말씀입니다.

> 예수께서 대답하셨다. "내가 진정으로 진정으로 너에게 말한다. 누구든지 물과 성령으로 나지 않으면, 하나님 나라에 들어갈 수 없다." (요한 3 : 5)

여기서 영적인 뜻으로 "물"(water)은 성언에서 비롯된 믿음에 속한 진리를 뜻하고, "성령"(=영 · spirit)은 이 진리에 일치하는 삶을 뜻하고, "다시 난다"는 말은 이들이 중생하였다는 것을 뜻합니다.

10389. 중생하는 사람은 누구나 악들이나 거짓들에 대항하여 싸우는 영적인 투쟁들을 가리키는, 온갖 시험들을 역시 겪어야 하기 때문에, 그러므로 세례의 물은 이런 시험들을 뜻합니다.

10390. 세례가 이런 것들의 증표이고, 기념이기 때문에, 그러므로 사람은, 그가 유아기 때에, 만약에 그 때가 아니면, 성인(成人)일 때, 세례를 받을 수 있습니다.

10391. 그러므로 수세(受洗)한 사람이 주지하여야 할 것은 세례 자체는 믿음이나 또는 구원을 부여(附與)하거나, 확증하는 것이 아니고, 다만 그것은 사람이 믿음을 영접, 수용했다는 것과 만약에 중생되었다면 그들이 구원받는다는 것을 입증한다는 것입니다.

10392. 이상에서 볼 때, 마가복음서에서 주님께서 하신 말씀이 무엇을 뜻하는지 잘 알 수 있습니다. 마가복음서의 말씀입니다.

> 믿고 세례를 받는 사람은 구원을 얻을 것이요, 믿지 않는 사람은 정죄함을 받을 것이다.
> (마가 16 : 16)

"믿는 사람"은, 주님을 시인하는 사람을 가리키고, 성언을 통하여 주님에게서 신령진리들을 영접, 수용한 사람입니다. 그리고 "세례를 받은 사람"은 이런 진리들에 의하여 주님에 의해 중생된 자를 가리킵니다.

제 32장 본 문(32장 1-35절)

1 백성은, 모세가 산에서 오랫동안 내려오지 않으니, 아론에게
로 몰려가서 말하였다. "일어나서, 우리를 인도할 신을 만들어
주십시오. 우리를 이집트 땅에서 올라오게 한 모세라는 사람은
어떻게 되었는지 모르겠습니다."
2 아론이 그들에게 말하였다. "여러분의 아내와 아들 딸들이
귀에 달고 있는 금고리들을 빼서, 나에게 가져 오시오."
3 모든 백성이 저희 귀에 단 금고리들을 빼서, 아론에게 가져
왔다.
4 아론이 그들에게서 그것들을 받아 녹여서, 그 녹인 금을 거
푸집에 부어 송아지 상을 만드니, 그들이 외쳤다. "이스라엘아!
이 신이 너희를 이집트 땅에서 이끌어 낸 너희의 신이다."
5 아론은 이것을 보고서 그 신상 앞에 제단을 쌓고 "내일 주의
절기를 지키자" 하고 선포하였다.
6 이튿날 그들은 일찍 일어나서, 번제를 올리고, 화목제를 드렸
다. 그런 다음에, 백성은 앉아서 먹고 마시다가, 일어나서 흥청
거리며 뛰놀았다.
7 주께서 모세에게 말씀하셨다. "어서 내려가 보아라. 네가 이
집트 땅에서 이끌어 낸 너의 백성이 타락하였다.
8 그들은, 내가 그들에게 명한 길을 이렇게 빨리 벗어나서, 그
들 스스로 수송아지 모양을 만들어 놓고서 절하고, 제사를 드리
며 '이스라엘아! 이 신이 너희를 이집트 땅에서 이끌어 낸 너희
의 신이다' 하고 외치고 있다."
9 주께서 다시 말씀하셨다. "나는 이 백성을 살펴 보았다. 이
얼마나 고집이 센 백성이냐?
10 이제 너는 나를 말리지 말아라. 내가 노하였다. 내가 그들을
쳐서 완전히 없애 버리겠다. 그러나 너는, 내가 큰 민족으로 만

들어 주겠다."
11 모세는 주 하나님께 애원하였다. "주님, 어찌하여 주께서 큰
권능과 강한 손으로 이집트 땅에서 이끌어 내주신 주의 백성에
게 이와 같이 노하십니까?
12 어찌하여 이집트 사람이 '주가 자기 백성에게 재앙을 내리
려고, 그들을 이끌어 내어, 산에서 죽게 하고, 땅 위에서 완전히
없애 버렸구나' 하고 말하게 하려 하십니까? 제발, 진노를 거두
시고, 뜻을 돌이키시어, 주의 백성에게서 이 재앙을 거두어 주십
시오.
13 주의 종 아브라함과 이삭과 이스라엘을 기억하여 주십시오.
주께서 그들에게 맹세하시며 이르시기를 '내가 너희의 자손을 하
늘의 별처럼 많게 하고, 내가 약속한 이 모든 땅을 너희 자손에
게 주어서, 영원한 유산으로 삼게 하겠다'고 하셨습니다."
14 모세가 이렇게 간구하니, 주께서는 뜻을 돌이키시고, 주의
백성에게 내리시겠다던 재앙을 거두셨다.
15 모세는 돌아서서 증거판 둘을 손에 들고서 산에서 내려왔
다. 이 두 판에는 글이 새겨 있는데, 앞뒤에 다 새겨 있었다.
16 그 판은 하나님이 손수 만드신 것이며, 그 글자는 하나님이
손수 판에 새기신 글자이다.
17 여호수아가 백성이 떠드는 소리를 듣고서, 모세에게 "진에
서 싸우는 소리가 들립니다" 하고 말하였다.
18 모세가 대답하였다. "이것은 승전가도 아니고, 패전의 탄식
도 아니다. 내가 듣기에는 노래하는 소리다."
19 모세가 진에 가까이 와서 보니, 사람들이 수송아지 주위를
돌면서 춤을 추고 있었다. 모세는 화가 나서, 그는 손에 들고 있
는 돌 판 두 개를 산 아래로 내던져 깨뜨려 버렸다.
20 그는, 그들이 만든 수송아지를 가져다가 불에 태우고, 가루
가 될 때까지 빻아서, 그것을 물에 타서, 이스라엘 자손에게 마

시게 하였다.
21 모세가 아론에게 말하였다. "이 백성이 형님에게 어떻게 하
였기에, 형님은, 그들이 이렇게 큰 죄를 짓도록 그냥 놓아 두셨
습니까?"
22 아론이 대답하였다. "아우님은 우리의 지도자입니다. 나에게
그렇게 화를 내지 마십시오. 이 백성이 악하게 된 까닭을 아시지
않습니까?
23 그들이 나에게 '우리 앞에 서서, 우리를 인도하여 줄 신을
만들어 주시오. 우리를 이집트 땅에서 이끌어 낸 모세라는 사람
이 어떻게 되었는지, 우리는 모르겠습니다' 하고 말하기에,
24 내가 그들에게, 금붙이를 가지고 있는 사람은, 누구든지 그
금을 빼서 나에게 가져 오라고 하였습니다. 그들이 금붙이를 가
져 왔기에, 내가 그것을 불에 넣었더니, 이 수송아지가 생겨난
것입니다."
25 모세는 백성이 제멋대로 날뛰는 것을 보았다. 아론이 그들
을 제멋대로 날뛰게 하여, 적들의 조롱거리가 되게 한 것이다.
26 모세는 진 어귀에 서서 "누구든지 주님의 편에 설 사람은
나에게로 나아 오너라"하고 외쳤다. 그러자 레위의 자손이 모두
그에게로 모였다.
27 그가 또 그들에게 말하였다. "이스라엘의 주 하나님이 이르
시기를 '너희는 각기 허리에 칼을 차고, 진의 이 문에서 저 문을
오가며, 저마다 자기의 친족과 친구와 이웃을 닥치는 대로 찔러
죽여라' 하신다."
28 레위 자손이 모세의 말대로 하니, 바로 그 날, 백성 가운데
서 어림잡아 삼천 명쯤 죽었다.
29 모세가 말하였다. "오늘 너희가 저마다 자녀와 형제자매를
희생시켜 너희 자신을 주께 드렸으니, 주께서 너희에게 복을 내
리실 것이다."

30 이튿날 모세는 백성에게 말하였다. "너희는 크나큰 죄를 지
었다. 그러나 이제 내가 주께 올라가서, 너희를 용서하여 달라고
빌겠다."
31 모세가 주께로 돌아가서 아뢰었다. "슬픕니다. 이 백성이 금
으로 신상을 만듦으로써 큰 죄를 지었습니다.
32 그러나 이제 주께서 그들의 죄를 용서하여 주십시오. 그렇
게 하지 않으시려면, 주께서 기록하신 책에서 저의 이름을 지워
주십시오."
33 주께서 모세에게 말씀하셨다. "누구든지 나에게 죄를 지으
면, 나는 오직 그 사람만을 나의 책에서 지운다.
34 이제 너는 가서, 내가 너에게 말한 곳으로 백성을 인도하여
라. 보아라, 나의 천사가 너를 인도할 것이다. 그러나 기억하여
라. 때가 되면, 내가 그들에게 반드시 죄를 묻겠다."
35 그 뒤에 주께서는, 아론이 수송아지를 만든 일로 이 백성에
게 재앙을 내리셨다.

간추린 내용(32장 1-35절)

10393. 이 장에서 속뜻으로 기술된 내용은 교회가 이스라엘 백성 가운데 설시될 수 없다는 것인데, 그 이유는 그들이 내적인 것이 전혀 없는 온전히 외적인 그런 존재이기 때문입니다. 그리고 그들의 천계나 교회의 거룩한 것들에 대한 모독을 막기 위하여 내면적인 것들이 그들에게는 천적으로 닫혀졌다는 것입니다. 이 백성이 내적인 것이 전혀 없는 외적인 것에 빠져 있다는 것은 그들이 여호와 대신에 "금송아지"(the golden calf)를 경배하였다는 것이 가리킵니다. 그들에게 내면적인 것들이 철저하게 닫

혀 있었던 것은 그들이 천계나 교회에 속한 거룩한 것들을 모독하지 못하게 하기 위한 것이라는 것은 모세에 의하여 깨져버린 율법의 돌판들에 의하여 뜻해지고, 그리고 모세가 금송아지를 가루로 만들고, 그 가루를 물에 뿌려서, 그것을 마시게 그들에게 주었다는 것이, 그리고 레위 자손들에 의한 삼천 명에 이르는 자들을 그 진영에서 살해되었다는 것 등등이 뜻합니다.

10394. 비록 교회가 그들 가운데 세워질 수 없었지만, 그럼에도 불구하고, 이런 궁극적인 것에서 닫혀진 것을 가리키는, 성언이 기술되기 위하여 그 교회의 궁극적인 것들인 표징들이 그들 가운데 있었습니다. 이러한 내용들은 모세에 의하여 여호와에게 한 간청(懇請)이 뜻합니다.

상세한 영적인 뜻(32장 1-35절)

10395. 1-6절. **백성은, 모세가 산에서 오랫동안 내려오지 않으니, 아론에게 몰려가서 말하였다. "일어나서, 우리를 인도할 신을 만들어 주십시오. 우리를 이집트 땅에서 올라오게 한 모세라는 사람은, 어떻게 되었는지 모르겠습니다." 아론이 그들에게 말하였다. "여러분의 아내와 아들, 딸들이 귀에 달고 있는 금고리들을 빼서, 나에게 가져 오시오." 모든 백성이 저희 귀에 단 금고리들을 빼서, 아론에게 가져 왔다. 아론이 그들에게서 그것들을 받아 녹여서, 그 녹인 금을 거푸집에 부어 송아지 상을 만드니, 그들이 외쳤다. "이스라엘아! 이 신이 너희를 이집트 땅에서 이끌어 낸 너희의 신이다." 아론은 이것을 보고서 그 신상 앞에 제단을 쌓고 "내일 주의 절기를 지키자" 하고 선포하였다. 이튿날 그들은 일찍 일어나서, 번제를 올리고, 화목제를 드렸다.**

그런 다음에, 백성은 앉아서 먹고 마시다가, 일어나서 흥청거리며 뛰놀았다.

"백성은 모세가 산에서 내려오는 것이 지체되는 것을 알았다"는 말씀은 이스라엘 민족이 성언에서 천계에서 비롯되는 어떤 것도 알지 못하는 때를 뜻합니다. "백성들이 아론에게로 함께 몰려갔다"는 말씀은 그들이 내적인 것에서부터 분리하여 성언의 외적인 것들에게로, 그리고 교회나 예배의 외적인 것들에게로 자신들을 바꾸어 향하는 것을 뜻합니다. "백성들이 아론에게 말하였다"는 말씀은 간곡한 권고(勸告)나 충고(忠告)를 뜻합니다. "일어나서, 우리를 인도할 신을 만들어 주십시오(=일어나서, 우리 앞에 갈 신들을 우리에게 만들어 달라)는 말씀은 교리나 예배에 속한 거짓들을 뜻하고, 따라서 우상숭배적인 것들을 뜻합니다. "우리를 이집트 땅에서 올라오게 한 모세라는 사람은 어떻게 되었는지 모르겠습니다"라는 말씀은, 사람을 외적인 것에서부터 내적인 것으로 바꾸어 놓은, 성언 안에 있는 다른 신령진리를 전적으로 알지 못한다는 것을 뜻합니다. "아론이 그들에게 말하였다"는 말씀은, 내적인 것이 결여된 성언의 외적인 것이나, 그리고 교회나 예배의 외적인 것을 뜻합니다. "여러분의 아내와 아들들과 딸들이 귀에 달고 있는 금고리들을 빼내어라"는 말씀은, 성언의 문자적인 뜻으로 말미암아 외적인 사랑들(=욕망들·정욕들)이나 그것에서 파생된 원칙들을 선호(選好), 지지(支持)하는 것들을 얻어내고, 끌어내는 것을 뜻합니다. "그것들을 나에게 가져 오시오"라는 말씀은 모두 가져다가 하나로 모으는 것을 뜻합니다. "모든 백성이 저희 귀에 단 금고리들을 빼서, 아론에게 가져 왔다"는 말씀은 그 결과나 의미를 뜻합니다. "아론이 그들에게서 그것들을 받았다"(=아론이 그들의 손에서 그것들을 받았다)는 말씀은 그들의 것을 지지하고, 선호하는 것들을 뜻하고, "그것을 녹여서, 그 녹인 금을 거푸집에 부어 그것을 만들었다"(=주조한 송아지를 만든 후에 새기는 도구로 모양을 만들었다)는 말씀은 그들 자신의 총명에서 비롯된 것을 뜻하고, "송아지 상을 만들었다"는 말씀은 그 민족의 사랑들(=애욕들・정욕들)의 쾌락들에 일치하는 것을 뜻합니다. "그들이 외쳤다. '이스라엘아! 이것들이 너희의 신들이다'"는 말씀은 모든 것들에 비하여 뛰어나게 예배받는 것을 뜻하고, "이 신이 너희를 이집트 땅에서 이끌어 낸 신이다"는 말씀은 그들을 인도하셨다는 것을 뜻합니다. "아론이 이것을 보았다"는 말씀은 찬성이나 승인을 뜻하고, "그가 그 신상 앞에 제단을 쌓았다"는 말씀은 예배를 뜻하고, "공표하여 '내일 주의 절기를 지키자' 하고 선포하였다"는 말씀은 이것이 축하받아야 할 교회의 진정한 본질적인 것이다는 것과 변함없이 존경, 숭배되어야 할 진정한 신령한 것이다는 것을 뜻합니다. "이튿날 그들은 일찍 일어났다"는 말씀은 그들의 사랑들(=애욕들・정욕들)에 의한 격려(激勵)나 고무(鼓舞)를 뜻하고, "번제를 올리고 화목제를 드렸다"는 말씀은 그들의 사랑들에 속한 예배를 뜻하고, 따라서 이런 사랑들이나 그것에서 파생된 거짓들의 쾌락에 속한 예배를 뜻합니다. "그런 다음에, 백성은 앉아서 먹고 마셨다"는 말씀은 이런 것들의 전유(專有)를 뜻하고 "일어나서 흥청거리며 놀았다(=일어나서 뛰놀았다)는 말씀은 결과적으로 그들의 내면적인 것들의 축제나 잔치기분을 뜻하고, 그리고 승낙(承諾)이나 동의(同意)를 뜻합니다.

10396. 백성은, 모세가 산에서 오랫동안 내려오지 않는 것을 알았다(=산에서 내려오는 것이 지체되는 것을 보았다).

이 말씀이 그 때 이스라엘 민족이 천계에서 비롯된 어떤 것을 성언에서 알지 못하였다는 것을 뜻한다는 것은 성언의 이해에 관해서 언급할 때, 통지(通知)나 경고(警告)를 가리키는 "본다"(=알았다・seeing)는 말의 뜻에서(2150・3764・3863・4567・4723・5400항 참조), 그리고 성언을 가리키는 모세의 표징에서(9372항 참조), 그리고 성언에서 비롯된 통지나 경고에 관해서 언급할 때,

입류하지 않는 것을 가리키는 "내려오는 것이 지체한다"는 말의 뜻에서, 그리고 신령진리에 대한 천계를 가리키는 "시내 산"의 뜻에서(9420항 참조) 잘 알 수 있습니다. 왜냐하면 사람에게 입류하는 신령진리는 천계에서 내려온다고 언급되었기 때문입니다. 여기서 "백성"은 본래 뜻으로는 이스라엘 민족을 뜻하는데, 그 이유는 우리의 본문장에서는 그 민족의 성품(性稟)이나 기질(氣質)이 성언에서 비롯된 신령진리의 통지나 경고에 대하여 기술되었기 때문이고, 그리고 시내 산에서 모세를 통한 여호와에 의한 이스라엘 자손에게 명령된 것을 표징하는 내면적인 것들의 통지나 경고에 대하여 기술되었기 때문입니다. 이러한 내용이나 사실은 앞장들(25장부터 31장)에서 언급, 설명되었습니다. 이상의 모든 것들에서 볼 때, 우리의 본문, "백성이 모세가 산에서 내려오는 것이 지체되는 것을 알았다"는 말이 그들이 천계에서부터 어떤 것도 성언에서 알지 못하였을 때의 이스라엘 민족을 뜻한다는 것, 따라서 내면적인 것들을 가리키는, 시내 산에서 명령된 것들 안에 표징된 어떤 것도 알지 못한다, 또는 알려지지 않았을 때의 이스라엘 민족을 뜻한다는 것은 명확합니다.

[2] 여기의 경우는 이러합니다. 앞장에서는 교회가 그들에게 설시된 이스라엘 민족에 대하여 여호와에 의하여 명령된 법령들(=계율들)·공평들(judgments)·율법들이 다루어졌습니다. 이것들의 개별적인 것들이나 전체적인 것들은, 이들 본문장의 설명에서 입증된 것과 같이, 내적인 것들을 표징하는 외적인 것들이었습니다. 그러나 이스라엘 민족은, 표징되는 내적인 것들에 관해서는 어떤 것도 전혀 알려고 열망하지 않는 그런 성품의 민족이었습니다. 그러나 그들은 다만 표징이 내재해 있는 외적인 것들만을 알려고 열망하였습니다. 그들이 이런 성품을 지녔던 이유는 그들은 전적으로 육신적이고, 이 세상적인 사랑들(=애욕들·정욕들)에 빠져 있기 때문이고, 그리고 이런 것들에 빠져 있는 내면적인 것들

은, 천계에 대하여 열린 그것이 아닌 것으로, 닫혀 있었기 때문입니다. 왜냐하면 사람은 내적인 것과 외적인 것을 가지고 있기 때문인데, 그의 내적인 것은 천계를 위한 것이고, 그의 외적인 것은 이 세상을 위한 것입니다. 외적인 것이 통치, 지배할 때, 그 때 세상적이고, 육체적이고 현세적인 것들이 지배, 통치합니다. 그리고 내적인 것이 통치, 지배할 때, 그 때는 천계적인 것들이 지배, 통치합니다. 그러나 사람은, 그 사람 안에 있는 외적인 것은 내적인 것 아래에서 종속(從屬)되도록, 따라서 이 세상은 천계에 예속(隸屬)되도록, 창조되었습니다. 왜냐하면 앞에서 언급한 것과 같이, 외적인 것은 이 세상을 위한 것이고, 내적인 것은 천계를 위한 것이기 때문입니다. 그러므로 외적인 것이 통치, 지배할 때, 내적인 것은 닫혀집니다. 이런 이유 때문에 그 때 사람은 자신을 천계나 주님에게서 이 세상이나 자기 자신을 우러르게 하고, 그리고 그의 마음은 자기를 향하게 한 거기에 있습니다. 결과적으로 그의 사랑이나, 그 사랑에게 있는 그의 전 생명을 우러릅니다. 그 이유는 사람의 생명은 그의 사랑이기 때문입니다.

[3] 이러한 것들은, 육신적인 사랑이나 이 세상적인 사랑에 빠져 있는 자들의 경우가 어떠한 것인지 알게 하기 위하여, 언급되었습니다. 다시 말하면 그들에게 있는 내면적인 것들은 모두 닫혀 있습니다. 그들에게 있는 닫혀진 내면적인 것들은 내면적인 것을 시인하지 않고, 그저 그들이 눈으로 보고, 손으로 만지는 것들만이 존재하는 것이라고 말합니다. 그리고 그들이 눈으로 보지 못하고, 손으로 만지지 못하는 모든 것들은 존재를 결코 가지지 못한 것이라고 주장합니다. 결과적으로 그들은 천계나, 사후(死後)의 삶의 존재를 믿는 믿음을 전혀 가지고 있지 않으며, 또한 교회가 가르치는 내면적도 별것 아니라는 믿음을 가지고 있습니다. 이런 성품이 이스라엘 민족이었고, 그리고 이런 성품이

우리의 본문장에 기술되었습니다.

[4] 내면적인 것들이 사람에게서 교회를 만든다는 것을 알지 못하는 사람은, 그리고 내면적인 것이 결여된 외면적인 것들이 교회를 만들지 못한다는 것을 알지 못하는 사람은, 이 민족이 다른 민족들에 비하여 여호와께서 사랑하시고, 그리고 선택되었다는 것 이외의 다른 것을 알 수 없습니다. 그러나 진정한 사실은 전혀 다릅니다. 그 민족이 인정(認定·to be received)된 것은 그와 같이 인정되기가 재촉되었기 때문입니다. 그럼에도 불구하고 어떤 교회가 그들에게 있기 위한 것은 아니고, 다만 이런 것들 안에 궁극적인 형체가 있어야 한다는 성언이 기술되기 위하여 교회의 표징이 그들에게 있기 위한 것일 뿐입니다. 그 백성이 성경에서 여호와의 백성(the people of Jehovah)이라고 불리우고, 그리고 선택된 민족이고, 사랑받는 민족이라고 한 이유는 성경에서 "유다"가 천적인 교회를 뜻하기 때문이고, 그리고 "이스라엘"은 영적인 교회를 뜻하기 때문이고, 야곱의 자손들은 교회에 속한 어떤 것들을 뜻하기 때문이고, 그리고 이와 같이 "아브라함·이삭·야곱"도 주님 당신을 뜻하기 때문입니다. 그리고 또한 "모세" "아론"이나 "다윗"도 마찬가지입니다. 그러나 그 민족이 우리의 본문 전장에서 다루는 주제이기 때문에, 다시 말하면 그 민족에게 교회가 세워질 수 없고, 다만 교회에 속한 표징만 가능하기 때문에, 그러므로 더 자세하게 언급되기 전에 그 민족에 관해서 이미 언급되고, 설명된 내용을 참조하시기 바랍니다. 말하자면 그들에게는 교회가 결코 존재하지 않았고, 다만 교회에 속한 표징만 있었습니다(4281·4288·4311·4500·4899·4912·6304·7048·9320항 참조). 따라서 그 민족은 선택된 것이 아니고 다만 그 민족이 인정된 것 뿐입니다. 그 이유는 그들이 주장하기 때문입니다(4290·4293·7051·7439항 참조). 그들이 전적으로 내적인 것들이 전혀 없는 외적인 것들 안에 있었다는 것은

4293·4311·4320·4459·4834·4844·4847·4865·4868·4874·4903·4913·9373·9380·9381항을 참조하시고, 그들의 예배가 전적으로 외적이었다는 것은 3147·3479·8871항을 참조하시고, 그들이 예배에 속한 내적인 것들이나, 성언에 속한 내적인 것들을 알기를 원하지 않았다는 것은 3479·4429·4433·4680항을 참조하시고, 그리고 이런 이유 때문에 그들에게 이런 것들을 아는 것이 승낙(承諾)되지 않았다는 것은 301-303·2520·3769항을 참조하십시오. 만약에 그들이 그런 것들을 알았다면 그들은 그런 것들을 모두 모독(冒瀆)하였을 것이라는 것은 3398·3489·4289항을 참조하십시오. 그럼에도 불구하고 예배의 내면적인 것들의 표징들인, 그들에게 있었던 예배의 외적인 것들에 의하여 천계와의 교류(交流·內通)가 있었고, 그리고 그것이 무엇이었는지는 4311·4444·6304·8588·8788·8806항을 참조하십시오. 그리고 그들이, 불결한 것들인 그들의 내면적인 것들인 그들의 예배에 있을 때 그들의 예배는 닫혀 있었습니다(3480·9962항 참조). 이런 것이 그 민족에게서 행해질 수 있었고, 그리고 이런 이유 때문에 그들은 오늘날까지도 보존(保存), 유지(維持)되고 있습니다(3479·4281·6588·9377항 참조). 그들이 다만 이름에 대해서만 여호와를 예배하였다는 것은 3732·4299·6877항을 참조하시고, 그리고 그들의 마음속에서는 그들은 우상(偶像)들을 예배하였다는 것은 4208·4281·4820·5998·6877·7401·8301·8882항을 참조하십시오. 일반적으로 그 민족은 아주 사악한 민족(the worst nation)이었습니다(4314·4316·4317·4444·4503·4750·4751·4815·4820·4832·5057·7248·8819·9320항 참조).

10397. 백성이 아론에게로 몰려갔다(=함께 모여들었다).

이 말씀은 그들이 내적인 것에서 분리된 성언의 외적인 것들이나, 교회나 예배의 외적인 것들에 자기 자신들을 향하게 하여 우러르게 되었다는 것을 뜻한다는 것은 자신들을 그쪽으로 향하게 하는 것을 가리키는 "함께 모여들었다"(=몰려갔다)는 말의 뜻에서, 그리고 내적인 것에서 분리된 성언의 외적인 것이나, 교회나 예배의 외적인 것을 가리키는 "아론의 표징"에서 잘 알 수 있습니다. 여기서 아론이 이런 것을 표징한다는 것은 모세가 없는 동안, 그는 그 민족의 우두머리(首長)였고, 그리고 부재(不在)한 모세는 성언을 표징하고, 그리고 속뜻으로나 겉뜻으로나 교회나 예배는 모두 성언에서 파생되었다는 것은 9372항의 인용내용을 참조하십시오. 이런 것들이 아론의 표징이라는 것은 아래에서 아론에 관하여 언급되고 있는 개별적인 것들이나 전체적인 것들에게서 명확합니다. 다시 말하면, 아론은, 내적인 것에서 분리된, 성언의 외적인 것이나, 교회나 예배의 외적인 것과 더불어 동시에 일어난 모든 것들인, 송아지를 만들고, 절기를 지키자고 선포하고, 백성을 해이(解弛)하게 만든 장본인이었습니다. 성언의 내적인 것이나, 교회나 예배의 내적인 것을 외적인 것에서 분리시킨 그가 그것에서 거룩한 신령한 것도 분리시켰습니다. 왜냐하면 이런 것들의 내적인 것은 그것들의 영이기 때문입니다. 그러나 외적인 것은 이 영(靈)의 몸(body)이기 때문이고, 영이 없는 몸은 죽은 것이기 때문입니다. 따라서 죽은 것을 예배한다는 것은, 우상을 섬기는 것인데, 여기의 경우는 금송아지를 섬기는 것이고, 그것에 대하여 절기(=명절)를 선포한 것이고, 그래서 백성을 해이하게 만드는 것입니다. 이상의 모든 것에서 볼 때 우리의 본문장에서 "아론"이 뜻하는 것이 무엇인지 잘 알 수 있겠습니다. 성언의 내적인 것이나, 교회와 예배의 내적인 것이 무엇인지, 그리고 그것들의 외적인 것이 무엇인지는 이미 앞에서 언급, 다룬 것에서 잘 설명, 입증되었습니다.

10398. 그들이 그(=아론)**에게 말하였다.**

이 말씀이 간곡한 권유(勸諭)나 충고(忠告)를 뜻한다는 것은 백성이 그것에 쏠린 종교적인 성질에 관해서 언급할 경우, 간곡한 권유나 충고를 가리키는 "말한다"(saying)는 말의 뜻에서 잘 알 수 있습니다. "말한다"(saying)는 말이 권고나 충고를 뜻한다는 것은 5012 · 7090 · 7215 · 8178항을 참조하십시오. 이 백성의 종교적인 경향(傾向)이나 성향(性向 · the religious inclination)은 내적인 것이 결여(缺如)된 외적인 것을 예배하는 것을 가리킵니다.

10399. 일어나서, 우리를 인도할 신을 만들어 주십시오(=일어나서, 우리 앞에 갈 신들을 우리에게 만들어 주십시오).

이 말씀이 교리나 예배에 속한 거짓들을 뜻한다는 것은, 따라서 우상숭배적인 것을 뜻한다는 것은, 진리들을 가리키는 "신들"(=하나님들 · gods)의 뜻에서(4295 · 4402 · 7010 · 7268 · 7873 · 8301항 참조) 그리고 반대적인 뜻으로는 거짓들을 가리키는 "신들"의 뜻에서(4402 · 4544 · 7873항 참조), 결과적으로는 "신들을 만든다"(to make gods)는 말이 교리의 거짓들이나, 거짓들에게서 비롯된 교리를 뜻한다는 것에서, 그리고 그들이 뒤따르는 것을 가리키는, 따라서 그들이 예배를 제정한 것에 일치하는 것을 가리키는, "그것이 우리 앞에 간다"는 말의 뜻에서 잘 알 수 있습니다. "우리 앞에 갈 신들을 만든다"는 말이 우상숭배적인 것들을 뜻한다는 것은 아주 명확합니다. 더욱이 그것은 내적인 것들에게서 분리된 외적인 것들을 예배하는 우상숭배적인 것입니다(4825 · 9424항 참조). 이런 종류의 우상숭배에 관해서 여기서 몇 말씀 부연하겠습니다. 이스라엘 민족에게 제정된 그 교회의 외적인 것들은 시내 산에서 주님에 의하여 모세에게 명령된 모든 것들입니다. 그것들은 그것 안에 법궤가 있는 회막(會幕 · the Tent of meeting)이었고, 그리고 그것을 덮고 있는 시은좌(施恩座 · the propitiatory)와 빵들이 그것 위에 놓여 있는 상과 등잔대와 향단과 번제단과 아론과 그의 아들들의 옷들이고, 특히 가슴받이 위에 걸치는 에봇이고, 그밖에 바르는 기름(塗油)과 향과 번제물이나 희생제물의 피와 들어 바치는 제물의 포도주와 제단 위의 불에 관한 것이고, 그리고 그밖의 많은 다른 것들이 되겠습니다. 이스라엘 민족이나 유대 민족은 이런 모든 것들을 거룩한 것들로서 섬겼습니다. 그런 것들은 거룩한 것이 없는 그것들이 표징하는 것이었습니다. 그리고 주님이나 천계, 사랑, 믿음이나 중생에 관해서 그들은 아무것도 생각하지 않았습니다. 따라서 그것들이 뜻하는 것에 관해서는 아무것도 그들은 생각하지 않았습니다. 그들의 예배가 이런 성질이었기 때문에, 그것은 마치 나무에 속한 예배이었고, 그리고 또한 빵・포도주・피・기름・불・옷들에 관한 예배일 뿐, 이런 것들 안에 내재해 계신 주님에 속한 예배는 아니었습니다. 이런 것들에 대한 상대적인 예배는 신령예배가 아니고, 다만 우상숭배적이라는 것은 아주 명확합니다.

10400. **우리를 이집트 땅에서 올라오게 한 모세라는 사람은, 어떻게 되었는지 모르겠습니다**(=우리를 이집트 땅에서 데리고 나왔던 그 사람 모세로 말하면, 그가 어찌되었는지 우리는 알지 못합니다). 이 말씀이, 사람을 외적인 것에서 내적인 것으로 향하게 한, 그리고 교회로 만든, 성언 안에 있는 다른 신령진리가 무엇인지 전혀 알지 못한다는 것을 뜻한다는 것은 성언을 가리키는, 따라서 신령진리를 가리키는, 모세의 표징에서 잘 알 수 있습니다. 이러한 내용은 9372항을 참조하십시오. 결과적으로 문자적인 뜻에서 표현된 것 이외의 다른 신령진리가 있다는 것을 의심하고, 부인하는 것을 뜻한다는 것은 "사람 모세로 말하면 그가 어찌되었는지 우리는 알지 못한다"는 말이 뜻합니다. "이 사람"이라고 언급되었는데, 그 이유는 성경에서 "사람"(man)은 진리를 뜻하기 때문입니다(3134・3309・3459・7716・9007항 참조). 그리고 그가 교회가 되기 위하여 자연적인 사람, 즉 겉사람으로부터 속사람, 즉 영적인 사람으로의 고양(高揚)을 가리키는 "이집트 땅에서 이스라엘 자손을 올라오게 하였다"(=데리고 나왔다)는 말의 뜻에서

잘 알 수 있습니다. 왜냐하면 여기서 "이집트 땅"은 교회의 자연적인 것이나 외적인 것을 뜻하기 때문이고, 그리고 "올라오게 만든다"(making to come up)는 말은 고양이나 제고(提高)를 뜻하기 때문입니다. 그리고 "이스라엘 자손"은 교회를 뜻합니다. "이집트 땅"이 교회의 자연적인 것이나 외적인 것을 뜻한다는 것은 9391항의 인용내용을 참조하시고, "올라오게 한다"는 말이 외적인 것에서 내적인 것에로 올리는 것을 뜻한다는 것은 3084·4539·4969·5406·5817·6007항을 참조하시고, 따라서 자연적인 사람에게서 영적인 사람으로의 제고를 뜻합니다. "이스라엘 자손"이 교회를 뜻한다는 것은 9340항 인용내용을 참조하십시오.

[2] 이상에서 볼 때, 우리의 본문, "우리를 이집트 땅에서 데리고 나왔던 그 사람 모세로 말하면, 그가 어찌되었는지 우리는 알지 못합니다"는 말이 사람으로 하여금 외적인 것에서 내적인 것에로 고양시키고, 교회를 세우셨다는, 성언의 문자적인 뜻에서 뜻하는 것 이외의 성언 안에 있는 다른 신령진리가 무엇인지 전적으로 알지 못한다는 것을 뜻한다는 것은 명확합니다. 그래서 그들은 내적인 것이 결여된 외적인 것들 안에서 생각하고 말하는 자들과 같이 행하는 것을 뜻하고, 그리고 자기사랑이나 세상사랑 안에 있는 내적인 것이 결여된 외적인 것들 안에 있는 자들이 하는 것을 행한다는 것을 뜻합니다. 왜냐하면 이런 부류의 자들에게 있는 속사람은 닫혀 있고, 다만 겉사람만 열려 있기 때문입니다. 그리고 내적인 것이 결여된 겉사람은, 그가 성경말씀을 읽을 때 그는 짙은 흑암에 있다는 것을 압니다. 그 이유는 영적인 것에서 비롯된 빛이 없는, 영적인 것들 안에 있는 자연적인 빛은 짙은 흑암과 같고, 그리고 천계에서 비롯된 빛은 속사람을 통하여 겉사람에게 들어오고, 그것에 빛을 비추기 때문입니다. 이것으로 말미암아 수많은 이단사설(異端邪說)이 야기(惹起)되고,

그리고 몇몇 사람들에 의해서는 성경말씀은 이단사설의 책(the Book of Heresies)이라 부르고, 그리고 성경말씀에는 내적인 것이 있다는 것을 전적으로 모르는 것이라고도 합니다. 그리고 거기에 어떤 내적인 것이 있다고 생각하는 자들은 여전히 그것 안에 거짓말들이 있다는 것을 알지 못합니다. 이런 부류의 작자들이 바로 묵시록서에서(12장) 꼬리로 별들의 삼분의 일을 하늘에서 땅으로 내던졌다는 그 용이 뜻하는 자들입니다.

[3] 오늘날 우리 모두 성언의 신령한 것 자체가 성언의 문자적인 뜻이라는 것 이외의 다른 것을 어느 누구가 알고 있는지를 살펴 봅시다. 그러나 그들로 하여금 거기에서 비롯된 교리에 의한 것을 제외하면 이 뜻 안에 성언의 신령진리를 어느 누구가 알 수 있는지를 깊이 생각하게 하십시오. 그리고 그가 만약에 등잔을 위한 교리를 가지고 있지 않다면, 그가 어디서든지 그의 이해의 불영명(不英明)이나 그의 쾌락이 그 사람을 인도하고, 끌고 간다면, 그 사람은 온갖 과오(過誤)들에 도취(陶醉)된 것입니다. 등잔을 위한 교리는 내적인 것이 가르치는 것입니다. 따라서 그것은 내적인 뜻 자체인데, 그것은 비록 어느 누구가 그것을 알지 못한다고 해도, 내적인 것에서 비롯된 외적인 것 안에 있는 사람은, 다시 말하면 그의 속사람이 열려 있는 사람이라면, 어느 정도는 누구에게나 열려 있습니다. 왜냐하면 성언의 문자적인 뜻 안에 있는 것인 천계는 사람이 성경말씀을 읽을 때 그런 사람에게 입류하기 때문이고, 그 사람에게 빛을 비추고, 그 사람에게 지각을 주고, 따라서 그 사람을 가르치기 때문입니다. 아니, 만약에 여러분이 그것을 믿는다면 그 사람의 속사람은 성언의 속뜻 안에 있는 그것 자체에 속한 존재입니다. 그 이유는 그것이 바로 최소한의 형체 안에 있는 천계이기 때문입니다. 그리고 결과적으로 그것이 열려져 있을 때 그것은 천사들과 함께 천계에 있고, 그러므로 그것은 그들과 더불어 동일한 지각 안에 있습니

다. 이러한 내용이나 사실은 사람의 내면적인 총명적 개념들이 그의 자연적인 개념들과 같은 그런 것이 아니라는 것에서 잘 알 수 있습니다. 그럼에도 불구하고 그것들은 그것에 대응합니다.

[4] 그러나 이런 성질의 사람의 개념들은, 그가 육신을 입고 사는 동안에는 알 수 없습니다. 그러나 그가 저 세상에 왔을 때 그는 자발적으로 그것들 속에 들어갑니다. 그 이유는 그것들이 그 사람 안에 이식(移植)되었기 때문이고, 그리고 그것들에 의하여 그 사람은 천사들과의 친교(親交)의 상태에 즉시 있기 때문입니다. 이렇게 볼 때 내적인 것이 열린 사람은, 비록 그가 그것을 알지 못한다고 해도, 성언의 속뜻 안에 있다는 것은 명확합니다. 이것으로 인하여 그 사람은, 그가 성경말씀을 읽을 때, 그는 그가 가지고 있는 지식들에 의하여 가질 수 있는 빛에 일치하여 빛을 받습니다. 그러나 이런 자들이 어떤 사람인지는 9025 · 9382 · 9409 · 9410 · 9424 · 9430 · 10105 · 10324항을 참조하십시오.

10401. 아론이 그들에게 말하였다.

이 말씀이 내적인 것이 결여된, 성언의 외적인 것을 뜻하고, 그리고 교회와 예배의 외적인 것을 뜻한다는 것은 내적인 것이 결여(缺如)된 성언 · 교회 · 예배의 외적인 것을 가리키는, 여기서는 아론의 표징에서 잘 알 수 있습니다(10397항 참조). 이스라엘 민족이나 유대민족에게 교회가 있지 않고, 다만 교회의 표징만 있었다는 것, 따라서 내적인 것이 결여된 외적인 것만 있었다는 것은 아론에게서 명확한데, 그는 이런 성품이었지만, 대제사장이 되었고, 그에게는 교회의 가장 거룩한 것들이 위탁(委託)되었고, 그러므로 그는 다른 자들에 비하여 거룩하게 생각되었기 때문입니다. 왜냐하면 아론에 관해서, 금 송아지를 만들고, 그것 앞에 제단을 쌓고, 주 앞에서 절기를 지키자고 성언하였다고 언급되었기 때문이고, 그리고 그는 이 죄를 이 백성에게 초래(招來)하였기 때문이고, 그리고 그는 그들을 해이하게 만들었기 때문입니다(출애굽기 32 : 2, 4, 5, 21, 25, 35). 그리고 다른 곳에서는 여호와께서 아론에게 몹시 분노하셔서 그를 죽이려고 하셨지만, 모세는 그를 위하여 살려달라고 기도하였다고 언급되었습니다(신명기 9 : 20). 이런 것들이 아론의 마음이 우상숭배자들인 그 백성과 같다는 것을 암시(暗示)하고 있습니다(4208 · 4281 · 4820 · 5998 · 6877 · 7401 · 8301 · 8882항 참조). 그러나 이 민족에게는 내적인 것이 결여된 그저 단순한 교회의 외적인 것이 있었는데, 그럼에도 불구하고 거기에는 그것에 의한 천계와의 교류(交流)나 내통(內通)이 있었고, 그리고 만약에 그가 외적인 것안에 있을 때 그가 계율들에 일치하여 행동하고, 그것들을 존경(尊敬)하였다면 그 사람의 성품은 문제가 되지 않았습니다. 표징적인 것들이 그 인품을 중요시 여기지 않고, 오히려 표징되는 것을 중시합니다(665 · 1097 · 3670 · 4218 · 4281 · 4288 · 4444 · 8588항 참조).

10402. 여러분의 아내와 아들들, 딸들이 귀에 달고 있는 금고리들을 빼어라.

이 말씀이 성언의 문자적인 뜻에서 외적인 사랑들이나 그것에서 파생된 원칙들을 지지(支持), 선호하는 것을 발췌(拔萃)하는 것을 뜻한다는 것은, 주제가 이것을 다루는 것이기 때문에, 여기서는 성언의 문자적인 뜻에서 발췌하는 것을 가리키는 "빼낸다"(=빼내어라)는 말의 뜻에서, 그리고 복종(服從)의 표징적인 증표(證票)들이나 외적인 사랑들의 쾌락의 인지(認知 · 알림 · noticing)를 가리키는 "그들의 귀들에 있는 금고리들"의 뜻에서 잘 알 수 있습니다. 왜냐하면 여기서 "귀들"(ears)은 복종이나 알림을 뜻하기 때문이고, "금"이 사랑의 선을, 여기서는 외적인 사랑들의 기쁨들이나 쾌락들을, 따라서 금고리들이 이런 사랑들의 표징적인 증표들을 뜻하기 때문입니다. "귀들"이 복종이나 알림(=인지)을 뜻한다는 것은 2542 · 4652-4660 · 8990 · 9397 · 10061항을 참조하시고, 그리고 "금"이 사랑의 선을 뜻한다는 것은 1551 · 1552 · 5658 · 6914 · 6917 · 9510 · 9874 · 9881항을 참조하십시오. 그러므로 자기사랑이나 세상사랑을 가리키는 외적인 사랑들에 관해서 언급할 때, "금"은 이런 사랑들의 기쁨(=쾌락)을, 따라서 악을 뜻하고(8932항 참조), 이것으로 말미암아 "귀고리들"은 복종이나 알림(=인지)의 표징적인 증표들을 가리킨다는 것은 4551항을 참조하십시오. 그리고 교회의 선들을 가리키는 "부인"(=여인)의 뜻에서(3160 · 4823 · 6014 · 7022 · 8337항 참조), 결과적으로 반대의 뜻에서 그것의 악들의 뜻에서(409항 참조), 진리들을 가리키는, 그리고 나쁜 뜻으로는 거짓들을 가리키는 "아들들"의 뜻에서(489 · 491 · 533 · 1147 · 2623 · 2803 · 2813 · 3373 · 3704 · 4257 · 6583 · 6584 · 9807항 참조), 그리고 진리와 선의 정동들을 가리키는, 그러므로 나쁜 뜻으로는 거짓이나 악의 정동들(=욕망들)을 가리키는 "딸들"의 뜻에서(2363 · 3963 · 6729항 참조) 잘 알 수 있습니다. 이렇게 볼 때 우리의 본문, "아내와 아들들, 딸들의 귀에 달고 있는 금고리들을 빼어라"는 말이 외적인 사랑들의 쾌락이나 그것에서 파생된 원칙에 복종하고 선호하는 것의 인지(=알림)을 가리키는 그런 것들을 성언의 문자적인 뜻에서 발췌하는 것을 뜻한다는 것은 명확합니다.

[2] 귀고리들이 복종이나 알림(=인지)의 증표들이라는 것은 호세아서의 말씀에서 명확합니다.

고발하여라. 너희 어머니를 고발하여라.
그는 이제 나의 아내가 아니며,
나는 그의 남편이 아니다.
그의 얼굴에서 색욕을 없애고,
그의 젖가슴에서
음행의 자취를 지우라고 하여라!

그렇게 하지 않으면,
그가 처음 태어나던 날과 같이,
내가 그를 발가벗겨서 내버릴 것이다.
그리하여 내가 그를
사막처럼 메마르게 하고,
메마른 땅처럼 갈라지게 하여,
마침내 목이 타서 죽게 하겠다.……
그는 자랑하기를
'나는 나의 정부들을 따라가겠다.
그들이 나에게 먹을 것과 마실 것을 대고,
내가 입을 털옷과 모시옷과,
내가 쓸 기름과
내가 마실 술을 댄다' 하는구나.……
바로 내가 그에게
곡식과 포도주와 기름을 주었으며,
또 내가 그에게 은과 금을
넉넉하게 주었으나,
그는 그것을 전혀 모르고
그 금과 은으로
바알의 우상들을 만들었다.……
정부들이 저에게 준 몸값이라고 자랑하던
포도나무와 무화과나무들을
내가 모조리 망쳐 놓을 것이다.
내가 그것들을 수풀로 만들어서,
들짐승들이 그 열매를 따먹도록 할 것이다.
또 바알 신들에게 분향하며
귀고리와 목걸이로 몸단장을 하고,
정부들을 쫓아다니면서
나를 잊어버린 그 세월만큼,
내가 이제 그에게 모든 벌을 내릴 것이다.
(호세아 2 : 1-13)

"바알 신들에게 분향하고, 귀고리로 바알 신을 몸단장한다"는 말은 바알 신들을 예배하고, 그것들에게 복종하는 것을 뜻합니다.
[3] 우리의 본문장에 전술(前述)된 것들은 내적인 것이 결여된 성언의 외적인 뜻의 성질(=본성)이 무엇인지를 그것에 의하여 알게 하기 위하여 부연된 것이고, 그리고 내적인 것과 함께 그것이 무엇인지, 따라서 내적인 것이 결여된 외적인 것 안에 있는 자들이 어떤 방법으로 성언을 깨닫는지, 그리고 내적인 것에서 비롯된 외적인 것들 안에 있는 자들이 어떤 식으로 그것을 깨닫는지 알게 하기 위한 것입니다. 내적인 것에서 분리된 외적인 것들 안에 있는 자들은 문자에 일치하는 것 이외의 다른 말씀을 이해, 파악할 수 없습니다. 이 말은, 곧 그들이 이스라엘 자손의 어머니와 싸운다(=고발한다)는 말로, 그리고 그녀는 아내로서 더 이상 여호와에 의하여 사랑을 받지 못한다는 말로, 그리고 만약에 그녀가 자신에게서 색욕(色慾)이나 음행의 자취를 지우지 않으면 그녀는 발가벗겨질 것이고, 사막처럼 메마르게 할 것이라는 것, 그리고 여호와께서는 그녀의 아들들에게 어떤 동정심도 가지고 있지 않을 것이라는 말로 알고, 파악할 것입니다. 그 이유는 그녀가, 그녀에게 빵과 물과 털옷과 모시옷을 주는 그녀의 애인들(=정부들)을 뒤따라가겠다고 말하였기 때문이고, 그리고 그녀는 여호와께서 그녀에게 곡식과 포도주와 기름을 주지 않았고, 바알의 우상들을 만들 은과 금을 넉넉하게 주지 않았다고 말하였기 때문이고, 이런 이유 때문에 그녀의 포도나무와 무화과나무들이 모두 망쳐졌고, 그리고 그녀에게 재앙이 닥칠 것인데, 그 이유는 그녀가 바알 신들에게 분향하고, 귀고리를 걸어주고, 몸단장을 하고, 정부들(=애인들)이나 행음자들을 쫓아다니고, 여호와를 잊어버렸기 때문이라는 것입니다.
[4] 이러한 내용이 문자의 뜻입니다. 그리고 내적인 것이 결여

된 외적인 것들 안에 있는 자들은 그 말씀을 그러한 것으로 이해합니다. 왜냐하면 그래서 오늘날 유대 사람은 그렇게 이해하였기 때문이고, 그리고 어떤 기독교인들도 그와 같이 이해하기 때문입니다. 그러나 이러한 내용이 성언의 뜻이 아니라는 것을 어떤 조요의 상태에 있는 자들에 의하여 잘 알 수 있기 때문입니다. 이런 인물들은 그 때 그녀에 관해서 그런 것들이 언급된 "어머니"를 어머니로 이해하지 않고, 다만 교회로 이해합니다. 그 민족에게 있었던 그런 것들은, 그 때 그녀에 관해서 언급된 개별적인 것들이 뜻하는 그 교회의 어떤 것으로 파악하였습니다. 왜냐하면 이런 것들은 제일 먼저 언급된 것에서, 즉 제일 처음의 주제에서부터 그 순서에 따라서 이어지고 있기 때문입니다. 예를 들면 "색욕이나 음행" "정부들" "아들들" "빵들" "물들" "모시옷" "곡식" "포도주" "기름" "은" "금" "포도나무와 무화과나무" 그리고 "향"과 "귀고리"가 되겠습니다.

[5] 이런 것들의 각각이 무엇인지는 속뜻 이외의 다른 근원에서는 전혀 알 수 없습니다. 속뜻에서 "어머니"와 "아내"는 교회를 뜻하고, "발가벗겨졌다" "사막처럼 되었다"는 말은 사랑의 선들이나 믿음의 진리들이 없다는 것을 뜻합니다. 그녀가 그런 것들을 잃게 될 믿음의 진리들이나 사랑의 선들은 "아들들"이, "빵과 물"이, "털옷과 모시옷"이, "곡식"·"포도주"·"기름"·"은"·"금"이, 그리고 마지막으로는 "포도나무와 무화과나무"가 뜻합니다. 진리들이나 선들의 자리에 이어진, 거짓들이나 악들에 대한 복종에서 비롯된 예배 자체는 "바알 신들에게 분향하고, 귀고리를 걸어주고, 몸단장을 한다"는 말이 뜻합니다. 여기서 "어머니"가 교회를 뜻한다는 것은 289·2691·2717·4257·5581항을 참조하시고, "아내" 또한 그러하다는 것은 252·253·409·749·770·7022항을 참조하시고, "발가벗겨진다"는 말은 사랑의 선들이나 믿음의 진리들이 빼앗길 것이다는 것을 뜻하고

(9960항 참조), "메마른 사막"(=광야)은 교회에 속한 진리나 선이 전혀 없는 상태를 뜻하고(2708 · 3900 · 4736 · 7055항 참조), "매춘부들"은 진리의 위화(僞化)를 뜻하고(2466 · 2729 · 4865 · 8904항 참조), 결과적으로 "정부들"은 위화하는 자들을 뜻하고, "아들들"은 진리들이나, 나쁜 뜻으로는 거짓들을 뜻하고(489 · 491 · 533 · 1147 · 2623 · 2803 · 2813 · 3373 · 3704 · 4257 · 6583 · 6584 · 9807항 참조), "빵과 물"(=먹거리와 마실거리)은 사랑의 선과 믿음의 진리를 뜻하고(9323항 참조), "털옷"(=양털 · wool)은 겉사람 안에 있는 선을 뜻하고(9470항 참조), "모시옷"은 그것 안에 있는 진리를 뜻하고(7601 · 9959항 참조), "곡식"은 진리의 근원인 선을 뜻하고(5295 · 5410 · 5959항 참조), "포도주"(=새 포도주)는 그것에서 파생된 진리를 뜻하고(3580항 참조), "기름"은 천적인 선을 뜻하고(9780 · 10261항 참조), "은"은 진리를, "금"은 일반적으로 선을 뜻하고(1551 · 1552 · 5658 · 6914 · 6917 · 9881항 참조), "포도나무"는 내적인 영적 교회를 뜻하고(1069 · 6376 · 9277항 참조), "무화과나무"는 영적인 교회의 외적인 선을 뜻하고(217 · 4231 · 5113항 참조), "분향한다"는 것은 예배를 뜻하고(10177 · 10298항 참조), 그리고 "귀고리"는 복종의 표징적인 증표를 뜻하고(4551항 참조), 결과적으로 "귀고리를 건다"(=단다)는 말은 복종하는 것을 뜻합니다.

[6] 이런 것들이 문자적인 문장들이나 표현들 대신에, 또는 그것들과 함께 이해될 때, 그 때 그것은, 그것이 영적으로 지각될 때 성언의 본질(本質 · nature)이 무엇인지 잘 드러납니다. 따라서 그것의 영적인 것에 대한 그것의 본질이 무엇인지 잘 드러납니다. 이 뜻에서 성경말씀을 읽는 자들은 모두 주님에 의하여 간수(看守)되지만, 그러나 그들에게 있는 내면적인 것들이 열린 것을 제외하면 어느 누구에 의해서도 수용되지 않습니다. 그리고 그것은 지식들 안에 수용되기 때문에, 그러므로 그것은 그들의 이해

에 일치하여 수용되고, 그리고 그들이 가지고 있는 지식들에 의한 정도나 방법으로 이것은 밝혀질 수 있습니다. 이밖에도 일반적으로 그들은 성언에서 비롯된 거룩한 감화력에 의하여 감동됩니다.

10403. 그것들(=금귀고리들)**을 나에게 가져 오시오.**
이 말씀이 하나로 합쳐진 것을 뜻한다는 것은 외적인 사랑들이나 거기에서 파생된 원칙들을 선호하는 것들을 성언의 문자적인 뜻에서 하나에게로 집합(集合)시키는 것을 가리키는 "아론에게 가져온다"는 말의 뜻에서 잘 알 수 있습니다. "그들의 아내들, 아들들과 딸들의 귀에 있는 금귀고리들을 아론에게 가져온다"는 말이 이런 내용을 뜻하다는 것은 바로 위에서 설명, 입증된 내용에서 잘 알 수 있습니다(10402항 참조).

10404. 모든 백성이 저희 귀에 단 금고리들을 빼서 그것들을 아론에게 가져 왔다.
이 말씀이 그 결과를 뜻한다는 것은 별 설명이 없이도 잘 알 수 있겠습니다.

10405. 아론이 그들에게서 그것들을 받아 녹였다.
이 말씀이 그들의 자아를 선호하는 것(=지지하는 것)을 뜻한다는 것은 자신의 것으로서 그런 것들을 받는다는 것을 가리키는, 따라서 자기 자신의 것에 속한, 또는 자기 자신의 것을 지지, 선호하는 것을 수용하는 것을 가리키는 어느 누구의 "손에서 받는다"는 말의 뜻에서 잘 알 수 있습니다. 왜냐하면 "손"(hand)은 사람의 능력이나 할 수 있는 힘을 뜻하기 때문입니다. 결과적으로 그의 어떤 것을 뜻하기 때문입니다(10019 · 10041 · 10082항 참조).

10406. 그는 녹인 금을 거푸집(=주조하는 도구)**에 넣어서 상을 만들었다.**
이 말씀이 그들 자신의 총명에서 비롯된 것을 뜻한다는 것은, 신상에 관해서 언급할 때 자기사랑이나 세상사랑의 지지에서 성언의 문자적인 뜻의 적용에 의하여 이루어진 것인, 어느 누구의 총명들에서 비롯된 거짓 교리를 장만하는 것을 가리키는 “거푸집(=주조하는 도구)으로 모양을 만든다”는 말의 뜻에서 잘 알 수 있습니다. 왜냐하면 이런 사랑들이 지배할 때, 그 사람은 천계에서 비롯된 빛의 상태(=조요의 상태)에 있지 않고, 오히려 자기 자신의 총명에서 비롯된 것들을 취하고, 그리고 성언의 문자적인 뜻에서 그것들을 확증하기 때문입니다. 그는 그것을 잘못된 적용이나, 뒤바뀐 해석에 의하여 위화하고, 그 뒤에는 그는 그런 것들을 지지, 선호하는데, 그 이유는 그것들이 그 사람 자신에게서 비롯된 것이기 때문입니다.

[2] 성경에는 두루 “조각된 형상들”(=주조한 형상들)이나 “주상들”(鑄像 · molten images)이 언급되고 있습니다. 성경말씀을 그저 단순하게 문자적인 뜻에 따라서 이해, 파악하는 자들은 이런 주상들이 우상(偶像)들이나 신상(神像)들을 뜻한다고 여길 것입니다. 그럼에도 불구하고 그것들은 우상들이나 신상들을 뜻하지 않고, 오히려 교회에 속한 거짓된 교리적인 것들을 뜻합니다. 이러한 것들은 자신의 어떤 사랑의 지도나 안내 하에 있는 그 사람 자신에 의하여 날조(捏造)된 것입니다. 그리고 마치 진리들처럼 보이려고 하는 이런 거짓들의 날조가 바로 “주상”(a graven image)이 뜻하는 것입니다. 외적인 사랑들의 지지, 선호에 의하여 그것들의 결합이 이루어지기 때문에, 그러므로 악들이 선처럼 보인다는 것이 바로 주상들이 뜻하는 것입니다. “금송아지”가 이런 내용을 뜻하기 때문에, 그러므로 아론이 “거푸집으로 그것을 만들었다”고 언급되었는데, 그것은 마치 그것들이 진리들처럼 보이기 위하여 거짓들을 형성(形成)하는 것(=꾸미는 것)을 뜻합니다. 그리고 “그가 송아지 상을 만들었다”고 언급된 그 말이 뜻합니다. 그 뒤에 그가 “금붙이들을 불에 넣었고, 그리고 수송아지가 생겨났

다”(24절)는 말은 외적인 사랑들을 지지하여 결합하고, 그래서 악들이 선들처럼 보이는 것을 뜻합니다. 더욱이 주님에게서 비롯된 것이 아니고, 사람에게서 만들어진 모든 교리의 경우는 더욱 더 그러합니다. 그리고 사람이 자신의 광영이나 자신의 재물을 목적으로 가질 때 그것은 사람에게서 만들어집니다. 그러나 이웃의 선이나 주님나라의 선이 목적으로 여겨질 때 그것은 주님에게서 비롯된 것입니다.

[3] 이러한 내용이 아래의 장절에서 “우상들”(graven images)이나 “주조된 형상들”(=주상 · 鑄像 · molten images)이 뜻합니다. 이사야서의 말씀입니다.

> 너는,
> 네가 조각하여 은을 입힌 우상들과,
> 네가 부어 만들어 금을 입힌 우상들을,
> 부정하게 여겨, 마치 불결한 물건을
> 내던지듯 던지면서
> “눈 앞에서 없어져라” 하고 소리 칠 것이다.
> (이사야 30 : 22)

여기서 “조각하여 은을 입힌 우상들”은 그것들이 마치 진리들처럼 보이는 거짓들의 외현(外現)을 뜻하고, “부어 만들어 금을 입힌 우상들”은 그것들이 마치 선들처럼 보이는 악들의 외현을 뜻합니다. 왜냐하면 “가린다”(covering)나 “입힌다”(clothing)는 말은 드러내진 외적인 외현들을 뜻하고, 그리고 또한 그런 것으로 감싸진 외적인 외현들을 뜻하기 때문입니다. “은”이 진리를 뜻하고, 따라서 “조각하여 만들어진 우상들”은 “은으로 만들어졌다”고 언급되었고, 그리고 “금”은 선을 뜻합니다(1551 · 1552 · 5658 · 6914 · 6917 · 9874 · 9881항 참조).

[4] 다시 이사야서의 말씀입니다.

우상이란 대장장이가 부어 만들고,
도금장이가 금으로 입히고,
은사슬을 만들어 걸친 것이다.
금이나 은은 구할 형편이 못되는 사람은
썩지 않는 나무를 골라서 구하여 놓고,
넘어지지 않을 우상을 만들려고
숙련된 기술자를 찾는다.
(이사야 40 : 19, 20)

여기에는 그것들이 마치 진리들인 것처럼 결합하고, 나타내기 위하여 거짓들을 형성하는 것이 기술되었습니다. "부어 만든 우상"은 이 거짓을 뜻하고, "숙련된 기술자"는 자신의 총명으로 그것을 만드는 사람을 뜻합니다. "금으로 입히는 도금장이"는 그가 선처럼 보이게 하는 때를 뜻합니다. "은사슬을 만들어 걸친다"(= 그가 은사슬을 주조한다)는 말은 밀착(密着)에 의한 것을 뜻하고, "움직이지 않게 한다"는 말은 이것 때문에 약해질 수 없고, 파괴될 수 없는 것을 뜻합니다.
[5] 역시 같은 책의 말씀입니다.

새긴 형상을 만드는 자들은 모두 다 허망하도다. 그들을 기뻐하는 것들은 유익하지 못하리니, 그들이 그들 자신의 증인들이라. 그들은 보지도 못하고 알지도 못하여, 수치를 당하리라. 누가 아무것도 유익하지 못한 신을 만들었으며, 새긴 형상을 부어 만들었느냐? 보라, 그의 모든 동료들이 수치를 당하게 될 것이라. 그 기술공들은 사람들이니, 그들도 모두 함께 모이게 하고 일어서게 하라. 그들이 두려워하며 함께 수치를 당하리라. 집게를 가진 대장장이는 숯불에 가공하여 망치들로 그것을 치고 그의 팔힘으로 그것을 만드나니, 실로 그는 주리고 힘이 빠지며 물도 마시지 못하여 기진하는도다. 목공은 줄자를 늘려 재고, 철필로 표를 하고, 대패로 밀고, 콤파스로 그어서, 사람의 모양을 따라 사람의 아름다움대로 만들어 집에 두리라.
(이사야 44 : 9-13)

여기서도 역시 마찬가지로 거짓된 교리적인 것들이 형성되어, 그러므로 그것들이 서로 결합하고, 진리들처럼, 또는 선들처럼 드러났다는 것이 기술되었습니다. 각각의 구체적인 것은 이것이 어떻게 이루어졌는지 기술되었고, 그 때 그것들은 쾌락이나 욕망이나 애욕들의 인도나 지시하에 있는 사람의 자신의 총명에서 행해진 것이 기술되었습니다. 이것이 사실이라는 것은, 성경 안에 있는 모든 것들이 내적인 뜻을 가지고 있다는 것을 아는 자들에게 의하여 이해될 수 있습니다. 내적인 뜻에 의하여 그것들은 영적으로 이해됩니다. 만약에 그렇지 않다면 무슨 목적에서 조각된 형상에 관해서 기술되었겠습니까? 그것이 진리처럼, 그리고 선처럼 보이기 위한 것이라는 것은 "사람의 아름다움에 따라서 인간의 형체로 그것을 형성하였다"는 말이 뜻합니다. 왜냐하면 속뜻으로 "사람"(=사내)은 진리를 뜻하고 "인간"은 이 진리의 선을 뜻하기 때문입니다.
[6] 예레미야서의 말씀입니다.

사람은 누구나 어리석고
지식이 모자란다.
은장이는 자기들이 만든 신상 때문에,
모두 수치를 당한다.
그들이 금속을 부어서 만든 신상들은
속임수요,
그것들 속에는 생명이 없기 때문이다.
(예레미야 10 : 14 ; 51 : 17)

"만든 신상"(=새긴 신상 · a graven image)은 여기서 사람의 자기 총명에서 비롯된 것을 뜻하고, "부어서 만든 신상"(a molten image)은 그 사랑에 일치하는 것을 뜻한다는 것은 명확합니다. 왜냐하면 "모든 사람이 자기 지식에 의하여 우둔하고, 모든 주물쟁이(=은장이)가 새긴 형상으로 수치를 당한다"라고 언급하였기 때문이고, 그리고 "그의 부어 만든 형상(=신상)은 거짓되다"(=속임수요)라고 언급되었기 때문입니다. 여기서 "지식"은 사람의 자기 총명을 뜻하고, "거짓말"(=속임수 · lie)은 악에 속한 거짓을 뜻합니다. 그 이유는 그것들 안에 신령한 것이 없기 때문입니다. 그래서 "그것들 속에는 호흡(=생명)이 없다"고 언급되었습니다.
[7] 또 같은 책의 말씀입니다.

칼이 그들의 말과 병거와
그들 가운데 있는 모든 외국 군대를 치니,
그들이 모두 무기력해진다.
칼이 그 땅의 보물 창고를 치니,
보물이 모두 약탈을 당한다.
가뭄(=칼)이 땅의 물을 치니,
물이 말라 버린다.
바빌로니아는
온갖 우상을 섬기는 나라이니,
그 땅에 사는 사람들이
그 끔찍스러운 우상들 때문에
미쳐 버릴 것이다.
(예레미야 50 : 37, 38)

"온갖 우상을 섬기는 나라"(=조각한 형상의 땅)는 거짓이 지배하는 곳인, 교회를 뜻한다는 것은 영적인 뜻으로 이해되는 그것의 모든 것들에서 명확합니다. 만약에 이 뜻이 없다면, "칼이 그들의 말과 병거와 보물 창고(=보물)를 친다"는 말이 무엇이고, 그리고 "가뭄이 땅의 물을 친다"는 것이 무엇이겠습니까? 그러나 그것들 안에 어떤 영적인 것이 없다면 그것은 울리는 낱말들이겠지요? 이에 반하여 그것의 속뜻으로 이해되는 모든 구체적인 것에서 진리의 측면에서 교회의 파괴가 기술되었고, 따라서 온갖 거짓들이 거기에서 통치한다는 것이 기술되었다는 것은 명확한데, 그것이 바로 "온갖 우상을 섬기는 나라"(=그 땅이 조각한 형상의 땅)를 가리킵니다. 왜냐하면 여기서 "칼"은 진리에 대항하여 싸우고, 진리들을 파괴하는 거짓을 뜻하기 때문입니다. 그리고 "말들"은 조요된 이해를 뜻하기 때문이고, "병거들"은 교리적인 것들을 뜻하기 때문이고, "보물"(=재물들)은 진리의 지식들이나 선의 지식들을 뜻하기 때문입니다. 그리고 "가뭄이 그것 위에 있는 물"(=가뭄이 치는 물)은 진리들을 뜻하고, 그것들이 더 이상 전혀 없는 것을 뜻하고, "땅"(=나라)은 교회를 뜻하기 때문입니다. "칼"(a sword)이 거짓에 대항하여 싸우는 진리를 뜻한다는 것, 그리고 나쁜 뜻으로는 진리에 대하여 싸우는 것이나, 그것들을 파괴하는 거짓을 뜻한다는 것은 2799・6353・7102・8294항을 참조하시고, "말들"(horses)이 조요된 이해를 뜻한다는 것은 2760-2762・3217・6534항을 참조하시고, "병거들"(兵車・chariots)이 교리적인 것들을 뜻한다는 것은 5321・8146・8148・8215항을 참조하시고, "재물"(=보물)이 진리나 선의 지식들을 뜻한다는 것은 10227항을 참조하시고, "물"(waters)이 진리들을 뜻한다는 것은 2702・3058・3424・4976・5668・8137・8138・8568・9323・10238항을 참조하시고, "나라"나 "땅"(land or earth)이 교회를 뜻한다는 것은 9325항의 인용내용을 참조하십시오. 이렇게 볼 때 "그것들을 말리는 물 위의 가뭄"(=가뭄이 물을 치니 물이 말라 버린다)이 무엇을 뜻하는지, 그리고 "조각한 형상의 땅"(=온갖 우상을 섬기는 나라)이 무엇을 뜻하는지 잘 알 수 있겠습니다.
[8] 하박국서의 말씀입니다.

우상을 무엇에다 쓸 수 있겠느냐?
사람이 새겨서 만든 것이 아니냐?
거짓이나 가르치는, 부어 만든 우상에게서
무엇을 얻을 수 있겠느냐?
그것을 만든 자가
자신이 만든 것을 의지한다고 하지만,
그것은 말도 못하는 우상이 아니냐? (=새긴 형상이 그것을 새겨 만든 자에게 무엇이 유익하겠으며, 부어 만든 형상과 거짓말의 선생을 만든 자가 그것을 신뢰하는 것이 그 만든 자에게 무슨 유익이 있겠느냐? 그것들은 말도 못하는 우상들이다).
(하박국 2 : 18)

이 장절에서 보면, "새긴 형상"(a graven image)이나 "부어 만든 형상"(a molten image)은 새긴 형상이나 부어 만든 형상을 뜻하지 않고, 다만 날조(捏造)한 거짓을 뜻하고, 그리고 거짓이 지켜주는 악을 뜻합니다. 왜냐하면 "그의 날조를 만든 자"(=그의 발명품을 만든 자)나 "거짓말의 선생"이라고 언급되었기 때문입니다.
[9] 아래의 장절에서 "새긴 형상"(a graven image)이나 "부어 만든 형상"(a molten image)은 동일한 내용들을 뜻합니다.

바빌론이 함락되었다!
바빌론이 함락되었다!
조각한 신상들(=조각한 형상들)이
모두 땅에 떨어져서 박살났다!
(이사야 21 : 9)

깍아 만든 우상(=새긴 형상)을 믿는 자와,
부어 만든 우상(=부어 만든 형상)을 보고
'우리의 신들이십니다' 하고 말하는 자들은,
크게 수치를 당하고 물러갈 것이다.
(이사야 42 : 17)
옛적부터 내가 네게 알리고……
네게 들려준 까닭은, 네가
'내 우상이 이 일을 이루었으며,
내가 조각한 신상과 부어 만든 신상이
이 일을 명령한 것이다'
하고 말하지 못하게 하려는 것이다.
(이사야 48 : 5)
내가 부르면 부를수록,
이스라엘은 나에게서 멀리 떠나갔다.
짐승을 잡아서
바알 우상들에게 희생제물로 바치며,
온갖 신상들에게 향을 피워서 바쳤다.
(호세아 11 : 2)
새겨서 만든 우상을 모두 박살내고,
몸을 팔아서 모은 재물을 모두 불에 태우고,
우상을 모두 부수어서
쓰레기 더미로 만들겠다(=그 곳의 모든 우상들을 황폐케 하겠다).
몸을 팔아서 화대로 긁어 모았으니,
이제, 모든 것이
다시 창녀의 몸값으로 나갈 것이다.
(미가 1 : 7)

[10] "새긴 형상과 부어 만든 신상"이 뜻하는 교리에 속한 거짓들이나 악들이 사람의 사랑의 지시나 안내 하에 있는 사람의 자기 총명에 의하여 날조(捏造)된 것이기 때문에, 그러므로 성경에

서 이것들은 “사람의 손의 작품”(the work of man's hand) “세공업자들의 손의 작품”(the work of the hands of the artificer)이나 “일하는 사람의 작품”(the work of the hands of the workman)이라고 불리웠습니다. 이러한 것은 아래의 장절에 잘 드러나고 있습니다.

그들은 거듭 죄를 짓고 있다.
은을 녹여 거푸집에 부어서
우상들을 만든다.
재주껏 만든 은 신상들,
그것들은 모두
세공업자들이 만든 것인데도,
그들은,
이 신상 앞에 제물을 바치라고 하면서,
송아지 신상들에게 입을 맞춘다.
(호세아 13 : 2)
대장장이를 시켜서, 주께서 역겨워하시는 우상을 새기거나 부어 만들어서, 그것을 은밀한 곳에 숨겨 놓는 자는 저주를 받는다.
(신명기 27 : 15)
이방 나라의 우상은
금과 은으로 된 것이며,
사람이 손으로 만든 것이다.
(시편 115 : 4 ; 135 : 15)
내가 이렇게 내 백성을 심판하는 까닭은,
그들이 나를 버리고 떠나서
다른 신들에게 향을 피우고,
손으로 우상을 만들어서
그것들을 숭배하는 죄를 저질렀기 때문이다.
(예레미야 1 : 16)
그들의 우상은 숲 속에서 베어 온 나무요,

조각가가 연장으로 다듬어서 만든
공예품이다.
그들은 은과 금으로 그것을
아름답게 꾸미고,
망치로 못을 박아 고정시켜서,
쓰러지지 않게 하였다.
(예레미야 10 : 3, 4)

[11] "손으로 만든 작품"은 사람의 고유속성(=자아)에서 비롯된 것, 따라서 사람의 자기 이해에서 비롯된 것이나, 자기 자신의 의지에서 비롯된 것을 뜻합니다. 그리고 이런 것들은 사람의 자아에서, 즉 자기사랑에 속한 이해나 의지에서 비롯된 것들입니다. 이것은 곧 교회 안에 있는 모든 거짓들의 근원이고, 씨앗입니다. 모든 거짓들이 사람의 고유속성에게서 비롯되기 때문에, 그리고 "손들의 작품들"이 이것에서 비롯된 것을 뜻하기 때문에, 그러므로 제단이나 성전을 축조(築造)할 때, 그 돌들에게 철이나 도끼나 다듬는 도구 따위를 쓰는 것을 금지하고 있습니다. 이러한 사실은 아래의 장절들에게서 명확합니다.

너희가 나에게 제물을 바칠 제단을 돌로 쌓고자 할 때에는 다듬은 돌을 써서는 안 된다. 너희가 돌에 정을 대면, 그 돌이 부정을 타게 된다.
(출애굽 20 : 25)
주 너희의 하나님께 드리는 제단을 만들되, 쇠 연장으로 다듬지 않은 자연석으로 제단을 만들어라.
(신명기 27 : 5)
돌은 채석장에서 잘 다듬어낸 것을 썼으므로, 막상 성전을 지을 때에는, 망치나 정 등, 쇠로 만든 어떠한 연장 소리도, 성전에서는 전혀 들리지 않았다.
(열왕기 상 6 : 7)

이러한 것들이 부연된 것은 아론이 "그 녹인 금을 거푸집에 부어 송아지 상을 만들었다"는 우리의 본문이 뜻하는 것이 무엇인지를 알게 하기 위해서입니다.

10407. 그것으로 송아지 상을 만들었다(=주조한 송아지를 만든 후에 새기는 도구로 모양을 만들었다).
이 말씀이 그 민족의 사랑들(=애욕들)의 쾌락(=기쁨)에 인도하는 것을 뜻한다는 것은, 이것에 관해서는 아래에서 언급하겠지만, 외적인 선, 즉 자연적인 선을 가리키는 "송아지"(a calf)의 뜻에서, 그리고 외적인 사랑들(=애욕들)의 지지에서 형성된 예배를 가리키는 "주조"(鑄造 · molten)의 뜻에서(10406항 참조), 잘 알 수 있습니다. 이스라엘 민족이 우리의 본문장에서 다루어지고 있기 때문에, 그리고 그 민족이 내적인 것이 결여된 외적인 것들 안에 있기 때문에, 따라서 외적인 사랑들(=애욕들) 안에 있기 때문에, 그러므로 "그 민족의 사랑들(=애욕들)에 속한 쾌락(=기쁨)에 일치한 것"이라고 언급하였습니다. 왜냐하면 "송아지"는 이 우상(=신상)이 뜻하는 쾌락(=기쁨)을 뜻하는 것이기 때문입니다.
[2] 표징적인 예배 안에 있었던 옛 사람들은 다양한 종류의 짐승들이 뜻하는 것이 무엇인지 알고 있었습니다. 왜냐하면 각각의 짐승은 그것 자체의 뜻을 가지고 있고, 그리고 이것에 일치하여 그것들은 천계에서 나타나 보이기 때문입니다. 결과적으로 성경에서 그것들이 언급된 것에 일치하기 때문이고, 그리고 또한 번제물이나 희생제물에 채용된 것도 이것에 일치하기 때문입니다. "송아지"(a calf)가 겉사람이나 자연적인 사람 안에 있는 이노센스의 선(=순진무구의 선)이나 인애의 선을 뜻하지만(9391 · 9990 · 10132항 참조), 그러나 이와 같은 경우는 내적인 것이 결여된 외적인 것들 안에 있는 경우이지만, 그 때 "송아지"는 자연적인 기쁨이나 감관적인 쾌락을 뜻하는데, 그것은 곧 즐거움에 속한 기

뿜이고, 탐욕이나 자기사랑이나 이 세상에 속한 쾌락을 가리킵니다. 내적인 것이 결여된 외적인 것들 안에 있는 자들이 이런 쾌락들 안에 있고, 그리고 그들이 예배하는 것이 그런 것입니다. 왜냐하면 사람은, 자기가 다른 것에 비하여 월등하게 사랑하는 것을 예배하기 때문입니다. 사실 그들은 우주의 하나님(the God of the universe)을 예배한다고 말하지만, 그러나 그들은, 마음에서가 아니고, 입으로만 이런 것을 말할 뿐입니다. 이런 작자들이 주조된 송아지를 예배하는 자들이 뜻합니다.

[3] 이집트 사람들은 다른 민족에 비하여 월등히 이런 성품을 지녔습니다. 그들은 다른 민족에 비하여 대응들의 과학(對應科學 · the science of correspondences)이나 표징들의 과학(the science of representations) 가운데 있기 때문에, 그들은 결과적으로 자기 자신을 위한 다종의 우상들을 만들었습니다. 이러한 사실은 오늘날까지 남아 있는 이집트 사람의 우상들에게서 잘 알 수 있습니다. 그러나 그들의 으뜸적인 우상은 송아지였는데, 그들은 그것에 의하여 예배에서 그들의 외적인 선을 나타내려고 하였습니다. 그러나 그들이 다른 민족에 비하여 그 과학에 정통(精通), 조예(造詣)가 깊어지게 되었을 때, 대응의 과학이나 표징의 과학은 그들에게서는 마술(魔術 · magic)로 변하였고, 그 때 송아지는 반대적인 뜻을 드러냈는데, 그것이 곧 외적인 사랑들의 쾌락이었습니다. 그리고 송아지가 그들의 신전(神殿)에 자리를 잡게 되고, 하나님(神)으로서 예배하게 되었을 때 그것은 예배 안에 있는 그런 부류의 쾌락을 뜻하였습니다.

[4] 이스라엘 민족이 그것과 함께 이런 우상숭배적인 것들을 이집트에서 들여왔기 때문에, 그러므로 그것들을 그 민족에게 적용하였기 때문에, 그 송아지가 그들에 의하여 신으로 예배되었을 때, 그것은 예배에서 그 민족의 사랑들(=애욕들)의 쾌락을 뜻하였습니다. 그들의 사랑들의 성질에 대해서는 앞에서 설명, 인용된

내용에서(10396항 참조) 잘 알 수 있습니다. 왜냐하면 그 때 그들은, 그들이 오늘날에서와 같이, 다른 민족에 비하여 월등히 자기사랑이나 세상사랑에 빠져 있었기 때문입니다. 왜냐하면 그들은, 그것의 어떤 선용 때문이 아니고, 은(銀)이나 금(金) 자체의 목적을 위하여 그것들을 사랑하였기 때문입니다. 그 사랑은 가장 이 세상적이고, 현세적인 모든 사랑들이었습니다. 왜냐하면 그것은 치사하고, 야비(野卑)한 탐욕(貪慾) 그것이었기 때문입니다. 자기사랑(自我愛)을 드러내기 위하여 그것들과 함께 눈에 띄는 것은 아니지만, 그러나 그들의 마음 속에 감추어져 있었습니다. 이러한 것이 야비한 탐욕적인 자들에게 있는 일상적인 것입니다. 따라서 잘 알 수 있는 사실은 그들이 이웃사랑을 결코 가지고 있지 않았다는 것이고, 그리고 어느 누구에게서나 이웃사랑을 가지고 있지 않는 것에 비례하여 자기사랑이 그 사람 안에 있었습니다. 이상에서 볼 때, 그 민족을 위하여 아론이 만든 주조한 송아지가 뜻하는 것이 무엇인지 잘 알 수 있겠습니다.
[5] 아래의 장절에서도 "송아지"는 동일한 내용을 뜻합니다.

예쁘디예쁜 암송아지 이집트가,
이제는 북녘에서 마구 몰려오는
쇠파리 떼에 시달리는
암송아지가 될 것이다(=그 멸망이 북쪽에서 온다).
사서 들여온 용병들은
살진 송아지들이다.
파멸의 날이 다가오고
징벌의 시각이 다가오면,
그들마저 버티지 못하고 돌아서서
다 함께 달아날 것이다.
(예레미야 46 : 20, 21)
그들은 호렙에서 송아지 우상을 만들고,

부어 만든 우상을 보고 절을 하였다.
그들은 자기의 영광을
풀을 먹는 소의 형상과 바꾸어 버렸다.
(시편 106 : 19, 20)
그들은 거듭 죄를 짓고 있다.
은을 녹여 거푸집에 부어서
우상들을 만든다.
재주껏 만든 은 신상들,
그것들은 모두
세공업자들이 만든 것인데도,
그들은,
그 신상 앞에 제물을 바치라고 하면서,
송아지 신상들에게 입을 맞춘다.
(호세아 13 : 2)
백성들이 들소처럼 쓰러질 것이다.
송아지와 황소처럼 쓰러질 것이다.
땅이 핏빛으로 물들고,
흙이 기름에 엉길 것이다.
(이사야 34 : 7)
요새화된 성읍이 적막해지고
집터는 버려져서 아무도 살지 않으니,
마치 사막과 같을 것이다.
거기에서는 송아지가 풀을 뜯을 것이며,
송아지가 거기에 누워서,
나뭇가지들을 모두 먹어 치울 것이다.
나뭇가지가 말라 꺾어지면,
여인들이 와서,
그것들을 땔감으로 주워다가
불을 피울 것이다.
(이사야 27 : 10, 11)
[6] 갈대 숲에 사는 사나운 짐승들과

뭇 백성의 황소 떼와 송아지 떼를
꾸짖어 주십시오.
조공받기를 탐하는 무리를 짓밟으시고,
전쟁을 좋아하는 백성을 흩어 주십시오.
(시편 68 : 30)

송아지를 두 조각으로 갈라 놓고, 그 사이로 지나가 내 앞에서 언약을 맺어 놓고서도, 그 언약의 조문을 지키지 않고 나의 언약을 위반한 그 사람들을, 내가 이제 그 송아지와 같이 만들어 놓겠다. 유다의 지도자들이나 예루살렘의 지도자들이나, 내시들이나 제사장들이나, 이 땅의 백성이나 할 것 없이, 갈라진 송아지 사이로 지나간 자들은 모조리 내가 그들의 목숨을 노리는 원수들의 손에 넘겨 주겠다. 그러면 그들의 시체가 공중의 새들과 들짐승들의 먹이가 될 것이다.
(예레미야 34 : 18-20)

이스라엘이 왕들을 세웠으나,
나와는 관계가 없는 일이다.
통치자들을 세웠으나,
그 또한 내가 모르는 일이다.
은과 금을 녹여서
신상들을 만들어 세웠으나,
마침내 망하고야 말 것이다.
사마리아 사람들아,
나는 너희의 송아지 우상을
인정하지 않는다.
그것들 때문에
나의 분노가 활활 타오른다.
너희가 언제 깨끗해지겠느냐?
이스라엘에서 우상이 나오다니!
송아지 신상은 대장장이가 만든 것일 뿐,
그것은 신이 아니다.
사마리아의 신상 송아지는
산산조각이 날 것이다.

(호세아 8 : 4-6)

이 장절들의 뜻은 위에서 설명된 것에서 잘 볼 수 있겠습니다(9391항 참조).

10408. 그들이 외쳤다. "이스라엘아! 이 신이 너희의 신이다." 이 말씀이 모든 것들에 비하여 으뜸으로 예배받는 것을 뜻한다는 것은 예배받는 것들을 가리키는 "신들"(gods)의 뜻에서 잘 알 수 있습니다. 본래의 뜻으로 "이상한 신들"(strange gods)은 거짓들을 뜻하고, 여기서는 거짓들과 악들 양자를 뜻합니다. 그 이유는 아론이 깎는 도구로 금을 조형하여 아론이 만든 "새겨 만든 신상"(=우상 · graven image)은 거짓을 뜻하고, 그리고 "주조한 신상"(a molten image)은 이 거짓에 속한 악을 뜻하기 때문입니다. "이상한 신들"(=낯선 신들)이 거짓들을 뜻하고, 결과적으로 예배 안에 있는 악들을 뜻한다는 것은 4402 · 4544 · 7873 · 8867 · 8941항을 참조하십시오.

10409. 이 신이 너희를 이집트 땅에서 이끌어 낸 신이다. 이 말씀은 그것이 그들을 인도하였다는 것을 뜻한다는 것은, 내적인 것이 결여된 외적인 것들 안에 있는 자들에 관해서 언급할 때, 자기의 자아를 끌고가는 것을 가리키는 "이집트 땅에서 이끌어 낸다"는 말의 뜻에서 잘 알 수 있습니다. 왜냐하면 "이집트 땅"은, 이런 것들을 다루는 경우, 노예상태를 뜻하기 때문이고, 그리고 "이끌어 낸다"는 말은 그것을 통하여 자기 자아를 인도하는 것을 뜻하기 때문입니다. 왜냐하면 이런 말들은, 내적인 것들 안에 있고, 동시에 외적인 것들 안에 있는 자들에 관해서 언급될 경우, 그들이 뜻하는 것에 정반대되는 것을 여기서 뜻하기 때문입니다. 전자에 관해서 언급될 경우 이 말들은 주님에 의하여 인도되는 것을 뜻하는데, 따라서 자연적인 사람에게서 영적인 사람으로 바뀌어지는 것을, 또는 이 세상에서 천계로 올리워지는

것을, 결과적으로는 노예상태에서 자유의 상태로 바뀌워지는 것을 뜻합니다. 그러나 내적인 것이 결여된 외적인 것들 안에 있는 자들에 관해서 언급될 경우, 이 말은, 천계에 올리워지는 것이 아니고, 자기 자신을 지옥에 던지는 것인, 자아에 의하여 인도되는 것을 뜻합니다. 결과적으로 자유의 상태에서 노예의 상태로 떨어지는 것을 뜻합니다. 자아에 의해서는 노예상태에 인도된다는 것과 주님에 의해서는 자유의 상태에 인도된다는 것은 2892·9096·9586·9589-9591항을 참조하십시오.

[2] 그러나 후자는 신령존재가 사람에게서 아무 일도 할 수 없다고 믿는다는 것, 그리고 사람은 자기 자신을 인도한다고 믿기 때문에, 그리고 이것이 자유라고 믿기 때문에, 이것에 관해서 몇 말씀 부연하고자 합니다. 이런 소견(所見)에 속해 있고, 그리고 이런 종지(宗旨)에 사로잡힌 사람들은 모든 것들에 비하여 자기 자신들이나 이 세상을 더 사랑합니다. 왜냐하면 사람들이 모든 것들에 비하여 월등히 사랑하는 것은 곧 그들이 신으로서(as a god) 예배하는 것이기 때문입니다. 오늘날 기독교계에는 이런 부류의 인물들이 꽤나 많이 있습니다. 그러나 그들의 성품이 무엇인지에 관해서 저 세상에서 이런 것들에게서 주로 알게 하는 것이 나에게 허락되었습니다. 왜냐하면 이 세상에서 그의 생애를 마친 뒤, 사람이 영(靈)이 되었을 때, 그 때 그는 그 사람과 꼭같은, 말하자면 그의 사랑의 정동의 측면이나 그의 생각들이나 종지(宗旨)들의 측면에서, 그가 이 세상에서 육신을 입고 살 때의 그 사람이기 때문입니다. 그들은, 어떤 신령도움이나 섭리에 의하여 사람은 고위 자리나 재물에 이르지 못했다는 사실에서 비롯된 신념 가운데서 자기 스스로 확증했다고 주장합니다. 그러나 그의 총명이나 영특함에 의하여, 때로는 행운에 의하여, 심지어는 그들이 사람들에게 발출하는 것으로 보는 그런 원인들로 말미암아 일상적인 경험이 이런 것을 입증한다고 주장합니다. 그

이유는 악, 교활(狡猾)함, 사악한 것이 자주 고위의 인물들에게 일어나기 때문이고, 그리고 만약에 신령존재가 다스린다면 있을 수 없는 경우인, 선한 자에게 우선하여 부자가 되기 때문입니다.
[3] 그러나 내가 그들에게 일갈(一喝)하는 것이 허락되었는데, 그런 것들에게서 비롯된 확증(確證)은 그 사람 자신의 총명이나 자기 자신의 사랑에서 비롯된 추론(推論)이라는 것이고, 그리고 이 추론은 그저 단순한 망상(妄想)들이나 허위(虛僞)들에게서 비롯된 것이고, 그리고 짙은 흑암의 상태에서의 원인들에 관한 추론입니다. 왜냐하면 그들은 다른 자들에 비하여 품위(品位)나 기풍(氣風)이 뛰어나고, 재물에 대해서도 월등하다는 것이 신령존재께서 사람에게 준 진정한 선이라고 믿기 때문이고, 따라서 그들이 이런 것들이라 부르는 것이기 때문에, 신령축복은 오직 이런 것들 안에 존재한다고 믿기 때문입니다. 그럼에도 불구하고 그때 이런 것들은 모든 것들 보다 더 자기 자신을 사랑하고, 이 세상을 사랑하는 자들에게 오히려 저주(詛呪)이고 화(禍)일 뿐입니다. 왜냐하면 그들이 자신들의 노력이나, 그들 자신의 재주에 의하여 온갖 영예나 재물에 대하여 월등히 뛰어난 것에 비례하여 그들은 자기사랑이나 세상사랑에 높이 올리워지기 때문이고, 그러므로 종국에 그들은 자신들의 마음을 이런 것들 안에 전적으로 두기 때문이고, 오직 그것들을 선들로만 여기기 때문이고, 따라서 그것들만이 오직 사람의 만족이고, 행복이라고 생각하기 때문입니다. 비록 이런 것들은 이 세상에 있는 사람의 삶(=생명)에게는 전적으로 목적으로 다가올 것입니다. 이에 반하여 신령존재에 의하여 사람에게 주어지고, 장만된 재물들이나 만족이나 행복 등은 영원한 것이고, 끝간데가 없습니다. 결과적으로 이런 것들은 참된 축복들입니다. 임시적인 것들은 영원한 것에 전혀 비례하지 않습니다. 시간적으로 유한(有限)한 것은 시간의 무한성(無限性)과는 전혀 비례하지 않습니다. 영원까지 이어지는 것은 곧

존재하는 것입니다. 그러나 끝이 있는 것은, 상대적으로 존재라는 것은 아닙니다. 존재하는 것, 그것은 신령존재께서 장만한 것입니다. 그러나 존재하지 않는 것은, 그 존재하는 것에 이바지하는 것을 제외하면, 존재하는 것이 아닙니다. 왜냐하면 신령존재 자체이신 여호와께서는 존재하시고, 그리고 그분에게서 비롯된 것은 존재하기 때문입니다. 여기서 얻는 것은 신령존재에 의하여 사람을 위하여 주어지고, 장만된 것의 성질이 무엇인지, 그리고 사람 자신이 자기 자신을 위하여 터득한 것의 성질이 무엇인지 잘 알 수 있겠습니다.

[4] 더욱이 모든 사람은, 그의 이해를 통하여 신령존재에 의하여 인도됩니다. 만약에 그가 그것에 의하여 인도되지 않는다면, 사람 어느 누구도 구원받을 수 없습니다. 이렇게 볼 때, 여기서 얻는 사실은 신령존재께서 사람과 함께 그것의 자유 상태에 이것을 남겨두고, 그리고 그것을 간섭하지 않는다는 것입니다. 이런 원인으로 말미암아 악에서 파생된 음모(陰謀)나 간계(奸計)나 교활 따위가 계속해서 생겨납니다. 이러한 것은 그들의 이해에서 비롯된 것입니다. 그러나 이렇게 취한 바람직하고, 유익한 결과들은 이 세상에서 그들의 삶과 함께 마지막에 이르게 되고, 그리고 바람직하지 않은 것이 될 것입니다. 이에 반하여 선한 사람을 위하여 신령존재에 의하여 준비된 그런 것들은 끝이 없고, 영원까지 유익할 것이고, 행복할 것입니다.

[5] 나는 이런 식으로 이 세상에 있을 때 이런 성품이었던 자들과 대화를 하였는데, 그들은 그 때 선한 것이나, 영원까지 유익하고 행복한 것에 관해서 아무것도 생각하지 않았다고 대답하였고, 그리고 그들이 그들의 사랑들(=애욕들) 안에 있을 때, 그들은 사후(死後) 사람의 삶을 전적으로 부인하였다는 것을 말하였고, 그리고 그들이 영예나 재물 따위를 성취하는 것에 비례하여 그들은 또다른 선들이 없다는 것과 사실은 천계나 신령한 것도 없

다고 믿었는데, 결과적으로는 어떤 것이든 신령존재에 의하여 인도된다는 것도 전혀 알지 못하였다는 것 등등을 말하였습니다.
[6] 이 세상에서 살 때 교리나 삶에서 이런 개념이나 생각으로 자기 스스로 확증한 자들은 저 세상에서도 역시 그런 것들에 머물러 있습니다. 그들의 내면적인 것들은 닫혀 있어서, 그들은 천계와 전혀 교류하지 못하고, 그리고 그들의 외면적인 것들만 열려 있어서, 그 때 그들은 그것에 의하여 지옥과만 오직 교류합니다. 그들 중에 몇몇은 음모, 술책이나 교활한 방책(方策)들에 의하여 온갖 영예나 재물 따위를 성취하였기 때문에, 그들은 마술사(魔術師·magicians)들이 되어 버립니다. 그들은 눈썹에까지 푹 눌러 모자를 쓰고 책상에 앉아 있는 사람의 궁둥이에 깔려 있는 모습으로 보였는데, 따라서 말하자면 그들은 열심히 명상을 하면서 그것들에 의하여 그들이 자기 자신을 인도할 수 있다고 생각하면서 마술에 도움이 되는 그런 것들을 긁어 모았습니다. 그들의 언어는 이빨들 사이에서 나는 쉿 소리를 내는 그런 것이었고, 그 뒤에 그들이 큰 무리가 되었을 때 짙은 흑암이 가득찬 넓은 밑바닥이 있는 굴 구멍(坑·pit)에 던져졌습니다. 그들의 이해의 빛은 바보에 이를 정도로 불영명(不英明)하였습니다. 나는 이 세상에 있을 때 총명에서 매우 뛰어났다고 여겨졌던 그들 중 몇몇이 거기에 던져지는 것을 보았습니다.

10410. 아론은 이것을 보았다.

이 말씀이 승인(承認)을 뜻한다는 것은, 승인이나 허가(許可)를 가리키는 "본다"(seeing)는 말의 뜻에서 잘 알 수 있습니다. 여기서 "본다"는 말이 승인이나 허가를 뜻한다는 것은 곧 뒤에 이어지는 것에서, 다시 말하면 "아론이 그것 앞에 제단을 쌓고, 명절(=절기)을 선포하였다"는 말에서 명확합니다. 왜냐하면 여기서 "아론"은 성언의 외적인 것이나, 내적인 것에서 분리된 교회의 외적인 것이나, 예배의 외적인 것을 표징하기 때문입니다(10397항 참조). 그리고 이것은 사람의 자기 총명에서 행해진 모든 것을 승인하는 것이고, 그리고 사람의 자기사랑에서 행해진 모든 것을 승인하는 것입니다. 이러한 것들은, 앞절에 언급된 것과 같이, 거푸집으로 아론이 금으로 만든 주조된 송아지상이 뜻합니다.

10411. 아론은 그 신상 앞에 제단을 쌓았다.

이 말씀이 예배를 뜻한다는 것은 신령예배의 주된 표징을 가리키는 "제단"의 뜻에서(4541 · 8935 · 8940 · 9714 · 10242 · 10245항 참조), 그러나 여기서는 악마적인 예배의 표징을 뜻합니다. 그 이유는 내적인 것이 결여된 외적인 것들 안에 있는 자들은 지옥과 내통할 뿐 천계와는 교류하지 못하기 때문입니다. 왜냐하면 사람의 내적인 것은 그의 천계이고, 그의 외적인 것은 이 세상이기 때문입니다. 더욱이 사람의 내적인 것은 천계의 형상(the image of heaven)에 일치하여 형성되기 때문이고, 따라서 천계에 있는 것들의 수용을 위한 그것의 형상에 일치하여 형성되지만, 그러나 사람의 외적인 것은 이 세상의 형상에 일치하여, 따라서 거기에 있는 것들의 수용을 위한 그것의 형상에 일치하여 형성되기 때문입니다(9279 · 10156항의 인용내용 참조). 그러므로 내적인 것이 닫힐 때 천계 역시 닫힙니다. 그리고 그 때 외적인 것에는 더 이상 천계에서 비롯된 지시나 감독은 없고, 다만 지옥으로부터의 지시나 감독만 있을 뿐입니다. 그러므로 그들의 예배는 신령하지 않고, 다만 지옥적이고 악마적입니다. 사실 그들은 신령존재를 거론하고, 그리고 또한 신령존재를 예배한다고 하지만, 그러나 그것은 겉모습일 뿐, 내적으로는 그렇지 않습니다. 그것은 그것이 마음에서가 아니고, 입으로 그렇게 하는 것이기 때문입니다. 신령존재를 목적해서 신령존재를 예배하지 않는 자들과 자기 자신이나 이 세상을 목적해서 신령존재를 예배하는 자들은 아주 다르게 행동합니다. 마음이 있는 곳에 예배가 있습니다. 이렇게 볼 때 "금송아지 신상 앞에 제단을 쌓는다"는 말이 악마에 속한 예배를 뜻한다는 것은 아주 명확합니다.

10412. 아론은 "내일 주의 절기를 지키자" 하고 선포하였다(=내일은 주께 명절이라 하였다).

이 말씀이 축하받아야 되고, 널리 공표되어야 될 교회의 진정한 본질을 뜻하고, 변함없이 찬미되고, 경배되어야 할 진정한 신령한 것을 뜻한다는 것은 축하의 측면에서 교회의 예배를 가리키는 "절기"(=명절 · 잔치 · feast)의 뜻에서 잘 알 수 있습니다. 왜냐하면 축하나 경축은 명절날들에서 거행되기 때문입니다. 따라서 "명절(=절기 · 잔치 · feast)을 선포한다"는 말은 축하되고, 널리 공표되어야 할 교회의 진정한 본질적인 것을 뜻합니다. 그것이 경배되어야 할 진정한 신령한 것을 뜻한다는 것은 "주께 명절"이라고 불리운 그 명절(=잔치)이 뜻합니다. 그리고 영원한 것이나 변함없는 것을 가리키는 "내일"의 뜻에서(3998 · 7140 · 9939항 참조), 잘 알 수 있습니다.

[2] 더욱이 내적인 것이 결여된 외적인 것들 안에 있는 자들은 신으로서 예배되는 것을 열망하고, 그리고 보통 백성 때문에 그들이 감히 할 수 없는, 신령한 것으로 그들 자신을 숭배하는 것을 가지기를 열망합니다. 여기에서 얻는 결론은 그들의 마음 속에서는 그들은 신령존재를 부인하는 것이고, 그들은 자신들이 계속해서 보다 높은 것들에 오르기를 갈망하고 있고, 따라서 종국에는 하나님의 보좌에 오르기를 열망합니다. 이러한 사실은 주님에게서 하늘이나 땅에 있는 모든 권한이나 능력을 제거한 "바벨"이 뜻하는 성경에 등장하는 그런 자들에게서 명확합니다. 그리고 그것을 그들의 쾌락 가운데서 천계를 열고 닫은 일을 자기 자신들의 것으로 사취(詐取)하고, 자기의 권한으로 자들에게서 명확합니다. 그들이 이런 성품을 지니고 있다는 것은 이사야서에서 명확합니다. 이사야서의 말씀입니다.

너희는 바빌론 왕을 조롱하는, 이런 노래를 부를 것이다.……
땅 밑의 스올(=무덤)이,
네가 오는 것을 반겨 맞으려고 들떠 있고,
죽어서 거기에 잠든
이 세상 모든 통치자의 망령을 깨우며,
한때 세상을 주름잡던 그 왕들을 깨운다.……
웬일이냐, 너, 아침의 아들, 새벽별아,
네가 하늘에서 떨어지다니,
민족들을 짓밟아 맥도 못추게 하던 네가,
통나무처럼 찍혀서 땅바닥에 나뒹굴다니!
네가 평소에 늘 장담하더니,
'내가 가장 높은 하늘로 올라가겠다.
하나님의 별들보다 더 높은 곳에
나의 보좌를 두고,
저 멀리 북쪽 끝에 있는 산 위에,
신들이 모여 있는 그 산 위에
자리잡고 앉겠다.
내가 저 구름 위에 올라가서,
가장 높은 분과 같아지겠다' 하더니,
그렇게 말하던 네가 스올로,
땅 밑 구덩이에서도
맨 밑바닥으로 떨어졌구나.
(이사야 14 : 4, 9, 12-15)

[3] 사실 바벨의 왕이 신으로서 그가 예배받아야 한다고 명령하였다는 것은 다니엘서 6장에서 명확합니다. "바벨"(Babel)이 겉보기에는 거룩하지만, 내적으로는 불경스럽고, 사교(邪敎)적인 자들을 뜻합니다. 따라서 하나님으로서 자신들이 예배받으려고 하는 방법들로서 교회에 속한 거룩한 것들을 사용하는 자들을 뜻합니다. 이러한 자들은 교회에 속한 거룩한 것들에 의하여, 자신

들의 목적으로서 다른 자들에 비하여 높은 자리에 오르고, 그리고 다른 자들에 비하여 많은 재물을 얻으려고 열명하는 자들을 가리킵니다. 이런 자들에게는 꼭같은 일이 저 세상에서 있습니다. 거기에서 그들은 마음 속으로는 신령존재를 부인하고, 그리고 사악한 술책(術策)들에 의하여 자신들을 신들(=하나님들)로 만드려고 무척 애를 씁니다. 그들은 자신들을 산들 꼭대기에 두려고 하고, 그리고 하나님으로서 그를 에워싸고 있는 자들에게 선포되기도 하였고, 역시 그를 경배하기도 하였습니다. 그러나 그들이 이런 모독된 예배 안에 빠져 있을 때 그 산은 구덩으로 향하는 큰 틈을 열었고, 그리고 그들은 그것들이 삼켜 버렸고, 따라서 그들은 지옥으로 내동댕이쳐졌습니다. 이것이 사실이라는 것은 수차례 내게 허락된 일입니다.

10413. 이튿날 그들은 아침 일찍 일어났다.

이 말씀이 그들의 사랑들(=애욕들)에 의한 선동(煽動)이나 자극(刺戟)을 뜻한다는 것은 그들의 사랑들(=애욕들)에 의한 선동이나 자극을 가리키는 "아침에 일어난다"는 말의 뜻에서 잘 알 수 있습니다. 왜냐하면 "아침"(the morning)은 사랑의 상태를 뜻하고, "일어난다"는 말은 거기에서 올리워지는 것(高揚·提高)을 뜻하기 때문입니다. "아침"이 사랑의 상태를 뜻한다는 것은 5962·8426·8812·10114·10134항을 참조하시고, "일어난다"(to rise up)는 말이 제고나 고양을 뜻한다는 것은 2401·2785·2912·2927·3171·4103항을 참조하십시오. 그러나 "아침에 일어난다"는 말이 내적인 것이 결여된 외적인 것들 안에 있는 자들에 관해서, 따라서 악한 사람에 관해서 언급되었을 때, 그 때 "일어난다"는 말은 제고나 고양을 뜻하지 않고, 선동이나 자극 따위를 뜻합니다. 그 때 "아침"은 천계적인 사랑의 상태를 뜻하지 않고, 오히려 지옥적인 사랑(=애욕)의 상태를 뜻합니다. 왜냐하면 악한 사람이 이런 상태에 있게 되면 그 때 그들은 그들의 아침의 상태에 있는데, 그 이유는 그 때 그들은 그들의 삶의 쾌락에 빠져 있기 때문입니다. 다시 말하면 그들의 사랑들(=애욕들)에 빠져 있기 때문입니다. 선한 사람의 경우에 있는 사랑들의 상태의 제고나 고양과 악한 사람의 경우에 있는 애욕들의 상태의 제고나 고양은 서로 크게 다른데, 그 차이는 이러합니다. 그 때 선한 자는 위로 올리워지고, 악한 사람은 아래로 내리워집니다. 왜냐하면 선한 사람의 사랑들은 그들을 위로 올리는 천계적인 사랑들이고, 그리고 천계의 제고에 따라서 증대하지만, 그러나 악한 사람의 애욕들은 그들을 아래로 끌어 내리는 지옥적인 사랑들(=애욕들)이고, 지옥에의 내림(下降)에 따라서 증대하기 때문입니다. 이렇게 볼 때 우리의 본문, "아침에 일어났다"는 말은, 악한 자에 관해서 언급할 때, 반대적인 뜻을 가지고 있다는 것은 선한 사람에 관해서 언급한 것에서 잘 알 수 있겠습니다. 더욱이 저 세상에서 영들의 상태들이나 천사들의 상태들은 사랑이나 믿음의 측면에서는 다종다양하기 때문인데, 이러한 것은 한 날이나 한 해의 볕이나 빛의 측면에서 다종다양한 것과 같습니다. 천계에 있는 자들에게 있는 아침의 때는, 그들이 그 때 천계적인 사랑의 상태에 있는 때입니다. 결과적으로 그들은 그들의 즐거움 안에 있는 때입니다. 이에 반하여, 지옥의 아침의 때에서 그들은 지옥적인 애욕들(=사랑들)의 상태에 있고, 결과적으로 그들은 그들의 고통의 상태에 빠져 있습니다. 왜냐하면 그 때 모두는 각자 매우 위대(偉大)하게 되기를 열망하기 때문이고, 그리고 다른 자들에게 속한 모든 것을 소유(所有)하기를 열망하기 때문입니다. 이런 것에서 내적인 증오(憎惡)들, 만행(蠻行)들이나 잔인(殘忍)함이나 무자비한 행위들이 생겨 나오는데, 이런 것들은 곧 지옥의 불(the fires of hell)이 뜻하는 것들입니다.

10414. 그들은 번제를 올리고, 화목제를 드렸다(=화목제물을 가져왔다).

이 말씀이 그들의 사랑들(=애욕들)에 속한 예배를 뜻한다는 것, 따라서 이런 사랑들(=애욕들)의 기쁨들에 속한 예배를, 그리고 그 것에서 파생된 거짓들에 속한 예배를 뜻한다는 것은, 일반적으로 모든 예배를 가리키는 "번제물"이나 "희생제물"의 뜻에서(6905·8936·10042항 참조) 잘 알 수 있습니다. "번제"(=번제물)가 사랑의 선에서 비롯된 예배를 뜻하고, "희생제"(=희생제물)가 믿음의 진리들에게서 비롯된 예배를 뜻한다는 것은 8680·10053항을 참조하시고, 따라서 나쁜 뜻으로는 "번제"(=번제물)는, 악한 것을 가리키는, 이런 것들의 쾌락에서 비롯된 예배를 가리키는, 자기 자신들의 애욕들(=사랑들)에게서 비롯된 예배를 뜻하고, 그리고 "희생제"(=희생제물)가 그것에서 파생된 온갖 거짓들에게서 비롯된 예배를 뜻합니다. "사랑들에 속한 예배"라고 언급하였는데, 그것은 사랑받는 것이나 예배들을 사랑하는 것을 가리키기 때문입니다.

10415. 그런 다음에, 백성은 앉아서 먹고 마시었다.

이 말씀이 이런 것들의 전유(專有)를 뜻한다는 것은 전유하는 것(=자기 것으로 만드는 것·appropriation)을 가리키는 "먹고 마신다"(eating and drinking)는 말의 뜻에서 잘 알 수 있습니다. 여기서 "먹는다"(eating)는 말은 악의 전유를 뜻하고, "마신다"(drinking)는 말은 거짓의 전유를 뜻합니다. "먹는다"는 말이 선의 전유를 뜻한다는 것은 3168·3513·3596·3832·9412항을 참조하시고, 결과적으로 나쁜 뜻으로 그 말은 악의 전유를 뜻하고(4745항 참조), "마신다"는 말이 진리의 전유를 뜻하고, 결과적으로 나쁜 뜻으로는 그것이 거짓의 전유를 뜻한다는 것은 3069·3168·3832·8562·9412항을 참조하십시오.

10416. 그들은 일어나서 흥청거리며 뛰놀았다.

이 말씀이 필연적으로 일어나는 그들의 내면적인 것들의 축제(=잔치)나 동의(同意)를 뜻한다는 것은 내면적인 것들의 축제(=잔치)

를 가리키는 "뛰논다"(playing)는 말의 뜻에서 잘 알 수 있습니다. 왜냐하면 노는 것은 이것에서 비롯되기 때문입니다. 그 이유는 그것이 마음의 기쁨에서 빚어진 것에서 일어나는 몸에 속한 활동(=움직임)이기 때문입니다. 그리고 모든 축제나 기쁨은 그 사람이 처해 있는 사랑들의 기쁨들이나 즐거움에서 비롯되기 때문입니다. 그것이 역시 동의를 뜻한다는 것은 모든 내면적인 축제는 그것 안에 동의나 승인을 가지고 있기 때문입니다. 왜냐하면 만약에 어떤 것이 이의(異意)를 제기하고, 의견을 달리하거나, 서로 반박(反駁)하고 모순(矛盾)된다면, 그 축제나 동의는 소멸되기 때문입니다. 내면적인 축제나 향연(饗宴) 따위는 사람의 자유 안에 있고, 그리고 모든 자유는 서로 대립(對立)하지 않는 사랑에서 비롯되기 때문입니다.

[2] 성경에서 내적인 것들은 외적인 것에 의하여 기술되기 때문에, 따라서 아래의 장절들에서와 같이 사람의 내면적인 것들 안에 있는 즐거움이나 기쁨들은 놀이나 춤들에 의하여 기술되었습니다.

내가
폐허의 언덕에 다시 성읍을 세우고,
궁궐도 다시 제자리에 세우게 하겠다.
그러면 그들로부터
감사의 노래가 터져 나오고,
기쁨의 목소리가 퍼져 나올 것이다(=감사와 즐거워하는 그들의 목소리가 그들 가운데서 나오리라).
(예레미야 30 : 18, 19)
처녀 이스라엘아,
내가 너를 일으켜 세우겠으니,
네가 다시 일어날 것이다.
너는 다시 너의 소구를 들고,

흥에 겨워 춤을 추며, 나오게 될 것이다.……
그들의 마음은 물 댄 동산과 같아서
다시는 기력을 잃지 않을 것이다.
그 때에는 처녀가 춤을 추며 기뻐하고,
젊은이와 노인들이 함께 즐거워할 것이다.
내가 그들의 슬픔을 기쁨으로 바꾸어 놓고,
그들을 위로하여 주겠다.
(예레미야 31 : 4, 12, 13)
어울려서 노는 소년 소녀들이
이 도성의 광장에 넘칠 것이다.
(스가랴 8 : 5)
이스라엘아, 창조주를 모시고 기뻐하여라.
시온의 주민아, 너희의 왕을 뵙고
큰소리로 즐거워하여라.
춤을 추면서 그 이름을 찬양하여라.
소구 치고 수금을 타면서 노래하여라.
(시편 149 : 2, 3 ; 150 : 4)
주께서는 내 슬픔의 노래를
기쁨의 춤으로 바꾸어 주셨습니다.
나에게서 슬픔의 상복을 벗기시고,
기쁨의 나들이옷을 갈아입히셨습니다.
(시편 30 : 11)
우리의 마음에서 즐거움이 사라지고,
춤이 통곡으로 바뀌었습니다.
(애가 5 : 15)

[3] "놀이"(餘興)들과 "춤들"이 사랑에서 비롯된 내면적인 것들의 즐거움들이나 기쁨들을 뜻하기 때문에, 그러므로 이집트 사람들이 홍해 바다에 수장(水葬)된 뒤, 여인들과 미리암은 소구를 들고 춤을 추었습니다(출애굽 15 : 20). 그러므로 다윗 역시, 법궤가

오벳에돔의 집에서 다윗 성으로 옮겨졌을 때, 여호와 앞에서 온 힘을 다하여 춤을 추었습니다(사무엘 하 6 : 12, 16).

[4] 내면적인 것들이 성경에서 외면적인 것들에 의하여 설명되고, 기술되었다는 것은 시편서의 이런 말씀에서 명확합니다. 시편서의 말씀입니다.

저 크고 넓은 바다에는,
크고 작은 고기들이
헤아릴 수 없이 우글거립니다.
물 위로는 배들도 오가며,
주님이 지으신 리워야단도
그 속에서 놉니다.
(시편 104 : 25, 26)

성경말씀의 모든 것들 안에 영적인 뜻이 있다는 것을 알지 못하는 사람은 여기서 "바다"나 "배들"이 바다와 배들을 뜻한다는 것 이외에는 아무것도 알지 못하고, 그리고 "리워야단"도 거기에 있는 고래들 이외에는 아무것도 알지 못하고, 그리고 "노는 것"(=놀이 · playing)도 그들의 달리기(競走)들이나 함께 하는 교제(交際)들 이외에는 알지 못합니다. 그럼에도 불구하고, 일점일획에 관해서도 신령한 성언은 이런 것들로 구성(構成)되어 있지 않고, 오히려 이런 것들 대신에 영적인 것들로 이해되는 것들을 뜻하고 있고, 그리고 그 때 그것은 신령한 것이 됩니다. 속뜻으로 "바다"(sea)는 기억지들이 함께 모여 있는 것을, 따라서 사람에게 있는 외적인 것이나 교회 안에 있는 외적인 것들을 뜻하고, "배들"(ships)은 성언에서 비롯된 지식들이나 교리적인 것들을 뜻하고, "리워야단"(Leviathan)은 일반적으로 기억지(記憶知)를 뜻하고, "논다"(=놀이 · playing)는 말은 이런 것들에게서 비롯된 기쁨을 뜻합니다. “바다”(sea)가 기억지들의 집합(集合)을 뜻한다는 것은 28 · 2850 · 8184 · 9340항을 참조하시고, “배들”(ships)이 성언에서 비롯된 지식들이나 교리적인 것들을 뜻한다는 것은 1977 · 6385항을 참조하시고, “리워야단”(Leviathan)이 일반적으로 기억지를 뜻한다는 것은 7293항을 참조하십시오. 따라서 “논다”(=놀이 · to play)는 말이, 기억지들이 영적인 것들을 확증하고, 그것들과 일치하였을 때 빚어진, 이런 것들에게서 비롯된 기쁨이나 축제 기분을 뜻합니다.

10417. 7-14절. **주께서 모세에게 말씀하셨다. “어서 내려가 보아라. 네가 이집트 땅에서 이끌어 낸 너의 백성이 타락하였다. 그들은, 네가 그들에게 명한 길을 이렇게 빨리 벗어나서, 그들 스스로 수송아지 모양을 만들어 놓고서 절하고, 제사를 드리며 ‘이스라엘아! 이 신이 너희를 이집트 땅에서 이끌어 낸 너희의 신이다’ 하고 외치고 있다.” 주께서 다시 말씀하셨다. “나는 이 백성을 살펴 보았다. 이 얼마나 고집이 센 백성이냐? 이제 너는 나를 말리지 말아라. 내가 노하였다. 내가 그들을 쳐서 완전히 없애 버리겠다. 그러나 너는, 내가 큰 민족으로 만들어 주겠다.” 모세는 주 하나님께 애원하였다. “주님, 어찌하여 주께서 큰 권능과 강한 손으로 이집트 땅에서 이끌어 내주신 주의 백성에게 이와 같이 노하십니까? 어찌하여 이집트 사람이 ‘주가 자기 백성에게 재앙을 내리려고, 그들을 이끌어 내어, 산에서 죽게 하고, 땅 위에서 완전히 없애 버렸구나’ 하고 말하게 하려 하십니까? 제발, 진노를 거두시고, 뜻을 돌이키시어, 주의 백성에게서 이 재앙을 거두어 주십시오. 주의 종 아브라함과 이삭과 이스라엘을 기억하여 주십시오. 주께서 그들에게 맹세하시며 이르시기를 ‘내가 너희 자손을 하늘의 별처럼 많게 하고, 내가 약속한 이 땅을 너희 자손에게 주어서, 영원한 유산으로 삼게 하겠다’고 하셨습니다.” 모세가 이렇게 간구하니, 주께서는 뜻을 돌이키시고, 주**

의 백성에게 내리시겠다던 재앙을 거두셨다.

"주께서 모세에게 말씀하셨다"는 말씀은 안에 있는 그것의 성품(=성질)에 대한 이스라엘 민족에 관한 지각(知覺 · 깨우침)과 교육(=가르침)을 뜻합니다. "어서 내려가 보아라"라는 말씀은 그들의 외적인 것을 살피는 것을 뜻하고, "너의 백성이 타락하였다"는 말씀은 그들이 완전히 신령존재로부터 돌아섰다는 것을 뜻합니다. "네가 이집트 땅에서 이끌어 낸 너의 백성"이라는 말씀은 네가 신령존재에게 인도한 것을 믿게 한 자들을 뜻합니다. "그들은 네가 그들에게 명한 길을 이렇게 빨리 벗어났다"는 말씀은 그들이 자기 자신들을 신령진리에게서부터 옮겼다는 것을 뜻합니다. "그들 스스로 수송아지 모양을 만들었다"는 말씀은 그 민족의 사랑들(=애욕들)의 쾌락에 일치하는 예배를 뜻하고, "그것에 절하고, 제사를 드렸다"는 말씀은 그들이 선 자체로서, 진리 자체로서 이것을 예배하였다는 것을 뜻하고, "이스라엘아! 이 신이 너희의 신이다고 말하였다"는 말씀은 이것이 모든 것들 위에 예배되어야 한다는 것을 뜻하고, "이 신이 너희를 이집트 땅에서 이끌어 내었다"는 말씀은 그들을 인도하였다는 것을 뜻합니다. "주께서 다시 모세에게 말씀하셨다"는 말씀은 더 자세한 가르침을 뜻합니다. "나는 이 백성을 살펴 보았다"는 말씀은 예견(豫見)된 것을 뜻합니다. "이 얼마나 고집이 센 백성이냐?"는 말씀은 그들이 주님에게 비롯된 입류를 영접, 수용하지 않는다는 것을 뜻합니다. "이제 너는 나를 말리지 말아라"는 말씀은 거기에는 아주 고집 센 주장(主張)이 없을 것이다는 것을 뜻합니다. "내가 노하였다. 내가 그들을 쳐서 완전히 없애 버리겠다"는 말씀은 이와 같이 그들이 자신들을 내적인 것들에게서 떠나게 했다는 것을, 따라서 신령한 것들에게서 외면(外面)하였다는 것을 뜻하고, 그러므로 그들이 반드시 멸망할 것이라는 것을 뜻합니다. "그러나 너는, 내가 큰 민족으로 만들어 주겠다"는 말씀은 어디에서 성언은 선하고, 뛰어나게 될 것이라는 것을 뜻합니다. "모세는 주 하나님께 애원하였다"는 말씀은 기억되는 자비 안에 계시는 주님을 뜻하고, "어찌하여 주께서 이와 같이 노하십니까?"라는 말씀은 그 민족의 외면(外面)을 뜻하고, "주께서 이집트 땅에서 이끌어 내신 주의 백성에게"라는 말씀은 이것에서 비롯된 고양(高揚)이나 제고(提高)를 뜻하고, "큰 권능과 강한 손으로"라는 말씀은 신령능력에 의한 것을 뜻합니다. "어찌하여 이집트 사람이 말하게 하시렵니까?"라는 말씀은 내적인 것들에 올리운 자들에 관한 단순한 외적인 것들 안에 있는 자들을 뜻하고, "주가 자기 백성에게 재앙을 내리려고, 그들을 이끌어 내어, 산에서 죽게 하였다"는 말씀은 선 안에 있는 자들이 멸망하게 될 것이다는 것을 뜻하고, "땅 위에서 완전히 없애 버렸다"는 말씀은 교회에 속한 자들이 멸망할 것이다는 것을 뜻합니다. "제발, 진노를 거두십시오"라는 말씀은 따라서 그 민족의 외면이 해롭지 않게 될 것이라는 것을 뜻하고, "뜻을 돌이키십시오"라는 말씀은 그들을 위한 자비를 뜻합니다. "주의 종 아브라함과 이삭과 이스라엘을 기억하십시오"라는 말씀은 천계와 교회의 목적을 위한 것을 뜻합니다. "주께서 그들에게 맹세하셨다"는 말씀은 신령존재에 의한 확증을 뜻하고, "주께서 그들에게 이르셨다"는 말씀은 예견과 섭리(攝理)를 뜻하고, "내가 너희의 자손을 하늘의 별처럼 많게 하겠다"는 말씀은 선들과 진리들을 뜻하고, 그리고 그것들의 지식들을 뜻합니다. "내가 약속한 이 모든 땅을 너희 자손에게 주겠다"는 말씀은 천계와 교회가 비롯된 근원을 뜻하고, "그들이 영원한 유산으로 삼게 하겠다"는 말씀은 영원한 생명을 뜻합니다. "주께서는 뜻을 돌이시키고, 주의 백성에게 내리시겠다던 재앙을 거두셨다"는 말씀은 그들을 위한 자비를 뜻합니다.

10418. **주**(=여호와)**께서 모세에게 말씀하셨다.**
이 말씀이 안에 있는 그것의 성질의 측면에서 이스라엘 민족에 관한 지각(知覺)이나 교훈(=가르침・教訓)을 뜻한다는 것은 지각(=깨달음)과 교훈(=가르침)을 가리키는 주께서 하셨다는 "말씀한다"는 말의 뜻에서(10280・10290항 참조) 잘 알 수 있습니다. 이 말씀이 안에 있는 그것의 성질의 측면에서 이스라엘 민족에 관한 것을 뜻한다는 것은 아래에 이어지는 내용에서 명확합니다. 왜냐하면 그 민족이 여기에서 다루어지고 있기 때문이고, 그리고 예배에 대한 그것의 성질을 다루고 있기 때문입니다.

10419. 어서 내려가 보아라(=가라, 너는 내려가라).
이 말씀이 그들의 외적인 것을 살피는 것을 뜻한다는 것은, 살피고, 조사하고, 시험하는 것을 가리키는 "시내 산에서 내려간다"는 말의 뜻에서 잘 알 수 있습니다. 왜냐하면 "시내 산"은 신령진리의 근원인 천계를 뜻하기 때문입니다(9420항 참조). 그러므로 영적인 뜻에서 "내려간다"(to go down)는 말은 몸으로 내려가는 것이 아니고, 마음으로 내려가는 것이고, 따라서 그것은 주의 깊게 살피고, 조사하는 것을 뜻합니다.

10420. 너의 백성이 타락하였다(=네 백성이 부패하였다).
이 말씀이 그들은 철저하게 신령존재로부터 외면(外面)하였다는 것을 뜻한다는 것은, 예배에 관해서 언급될 때, 신령존재에게서 외면한 것을 가리키는 "어느 누구를 타락시킨다"는 말의 뜻에서 잘 알 수 있습니다. 왜냐하면 예배에서 타락(墮落)이나 어김(=위반・破戒)은 신령존재에게 등을 돌리고, 외면하는 것이기 때문입니다. 이러한 내용이 "외면한다"는 말의 뜻이기 때문에, 이것에 관해서 몇 말씀을 부연하고자 합니다. 내적인 것에서 분리된 외적인 것들 안에 빠져 있는 자들은 신령존재로부터 외면합니다. 왜냐하면 그들은, 안이나 위를 우러르지 않고, 바깥이나 아래를 우러르기 때문입니다. 왜냐하면 그의 내적인 것이 열려 있을 때, 사람은 안이나 위를 우러르기 때문입니다. 따라서 그 때 속사람은 천계에 있기 때문입니다. 그러나 그의 속사람이 닫혀 있고,

갇사람만 열려 있을 때, 그 사람은 밖이나 아래를 우러르기 때문입니다. 왜냐하면 그 사람은 이 세상에 있기 때문입니다. 그러므로 외적인 것이 내적인 것에서 분리되었을 때 사람은 위로 올리워질 수 없습니다. 그 이유는 그 때는 천계가 삽입(挿入)하는 때가 아니기 때문입니다. 왜냐하면 닫혀 있기 때문입니다. 이상에서 볼 때 이런 부류의 모든 사람에게 천계나 교회에 속한 것들은 칠흑같은 흑암이다는 것입니다. 그러므로 이런 것들은 그들에 의하여 믿어지지 않고, 다만 마음에서는 부인될 뿐이고, 그리고 어떤 사람들에게서는 역시 입으로도 부인됩니다.

[2] 천계가 사람 안에 들어 올 때, 그것은 곧 내적인 것이 열려 있는 경우인데, 그것은 그 사람을 자기사랑이나 세상사랑에서 물러나게 하고, 그리고 이런 근원에서 용솟는 거짓들에게서 물러나게 합니다. 그 이유는 그 때 내적인 것이 위에 오르고, 또한 외적인 것 역시 오르기 때문입니다. 왜냐하면 후자는 그 때 동일한 길을 꾀하기 때문입니다. 그 이유는 그것이 종속적인 상태에 있기 때문입니다. 그러나 그것이 닫혀 있을 때는 내적인 것은 위로 올리워질 수 없습니다. 그 때 외적인 것은 오직 자기 자신만이나, 이 세상만을 우러릅니다. 그 이유는 그 때 자기사랑이나 세상사랑이 모든 것을 통치, 지배하기 때문입니다. 이것이 아래를 우러른다는 말인데, 그 이유는 그것이 지옥을 우러르기 때문입니다. 왜냐하면 이런 사랑들-자기사랑과 세상사랑-이 거기를 통치, 지배하기 때문이고, 그리고 그런 것들에 빠져 있는 사람은 거기에 있는 자들과 연합(聯合), 제휴(提携)되어 있기 때문입니다. 그러나 그들은 이런 사실을 알지 못할 뿐입니다. 더욱이 그의 내면적인 것들의 측면에서 보면 그 사람은 실제적으로 주님에게서 외면하고 있습니다. 왜냐하면 그 때 그 사람은 등판을 주님에게 돌리고 있고, 얼굴은 지옥으로 향해 있기 때문입니다. 이러한 것은 사람이 육신을 입고 이 세상에서 사는 동안에는 사람 안에서

보여지는 것은 아니지만, 그러나 그것이 바로 이런 짓을 행하는 그의 생각(思想)이고, 그의 뜻이기 때문에, 그것이 바로 이와 같이 그것 자체를 외면시키는 그의 영이기 때문입니다. 왜냐하면 그 영이 바로 사람 안에서 그렇게 생각하고, 원하는 것이기 때문입니다.

[3] 이러한 사실은 저 세상에서 아주 명확한데, 거기에 있는 영들은 자신들의 사랑들(=애욕들)에 일치하여 스스로 방향을 자유스럽게 바꿉니다. 주님을 사랑하고 이웃을 사랑하는 자들은 변함없이 주님을 향해 우러르고 있습니다. 아니, 말하는 것이 이상하지만, 그들은, 그들이 그들의 몸을 어디를 향해 돌려도 그의 면전(面前)에는 주님이 계십니다. 왜냐하면 영계에는 자연적인 세상과 같은 그런 방위(方位)들이 존재하지 않기 때문입니다. 그러나 거기에서의 방위는 각자의 사랑에 의하여 결정되고, 그것이 그 사람을 그 방위 쪽으로 움직이기 때문입니다. 그러나 모든 것들에 비하여 자기 자신들을 사랑하고, 이 세상을 사랑하는 자들은 주님에게서부터 얼굴을 다른 곳으로 돌리고, 그리고 자신들을 지옥으로 향하게 합니다. 그리고 모두는 자기 자신에게 있는 유사한 사랑들 안에 있는 자들에게 자신을 향하게 합니다. 이러한 일은 마치 그들의 육신을 모든 방향으로 향하게 하는 것과 같습니다. 이렇게 볼 때, 신령존재로부터 자기 자신을 외면한다는 말이 무엇을 뜻하는지 잘 알 수 있고, 성경말씀에서 "자기 자신을 외면한다"는 말이 본래 무엇을 뜻하는지도 잘 알 수 있겠습니다. 이러한 것은 아래 장절에서 잘 드러나고 있습니다.

깎아 만든 우상을 믿는 자와,
부어 만든 우상을 보고
'우리의 신들이십니다' 하고 말하는 자들은
크게 수치를 당하고 물러갈 것이다(=돌아서게 되고 크게 수치를 당할 것이다).
(이사야 42 : 17)
우리의 마음이
다른 곳으로 등을 돌린 적도 없고,
우리의 발이
주의 길에서 벗어난 적도 없습니다.
(시편 44 : 18)
그들의 죄가 아주 크고
하나님을 배반한 행위가 매우 큽니다.
(예레미야 5 : 6)
너희는 어서 도피하여라.
너희는 거기에서 떠나서,
깊은 은신처로 들어가서 숨어라.
(예레미야 49 : 8)

이 밖에도 많은 장절들이 있습니다.

10421. 네가 이집트 땅에서 이끌어 낸 (너의 백성이 타락하였다).

이 말씀이 네가 신령존재에게로 인도된 것을 믿게 한 자들을 뜻한다는 것은 외적인 것에서부터 내적인 것에게로 올리우는 것을 가리키는, 따라서 신령존재에게로 인도하는 것을 가리키는 "이집트 땅에서 이끌어 낸다"는 말의 뜻에서 잘 알 수 있습니다. 왜냐하면 "이끌어 낸다"(=위로 오르는 것을 만드는 것)는 말이 외적인 것에서 내적인 것으로 돌이켜 올리우는 것을 뜻하기 때문입니다. 그리고 "이집트"가, 그것에서 위로 올리는 것을 가리키는, 자연적인 사람이나 겉사람을 뜻하기 때문입니다. "위로 올린다"(making to come up)는 말이 외적인 것에서 내적인 것으로 올리우는 것을 뜻한다는 것은 3084 · 4539 · 4969 · 5406 · 5817 항을 참조하시고, "이집트"가 자연적인 것이나 외적인 것을 뜻한다는 것은 9391항의 인용내용을 참조하십시오.

10422. 그들은 네가 그들에게 명한 길을 이렇게 빨리 벗어났다(=그들이 내가 그들에게 명령한 그 길에서 급히 벗어났다).

이 말씀은 그들이 자기 자신들을 신령진리로부터 옮겼다는 것을 뜻한다는 것은 진리들에게서 자신들을 옮겨, 이동하는 것을 가리키는 "그 길에서 벗어났다"(=뒤로 갔다)는 말의 뜻에서 잘 알 수 있습니다. 왜냐하면 "뒤로 갔다"는 말은, 외적인 것들 안에 있는 자들이 내적인 것들에게서 자신들을 분리시키는 것이고, 움직이고, 이동하는 것을 뜻하기 때문입니다. 그리고 이것에 관해서는 아래에서 언급하겠지만, "길"(way)은 진리를 뜻하기 때문입니다. 그들이 자신들을 그것에서 옮긴 것이 신령진리이라는 것은 "여호와께서 그들에게 명령한 그 길에서"라고 언급되었기 때문입니다.

[2] "길"(道 · way)이 진리를 뜻한다는 것은 영계에서 보여지는 외현(外現)에서 잘 알 수 있는데, 영계에는 역시 많은 길들(ways)이 있고, 그리고 보도(步道 · paths)들이 있습니다. 그리고 도시들에는 도로들(streets)이 있고, 큰 길들(大路 · avenues)이 있습니다. 그리고 영들은 그들이 사랑에 의하여 제휴된 자들 이외에는 아무데도 가지 않습니다. 이상에서 볼 때 거기에 있는 영들의 성품은, 진리의 측면에서는 그들이 다니는 길에서 잘 알 수 있습니다. 왜냐하면 모든 진리는 그것에 속한 사랑에로 뻗어 있기 때문입니다. 그 이유는, 사랑받는 것이 무엇인지를 확증하는 것이 바로 진리라고 하기 때문입니다. 이렇게 볼 때 일상적인 인간의 언어에서 "길"은 진리를 뜻한다고 하겠습니다. 왜냐하면 사람의 언어는 영계에서 비롯된 이런 사실에서 파생되기 때문입니다. 그리고 다른 많은 것들에서도 마찬가지입니다.

[3] 이렇게 볼 때 성경에서 "길"(way) · "보도"(path · *semita*) · "지름길"(*trames*) · "밟아서 생긴 길"(=오솔길 · track · *orbitam*) ·

"대로"(大路 · street) · "골목 길"(lane) 등등은 진리들을 뜻하고, 나쁜 뜻으로는 거짓들을 뜻합니다. 이러한 사실은 아래의 장절들에게서 명확합니다.

나는 너희에게 일렀다.
가던 길을 멈추어서 살펴보고,
옛길이 어딘지,
가장 좋은 길이 어딘지 물어 보고,
그 길로 가라고 하였다.
(예레미야 6 : 16)
너희의 모든 생활과 행실을 고쳐라. 그러면 내가 이 곳에서 너희와 함께 머물러 살겠다.…… 속이는 말을, 너희는 의지하지 말아라. 너희가, 모든 생활과 행실을 참으로 바르게 고치고, 참으로 이웃끼리 서로 정직하게 살면서, 나그네와 고아와 과부를 억압하지 않고, 이 곳에서 죄 없는 사람을 살해하지 않고, 다른 신들을 섬겨 스스로 재앙을 불러들이지 않으면, 내가 너희 조상에게 영원무궁 하도록 준 이 땅, 바로 이 곳에서 너희가 머물러 살도록 하겠다.
(예레미야 7 : 3-7)
너희는 이방 사람의 풍습(=길 · way)을 배우지 말아라.
(예레미야 10 : 2)
각 사람의 마음을 살피고,
심장을 감찰하며
각 사람의 행실(his ways)과 행동(=열매)에 따라 보상하는 이는
바로 나 주다.
(예레미야 17 : 10)
옛부터 걸어온 바른길을 벗어나서,
이정표도 없는 길로 들어섰다(=닦지 아니한 그 길로 가게 하였다).
(예레미야 18 : 15)
내가 그들에게 한결같은 마음과 삶(=길)을 주었다.
(예레미야 32 : 39)

주님, 주의 길을 나에게 보여 주시고,
주께서 가시는 그 길을
내게 가르쳐 주십시오.
주님은 내 구원의 하나님이시니,
주의 진리로 나를 지도하시고
가르쳐 주십시오.
나는 종일 주님만을 기다립니다.
(시편 25 : 4, 5)
야엘 때에도,
큰길에는 발길이 끊어지고,
길손들은 뒷길로 다녔다.
(사사기 5 : 6)
정도를 버려라.
바른길에서 벗어나거라.……
네가 오른쪽이나 왼쪽으로 치우치려 하면,
너의 뒤에서 '이것이 바른길이니,
이 길로 가거라' 하는 소리가
너의 귀에 들릴 것이다.
(이사야 30 : 11, 21)
큰길마다 위험하여 행인이 끊기며,
적이 평화조약을 파기하며,
증인들(=성읍들)이 경멸을 받으며,
아무도 존경을 받지 못한다.
(이사야 33 : 8)
거기에는 큰길이 생길 것이니,
그것을 '거룩한 길'이라고 부를 것이다.
깨끗하지 못한 자는 그리로 다닐 수 없다.
그 길은 오직
그리로 다닐 수 있는 사람들의 것이다.
악한 사람은 그 길로 다닐 수 없고,
어리석은 사람은 그 길에서

서성거리지도 못할 것이다.
(이사야 35 : 8)
[4] 광야에서 한 소리가 외친다.
"주께서 오실 길을 닦아라.
사막에 우리의 하나님께서 오실 큰길을
곧게 내어라.……
그가 누구와 의논하시는가?
누가 그를 깨우쳐 드리며,
공평의 도리를 가르쳐 드리는가?"
(이사야 40 : 3, 14)
감옥에 갇혀 있는 죄수들에게는
'나아가거라. 너희는 자유인이 되었다!'
하고 말하겠고,
어둠 속에 갇혀 있는 사람들에게는
'밝은 곳으로 나오너라!' 하고 말하겠다.
그들이 어디로 가든지
먹을거리를 얻게 할 것이며,
메말랐던 모든 산을
그들이 먹을거리를 얻는
초장이 되게 하겠다.……
내가, 산에서 산으로 이어지는
큰길을 만들고,
내 백성이 자유스럽게 여행할
큰길을 닦겠다.
(이사야 49 : 9, 11)
그들은 안전한 길을 알지 못하며
그들이 가는 길에는 공평이 없다.
스스로 길을 굽게 만드니,
그 길을 걷는 모든 사람에게 안전이 없다.
(이사야 59 : 8)
나아가거라, 성 바깥으로 나아가거라.

백성이 돌아올 길을 만들어라.
큰길을 닦고 돌들을 없애어라.
뭇 민족이 보도록 깃발을 올려라.
보아라, 주께서 땅 끝까지 선포하신다.
딸 시온에게 일러주어라.
보아라, 너희 구원자가 오신다.
그가 구원한 백성을 데리고 오신다.
그가 찾은 백성을 앞장 세우고 오신다.
(이사야 62 : 10, 11)
내가 바다 가운데 길을 내고,
거센 물결 위에 통로를 냈다.……
내가 이제 새 일을 하려고 한다.
이 일이 이미 드러나고 있는데,
너희가 그것을 알지 못하겠느냐?
내가 광야에 길을 내겠으며,
사막에 강을 내겠다.
(이사야 43 : 16, 19)
눈이 먼 사람에게 길을 잘못 인도하는 자는 저주를 받는다.
(신명기 27 : 18)
너희는 네거리로 나가서, 아무나, 만나는 대로 잔치에 청해 오너라.
(마태 22 : 9)
예수께서 대답하셨다. "내가 곧 길이요 진리요 생명이다."
(요한 14 : 6)

여기의 이런 장절들이나 그밖의 많은 장절들에서 "길"은 진리를 뜻하고, 나쁜 뜻으로는 거짓을 뜻합니다.

10423. 그들 스스로 수송아지 모양을 만들었다(=그들이 자신들에게 주조한 송아지를 만들었다).
이 말씀이 그 민족에게 속한 온갖 사랑들(=애욕들)의 쾌락에 일치하는 예배를 뜻한다는 것은, 동일한 말씀이 등장하는, 앞에서 입증, 설명한 내용에서 잘 알 수 있습니다(10407항 참조).

10424. 그들은 절하고, 제사를 드렸다(=그들은 그것에다 경배하며, 거기에다 희생제물을 바친다).

이 말씀이, 이것을 그들이 선 자체로서, 그리고 진리 자체로서 예배한다는 것을 뜻한다는 것은 선 자체로서 예배한다는 것을 가리키는 "절한다"(=경배한다)는 말의 뜻에서, 그리고 진리 자체로서 예배하는 것을 가리키는 "제사드린다"(=희생제물을 바친다)는 말의 뜻에서 잘 알 수 있습니다. "경배한다"(=절한다 · to adore)는 말이 사랑에 속한 선을 서술한다는 것, 그리고 "제사드린다"(=희생제물을 바친다 · to sacrifice)는 말이 믿음에 속한 진리를 서술한다는 것 등은 성경에서 선이 언급된 곳에서나, 진리가 언급된 곳 때문인데, 거기에는 성언의 모든 구체적인 것들 안에는 천계적인 혼인(the heavenly)이 있기 때문입니다(9263 · 9314항에 인용된 내용 참조). "제사드린다"(=희생제물을 바친다)는 말이 진리에 관해서 언급한다는 것은 8680 · 10053항을 참조하시고, "경배한다"(=절한다)는 말이 선에 관해서 언급한다는 것은 그 표현이 나오는 성경의 여러 장절들에게서 명확합니다.

10425. 그들이 "이스라엘아! 이 신이 너희의 신이다" 하고 외치고 있다.

이 말씀이 그것이 모든 것들에 비하여 으뜸으로 예배받으시는 것이다는 것을 뜻한다는 것은, 동일한 말씀이 나오는, 앞서의 입증, 설명된 것에서 잘 알 수 있습니다(10408항 참조).

10426. 이 신이 너희를 이집트 땅에서 이끌어 냈다.

이 말씀이, 그것이 그들을 인도하였다는 것을 뜻한다는 것은 앞에서의 입증, 언급된 내용에서 잘 볼 수 있습니다(10409항 참조).

10427. 주께서 다시 모세에게 말씀하셨다.

이 말씀이 더 상세한 가르침(教育)을 뜻한다는 것은, 여호와께서 말씀하실 때, 지각이나 가르침을 가리키는 "말씀하신다"(saying)

는 말의 뜻에서 잘 알 수 있습니다(10280・10290항의 인용내용 참조).

10428. 나는 이 백성을 살펴 보았다.

이 말씀이 예견(豫見)된 것을 뜻한다는 것은, 여호와에 관해서 언급되었을 때, 예견된 것을 가리키는 "보았다"(seeing)는 말의 뜻에서(2807・2837・2839・3686・3863항 참조) 잘 알 수 있습니다. 왜냐하면 여호와께서 보신 것은 그분께서 영원 전부터 보신 것이고, 그리고 영원 전부터 보았다는 것은 예견이나 섭리(攝理)를 가리키기 때문입니다.

10429. 이 얼마나 고집이 센 백성이냐?(=보라, 목이 곧은 백성이다).

이 말씀은, 그들이 주님에게서 비롯된 입류(入流)를 영접, 수용하지 않는다는 것을 뜻한다는 것은, 입류를 영접, 수용하지 않는 것을 가리키는 "고집이 세다"(=완고하다・목이 곧다・the stiffnecked)는 말의 뜻에서 잘 알 수 있습니다. 왜냐하면 여기서 "목"(neck)은 보다 높은 것들과 낮은 것들의 결합이나 내통을 뜻하기 때문이고, 따라서 입류를 뜻하기 때문입니다(3542・3603・3695・3725・5320・5328・5926・6033・8079・9913・9914항 참조). 그리고 "뻣뻣하다"(=완고하다・경직되었다・stiff)는 말이 저항(抵抗)하는 것이나, 거부(拒否)하는 것을 뜻하기 때문이고, 따라서 받아드리지 않는 것을 뜻하기 때문입니다. 이 백성이 그와 같이 불리워진 것은, 그들이 내적인 것이 결여된 외적인 것들 안에 빠져 있기 때문입니다. 그리고 이런 부류의 백성은 천계의 모든 입류나, 주님에게서 비롯된 모든 입류를 거절, 거부하기 때문입니다. 왜냐하면 입류는 내적인 것을 통해서 외적인 것에 유입하기 때문입니다. 그러므로 내적인 것이 닫히면, 외적인 것 안에는 신령존재의 영접, 수용 따위는 전혀 없습니다. 왜냐하면 그것은 다만, 이 세상에서 비롯된 것만을 수용하기 때문입니다. 따라서 거기에는 육신적이고, 이 세상적이고, 현세적인 것들의 수용만 있기 때문입니다. 더욱이 저 세상에서 이런 부류의 작자들이 천계의 빛에서 보여지게 되면, 거기에는 말하자면 이빨들이 창살들(grates of teeth)처럼 보이고, 또는 말하자면 불쾌한 어떤 것만 보이고, 또한 머리나 얼굴 대신에 생명(=삶)이 없는 뼈만 앙상한 물체(a bony substance)만 보일 뿐입니다. 왜냐하면 얼굴(face)은 속사람에 속한 것들에 대응하기 때문이고, 몸(body)은 겉사람에 속한 것들에 대응하기 때문이고, 그리고 목(neck)은 이것들의 결합에 대응하기 때문입니다.

[2] 그 민족에 관해서 앞에서 언급한 것과 같이, 내적인 것이 결여된 외적이 것들 안에 빠져 있다는 말이 뜻하는 것이 무엇인지 간략하게 설명하고자 합니다. 모든 사람은 내적인 것과 외적인 것을 가지고 있습니다. 왜냐하면 내적인 것은 그의 사상이고, 그의 뜻이기 때문이고, 그리고 외적인 것은 그의 언어(his speech)와 행위(his action)이기 때문입니다. 그러나 선한 사람에게 있는 내적인 것은 악한 사람에게 있는 내적인 것과는 전혀 다르기 때문입니다. 각자는 속사람(the internal man)이라고 하는 내적인 것을 가지고 있고, 그리고 겉사람(the external man)이라고 하는 외적인 것을 가지고 있습니다. 속사람은 천계의 형상(the image of heaven)에 일치하여 형성되고, 그러나 겉사람은 이 세상의 형상(the image of the world)에 따라서 형성되고 있습니다(9279항 참조). 사랑의 선이나 믿음의 진리들 안에 있는 자들에게서 속사람은 개방적이고, 그리고 그것에 의하여 그들은 천계에 있습니다. 그러나 온갖 악들이나, 그것에서 비롯된 거짓들 안에 있는 자들에게서 속사람은 폐쇄(閉鎖)적이고, 그리고 그 외적인 것에 의하여 그들은 오직 이 세상 가운데 있습니다. 이들이 바로 내적인 것이 결여된 외적인 것들 안에 있는 자들이라고 언급된 존재들입니다.

[3] 사실 이들은 내면적인 것들을 가지고 있지만, 그러나 그들에게 있는 내면적인 것들은 이 세상에 있는 그들의 겉사람의 내면적인 것들이지, 천계에 있는 속사람의 내면적인 것들은 아닙니다. 이와 같은 내면적인 것들, 다시 말하면 내적인 것이 폐쇄된 겉사람의 그런 내면적인 것들은, 악한 것이고, 아니, 추악하고, 불결한 것일 뿐입니다. 왜냐하면 이런 작자들은 오직 이 세상이나, 자기 자신에 속한 것만을 생각하기 때문이고, 그리고 이 세상이나 자기 자신에 속한 것들만을 열망하기 때문입니다. 그리고 그들은 천계나 주님에 관해서는 전혀 생각하지 않고, 그들은 그런 것을 열망하지 않기 때문입니다. 이렇게 볼 때 내적인 것이 결여된 외적인 것이 뜻하는 것이 무엇인지 잘 알 수 있겠습니다.
[4] 이스라엘 민족의 성품이 이러하였기 때문에, 그러므로 그들이 그들의 내면적인 것이 폐쇄된 거룩한 외적인 것 안에 있을 때, 그 이유는 이런 것들이 바로 역겹고, 불결하고, 추한 것이기 때문에, 다시말하면 그들의 내면적인 것들은 자기 자신이나 이 세상에 속한 것들도 채워졌기 때문에, 따라서 자기 자신들과 비교하여 다른 자들을 경멸(輕蔑)하는 것으로 채워져 있기 때문에, 그리고 또한 그들을 화나게 하는 자들을 미워하고, 증오(憎惡)하였고, 그들에 대한 잔인(殘忍)한 증오심을 가지고 있고, 그리고 잔악함, 탐욕(貪慾), 강탈(强奪)이나 그밖의 이와 비슷한 것들에 속한 그런 것들로 채워져 있기 때문입니다. 이 민족이 이런 성품이었다는 것은 신명기서의 모세의 가사(歌詞)에서 잘 드러나고 있습니다. 신명기서 32장 15-43절은 여호와의 명령에 의하여 기술되었고, 예레미야에 의하여 두루 널리 기술되었고, 마지막으로는 복음서들에서 주님으로 말미암아 널리 기술되었습니다.

10430. 이제 너는 나를 말리지 말아라(=그러므로 이제 나대로 하게 하여라).
이 말씀이 거기에 결코 불굴(不屈)의 고집이나 주장(主張)이 있으면 안 된다는 것을 뜻한다는 것은 그 민족에 관해서 여호와께서 언급하였을 때, 결코 고집이나 주장 따위가 결코 있으면 안 된다는 것을 가리키는 "말린다"(=나대로 하게 한다 · to suffer)는 말의 뜻에서 잘 알 수 있습니다. 왜냐하면 그 민족은 주님에 의하여 선택되지도 않았고, 오히려 그들의 고집이나 주장 때문에 수용된 것 뿐이기 때문입니다(4290 · 4293 · 7051 · 7439항 참조). 왜냐하면 그 민족은 이 세상에 있는 다른 모든 민족들에 비하여 더욱 더 빠르게 실행할 수 있는 민족이기 때문에, 그들은 이 땅에 의지할 수 있었고, 자신들을 잿더미 속에서 뒹굴 수 있었고, 온종일 모여서 통곡(痛哭)하였고, 그리고 그들이 원하는 것을 취할 수 있을 때까지 중단(中斷)하지 않았습니다. 그러나 이와 같은 주장이나 고집은 자기 자신들을 위한 것이었습니다. 다시 말하면 자기사랑이나 세상사랑에 속한 최상의 열정인 욕망이었지, 결코 신령존재에 속한 목적을 위한 것은 아니었습니다. 이런 성품인 그들은 사실 경청(傾聽)하였습니다. 그럼에도 불구하고 비록 그들이 그들의 겉모습에서 이런 규례들이나 율법을 참고 지킨다고 해도, 그들은 자신에게 천계나 교회에 속한 것들을 수용하지 않았고, 오히려 그들은 이 세상에 속한 것들을 영접, 수용하였습니다. 이렇게 볼 때 여기서 얻는 결론은, 저 세상에서 그들은, 선 안에 있었던 몇몇을 제외하면, 그리고 그들의 어린 자녀들을 제외하면, 지옥적인 것들 가운데 있었다는 것입니다. 이렇게 볼 때, "너는 나를 말리지 말라"(=이제 나대로 하게 하여라)는 우리의 본문이 그와 같은 불굴의 고집이나 주장이 있지 않아야 된다는 것을 뜻한다는 것은 명확합니다.

10431. 내가 노하였다. 내가 그들을 쳐서 완전히 없애 버리겠다(=그들에 대한 내 진노가 맹렬해져 나로 그들을 진멸하게 하여라).
이 말씀이 그와 같은 행동으로 그들이 내적인 것들에게서, 따라서 신령한 것들에게서 자기 자신들을 돌보지 않고, 외면하는 것을 뜻한다는 것, 그러므로 그들은 반드시 멸망할 것이다는 것을 뜻한다는 것은, 여호와에 관해서 언급될 때, 이것에 관해서는 아래에서 언급하겠지만, 사람의 영역에서 외면하는 것을 가리키는 "맹렬한 진노"의 뜻에서, 그리고 여호와에 관해서 언급될 때, 결과적으로는 그 자신의 악 때문에 멸망할 것을 가리키는 "없애 버리겠다"(=진멸하겠다)는 말의 뜻에서 잘 알 수 있겠습니다. 성경의 수많은 장절에는 여호와에 관해서 언급되었는데, 거기에서 그분께서는 분노(忿怒)로 불타고, 격노(激怒)하신다고 언급되었고, 그리고 그분께서는 없애 버리고, 멸망시킨다고 언급되었습니다. 그러나 그와 같이 언급된 것은, 주님에게서 자기 자신을 외면시킨 사람에게 그와 같이 보이는 것 뿐이기 때문입니다. 이와 같은 경우는 그가 악을 행하는 때입니다. 그 때 그는 경청하지 않고, 심지어 벌을 받고 있는 것이기 때문에, 그 사람은, 주님께서 그 사람에게 분노한 가운데 계신다고 믿기 때문입니다. 주님께서는 결코 분노하시지 않고, 없애 버리시지도 않습니다. 왜냐하면 주님께서는 자비(慈悲) 자체시고, 선 자체이시기 때문입니다. 이렇게 볼 때 얻는 결론은, 문자의 측면에서 성언(聖言)의 본질(=성질)이 무엇인지 잘 알 수 있다는 것, 다시 말하면 그것은 사람에게 있는 외현(=생김새・外現)에 일치한다는 것입니다. 이와 마찬가지로, 아래에서와 같이 "여호와께서 후회하신다"고 언급되었습니다. 그럼에도 불구하고 그 때 여호와께서는 결코 후회하시지 않습니다. 왜냐하면 주님께서는 영원 전부터 모든 것들을 예견하시고 계시기 때문입니다. 이런 사실에서 밝히 알 수 있는 것은, 성경말씀의 문자적인 뜻 너머에서 생각하지 않고 성경말씀을 읽을 때, 그들이 수많은 과오(過誤)들에 빠진다는 것입니다. 따라서 그 경우가 실제적으로 어떠한 것인지 그들을 가리치는 성경말씀에서 비롯된 교리가 없이 그것을 읽을 때 아주 많은 오류에 빠진다는 것을 잘 알 수 있겠습니다. 왜냐하면 교리에 따라서 성언을 읽는 자들은, 그리고 그분께서 분노로 불태우고, 없애 버리는 것이 무한한 자비이고, 무한한 선에 관해서 도저히 언급될 수 없다는 것을 아는 자들은 여호와께서 자비 자체시고, 선 자체이시라는 것을 압니다. 그러므로 이 교리로 말미암아 그들은 사람에게 드러난 외현에 따라서 그와 같이 언급되었다는 것을 알고, 이해하고 있습니다. 분노와 악이 사람에게서 비롯되는 것이지, 결코 주님에게서 비롯된 것이 아니라는 것, 그리고 그럼에도 불구하고 그것들을 주님의 탓으로 돌린다는 것 등은 9306항의 인용내용을 참조하시고, 그리고 주님에 관해서 언급되었을 경우 "분노"는 주님으로부터 사람의 외면을 뜻한다는 것은 5034 · 5798 · 8483 · 8875항을 참조하십시오.

10432. 그러나 너는, 내가 큰 민족으로 만들어 주겠다(=내가 너로 큰 민족이 되게 하리라).

이 말씀이 어디에서나 성언은 선이고, 뛰어나다는 것을 뜻한다는 것은 성언을 가리키는 모세의 표징에서(9372항 참조), 그리고 선 안에 있는 자들을 가리키는, 따라서 사람을 떠난 추상적인 뜻으로는 선을 가리키는 "민족"(民族 · nation)의 뜻에서(1258 · 1260 · 1416 · 1849 · 6005 · 8771항 참조) 잘 알 수 있습니다. 성경에는 두루 "민족"이나 "백성"(百姓)이 언급되고 있고, 그리고 "민족"은 선 안에 있는 자들을 뜻하고, 그리고 "백성"은 진리 안에 있는 자들을 뜻하고, 그리고 추상적인 뜻으로 "민족"은 선을 뜻하고, "백성"은 진리를 뜻합니다(10288항 참조). 그러므로 "모세"가 성언을 뜻할 때 그 때 "그에게서 비롯된 민족은 성언에서 비롯된 선"을 뜻합니다.

[2] 여기서의 경우는 이러합니다. 이스라엘 자손은, 내적인 것들이 단순한 외적인 것들에 대응하는 것들로 이루어진 걷뜻, 즉 문자적인 뜻으로 그들 가운데 기술될 수 있었기 때문에, 인정된 것입니다. 그런 것들은 모두가 이스라엘 민족 가운데 있는 표징들

이었습니다. 그리고 그 민족이 외적인 것들 안에 있는 그런 성품이었기 때문에, 그러므로 성언은 그들 가운데 기록될 수 있었습니다. 이렇게 볼 때, 모세가 성언을 뜻하고, 그리고 이스라엘 민족에 관해서 완전히 없애지고, 멸망할 것이라고 언급되었을 때, 그리고 그 때 여호와께서 모세를 큰 민족으로 만들어 주겠다고 언급되었을 때 이 말씀은 어디에서나 말씀(聖言)이 선이 되게 하기 위한 것이고, 그리고 뛰어나게 하기 위하여 쓰여졌다는 것을 뜻합니다.

[3] 이런 낱말들의 뜻이 문자에는 나타나지 않는다는 것, 그럼에도 불구하고 사람들의 이름들이 천계에는 들어가지 못하고, 다만 거기에서는 그것들이 뜻하는 것들로 바뀌는 것 뿐입니다. 예를 들어 보겠습니다. 이름들인, "아브라함" "이삭" "야곱" "모세" "다윗" 등이나 그밖의 다른 자들의 이름들이 거명(擧名)되었을 때, 이런 인물들이 사람에 의하여 이해되는 이런 인물로는 거기에서 전혀 알지 못한다는 것입니다. 그들은 즉시 사라지고, 영적인 뜻을 드러내는데, 그것은 이런 인물들이 뜻하는 그런 것들의 뜻입니다. 이렇게 볼 때 모세에 관한 "그는 큰 민족이 될 것이다"라는 말씀이 천계에서 무엇을 뜻하는지 잘 알 수 있겠습니다.

10433. 모세는 주 하나님께 애원하였다(=모세가 주 그의 하나님의 안전에서 간구하였다).

이 말씀이 자비 가운데 계시는 주님께서 기억하신다는 것을 뜻한다는 것은 성언을 가리키는 모세의 표징에서(10432항 참조), 그리고 여호와에 관해서 언급되었을 때 자비나 모든 선을 가리키는 "얼굴"(face)의 뜻에서(222 · 223 · 5585 · 7599 · 9306 · 9546항 참조), 그리고 기억하는 것을 가리키는 "애원한다"(=간청한다)는 말의 뜻에서 잘 알 수 있습니다. 왜냐하면 모세가 성언을 뜻할 때, 그 때 "애원한다"(=간청한다)는 말이 간청하는 것을 뜻하지 않고, 오히려 언급된 것에 일치하는 것을 뜻하고, 여기서는 성언을 뜻하기 때문입니다. 성경에서 “여호와”가 주님을 뜻한다는 것은 9373항을 참조하십시오.

10434. 주님, 어찌하여 주께서 이끌어 내주신 주의 백성에게 이와 같이 노하십니까?(=주여, 주께서 데리고 나오신 주의 백성에 대하여 어찌하여 주의 진노가 맹렬하시나이까?)

이 말씀이 그 민족의 외면(=고개를 돌리는 것)을 뜻한다는 것은 악 안에 있는 사람의 외면을 가리키는 “분노로 불끈 성나게 한다”는 말의 뜻에서(10431항 참조) 잘 알 수 있습니다.

10435. 주께서 이집트 땅에서 이끌어 내주신 주의 백성에게 (노하십니까?)

이 말씀이 이것에서 비롯된 제고(=올림・提高)를 뜻한다는 것은 외적인 것들에게서 내적인 것들에게로 올리는 것을 가리키는 “이집트 땅에서 이끌어 내었다”는 말의 뜻에서(10421항 참조) 잘 알 수 있습니다.

10436. 큰 권능과 강한 손으로…….

이 말씀이 신령능력의 은덕에 의한 것을 뜻한다는 것은, 여호와에 관해서 언급할 때, 신령능력을 가리키는 “큰 권능과 강한 손”이라는 말의 뜻에서(7188・7189・8050・8069・8153항 참조) 잘 알 수 있습니다. 여기의 경우나, 지금까지의 경우가 어떠한지는 속뜻으로 그것들의 시리즈에서 볼 수 있었습니다. 그 속뜻은 비록 이스라엘 민족이 내적인 것이 결여된 외적인 것들 안에 있었지만, 그들이 내면적인 것들을 향하여 전혀 올리워질 수 없었기 때문에, 그러나 교회의 표징이 그들 가운데 제정, 설시되었고, 그리고 성언도 거기에 기술되었습니다. 이런 이유 때문에 신령능력에 의하여 그럼에도 불구하고 내적인 것이 결여된 외적인 것들에 의한 천계와의 교류와 내통이 있었습니다. 따라서 이와 비슷한 결과가, 마치 그것들이 내적인 것 안에 동시에 있는 것처럼, 이루어졌습니다. 이것에 관해서는 그 민족에 관해서 설명, 입증된 10396항에 인용된 내용을 참조하십시오. 내면적인 것들의 표징인, 그들에게 있는 외적인 것들에 의하여 그와 같은 일이 있었기 때문에, 거기에는 주님의 신령능력에 의한 천계와의 교류, 내통이 있었습니다(4311·4444·6304·8588·8788·8806항 참조).

[2] 여기서 주지하여야 할 사실은 교회는 외적인 예배로 말미암아 진정한 교회가 아니고, 다만 내적인 예배로 말미암아 진정한 교회라는 것입니다. 왜냐하면 외적인 예배는 육신에 속한 것이지만, 내적인 예배는 영혼에 속한 것이기 때문입니다. 결과적으로 내적인 것이 결여된 외적인 예배는 다만 겉모양의 행위에 속한 것이고, 따라서 그것은 신령존재에게서 비롯된 생명이 없는 예배일 뿐입니다. 예배의 내면적인 것들을 통하여 교회에 속한 사람은 천계와 교류, 내통하고, 그리고 외적인 것은 내면적인 것들이 생존(生存)하기 위하여 하나의 장(場)으로 그것을 섬깁니다. 그것은 마치 하나의 집이 그것의 기초들 위에 세워지는 것과 같고, 그리고 그것이 그와 같이 생존할 때 그것은 완전하고, 견고(堅固)합니다. 그리고 사람 전체는 신령존재에 의하여 관리, 감독됩니다.

[3] 표징적인 교회였던 고대교회의 사람은 이런 성품이었습니다. 그러므로 그 교회는 주님에 의하여 인정되었고, 수용되었습니다. 이러한 사실은 성경의 수많은 장절에서 명확합니다. 예를 들면 모세의 노래 가사에 기술되었습니다(신명기 32 : 3-14). 그러나 이런 교회는 이스라엘 민족이나 유대 민족 가운데는 세워질 수 없었습니다. 그 이유는 앞에서 언급한 것과 같이, 그들의 내면적인 것들이 추악하고, 불결하였기 때문이고, 따라서 그것들은, 예배의 내면적인 것들을 가리키는 천적인 사랑의 선이나, 믿음의 선에 전적으로 정반대였기 때문입니다. 그러므로 그들은 그

들이 가나안 땅에 들어가야 한다고 끈질기게 요구, 주장하였을 때, 이러한 것은 표징하는 교회를 동일하게 주장하는 것인데, 그럼에도 불구하고 그들의 단순한 외적인 예배에 의한 천계와의 교류가 주님에 의하여 마련되었습니다. 왜냐하면 모든 예배의 목적은 천계와의 교류나 내통이기 때문이고, 그리고 그것에 의하여 사람과 주님의 결합이 있기 때문입니다. 이러한 내용이 속뜻으로 여기서 다루어지는 것들입니다.

10437. 어찌하여 이집트 사람이 이렇게 말하게 하려 하십니까?(=어찌하여 이집트 사람들로 말하게 하시렵니까?)
이 말씀이 내적인 것들에게로 올리려고 하는 이들에 관한 단순한 내적인 것들 안에 있는 자들을 뜻한다는 것은 그저 단순한 외적인 것들 안에 있는 자들을 가리키는 이집트 사람들의 표징에서, 그리고 내적인 것들에게로 올리려고 하는 자들에 관한 것을 가리키는 "말하게 하려는다"는 말의 뜻에서 잘 알 수 있습니다. 왜냐하면 속뜻으로 이러한 내용들이 곧 아래에 이어지는 것에서 다루어지기 때문입니다. 이집트 사람들이 단순히 외적인 것들 안에 있는 자들을 표징하는 이유는 고대의 이집트 사람들은 그들에게 있었던 표징적인 교회에 속한 자들이었기 때문입니다. 왜냐하면 이 교회는 많은 것들을 통하여 아시아 지역으로 널리 퍼져 나갔고, 그리고 그 때에 이집트 사람들은, 그 교회에 속한 대응의 과학(the science of correspondence)이나 표징에서 다른 민족에 비하여 매우 뛰어났기 때문입니다. 왜냐하면 그들은, 외적인 것들이 표징하고, 결과적으로는 뜻하는, 내적인 것들에 익숙하고, 정통하였기 때문입니다. 그러나 시간이 지나면서 그 교회가 세워졌던 그 민족에게 다른 민족에게서 일어난 것과 같은 일들이 일어났고, 그 가운데서 그들은 속사람에서부터 겉사람이 되었고, 종국에는 내적인 것들에 관해서는 전혀 관심조차 없었고, 다만 외적인 것들 가운데 존재하는 모든 예배에만 관심을 두게 되었습니다.

[2] 이런 일이 역시 이집트 사람들에게서 일어났을 때, 다른 민족에 비하여 숙달했던 대응의 과학이나 표징의 과학은 마술(魔術·magic)로 변하였습니다. 이러한 경우는 사랑과 믿음을 가리키는 예배의 내적인 것들이 가리워 사라지게 되었을 때, 외적인 표징적 예배는, 내면적인 것들을 표징하는 것과 더불어, 여전히 남아 있었습니다. 이집트 사람들이 이런 성품이 되었기 때문에, 그러므로 성경에서 그들은 이런 것들의 기억지(記憶知)를 뜻하였고, 그리고 또한 외적인 것, 즉 자연적인 것을 뜻하게 되었습니다. 그리고 내적인 것이 빠져 버린 이것은, 모두가 지옥적인 것을 가리키는, 마술적인 것이나 우상숭배적이 되었기 때문에, 그러므로 "이집트"는 역시 지옥을 뜻하게 되었습니다. 이상에서 볼 때, 그것으로 말미암아 우리의 본문, "어찌하여 이집트 사람이 이렇게 말하게 하시렵니까?"라는 말씀이 그저 단순한 외적인 것들 안에 있는 자들을 뜻한다는 것은 명확합니다.

[3] 이집트에 표징적인 교회가 있었다는 것은 7097·7296·9391항을 참조하시고, 그리고 "이집트"가 양쪽의 뜻에서 이런 것들의 기억지를 뜻한다는 것은 1164·1165·1186·1462·2588·4749·4964·4966·5700·5702·6004·6015·6125·6651·6673·6679·6683·6750·7926항을 참조하시고, "이집트"가 자연적인 것, 즉 외적인 것을 뜻한다는 것은 4967·5079·5080·5095·5160·5276·5278·5280·5288·5301·5799·6004·6015·6147·6252·7353·7355·7648항을 참조하시고, 그리고 "이집트"가 지옥을 뜻한다는 것은 7039·7097·7107·7110·7126·7142·7220·7228·7240·7278·7307·7317·8049·8132·8135·8138·8146·8148·8866·9197항을 참조하십시오.

10438. "주가 자기 백성에게 재앙을 내리려고, 그들을 이끌어

내어, 산에서 죽게 하였다"(=주가 그들에게 악을 가져와서, 그들을 산에서 죽이려고 하였다).

이 말씀이 선 안에 있는 자들이 멸망할 것이다는 것을 뜻한다는 것은, 파괴하는 것을 가리키는 "죽이려고 끌고 나왔다"는 말의 뜻에서, 그러나 어느 누구도 결코 파괴하시지 않는 여호와에 관해서 언급할 때, 그것은 그들 자신의 악에 의하여 멸망시키는 것을 뜻하는 것에서, 그리고 천계나, 그리고 이것에서 비롯된 사랑의 선을 가리키는 "산"의 뜻에서 잘 알 수 있습니다. "산들"이 천계를 뜻한다는 것은 저 세상에 있는 표징들로 말미암은 것입니다. 왜냐하면 거기에는, 이 땅 위에서와 같이, 산들, 언덕들, 바위들, 골짜기들이 있고, 그밖의 많은 것들이 있기 때문입니다. 그리고 산들에는 천적인 사랑에 있는 자들이 있고, 언덕들에는 영적인 사랑 안에 있는 자들이 있고, 바위들에는 믿음 안에 있는 자들이 있고, 골짜기들에는 아직은 사랑의 선이나, 믿음의 선에 들어가지 못한 자들이 있습니다.

[2] 이렇게 볼 때 "산들"은 천적인 사랑에 속한 선 안에 있는 자들을, 따라서 극내적인 천계에 있는 자들을 뜻하고, 따라서 추상적인 뜻으로는 천적인 사랑에 속한 선들을 뜻하고, 따라서 이 사랑 안에 있는 천계를 뜻합니다. 그리고 "언덕들"(hills)은 영적인 사랑에 속한 선 안에 있는 자들을 뜻하고, 따라서 중간천계에 있는 자들을 뜻하고, 추상적인 뜻으로는 이 사랑에 속한 선을 뜻하고, 그리고 그것 안에 있는 천계를 뜻합니다. "바위들"(rocks)은 믿음의 선에 있는 자들을 뜻하고, 그리고 이것에서 비롯된 궁극적인 천계에 있는 자들을 뜻하고, 추상적인 뜻으로는 이 선이나 이 천계를 뜻합니다. "골짜기들"(=계곡들)은 아직은 이들 선들이나 따라서 천계에 들어가지 못한 자들을 뜻합니다. 이러한 것들이 저 세상에서 보여지기 때문에, 결과적으로 이런 내용들이 그것들에 의하여 뜻하고 있기 때문에, 그러므로 동일한 것들이

성경에서 그것들이 뜻합니다. 그리고 동일한 것들이, 성경에서 가나안 땅에 있는 산들, 언덕들, 바위들, 골짜기들(=계곡들)이 뜻하고, 그리고 그 땅은 복합적으로 천계를 표의합니다.

[3] "산들"이 천적인 사랑에 속한 선이 있는 천계를 뜻한다는 것은, 아래 장절들에게서와 같이, 성경의 수많은 장절들에게서 아주 명확합니다. 구약의 말씀입니다.

마지막 때에,
주의 성전이 서 있는 산이
모든 산 가운데서 으뜸가는 산이 될 것이며,
모든 언덕보다 높이 솟을 것이니,
모든 민족이 물밀듯 그리로 모여들 것이다.
(이사야 2 : 2 ; 미가 4 : 1)
왕이 의를 이루면
산들이 백성에게 평화를 안겨 주며,
언덕들이 백성에게
정의를 가져다 줄 것입니다.
(시편 72 : 3)
모든 산과 언덕들아
주님을 찬양하여라.
(시편 148 : 9)
거대한 바산의 산들아,
높이 솟은 봉우리가 많은 바산의 산들아,
봉우리들이 높이 솟은 바산의 산들아,
너희가 어찌하여
하나님이 머무르시려고 택하신 시온 산을
적개심을 품고 바라보느냐?
그 산은 주께서 영원토록 사실 곳이다.
(시편 68 : 15, 16)
태고 적부터 있는 언덕은

아주 좋은 과일로 뒤덮일 것이다.
불타는 떨기나무 가운데서 말씀하시는 주,
선하신 주께서 그들의 땅에 복을 베푸시니,
그 땅이 온갖 좋은 산물로 가득할 것이다.
요셉이 그 형제 가운데 지도자였으니,
이런 복을 요셉 지파가 받을 것이다.
(신명기 33 : 15, 16)

이 밖에도 다른 여러 장절들이 있습니다(795·6435·8327·8658·8758·9422·9434항 참조). 이런 이유 때문에 주님께서 시내산에 하강(下降)하셨고, 그리고 이런 이유 때문에 다윗의 성읍은 산에 건설되었습니다. 그리고 "시온 산"(mount Zion)이라고 불리운 이 산은 극내적인 천계(the inmost heaven)를 뜻합니다. 그리고 이런 이유 때문에 고대 사람들은 산들이나 언덕들 위에서 예배의 거룩한 예전을 집행하였습니다(2722항 참조).

10439. (주가) **그들을 땅 위에서 완전히 없애 버렸다**(=지면에서 진멸하였다).
이 말씀이 교회에 속한 자들이 멸망할 것이다는 것을 뜻한다는 것은 파멸하는 것을 가리키는, 그러나 어느 누구도 파멸하시지 않는 여호와에 관해서 언급할 때, 그것은 그들 자신들의 악에 의하여 멸망하는 것을 뜻하는 "없애 버린다"(consuming)는 말의 뜻에서(바로 앞서의 설명 참조), 그리고 교회를 가리키는 "땅"(the earth)의 뜻에서(9325·10373항 참조) 잘 알 수 있습니다.

10440. 제발 진노를 거두시고, 뜻을 돌이키십시오.
이 말씀이 이와 같은 그 민족의 외면이 해롭게 되지 않을 것이라는 것을 뜻한다는 것은 여호와에 관해서 언급할 때, 사람의 주요 영역에서의 외면(外面)을 가리키는 "진노"(=맹렬한 진노·분노의 진노)의 뜻에서(10431항 참조), 잘 알 수 있습니다. 따라서 "진노를 거두십시오"(=진노에게서 돌이키십시오)라는 말은 그 외면이 해가 되지 않을 것이라는 것을 뜻합니다. 여기서의 경우가 어떠한지는 앞에서 이미 언급된 내용에서 잘 알 수 있겠습니다.

10441. 주의 백성에게서 이 재앙을 거두어 주십시오(=주의 백성을 향한 이 재앙에서 돌이키소서).

이 말씀이 그들에 대한 자비(慈悲·mercy)를 뜻한다는 것은, 여호와에 관해서 언급될 때, 자비롭다는 것을 가리키는 "돌이킨다"(=후회한다·회개한다·to repent)는 말의 뜻에서 잘 알 수 있습니다. "후회한다"(=회개한다)는 말이 자비로운 것을 뜻한다는 것은 여호와께서 결코 후회하시지(=회개하시지) 않기 때문입니다. 왜냐하면 그분께서는 영원 전부터 모든 것들을 예견하시고, 장만하시기 때문입니다. 후회한다(=회개한다)는 말은 장래를 알지 못하는 자에게 적용되는 말입니다. 그리고 어떤 일이 일어났을 때 그 사람은 자기가 과오를 범했다는 것을 알게 됩니다. 그럼에도 불구하고 성경에는 여호와에 관해서 그와 같이 언급되고 있는데, 그 이유는 그것의 문자적인 뜻이 사람에게 나타나 보이는 그런 것들에게서 취하였기 때문입니다. 그것은 아주 소박한 사람을 위한 것이기 때문이고, 그리고 제일 먼저 어디로 가야하는지를 알지 못하는 어린 것들을 위한 것이기 때문입니다. 소박한 사람이나 어린 것들은 모두가 가장 외적이 것들 안에 있고, 그들에게서 그것들은 시작되고, 그 뒤에 그것에는 그들의 내면적인 끝맺음(終結)이 있습니다. 그러므로 문자 안에 있는 성언은 보다 현명한 자들에 의해서는 아주 다르게 이해됩니다.

[2] 성언이 사람을 닮았다는 점에서 사람의 내면적인 것들은, 그것들을 내포하고 있는, 살(肉·flesh)과 뼈(骨·bones)들에서 종결합니다. 그 이유는 만약에 이것들이 기초(基礎)나 토대(土臺)로서 이바지하지 않는다면 사람은 존속할 수 없기 때문입니다. 왜냐하면 사람은 내면적인 것들이 거기에서 종결하기 위한 아무런

궁극적인 것을 가지지 못할 것이기 때문이고, 그것들이 거기에 의존하는 그것 또한 전혀 가질 수 없기 때문입니다. 이와 같은 경우는 성언에서도 꼭 같습니다. 성언은 내면적인 것들이 그것 안에 종결하기 위해서는 반드시 궁극적인 것(an ultimate)을 가져야 합니다. 그리고 궁극적인 것은 문자의 뜻입니다. 이 때 그것의 내면적인 것들은 속뜻에 속한 천계적인 것들을 가리킵니다. 이렇게 볼 때 사람에게 드러난 외현(=겉모습)에서 "여호와께서 후회하셨다"고 언급된 이유가 무엇인지 잘 알 수 있겠습니다. 그럼에도 불구하고 그분께서는 후회하시지 않습니다.

[3] 여호와에 관해서 언급된 "후회한다"(=돌이킨다 · repenting)는 말은 성경의 수많은 장절에서 명확한데, 그것은 아래에서 볼 수 있겠습니다.

그 백성이 나의 말을 순종하지 않고, 내가 보기에 악한 일을 하기만 하면, 나는 그들에게 내리기로 약속한 복을 거둔다(=그 복에서 돌이키리라).
(예레미야 18 : 10)
혹시 그들이 그 말을 듣고서, 각자 자신의 악한 길에서 돌아설 수도 있지 않겠느냐? 그러면 내가, 그들의 악한 행실 때문에 그들에게 내리기로 작정한 재앙을, 거둘 것이다(=스스로 돌이키리라).
(예레미야 26 : 3)
이렇게 나의 분을 다 쏟아야, 그들에게 품었던 분이 풀려서, 내 마음도 시원하게 될 것이다. 내가 내 분을 그들에게 다 쏟을 때에, 그들은 비로소 나 주가 질투하기 때문에 그와 같이 말하였다는 것을 알게 될 것이다.
(에스겔 5 : 13)
주께서 이에 대하여 뜻을 돌이키셨다. 그리고 주께서 말씀하셨다. "이것이 이루어지지 않게 하겠다."
(아모스 7 : 3, 6)

주께서는 당신의 백성을 심판하시고,
당신의 종들을 불쌍히 여기실 것이다(=후회하실 것이다).
(신명기 32 : 36)
(니느웨 왕이 백성에게 선포하였다.) "하나님께서 마음을 돌리고 노여움을 푸실지 누가 아느냐? 그러면 우리가 멸망하지 않을 수도 있다." 하나님께서 그들이 뉘우치는 것, 곧 그들이 저마다 자기가 가던 나쁜 길에서 돌이키시는 것을 보시고, 뜻을 돌이켜 그들에게 내리시겠다고 말씀하신 재앙을 내리지 않으셨다.
(요나 3 : 9, 10)
(주께서는) 땅 위에 사람 지으셨음을 후회하시며, 마음 아파 하셨다.
(창세기 6 : 6)
(주께서 사무엘에게 말씀하셨다.) "사울을 왕으로 세운 것이 후회된다. 그가 나에게서 등을 돌리고, 나의 명령을 따르지 않는다."…… 주께서도 사울을 이스라엘의 왕으로 세우신 것을 후회하셨다.
(사무엘 상 15 : 11, 35)

[4] 이들 장절들에는 주(=여호와)께서 "후회하셨다"(repented)고 언급되었는데, 그럼에도 불구하고 그 때 주님께서는 후회하실 수 없었습니다. 그 이유는 그분께서는 그분께서 그런 것들을 행하시기 전에 모든 것들을 알고 계시기 때문입니다. 이렇게 볼 때 "후회한다"(=돌이킨다 · repenting)는 말이 자비(慈悲 · mercy)를 뜻한다는 것은 명확합니다. 여호와(=주)께서 결코 후회하시지 않는다는 것은 성경말씀에서 잘 알 수 있습니다. 예를 들면 이런 장절이 되겠습니다.

하나님은 사람이 아니시다.
거짓말을 하지 아니하신다.
사람의 아들이 아니시니,
변덕을 부리시지도 아니하신다.
어찌 말씀하신 대로 하지 아니하시랴?

어찌 약속하신 것을 이루지 아니하시랴?
(민수기 23 : 19)
이스라엘의 영광이신 하나님은 거짓말도 안 하시거니와, 뜻을 바꾸지도 않으십니다. 하나님은 사람이 아니십니다. 그러므로 하나님은 뜻을 바꾸지 않으십니다.
(사무엘 상 15 : 29)

여호와에 관해서 언급되었을 때 "후회한다"(repenting)는 말이 자비를 뜻한다는 것은 이런 장절들에게서 명확합니다.

(나 주가 말한다.)
"금식하고 통곡하고 슬퍼하면서,
나에게로 돌아오너라.
옷을 찢지 말고, 마음을 찢어라."
주 너희의 하나님께로 돌아오너라.
주께서는 은혜롭고 자비로우시며,
오래 참으시며,
한결같은 사랑을 늘 베푸시고,
불쌍히 여기는 마음이 많으셔서,
뜻을 돌이켜 재앙을 거두기도 하신다.
(요엘 2 : 12, 13)
그는 주께 기도하며 아뢰었다. "주님, 내가 고국에 있을 때에 이렇게 될 것이라고 이미 말씀드리지 않았습니까? 내가 서둘러 다시스로 달아났던 것도 바로 이것 때문입니다. 하나님은 은혜로우시며 자비로우시며 좀처럼 노하지 않으시며 사랑이 한없는 분이셔서, 내리시려던 재앙마저 거두실 것임을 내가 알고 있었기 때문입니다."
(요나 4 : 2)

10442. 주의 종 아브라함과 이삭과 이스라엘을 기억하여 주십시오.

이 말씀이 천계와 교회를 목적한 것을 뜻한다는 것은 신령인성(神靈人性 · the Divine Human · 신령인간)의 측면에서, 따라서 천계와 교회에 계시는 그분의 신성(His Divine)의 측면에서 주님을 가리키는 "아브라함 · 이삭 · 이스라엘"의 뜻에서 잘 알 수 있습니다. 주님의 신령한 것이 천계와 교회를 이루시고, 완성하시기 때문에, 그러므로 이들 이름들은 역시 천계와 교회를 뜻합니다. 이러한 내용들이 성경에서 "아브라함 · 이삭 · 야곱"이 뜻한다는 것은 1965 · 3305 · 4615 · 6098 · 6185 · 6276 · 6589 · 6804 · 6847항을 참조하십시오. 그리고 "이스라엘"도 마찬가지라는 것은 4286 · 4570항을 참조하시고, 그리고 8805 · 9340항의 인용 내용을 참조하십시오. "아브라함 · 이삭 · 야곱"이 이런 내용을 뜻한다는 것은 마태복음서의 주님의 말씀에서 명확합니다. 마태복음서의 말씀입니다.

> 내가 너희에게 말한다. 많은 사람이 동과 서에서 와서, 하늘 나라에서 아브라함과 이삭과 야곱과 함께 잔치 자리에 앉을 것이다(=기대어 누울 것이다).
> (마태 8 : 11)

어디에서나 "그들이 서로 기대어 눕는다"는 말은 주님이 계시는 천계에 있다는 것을 뜻합니다. 그 말씀이 이런 뜻이라는 것은 이름들이 천계에 등록(登錄)되지 않고, 그 이름들이 천계적인 것들이나, 신령한 것들을 뜻한다는 사실에서 아주 명확합니다(10216 · 10282항 참조).

10443. 주께서 그들에게 맹세하셨다.

이 말씀이 신령존재에 의한 확증(確證 · confirmation)을 뜻한다는 것은, 주님에 관해서 언급할 때, 신령존재에 의한 돌이킬 수 없는 확증(=확정)을 가리키는 "맹세한다"(swearing)는 말의 뜻에서

(2842항 참조) 잘 알 수 있습니다.

10444. 주께서 그들에게 이르셨다(=말씀하셨다).

이 말씀이 예견(豫見)과 섭리(攝理)를 뜻한다는 것은, 신령존재에 의한 확증을 언급할 때, 예견이나 섭리를 가리키는 "말한다"(=이른다 · saying)는 말의 뜻에서 잘 알 수 있습니다(5361 · 6946 · 5951 · 8095항 참조).

10445. 내가 너희의 자손을 하늘의 별처럼 많게 하겠다(=번성시키겠다).

이 말씀이 선들과 진리들을, 그리고 그것들의 지식들을 뜻한다는 것은, 천계나 교회에 관해서 언급할 경우, 그것 안에 있는 선이나 진리를 가리키는 "자손"(=씨 · seed)의 뜻에서(1940 · 3038 · 3310 · 3373 · 3671 · 6158 · 10249항 참조), 그리고 선이나 진리의 지식들을 가리키는 "별들"(stars)의 뜻에서(2495 · 2849 · 4697항 참조) 잘 알 수 있습니다. 문자적인 뜻에서 우리의 본문, "아브라함 · 이삭 · 야곱의 자손이 하늘의 별들처럼 번성한다"는 말은 이스라엘 민족이나 유대 민족이 수도 없이 많이 번성한다는 것을 뜻합니다. 그러나 성경에서 그 이름들은 영적인 실재들(spiritual realities)이나 천적인 실재들(celestial realities)을 뜻하기 때문에, 그리고 이름들에 비하여 월등한 천계와 교회를 뜻하기 때문에, 그러므로 "그들의 자손"은 천계와 교회 안에 있는 선들이나 진리들을 뜻합니다. "하늘의 별들처럼"이라고 언급되었는데, 그 이유는 성경에서 비교적인 것들은 표의적인 것에서 비롯된 것이기 때문입니다(3579 · 8989항 참조). 이 경우 비교(=비유 · comparison)가 하늘의 별들로 언급되었는데, 그것은 이것들이 지식들의 측면에서 선들이나 진리들을 뜻하기 때문입니다.

10446. 내가 약속한 이 모든 땅을 너희 자손에게 줄 것이다.

이 말씀이 천계와 교회가 비롯된 근원을 뜻한다는 것은 교회를 가리키는 "땅"(land)이나 "이 땅"(earth)의 뜻에서(9325항 참조),

잘 알 수 있습니다. 그리고 "땅"(land)이나 "이 땅"(earth)이 교회를 뜻하듯이, 그리고 역시 천계를 뜻합니다. 왜냐하면 교회는 지상에 있는 주님의 천계를 뜻하기 때문이고, 그리고 교회는 또한 천계와 한 몸처럼 역사하기 때문입니다. 그 이유는 전자는 후자로 말미암아 생성되고, 존속하기 때문입니다. 그리고 또한 그것 안에 있는 선과 진리를 가리키는 "씨"(seed)의 뜻에서 잘 알 수 있습니다(10445항 참조).

10447. **그것을 영원한 유산으로 삼겠다**(=그들이 그것을 영원히 유업으로 받으리라).
이 말씀이 영원한 생명(=삶)을 뜻한다는 것은, 천계에 관해서 언급할 때, 주님의 생명을 취하는 것을 가리키는, 따라서 천계의 삶을 취하는 것을 가리키는, "유산"(=유업・遺産・遺業・inheriting)의 뜻에서(2658・2851・3672・7212・9338항 참조), 그리고 영원한 것을 가리키는 "영원"(=세대・an age)의 뜻에서(10248항 참조) 잘 알 수 있습니다.

10448. **모세가 이렇게 간구하니, 주께서는 뜻을 돌이키시고, 주의 백성에게 내리시겠다던 재앙을 거두셨다**(=주께서 주의 백성에게 행하려고 계획하신 그 재앙에서 돌이키시니라).
이 말씀이 그들에 대한 자비(慈悲)를 뜻한다는 것은 위의 설명에서 잘 볼 수 있습니다(10441항 참조).

10449. 15-20절. **모세는 돌아서서 증거판 둘을 손에 들고서 산에서 내려왔다. 이 두 판에는 글이 새겨 있는데, 앞뒤에 다 새겨 있었다. 그 판은 하나님이 손수 만드신 것이며, 그 글자는 하나님이 손수 판에 새기신 글자이다. 여호수아가 백성이 떠드는 소리를 듣고서, 모세에게 "진에서 싸우는 소리가 들립니다" 하고 말하였다. 모세가 대답하였다. "이것은 승전가도 아니고, 패전의 탄식도 아니다. 내가 듣기에는 노래하는 소리다." 모세가 진에 가까이 와서 보니, 사람들이 수송아지 주위를 돌면서 춤을 추고**

있었다. 모세는 화가 나서, 그는 손에 들고 있는 돌 판 두 개를 산 아래로 내던져 깨뜨려 버렸다. 그는, 그들이 만든 수송아지를 가져다가 불에 태우고, 가루가 될 때까지 빻아서, 그것을 물에 타서, 이스라엘 자손에게 마시게 하였다.

"모세는 돌아서서, 산에서 내려왔다"는 말씀은 천계로부터 성언이 내려왔다는 것을 뜻하고, "증거판 둘이 손에 있었다"는 말씀은 특별하게든, 또는 일반적으로 주님의 성언(the Word of the Lord)을 뜻합니다. "이 두 판에는 글이 새겨 있는데, 앞뒤에 다 새겨 있었다"(=그 판은 양면에 기록되었으니, 이쪽 면과 저쪽 면에 기록되어 있었다)는 말씀은 그것에 의한 주님과 인류의 결합을 뜻하고, 또한 천계와 이 세상의 결합을 뜻합니다. "그 판은 하나님이 손수 만드신 것이며, 그 글자는 하나님이 손수 판에 새기신 글자이다"(=그 돌판들은 하나님의 작품이요, 그 쓰신 것도 하나님께서 돌판에 새겨서 쓰신 것이다)는 말씀은 성언의 겉뜻이나 속뜻이 신령존재에게서 비롯된 것을 뜻하고, 그리고 신령진리이다는 것을 뜻합니다. "여호수아가 백성이 떠드는 소리를 들었다"(=백성들이 소리지르니, 여호수아가 백성의 소리를 들었다)는 말씀은 그 민족의 내면적인 것들의 성질에 관한 조사(調査)와 그것에 대한 주의(注意)를 뜻합니다. "여호수아가 모세에게 '진에서 싸우는 소리가 들립니다' 하고 말하였다"(=모세에게 말하기를 '진영에 전쟁의 소리가 납니다' 하였다)는 말씀은, 지옥에서 비롯된 온갖 거짓들이나 악들에 의한 천계나 교회에 속한 진리나 선에 대한 맹렬한 공격(攻擊)을 뜻합니다. "모세가 대답하였다. '이것은 승전가도 아니고, 패전의 탄식도 아니다'"는 말씀은 한쪽은 활동하는 천계를 뜻하고, 다른 한쪽은 활동하는 지옥을, 따라서 진리에 대항하여 싸우는 거짓을, 그리고 거짓에 대항하여 싸우는 진리를 뜻합니다. "내가 듣기에는 노래하는 소리이다"는 말씀은 그들의 내면적인 것들의 가엾은 비참한 상태를 뜻합니다. "모세가 진에 가까이 와서 보니 이런 일이 일어났다"는 말씀은 그 때 거기에 그 민족이 있었다는 지옥을 뜻합니다. "사람들이 수송아지 주위를 돌면서 춤을 추고 있었다"는 말씀은 그 민족의 외적인 사랑들(=애욕들)의 쾌락에 일치하는 것을 가리키는 지옥적인 예배를, 그리고 결과적으로는 내면적인 축제나 잔치를 뜻하고, "모세는 화가 났다"는 말씀은 성경말씀의 내적인 것이나, 그 교회의, 또는 그 예배에 속한 내적인 것에서부터의 그 민족의 외면이나 떠나 버린 것(the turning away)을 뜻하고, "그는 손에 들고 있던 돌 판 두 개를 산 아래로 내던져 깨뜨려 버렸다"는 말씀은 그 민족 때문에 성언의 외적인 뜻이 바뀌고, 다르게 되었다는 것을 뜻합니다. "그는, 그들이 만든 수송아지를 가져왔다"는 말씀은 그 민족에게 속한 우상숭배적인 예배의 쾌락을 뜻하고, "그것을 불에 태웠다"는 말씀은 지옥에 대하여 유죄판결된 자기사랑들이나, 세상사랑들에게서 철저하게 박탈(剝奪)된 것을 뜻합니다. "그것을 가루가 될 때까지 빻았다"는 말씀은 그것에서 비롯된 지옥적인 거짓을 뜻하고, "그것을 물에 타서, 이스라엘 자손에게 마시게 하였다"는 말씀은 그 민족과의 결합을 뜻하고, 그 민족에게의 전유(專有)를 뜻합니다.

10450. 모세는 돌아서서, 산에서 내려왔다.

이 말씀이 천계에서 내려온 성언을 뜻한다는 것은, 성언에 관해서 언급될 때, 내려오는 것을 가리키는 "돌아서서, 내려왔다"는 말의 뜻에서, 그리고 성언을 가리키는 모세의 표징에서(9372항의 부연내용 참조), 그리고 신령진리가 그것에서 나온 곳인, 천계를 가리키는 "시내 산"의 뜻에서 잘 알 수 있습니다.

10451. 그의 손에는 증거판 둘이 있었다.

이 말씀이 특별하게나, 일반적으로나 주님의 성언을 뜻한다는 것은 복합적으로 성언을 가리키는 그 위에 열 계명들이 쓰여진(=새겨진) "돌판들"(the tables)의 뜻에서(9416항 참조), 그리고 신령진리의 측면에서 주님을 가리키는 "증거판"(the Testimony)의 뜻에서(9503항 참조) 잘 알 수 있습니다. 이 판들(=돌판들)이 복합적으로 성언을 뜻하는 이유는, 따라서 전체적으로나 특별하게 성언을 뜻하는 이유는 그것들 위에 생명의 율법이 쓰여졌기 때문이고, 제한적인 뜻으로 이 율법은 열 계명들을 뜻하고, 덜 제한적인 뜻으로는 모세에 의하여 기술된 성언(=성경말씀)을 뜻하고, 더 넓은 뜻으로는 역사적인 성언(=역사서들)을 뜻하고, 아주 넓은 뜻으로는 성언 전체를 뜻하기 때문입니다(6752항 참조). 더욱이 이들 판들 위에 율법이 쓰여진, "시내 산"이, 그것에서 신령진리가 나온, 천계를 뜻하기 때문에, 그리고 주님에게서 비롯된 신령진리 자체인 성언을 모세가 표징하기 때문에, 그러므로 그의 손에 있는 판들은 이 표징의 증표입니다.

10452. 이 두 판에는 앞뒤에 글이 다 새겨 있었다.

이 말씀은 그것에 의하여 거기에 있는 인류와 주님의 결합을 뜻하고, 그리고 이 세상과 천계의 결합을 뜻한다는 것은, 위에서 언급한 것과 같이(10451항 참조), 전체적인 복합체로 성언을 가리키는 "그것 위에 율법이 쓰여진 판들"의 뜻에서 잘 알 수 있습니다. "이 두 판에는 글이 새겨 있는데, 앞뒤에 다 새겨 있었다"는 말이, 인류와 주님의 결합을 뜻한다는 것은 9416·10375항을 참조하십시오. 그러므로 이 판들이 "언약의 판들"(the tables of covenant)이라고 불리웠습니다. 왜냐하면 "언약"(言約·covenant)은 결합을 뜻하기 때문입니다(665·666·1023·1864·1996·2003·2021·6804·8767·8778·9396항 참조).

[2] 성언에 의하여 인류와 주님의 결합이 여기서 언급되었기 때문에, 또는 이 세상과 천계의 결합이 언급되었기 때문에, 이것에 관한 경우가 어떠한지 반드시 언급되어야 하겠습니다. 성언의 본질(本質)을 알지 못하는 자들은, 그것에 의하여 인류와 주님의 결합이 있다는 것이나, 또는 이 세상과 천계의 결합이 있다는 사실

을 믿을 수 없습니다. 뿐만 아니라 그들은 성경말씀을 경멸(輕蔑), 깔보고, 그것을 무가치(無價値)한 것으로 만들어 버립니다. 그러나 그들은 천계가 신령진리에 의하여 생존, 존속한다는 것을 알아야 하겠습니다. 그리고 만약에 그것이 없다면 천계도 없고, 천계에 의한 인류도 생존, 존속할 수 없다는 것도 알아야 하겠습니다. 왜냐하면 만약에 천계가 사람에게 유입하지 않는다면, 사람이 생각한다는 것은 전혀 불가능하고, 따라서 합리적으로 무엇인가를 의도한다는 것도 불가능하기 때문입니다. 그러므로 천계가 존속하기 위해서, 그리고 그것과의 결합에 의하여, 인류가 존속하기 위하여, 천사들을 위한, 사람들을 위한 신령진리가 존재하는 성언은 주님에 의하여 장만되어 있습니다. 그것의 영적인 뜻이나 천적인 뜻 안에 있는 성언은, 비록 문자 안에는 그것이 아주 단순하고, 그리고 윤택(潤澤)이 나지 않는 것으로 보인다고 해도, 그것의 뛰어난 어떤 개념을 형성하기 위하여 사람을 위해서는 거의 불가능한 아주 뛰어난 정도의 천사적인 지혜 자체를 그것 안에 담는 그런 성질입니다.

[3] 이렇게 볼 때, 사람이 성경을 읽을 때, 그리고 그 때 동시에 사람이 천계와의 결합 안에 있을 때, 천계는 성언에서 비롯된 그것의 지혜 안에 있다는 것은 아주 명백합니다. 이런 목적을 위하여 사람에게 성언은 주어졌습니다. 따라서 여기에서 뒤이어지는 것은, 만약에 결합의 중간 매체가 이 세상에 존재하지 않는다면, 천계와의 결합은 소멸할 것이고, 그리고 이 결합과 함께하는 사람 안에 있는 의지에 속한 모든 선이나, 이해에 속한 모든 진리도 소멸할 것이고, 그리고 이런 것들과 더불어 사람과 사람을 제휴(提携)하는 진정한 인간성이나 인간애도 소멸할 것입니다. 결과적으로는 악이나 거짓이 소유(所有·possession) 안에 충만할 것이고, 그것에 의하여 한 사회는 다른 사회에 뒤이어서 계속해서 소멸할 것입니다. 왜냐하면 그것은, 사람이 짙은 흑암에서 걷는

것과 같고, 그리고 그가 가는 곳 어디에서나 비틀거리는 것과 같을 것이기 때문입니다. 그리고 그것은 마치 머리가 환상(幻想)에 빠져 있는 것과 같을 것이고, 결과적으로 육신이 그것의 파괴에까지 이른 미치광이나, 정신이상자와 같을 것입니다. 그리고 그것은 전 육체가 죽을 때까지 그것들의 씀씀이들을 형성하는 조직들이나 기관들을 중지하게 하는 마음이 활동을 멈출 때와 같다고 하겠습니다.

[4] 이러한 일은, 만약에 천계와 사람의 결합이 없다면 사람에게 있는 사람의 상태일 것이고, 그리고 만약에 성언이 없다면 천계와 사람의 결합이 있지 않을 것이라는 사람의 상태일 것입니다. 그것은 또한 만약에 신령진리가 없다면 천사들은 통한 직접적인 교류(=내통)가 없는 사람의 상태일 것인데, 이러한 일은 고대에서 있었던 것입니다. 천계가 언급되었을 때 역시 신령존재를 뜻합니다. 왜냐하면 주님의 신성(神性)은 천계를 이루기 때문입니다. 그러므로 천계와 결합한다는 것은 주님과 결합되는 것을 가리킵니다. 그리고 천계에서 분리(分離)된다는 것은 주님에게서 분리되는 것이고, 그리고 주님에게서 분리되는 것은 곧 멸망하는 것을 가리킵니다. 왜냐하면 이른바 섭리(攝理 · providence)라고 하는 선을 위한 것들의 전체적인 배치(配置 · disposal)는 이 근원에서 비롯되기 때문입니다. 이와 같은 배치가 제거되었을 때 모든 것들은 악 속으로 돌진(突進)하고, 그래서 폐허(廢墟)나 황폐함 속으로 돌진합니다. 이상에서 볼 때, 성언의 선용(善用 · 씀씀이)이 무엇인지 잘 알 수 있겠습니다. 그럼에도 불구하고 대부분은 성언이 이런 본질을 가지고 있다는 것을 믿지 않으며, 그리고 그와 같이 성언의 선용이 크다는 것도 믿지 않습니다.

10453. **그 판은 하나님이 손수 만드신 것이며, 그 글자는 하나님이 손수 판에 새기신 글자이다**(=그 돌판들은 하나님의 작품이며, 그 쓰신 것도 하나님께서 돌판에 새겨서 쓰신 것이다).

이 말씀이 성언의 속뜻이나 겉뜻이 신령존재에게서 비롯된 것이라는 것을 뜻한다는 것, 그리고 그것들이 신령진리라는 것을 뜻한다는 것은, 바로 위에서 언급한 것과 같이(10452항 참조), 온 복합체 안에 있는 성언을 가리키는 "판들"(=돌판들)의 뜻에서 잘 알 수 있습니다. 그러나 이것에 관해서는 아래에 언급되겠지만, 여기서는 성언의 겉뜻을 가리킵니다. 그리고 그것이 신령존재에게서 비롯된 것을 가리키는 "하나님의 작품"(=하나님이 손수 만드신 것)의 뜻에서, 그리고 이것에 관해서는 아래에서 언급하겠지만, 성언의 속뜻을 가리키는 "쓰신 것"(the writing)의 뜻에서, 결과적으로 "하나님이 손수 판에 새기신 글자"(=하나님께서 돌판에 새겨서 쓰신 것)는 신령존재에게서 비롯된 성언의 속뜻(the internal of the Word)을 뜻합니다. 그리고 또한 겉뜻에 비하여 월등한 속뜻을 가리키는, 따라서 그것 안에 있는 것을 가리키는, "돌판에 새겨서 쓰셨다"는 말의 뜻에서 잘 알 수 있습니다.
[2] 여기서 "판들"(=돌판들·the tables)이 성언의 외적인 것(=성언의 겉뜻)을 뜻한다는 것은, 그것들이 그것의 내적인 것(=성언의 속뜻)을 뜻하는 그 글자는 하나님이 손수 판에 쓰신 글자이다는 말과 분별되기 때문입니다. 그러나 그것들이 손수 쓰신 것과 분별되지 않을 때 그 때의 "돌판들"은 합쳐서 성언의 속뜻과 겉뜻을 뜻하고, 따라서 온 복합체 안에 있는 성언을 뜻합니다(10452항 참조). 그것들이 여기서 분별, 구분되는 이유는 그 판들(=돌판들)이 깨졌기 때문이고, 그리고 그럼에도 불구하고 그 뒤 동일한 말씀들이, 모세에 의하여 다듬어진 다른 돌판들 위에, 여호와에 의하여 쓰여졌기 때문입니다. 성언의 문자의 뜻은 그것의 문자에 속한 뜻을 가리킵니다. 문자에 속한 이 뜻은 "그 돌판들"이 뜻하는데, 그 이유는, 속뜻이 그 위에 쓰여진 판(table)과 같기 때문이고, 그리고 또한 평면(平面·plane)과 같기 때문입니다.
[3] 하나님의 작품을 가리키는 그 돌판들이, 모세가 그 수송아

지와 그 주위에서 추는 춤을 보았을 때, 모세에 의하여 깨뜨려 버렸다는 것, 그리고 하나님의 명령에 의하여 다른 돌판들이 모세에 의하여 다듬어 만들어졌고, 그리고 그 뒤 이 돌판들 위에 동일한 말씀들이 새겨졌다는 것, 그리고 따라서 그 돌판들은 더 이상 하나님의 작품이 아니고, 다만 모세의 작품이라는 것, 그리고 이에 반하여 그 글은 여전히 하나님께서 쓰신 것이라는 것 등등은 아직까지도 알려지지 않은 비밀(秘密)이요, 비의(秘義)입니다. 이 비밀은, 만약에 성언이 다른 민족 가운데서 쓰여졌다면, 또는 만약에 그 민족이 그 민족과 같은 성품이 아니었다면, 그 성언의 문자에 속한 뜻은 서로 달라졌을 것이라는 것입니다. 왜냐하면 성언에 속한 문자의 뜻은 그 백성을 다루고 있기 때문인데, 그 이유는 성언이 그들 가운데 기술되었기 때문입니다. 이러한 사실은 성언의 역사서나 예언서 양쪽에서 명확합니다. 그리고 그 민족이 악 가운데 빠져 있었는데, 그 이유는 마음 속에서 그것은 우상숭배적이었기 때문입니다. 그럼에도 불구하고 속뜻과 겉뜻이 서로 일치하기 위하여 그 백성은 찬양받아야 했고, 하나님의 백성이라고 불리워야 했고, 그리고 거룩한 민족이라고, 그리고 특별한 성품을 지닌 백성이라고 불리웠습니다. 결과적으로 그들은, 성언의 겉뜻에 의하여 가르침을 받을 수 있는 단순한 사람(=소박한 사람 · the simple)으로, 그 민족이 그렇게 불리운 그런 성품이라는 것은 믿을 수밖에 없습니다. 이러한 사실은 그 민족 자체도 그렇게 믿었고, 오늘날 기독교계의 수많은 자들도 그렇게 믿고 있습니다. 더욱이 그와 같은 수많은 것들이, 성언의 겉뜻에 현존해 있고, 그것을 이루고 있습니다. 그리고 그것은 그들의 마음의 완고(頑固) 때문에 그것들을 방임(放任)하고 있을 뿐입니다. 그들의 이러한 성품이 마태복음서 19장 8절에 언급되었고, 그리고 여기서 지나쳐 버린 다른 것들도 많이 있습니다.

[4] 그러므로 성언에 속한 문자적인 뜻은 그 백성을 위하여 만

들어진 것이기 때문에, 그러므로 하나님의 작품인 그 돌판들이 깨어졌고, 그리고 하나님의 명령에 따라서 모세가 다른 돌판을 다듬었습니다. 그러나 이에 반하여 동일한 신령적인 거룩함이 그 것 안에 여전히 남아 있어서, 그러므로 하나님께서 손수 쓰신 예전의 돌판들에 새겨졌던 동일한 말씀들이 그 뒤의 돌판에 새겨졌는데, 그와 같은 사실은 모세의 이런 여러 장절들에게서 명확합니다.

주께서 모세에게 말씀하셨다. "너는 돌판 두 개를 처음 것과 같이 깎아라. 그러면, 네가 깨뜨려 버린 처음 돌판 위에 쓴 그 말을, 내가 새 돌판에 다시 새겨 주겠다."…… 모세는, 주께서 그에게 명하신 대로, 돌판 두 개를 처음 것과 같이 깎았다.…… 모세는 거기서 주와 함께 밤낮 사십 일을 지내면서, 빵도 먹지 않고, 물도 마시지 않고, 언약의 말씀, 곧 십계명을 판에 기록하였다(=주께서 언약의 말씀들, 곧 십계명을 그 판들 위에다 기록하셨다).
(출애굽 34 : 1, 4, 28)

"그 때에 주께서 나에게 말씀하셨다. '먼젓번과 같은 돌 판 둘을 다듬어서 산으로 가지고 올라와, 나에게로 오너라.…… 네가 먼젓번 깨뜨린 판에 새긴 말을, 내가 그 판에 다시 새길 터이니',…… 나는, 먼젓번 것과 같은 돌판 둘을 다듬어서, 손에 들고 산으로 올라갔다.…… 주께서는……선포하신 십계명(=열 가지 말씀)을, 먼젓번과 같이 돌판에 새기셔서 나에게 주셨다."
(신명기 10 : 1-4)

[5] 비록 겉뜻과 속뜻의 일치 때문에 그렇게 언급되었지만, 여호와께서는 그 백성을 그분 자신의 백성으로 시인하시지 않았고, 다만 모세의 백성이 그러하였다는 것은 이런 장절들에게서 명확합니다. 출애굽기서의 말씀입니다.

주께서 모세에게 말씀하셨다. "어서 내려가 보아라. 네가 이집트 땅에서 이끌어 낸 너의 백성이 타락하였다.…… 이제 너는 가서, 내가 너에게 말한 곳으로 백성을 인도하여라."
(출애굽 32 : 7, 34)
주께서 모세에게 말씀하셨다. "너는 가서, 네가 이집트 땅에서 데리고 올라온 이 백성을 이끌고 여기를 떠나서, 내가 아브라함과 이삭과 야곱에게 맹세하고 그들의 자손에게 주겠다고 약속한, 그 땅으로 올라가거라. 내가 한 천사를 보낼 터이니, 그가 너를 인도할 것이다.…… 그러나 나는 너희와 함께 올라가지 않겠다. 너희는 고집이 센 백성이므로, 내가 너희와 함께 가다가는 너희를 없애 버릴지도 모르기 때문이다."
(출애굽 33 : 1-4)

[6] 동일한 내용은, 모세가 바위 틈에 집어 넣어졌고, 그리고 주의 얼굴을 볼 수 없고, 등만을 보게 될 것이다는 말씀(출애굽 33 : 23, 24)이 뜻합니다. 마찬가지로, 모세의 얼굴의 살결이 빛났을 때, 그리고 모세가 이스라엘 자손과 말할 때 자기의 얼굴을 수건으로 가렸다는 것도(출애굽 34 : 30-35) 동일한 것을 뜻합니다. 그 백성의 성품이 어떠한지는 여호와께서 아브라함에게 예언하신 말씀이 뜻합니다. 그 때 주님의 뜻은 그의 자손이 가나안 땅을 상속(相續)받는 것이었습니다. 이렇게 언급되었습니다.

주께서 말씀하셨다. "나에게 삼 년 된 암송아지 한 마리와 삼 년 된 암염소 한 마리와 삼 년 된 숫양 한 마리와 산비둘기 한 마리와 집비둘기 한 마리씩을 가지고 오너라." 아브람이 이 모든 희생제물을 주께 가지고 가서, 몸통 가운데를 쪼개어, 서로 마주 보게 차려 놓았다.…… 해가 질 무렵에, 아브람이 깊이 잠든 가운데, 깊은 어둠과 공포가 그를 짓눌렀다.…… 해가 지고, 어둠이 짙게 깔리니, 연기가 나는 화덕과 타오르는 횃불이 갑자기 나타나서, 쪼개 놓은 희생제물 사이로 지나갔다.

(창세기 15 : 9, 10, 12, 17)

10454. 여호수아가 백성이 떠드는 소리를 들었다(=백성들이 소리지르니, 여호수아가 백성의 소리를 들었다).
이 말씀이 그 민족의 내면적인 것들의 성품에 대한 조사와 주의(注意)를 뜻한다는 것은 조사와 주의를 가리키는 "듣는다"(hearing)는 말의 뜻에서 잘 알 수 있습니다. 왜냐하면 지금 다루고 있는 주제가 그 민족의 내면적인 성품에 관한 그 민족이었기 때문입니다. 따라서 그 민족의 내면적인 것들의 성질에 관한 것이었기 때문입니다. 그리고 조사하고, 주의하는 성언에 속한 진리를 가리키는 여호수아의 표징에서 잘 알 수 있습니다. 왜냐하면 그는 모세의 부하(部下)였고, 모세는 성언을 표징하였기 때문입니다. 왜냐하면 모든 진리는 성언에 속한 것이고, 여기서는 그 진리가 조사하고, 탐구하고, 알게 하는 진리이기 때문입니다. 그리고 내면적으로 그 민족의 성품이 무엇인지 가리키는, 따라서 그것의 내면적인 것들의 성품이 어떤 것인지를 가리키는, "그들이 소리지르는 백성의 소리"의 뜻에서 잘 알 수 있습니다. 왜냐하면 성경에서 "소리"(voice)는 생각을 가리키는, 결과적으로는 진리나 거짓에 대한 내면적인 성품을 가리키는, 내면적인 소리를 뜻하기 때문입니다. 그 이유는 생각이 전자나 또는 후자에게서 비롯되기 때문입니다(219 · 220 · 3563 · 7573 · 8813 · 9926항 참조). 그러나 "소리지른다"(shouting)는 말은, 그것이 언어에 속한 것이든 노래에 속한 것이든, 소리지른 것이든, 분명하게 발음된 것을 뜻하고, 그리고 그것은 생각에서 나오는 것인데, 그 생각이 곧 내면적인 소리(the interior voice)입니다. 그러므로 "소리지르는 그들의 소리를 들었다"는 말은 내면적인 것들의 성질에 관한 하나의 지침(指針)이나 표지(標識)로서 그 소리에서 비롯된 주의(注意)나 인식(認識)을 뜻합니다. 왜냐하면 언어나 노래나 소리지르는 것에 관계없이, 음질(音質)이나 소리(=음성)는 내면적인 정동이나 생각(=사상)에서 비롯되기 때문입니다. 이런 것들은 소리(=음성)에서 양쪽 다입니다. 이러한 사실은 주의하고, 깊이 생각하는 사람들에 의하여 잘 알 수 있습니다. 예를 들면, 화가 난 것이든, 위험한 것이든, 우호적이든, 얌전한 것이든, 기쁜 것이든, 슬픈 것이든, 그밖의 등등의 것이 되겠습니다. 저 세상에서 이러한 사실은 하나의 낱말의 소리에서 천사들은 그의 내면적인 것에 관하여 그의 성품이 무엇인지 아주 명확하게 지각됩니다.

10455. 여호수아가 모세에게 "진에서 싸우는 소리가 들립니다" 하고 말하였다.

이 말씀이 지옥에서 비롯된 온갖 거짓들이나 악들에 의한, 천계나 교회에 속한 진리나 선에 대한 공격(攻擊)이나 폭행(暴行) 따위를 뜻한다는 소리의 내면적인 것들인 생각(=사상)이나 정동을 가리키는, 따라서 내면적인 것들의 성질을 가리키는 "소리"(voice)의 뜻에서(10454항 참조), 그리고 선에서 비롯된 진리와 악에서 비롯된 거짓과의 싸움을 가리키는 "전쟁"(war)의 뜻에서, 그리고 반대의 뜻으로, 이것에 관해서는 아래에서 언급하겠지만, 선에서 비롯된 진리에 대항하여 악에서 비롯된 거짓의 전쟁에서, 그리고 교회나 천계를 가리키는 "진"(陳・陣營)의 뜻에서 잘 알 수 있습니다. 왜냐하면 이런 것들은 이스라엘 자손의 진영이 뜻하기 때문입니다(10038항 참조). 이렇게 볼 때 "진에서 싸우는 소리"(=진영에서 나는 전쟁의 소리)는 지옥에서 비롯된 거짓들이나 악들에 의한 교회나 천계의 진리나 선에 대한 공격이나 폭행 따위를 뜻한다는 것은 아주 명확하다고 하겠습니다. "지옥"에서 비롯되었다고 언급하였는데, 그 이유는 거기에서 금송아지가 예배되었을 경우, "진"(=진영)은 지옥을 뜻하기 때문입니다(10458항 참조).

[2] "진영에서 나는 전쟁의 소리"가 이런 내용을 뜻한다는 것은

속뜻으로 지금 다루는 주제가, 그것들을 전적으로 거부하는 것인, 교회나 천계의 진리들이나 선에 그와 같이 반대하는, 이스라엘 민족에 속한 내면적인 것들이기 때문입니다. 왜냐하면 그 민족의 내면적인 것들은 자기사랑이나 세상사랑에 의하여 점령(占領)되었기 때문이고, 그리고 이런 사랑들(=욕망들)이 지배하는 것에는 교회에 속한 진리들이나 선들이 계속해서 공격과 폭행을 당하고 있기 때문입니다. 그러나 예배에서는 외적인 것들이 아주 거룩한 것처럼 보입니다. 이런 작자들에게서 예배의 거룩함은 하나의 수단(=방법・手段・means)일 뿐이고, 그리고 고귀한 명성(名聲)이나 재물(財物・富)은 한낱 목적들일 뿐입니다. 따라서 천계나 교회에 속한 것들은 수단이나 방법일 뿐이고, 이 세상이나 자아(自我)에 속한 것들은 목적들일 뿐입니다. 중시, 존중된 목적은 사람 안에서 지배하고, 그리고 수단이나 방법 따위가 섬기는 것입니다. 여기에서 뒤이어지는 것은 이런 작자들에게서 천계는 섬기는 존재이고, 이 세상은 지배하는 존재라는 것입니다. 결과적으로 이 세상은 가장 높은 자리에 있고, 따라서 그것은 머리의 자리에 있습니다. 그리고 천계는 보다 낮은 자리에 있고, 따라서 발바닥의 자리에 있다는 것입니다. 그러므로 만약에 천계가 그들의 사랑들(=애욕들・탐욕들)을 지지, 선호하지 않는다면, 그 때 그것은 발바닥 밑으로 쫓겨나고, 그리고 거기에서 짓밟힐 것입니다. 이러한 처지가 자기사랑이나 세상사랑이 지배하는 자들에게 있는 전도(顚倒)의 상태입니다. 이렇게 볼 때 이런 인물들이 천사들에 의하여 목격(目擊), 관찰(觀察)되었을 때 그들은 위가 아래로 바뀐 모습, 즉 머리가 아래로 발이 위로 올라간 모습입니다.

[3] "전쟁"이 진리와 거짓의 다툼을 뜻하는 이유는, 그리고 반대의 뜻으로 진리에 대한 거짓의 다툼을 뜻하는 이유는 영적인 뜻으로 "전쟁"은 달리 아무것도 아니기 때문입니다. 이런 다툼들(=전쟁들)이 성언의 역사서에서 속뜻으로 온갖 작고 큰 "전쟁들"

이 뜻하는 것입니다. 그리고 역시 예언서들에서도 "전쟁들"은 마찬가지입니다. 이러한 사실은 성언에서 위에 부연된 많은 장절들에게서 잘 볼 수 있습니다(1664·8273항 참조). 성경에서 "전쟁"이 영적인 뜻의 전쟁을 뜻한다는 것을 알지 못하는 사람은 다니엘서 7·8·11장과 묵시록서의 두루에 있는 전쟁에 관해 언급된 것들 안에 내포된 것이 무엇인지 알 수 없고, 그리고 교회의 마지막 때에 관해서 예언된 복음서들, 즉 마태복음 24장 5-7이나 마가복음 13장 7, 8절이나 그밖의 다른 곳들에 언급된 것도 무슨 뜻인지 알지 못합니다. 그러므로 전쟁에 속한 모든 도구들, 예를 들면, 칼들·창들·활들이나 화살들이나 그밖의 수많은 것들은 영적인 전쟁(=다툼·spiritual combat)에 속한 그런 것들을 뜻한다고 하겠습니다.

10456. 모세가 대답하였다. "이것은 승전가도 아니고, 패전의 탄식도 아니다"(=그것은 이기라고 소리치는 음성도 아니고, 패배해서 부르짖는 음성도 아니다).

이 말씀이 한쪽에서는 천계의 활동이고, 다른 쪽에서는 지옥의 활동을 뜻한다는 것, 따라서 진리에 대항하는 거짓이요, 거짓에 대항하는 진리라는 것을 뜻한다는 것은 그 민족의 내면적인 것들의 성질을 가리키는 "부르짖는 소리"(the voice of a cry)나 "고함치는 소리"(the voice in shouting)의 뜻에서(10454항 참조), 그리고 거짓과 진리 사이에 놓여 있는 전쟁을 가리키는, 그리고 전혀 판단이 서지 않는 것을 가리키는 "이기라고 소리치는 소리도 아니고, 패배해서 부르짖는 음성도 아니다"는 말의 뜻에서 잘 알 수 있습니다. 이에 반하여 모든 거짓은 지옥에서 비롯되고, 그리고 모든 진리는 천계에서 비롯된다는 말, 즉 천계는 이쪽에서 활동하고, 지옥은 저쪽에서 활동한다는 말이 동일한 것을 뜻합니다. 여기서 "부르짖는다"(a cry)는 말은 거짓을 뜻하고(2240항 참조), 그리고 그 말은 행위에 충분한 의도(意圖)가 있는 생각

(=사상)을 뜻합니다(7119항 참조). 그리고 그것이 내면적인 비통(悲痛)을 뜻한다는 것은 7782항을 참조하십시오. 이런 낱말들에 의하여 그 민족의 내면적인 것들의 상태가 기술되었는데, 그 상태에서 그들은 마치 지옥이 그들과 더불어 천계에 대항하는 것처럼 행동하였고, 그리고 천계는 지옥에 대항하는 것과 같이 행동하였습니다. 따라서 그들이 양자 사이에 놓여 있을 때인데, 그 경우는, 그들의 내적인 것이 닫혀 있는 동안, 그들이 외적인 예배(external worship)에 있을 때를 가리킵니다. 후자는, 그럼에도 불구하고 내면적인 것들의 표징을 가리키는, 외적인 것들에 의한 천계와의 교류나 내통이 있게 하기 위한 의도(意圖)에 대하여, 닫혀 있었습니다. 이 주제는 이미 앞에서 다루었습니다.

10457. 내가 듣기에는 노래하는 소리다(=비참한 소리의 음성이다).

이 말씀이 그들의 내면적인 것들의 비통한 상태를 뜻한다는 것은 비통한 것이나 애통하는 것을 가리키는 "비참한 소리의 음성"(the voice of a miserable cry)의 뜻에서 잘 알 수 있습니다. 왜냐하면 어원에서 이것은 "부르짖음"(a cry)이나 "감정"(affection)·"고통"(misery) 따위를 뜻하는 낱말에 의하여 표현되었기 때문입니다. 따라서 그것은 "비참한 부르짖음"(a miserable cry)을 뜻합니다. 그리고 그 때 "음성"(voice)은 내면적인 것들의 성질을 뜻합니다(10454항 참조). 그 때 "비참한 부르짖음의 음성"(=소리)은 내면적인 것들의 애도(哀悼)의 상태를 뜻합니다.

10458. 모세가 진에 가까이 와서 보니, 이런 일을 보았다.

이 말씀이 그 때 이 민족이 거기에 있었다는 지옥을 뜻한다는 것은, 교회를 가리키는 "이스라엘 자손의 진영"의 뜻에서(4236·10038항 참조) 잘 알 수 있습니다. 결과적으로는 그들이 우상숭배적인 예배에 있고, 여호와 대신에 송아지를 경배하는 때, 그들의 "진영"은 지옥을 뜻합니다. 왜냐하면 천계나 교회의 표징적인 것은, 그 백성이 스스로 신령예배에서 악마적인 예배(diabolical worship)로 바뀌어, 변질되었을 때, 지옥에 속한 표징적인 것으로 변하기 때문입니다. 이러한 것이 바로 송아지의 예배입니다. 아모스서의 "진영"도 동일한 내용을 뜻합니다. 아모서의 말씀입니다.

> 내가 옛날 이집트(=이집트의 길)에 전염병을 내린 것처럼,
> 너희에게도 내렸다.
> 내가
> 너희의 젊은이들을 칼로 죽였으며,
> 너희의 말들을 약탈당하게 하였다.
> 또 너희 진에서 시체 썩는 악취가 올라와서,
> 너희의 코를 찌르게 하였다.
> 그런데도 너희는
> 나에게로 돌아오지 않았다.
> (아모스 4 : 10)

여기서는 진리의 황폐화(荒廢化)가 다루어졌습니다. 그리고 이것이 황폐하게 되었을 때 "진"(=진영 · camp)은 지옥을 뜻합니다. 진리의 황폐화가 다루어졌다는 것은 속뜻의 관점에서 볼 때 그 장절의 구체적인 것들에서 명확합니다. 왜냐하면 여기서 "전염병"(=역병)은 황폐화를 뜻하기 때문입니다(7102 · 7505항 참조). 그리고 "길"은 진리를 뜻하고, 반대의 뜻으로는 거짓을 뜻하기 때문입니다(10422항 참조). "이집트"가 외적인 것을 뜻하고, 또한 지옥을 뜻한다는 것은 10437항에 인용된 내용을 참조하십시오. "칼"(a sword)이 진리에 거슬러 싸우는 거짓을 뜻한다는 것은 2799 · 4499 · 6353 · 7102 · 8294항을 참조하시고, "젊은이들"(=젊은 사람들)은 교회에 속한 진리들을 뜻하고(7668항 참조), "살해되었다"는 말은 영적으로 멸망되었다는 것을 뜻하고(6767 · 8902

항 참조), "포로되었다"(=약탈당하였다)는 말은 진리의 빼앗김(剝奪)을 뜻하고(7990항 참조), 그리고 "말들"(horses)은 조요된 진리의 이해를 뜻하고(2760-2762·3217·5321·6125·6534항 참조), "악취"(=고약한 냄새·惡臭)는 지옥에서 비롯된 역겨운 발산(發散)을 뜻합니다(7161항 참조). 이상에서 볼 때 이 뜻에서 "진영"(=진·camp)은 지옥을 뜻하는 것은 명확합니다. 지옥은 또한 예루살렘에 대항하는 적군들의 "진영"이 뜻하고, 그리고 일반적으로는 역사서에서 이스라엘 자손에게 대항하는 적군의 진영이 뜻합니다.

10459. 모세는 그 수송아지와 그 주위를 돌면서 추는 춤을 보았다.

이 말씀이 그 민족의 외적인 사랑들(=애욕들)의 쾌락에 일치하는, 그리고 그것의 결과적인 내면적인 축제에 일치하는, 지옥적인 예배를 뜻한다는 것은 그 민족의 외적인 사랑들(=애욕들)의 쾌락을 가리키는 "수송아지"(the calf)의 뜻에서(10407항 참조), 잘 알 수 있습니다. 여기서 그것이 이 쾌락에 일치하는 예배를 뜻한다는 것은, 모세가 그 진영에 가까이 왔을 때 그 민족은 이런 부류의 예배 안에 있었기 때문이고, 그리고 그런 예배가 지옥에서 비롯된 것이라는 것은 위에서 입증된 내용에서 명확하기 때문입니다. 그리고 내면적인 축제를 가리키는 "춤들"의 뜻에서 잘 알 수 있습니다(10416항 참조).

10460. 모세는 화가 났다(=모세는 격노하였다).

이 말씀이, 그 민족이 성언의 내적인 것에서, 그리고 교회나 예배에 속한 내적인 것에서 돌아섬(外面·the turning away)을 뜻한다는 것은 주님에 관해서 언급될 때, 내적인 것들에서부터, 따라서 신령한 것들로부터 사람의 돌아섬(外面)을 가리키는, "화가 났다"(=격노하였다)는 말의 뜻에서(10431항 참조) 잘 알 수 있습니다. 동일한 뜻이, 모세에 관해서 언급되었을 때, "화가 났다"(=분노로 뜨거움이 커지다)는 말이 뜻하였습니다. 그 이유는 모세가,

성언을 표징하기 때문이고, 또한 주님에게서 비롯된 신령진리를 표징하기 때문입니다. 동일한 말이지만, 신령진리의 측면에서 모세는 주님을 표징하기 때문입니다. 이 표징에 관해서는 9372항의 인용내용을 참조하십시오. “성언에 속한, 교회에 속한, 예배에 속한 내적인 것에서 외면하였다”라고 언급하였는데, 왜냐하면 성언에 속한 내적인 것에서 외면하는 사람은, 역시 교회에 속한 내적인 것에서 외면하기 때문입니다. 그리고 마찬가지로 예배의 내적인 것에서 외면하기 때문입니다. 그 이유는 교회의 내적인 것이나, 예배의 내적인 것은 성언의 내적인 것에서 비롯되기 때문입니다. 왜냐하면 성언은 교회에 속한 사람의 성품이 반드시 어떠하여야 하는지를 가르치기 때문이고, 또한 사람에게 있는 교회의 성품이 무엇이어야 하는지도 가르치기 때문입니다. 마찬가지로 성언은 교회에 속한 사람에게 있는 예배의 성품이 무엇인지도 가르치기 때문입니다. 그 이유는 내적인 교회를 이루고, 완성하는 것이 선들이고, 사랑의 진리들이고, 믿음의 진리들이기 때문입니다. 그리고 그것들이 내적인 예배를 이루기 때문입니다. 성언은 이런 선들이나 진리들을 가르치고, 그리고 이런 것들이 성언에 속한 내적인 것들입니다.

10461. 모세는 손에 들고 있는 돌 판 두 개를 산 아래로 내던져 깨뜨려 버렸다.

이 말씀이, 그 민족 때문에 성언의 겉뜻이 바뀌고, 다르게 되었다는 것을 뜻한다는 것은, 성언의 겉뜻을 가리키는, 즉 성언의 문자적인 뜻을 가리키는, 율법이 그 위에 새겨진 “돌판들”의 뜻에서(10453항 참조), 그리고 본래의 겉뜻이 파괴된 것을 가리키는, 따라서 역시 그것이 바뀌고, 그것을 서로 다르게 만든 것을 가리키는 “손에 들고 있는 돌판 두 개를 산 아래로 내던져 깨드렸다”는 말의 뜻에서, 이것은 곧 성언의 겉뜻이 이스라엘 민족 때문에 바뀌고, 다르게 되었다는 뜻에서(10453항 참조), 그리고 신령존재가 그것에서 비롯된 천계를 가리키는 "시내 산"의 뜻에서(9420항 참조) 잘 알 수 있습니다. "그 산 아래로"라고 언급되었는데, 그 이유는 성언의 겉뜻은 천계 아래에 있기 때문이고, 이에 반하여 그것의 속뜻은 천계 안에 있기 때문입니다.

10462. 모세는 그들이 만든 수송아지를 가져왔다.

이 말씀이 그 민족의 우상적인 예배의 쾌락을 뜻한다는 것은 우상적인 것을 가리키는 그들의 예배에서 비롯된, 그리고 그들의 예배에 일치하는, 이스라엘 민족의 외적인 사랑들(=애욕들)의 쾌락들을 가리키는 "수송아지"(the calf)의 뜻에서(10407 · 10459항 참조), 잘 알 수 있습니다.

10463. 모세는 그것을 불에 태웠다.

이 말씀이 지옥에 대하여 저주된, 자기사랑이나 세상사랑에서 전적으로 빼앗긴 것을 뜻한다는 것은 주님사랑이나 이웃사랑인 천계적인 사랑을 가리키는 "불"(fire)의 뜻에서, 그리고 그 반대의 뜻으로는, 자기사랑이나 세상사랑인, 지옥적인 사랑(infernal love)을 가리키는 "불"의 뜻에서 잘 알 수 있습니다(4906 · 5071 · 5215 · 6314 · 6832 · 6834 · 6849 · 7324 · 7575 · 10055항 참조). 결과적으로 "불에 태운다"는 말은 자기사랑이나 세상사랑으로 완전히 채우는 것을, 따라서 지옥으로 가도록 저주된 것을 뜻합니다. 왜냐하면 이런 사랑들(=애욕들)이 지배할 때, 그것들은 사람 안에 있는 지옥이기 때문입니다. 이상에서 볼 때, 성경에서 두루 언급된 "지옥의 불"은 이런 내용을 뜻한다는 것은 명확합니다.

10464. 그것을 가루가 될 때까지 빻았다.

이 말씀이 거기에서 파생된 지옥적인 거짓을 뜻한다는 것은, 지옥적인 쾌락에서 비롯된 거짓을 형성하는 것을 가리키는, 따라서 지옥적인 거짓을 가리키는, 가장 미세(微細)한 것으로 가루로 만드는 것을 가리키는 "가루가 될 때까지 빻았다"(=가루로 만들었다)는 말의 뜻에서 잘 알 수 있습니다. 악에 관해서 언급될 때

“빻는다”(=가루로 만든다 · grinding)는 말이 이런 것을 뜻한다는 것은 이미 앞에서 언급된 내용에서(4335 · 9995 · 10303항 참조) 잘 알 수 있습니다.

10465. 그것을 물에 탔다(=물에다 뿌렸다).
이 말씀이 진리들과 썩은 혼합물(混合物 · commixture)을 뜻한다는 진리들을 가리키는 “물”의 뜻에서(10238항의 인용내용 참조), 잘 알 수 있습니다. 그리고 수송아지가 빻아진 가루가 “물에 탔다”(=물에 뿌려졌다)고 언급되었기 때문에, 그러므로 그것은, 지옥적인 쾌락에서 비롯된 거짓과 천계에서 비롯된 진리들과 혼합된 것을 뜻합니다. 이 “물”이 천계에서 비롯된 진리들을 뜻하는 이유는 이 물이 시내 산에서 비롯되었고, 그리고 “시내 산”은 신령 진리의 근원인 천계를 뜻하기 때문입니다(9420항 참조). 이 물이 거기에서 비롯되었다는 것은 모세의 글에서 명확합니다. 신명기서의 말씀입니다.

> 너희가 지은 죄, 곧 너희가 만든 그 금송아지를 불에 넣어 녹여서 산산이 부수고, 먼지 같은 가루로 만들어서, 산에서 흘러 내려오는 개울물에 띄워 보냈다.
> (신명기 9 : 21)

10466. 이스라엘 자손에게 마시게 하였다.
이 말씀이 그 민족과의 결합이나, 그 민족에게 전유하는 것을 뜻한다는 것은 어느 누구의 진리에 결합시키는 것이나 전유시키는 것을 가리키는, 그리고 정반대의 뜻으로는 거짓에 결합시키고, 전유시키는 것을 가리키는, “마신다”(drinking)는 말의 뜻에서(3089 · 3168 · 8562항 참조), 여기서는 악에 속한 거짓에 결합시키고, 전유시키는 것을 가리키는 “마신다”는 말의 뜻에서 잘 알 수 있습니다. “이스라엘 자손”은 그 민족의 그밖의 다른 뜻은 없습니다. 그 이유는 그 민족 자체가 여기서 다루어지기 때문입니다. 이런 생각이나 고찰(考察)에서 볼 때, 이런 것들이 우리의 본문장에 기술되었기 때문에, 그들의 내면적인 것들에 관한 그 민족의 성품이 무엇인지 잘 알 수 있겠습니다.

10467. 21-25. **모세가 아론에게 말하였다. "이 백성이 형님에게 어떻게 하였기에, 형님은, 그들이 이렇게 큰 죄를 짓도록 그냥 놓아 두셨습니까?" 아론이 대답하였다. "아우님은 우리의 지도자입니다. 나에게 그렇게 화를 내지 마십시오. 이 백성이 악하게 된 까닭을 아시지 않습니까? 그들이 나에게 '우리 앞에 서서, 우리를 인도하여 줄 신을 만들어 주십시오. 우리를 이집트 땅에서 이끌어 낸 모세라는 사람이 어떻게 되었는지, 우리는 모르겠습니다' 하고 말하기에, 내가 그들에게, 금붙이를 가지고 있는 사람은, 누구든지 그 금을 빼서 나에게 가져 오라고 하였습니다. 그들이 금붙이를 가져 왔기에, 내가 그것을 불에 넣었더니, 이 수송아지가 생겨난 것입니다." 모세는, 백성이 제멋대로 날뛰는 것을 보았다. 아론이 그들을 제멋대로 날뛰게 하여, 적들의 조롱거리가 되게 한 것이다.**

"모세가 아론에게 말하였다"는 말씀은 외적인 것에 관한 내적인 것에서 비롯된 지각을 뜻합니다. "이 백성이 형님(=네)에게 어떻게 하였기에 형님은, 그들이 이렇게 큰 죄를 짓도록 그냥 놓아 두셨습니까?"라는 말씀은 그것에서 이 민족이 신령존재에게서 외면하였다는 것을 뜻합니다. "아론이 대답하였다"는 말씀은 지각되었다는 것을 뜻합니다. "내 주여, 노하지 마십시오"(=나에게 그렇게 화를 내지 마십시오)라는 말씀은 이것 때문인 내적인 외면은 아니다는 것을 뜻합니다. "이 백성이 악하게 된 까닭을 아시지 않습니까?"(=당신이 이 백성을 아시거니와 그들은 악행에 놓여 있습니다)라는 말씀은 그 민족이 거룩한 내적인 것에서 분리된 외적인 것 안에 있다는 것을 뜻합니다. "그들이 나에게 말하였다"

는 말씀은 간곡한 충고(=당부)를 뜻합니다. "우리 앞에 서서, 우리를 인도하여 줄 신을 만들어 주시오"라는 말씀은 교리에 속한 거짓이나, 예배에 속한 거짓, 따라서 우상숭배적인 것들을 뜻하고, "우리를 이집트 땅에서 이끌어 낸 모세라는 사람이 어떻게 되었는지, 우리는 모르겠습니다"라는 말씀은 사람을 외적인 것에서 내적인 것에로 일으키고, 그리고 교회를 세우는 성언 안에 다른 신령진리가 있는지 전적으로 알지 못한다는 것을 뜻합니다. "내가 그들에게 금붙이를 가지고 있는 사람은, 누구든지 그 금을 빼어라"(=벗겨 내어라)는 말씀은 외적인 사랑들에 속한 쾌락을 지지, 선호하는, 그리고 그것에서 유발(誘發)된 원칙들을 지지, 선호하는 문자의 뜻에서 그런 것들을 뽑아내는 것(the drawing forth)을 뜻합니다. "그들은 나에게 그것을 가져 왔다"는 말씀은 하나에게 모두 가져옴과 그 결과를 뜻합니다. "내가 그것을 불에 넣었더니, 이 수송아지가 생겨난 것입니다"(=내가 그것을 불에다 던졌는데, 이 송아지가 나왔습니다)라는 말씀은, 이런 예배가 비롯된 근원과, 그것에 일치하는 자기사랑이나 세상사랑을 뜻합니다. "모세는, 백성이 제멋대로 날뛰는 것을 보았다"는 말씀은 그 민족이 내적인 것에서 외면한 내적인 것에 의한, 따라서 신령존재에게서 그 민족이 외면하게 한 내적인 것에 의하여 지각되었다는 것을 뜻합니다. "아론이 그들을 제멋대로 날뛰게 하였다"는 말씀은 이것이 그들이 애지중지하는 외적인 것에서 말미암았다는 것을 뜻하고, "적들의 조롱거리가 되게 한 것이다"라는 말씀은 그들이 지옥에서 비롯된 악들이나 거짓들에 저항(抵抗), 격퇴(擊退)시키는 모든 능력을 부족하게 한 것을 뜻합니다.

10468. 모세가 아론에게 말하였다.

이 말씀이 이런 부류의 외적인 것에 관한 내적인 것에서 비롯된 지각을 뜻한다는 것은 지각을 가리키는 "말한다"(saying)는 말의 뜻에서(10290항 참조), 그리고 성언을 가리키는 모세의 표징에서,

여기서는 성언의 내적인 것을 가리키는 모세의 표징에서(9372항 참조), 그리고 성언에 속한 외적인 것이나, 교회나 예배에 속한 외적인 것을 가리키는 아론의 표징에서(10397항 참조) 잘 알 수 있습니다. 여기서 "모세"가 내적인 것을 뜻한다는 것은 그가 아론에게 말하였고, 그리고 아론은 외적인 것을 표징하였기 때문입니다. 여러분이 성언의 내적인 것을 말하든, 외적인 것을 말하든, 또는 단순하게 내적인 것이나 외적인 것을 말하든, 여기서 그것은 동일한 것입니다. 왜냐하면 성언은 사람이 그것에서 가지고 있는 지각은 신령진리이기 때문입니다. 그리고 그것은, 예배에 있든, 교회에 속한 모든 것 안에 있든, 또는 성언에 속한 모든 것 안에 있든 관계없이 이스라엘 민족에게 있는 것인 그런 외적인 것에 관한 지각을 가리킵니다. 주지하여야 할 것은 외적인 것에 관한 모든 지각은 내적인 것에서 비롯된다는 것입니다. 왜냐하면 외적인 것 안에 있는 것은 내적인 것으로 말미암아 보여질 수 있지만, 그러나 자체 안에 있는 것은 외적인 것으로 말미암아서는 볼 수 없기 때문입니다. 더욱이 내적인 것 안에 있는 외적인 것으로 말미암아서는 더욱 볼 수 없기 때문입니다. 이렇게 볼 때 내적인 것이 없는 외적인 것들 안에 있는 자들은 내적인 것들을 시인하지 못합니다. 그 이유는 그들은 그것들을 느끼지도 보지도 못하기 때문이고, 그리고 또한 어떤 자들은 그것들을 부인하기 때문이고, 그것들과 더불어 천계적인 것들이나 신령한 것들을 부인하기 때문입니다.

10469. 이 백성이 형님에게 어떻게 하였기에, 형님은, 그들이 이렇게 큰 죄를 짓도록 그냥 놓아 두셨습니까?

이 말씀이 그 민족이 신령존재로부터 외면한 것이 그 근원이라는 것을 뜻한다는 것은 이 민족이 그런 부류라는 것은 그 근원이라는 것을 뜻하는 "이 백성이 당신(=형님)에게 어떻게 하였는가?"라는 말의 뜻에서 잘 알 수 있습니다. 왜냐하면 "행한다"(doing)는 말은 여기서 행하는 것을 뜻하지 않고, "아론"이 아론을 뜻하지 않기 때문에, 그것의 성질(=본질)에 관한 내적인 것에 의하여 조사되는 것인 외적인 것을 뜻하기 때문입니다. 그러므로 인물들에게서 분리된 추상적인 뜻으로 이해되었을 때 "그들이 당신에게 행한 것이 무엇이냐?"는 말은 그것이 비롯된 근원을 뜻합니다. 그리고 신령존재에게서 외면하는 것을 가리키는 "죄"의 뜻에서(5841·9346항 참조) 잘 알 수 있습니다.

10470. 아론이 대답하였다.
이 말씀이 그것이 지각되었다는 것을 뜻한다는 것은 외적인 것 안에 있는 것을 내적으로 조사하고, 탐구(探究)하는 것에 관해서 언급할 때, 따라서 그 역(逆)으로 말하면 지각된 것을 가리키는 외적인 것을 언급할 때, 지각하는 것을 가리키는 "말한다"(대답한다·saying)는 말의 뜻에서 잘 알 수 있습니다.

10471. 내 주여(=아우님)**, 나에게 그렇게 화를 내지 마십시오.**
이 말씀이 이것 때문에 내적인 자체가 외면한 것이 아니라는 것을 뜻한다는 것은, 내적인 것을 뜻하는 자인, 모세에 관해서 언급되었을 때 스스로 외면하는 것을 가리키는, 여기서는 자체가 외면하지 않았다는, "화를 낸다"(=격노한다)는 말의 뜻에서, 그리고 내적인 것을 가리키는, 여기서 "나의 주여"라고 한 "모세"의 표징에서(10468항 참조), 잘 알 수 있습니다. 여기서 모세가 아론에 의하여 "나의 주인이여"(my lord)라고 불리웠는데, 그 이유는 상대적으로 내적인 것은 주인이고, 외적인 것은 종이기 때문입니다. 왜냐하면 사람에게 있는 내적인 것은 천계에 있고, 그리고 결과적으로는 그것이 열려졌을 때 그것은 사람의 천계(the man's heaven)이기 때문입니다. 사람에게 있는 외적인 것이 이 세상에 있는 한, 따라서 외적인 것은 그의 세상입니다. 그리고 세상은, 마치 종이 그의 주인을 섬기듯이, 천계를 섬기기 위하여, 만들어졌습니다. 이것은 예배의 외적인 것도 마찬가지입니다. 그리고 교회에 속한 외적인 것이나 또한 성언의 외적인 것도 상대적으로 그것들의 내적인 것과 비슷한 관계입니다.

10472. 이 백성이 악하게 된 까닭을 아시지 않습니까?(=당신이 이 백성을 아시거니와 그들은 악에 놓여 있습니다).

이 말씀이, 그 민족은 거룩한 내적인 것에서 분리된 외적인 것 안에 있다는 것을 뜻한다는 것은 신령존재로부터 분열, 분리, 외면 따위를 가리키는 "악" "죄"라는 말의 뜻에서(4997 · 5746 · 5841 · 9346항 참조) 잘 알 수 있습니다. "거룩한 내적인 것에서 분리 되었다"고 언급하였는데, 그 이유는, 외적인 것이 내적인 것에서 분리되었다는 것은 역시 거룩한 것에서 분리되었기 때문입니다. 왜냐하면 사람에게 속한 거룩한 것은 그의 내적인 것 안에 존재하기 때문입니다. "거룩하다"고 불리우는 것은 천계에서 사람에게 입류합니다. 다시 말하면 주님으로부터 천계를 통하여 입류합니다. 천계는 사람의 내적인 것에 입류하고, 그리고 이것을 통하여 사람의 외적인 것에 입류합니다. 그 이유는 사람의 내적인 것은 천계의 형상(the image of heaven)에 따라서 형성되기 때문입니다. 따라서 거기에 있는 영적인 것들의 수용그릇을 위하여 형성되기 때문입니다. 그리고 외적인 것은 이 세상의 형상(the image of the world)에 따라서 형성되었고, 따라서 거기에 있는 자연적인 것들의 수용그릇으로 형성되었습니다(9279 · 10156항 참조). 이렇게 볼 때 외적인 것이 내적인 것에서 분리된 사람의 성품이 무엇인지, 다시 말하면 그가 오직 이 세상적인 것들이나, 현세적이고 육신적인 것들 안에 있는 자의 성품이 어떠한 것인지 명확합니다. 오직 이런 것들 안에 빠져 있는 자들은 내적인 것이 무엇인지 이해, 파악하지 못하고, 따라서 그 어떤 것은 천계적인 것들이나 신령한 것들 안에 있다는 것 역시 알지 못합니다. 그들은 그들이 교회에 속한 외적인 예배에 속한 그런 것들에 관계, 종사하고 있을 때, 그들은 신령한 것들 안에 있다고 생각합니다. 그럼에도 불구하고 그것은 그렇지가 않습니다. 왜냐하면 그런 때마다, 그들은 그들이 젖먹이 때부터 몸에 밴 것들에 대하여 육신적인 쾌락에 또한 빠져 있기 때문입니다. 그리고 또한 이 세상이나 외현에 속한 목적을 위해 활동하기 때문이고, 또한 재물이나 영예 따위를 위한 그들의 임무의 의무로 말미암아 활동하기 때문입니다. 따라서 그들은 세상적인 것들이나, 현세적이고, 육신적인 것들 안에 빠져 있을 뿐, 천계적인 것들이나, 신령한 것들 안에 있지는 않습니다. 내적인 것에서 비롯된 외적인 것들 안에 있는 자들에게서는 경우가 전혀 다릅니다.

10473. 그들이 나에게 이렇게 말하였습니다.
이 말씀이 충고(忠告)나 조언(助言)을 뜻한다는 것은 내적인 것에서 분리된 외적인 것들 안에 있는 자들에 관해서 언급될 때, 충고나 조언을 가리키는 "말한다"(saying)는 말의 뜻에서 잘 알 수 있습니다(10398항 참조).

10474. 우리 앞에 서서, 우리를 인도하여 줄 신을 만들어 주시오(=우리 앞에 갈 신들을 우리에게 만들라).
이 말씀이 교리에 속한 거짓들이나, 예배에 속한 거짓들을, 따라서 우상숭배적인 것들을 뜻한다는 것은 앞서 언급된 것을 참조하실 수 있겠습니다(10399항 참조).

10475. 우리를 이집트 땅에서 이끌어 낸 모세라는 사람이 어떻게 되었는지, 우리는 모르겠습니다(=우리를 이집트 땅에서 데리고 나왔던 그 사람 모세로 말하면 그가 어찌 되었는지 우리가 알지 못합니다).
이 말씀이, 외적인 것에서 내적인 것으로 사람을 끌어올리고, 교회를 세운 거기 안에 있는 또다른 신령진리가 성언 안에 있는지 전혀 알지 못한다는 것을 뜻합니다(10400항 참조).

10476. 내가 그들에게, 금붙이를 가지고 있는 사람은, 누구든지 그 금을 빼서 나에게 가져 오라고 하였습니다.

이 말씀이 거기에서 파생된 외적인 사랑들(=애욕들)이나 원칙들에 속한 쾌락을 지지, 선호하는 성언의 문자적인 뜻에서 그런 것들을 끌어낸다는 것을 뜻한다는 것은 위에서 설명, 입증된 내용에서(10402항 참조) 잘 알 수 있습니다.

10477. 그들이 금붙이를 가져 왔습니다.

이 말씀은 하나에게로 모여졌다는 것과 그 결과를 뜻합니다(10403 · 10404항 참조).

10478. 내가 그것을 불에 넣었더니, 이 수송아지가 생겨난 것입니다.

이 말씀이 이런 예배가 비롯되었고, 그것에 일치하는 자기사랑이나 세상사랑을 뜻한다는 것은 양자의 뜻에서 사랑을 가리키는 "불"의 뜻에서(4906 · 5071 · 5215 · 6314 · 6832 · 6834 · 6849 · 7324 · 7575 · 10055항 참조), 그리고 여기서는 자기사랑이나 세상사랑을 가리키는 "불"의 뜻에서 잘 알 수 있습니다. 그 이유는 그 민족은, 내적인 것에서 분리된 외적인 것 안에 있었기 때문에, 이런 사랑들(=애욕들) 안에 빠져 있었기 때문입니다. 결과적으로 "불 속에 던졌다"는 말은 이런 사랑들(=애욕들) 안에 있다는 것을 뜻하고, 그리고 그것들을 지지, 선호하는 성언의 문자의 뜻에서 그런 것들을 끄집어 낸다는 것을 뜻하고, 그리고 이것으로 말미암아 교리를 만드는 것을 뜻합니다. 그리고 이런 사랑들(=애욕들)에서게 비롯된 예배를 가리키는, 그리고 지옥적인 것을 가리키는 그런 사랑들(=애욕들)에 일치하는 예배를 가리키는 "수송아지"의 뜻에서(10459항 참조) 잘 알 수 있습니다.

10479. 모세는, 백성이 제멋대로 날뛰는 것을 보았다(=모세가 보니, 백성이 단정치 못하였다).

이 말씀이 그 민족이 내적인 것에서, 따라서 신령한 것에서, 외면한 내적인 것에 의하여 지각된 것을 뜻한다는 것은 지각하는 것을 가리키는 "본다"(seeing)는 말의 뜻에서, 그리고 내적인 것을 가리키는 모세의 표징에서(10468항 참조), 그리고 외면한 것을 가리키는, 여기서는 내적인 것에서 외면한 것을 가리키는, 따라서 위에서 언급된 것에 일치하는 신령존재에게서 외면한 것을 가리키는 "제멋대로 날뛴다"(=단정치 못한다 · 방종한다)는 말의 뜻에서(10472항 참조) 잘 알 수 있습니다. 더욱이 어원에서 보면 이 말은 외면하고, 뒤로 후퇴하였다는 것이나, 벌거벗었다는 것을 뜻합니다. 그리고 "벌거벗었다"(stripped)는 말은, 교회에 속한 내적인 것들이나, 그 교회의 예배를 이루는, 사랑의 선이나, 믿음의 진리를 빼앗기는 것을 뜻합니다(9960항 참조).

10480. 아론이 그들을 제멋대로 날뛰게 하였다(=이는 아론이 그들로 벌거벗게 하였다).

이 말씀이 그 일은 그들이 사랑했던 외적인 것들로 말미암은 것이다는 것을 뜻한다는 것은 내적인 것에서 외면한 것을 가리키는, 따라서 신령존재에게서 외면하는 것을 가리키는(10479항 참조), "제멋대로 날뛴다"(=단정치 못한다)는 말의 뜻에서, 그리고 외적인 것을 가리키는 아론의 표징에서(10468항 참조), 잘 알 수 있습니다. 그것은, 그들이 사랑하는 것을 뜻한다는 것은 내적인 것에서 분리된 외적인 것들 안에 빠져 있는 자들은 오직 외적인 것들만을 애지중지하기 때문입니다. "제멋대로 날뛴다"(=단정치 못한다)는 말이 여기서 외면하는 것을 뜻하고, 그리고 외면하는 원인이 아니다는 것을 뜻한다는 것은 속뜻으로 "아론"은 아론을 뜻하지 않고, 오히려 추상적인 뜻으로, 외적인 것을 뜻하기 때문입니다(10469항 참조).

10481. 적들의 조롱거리가 되게 한 것이다(=그들의 원수들 가운데서 수치가 되게 하였다 · 그것들에 대항하여 일어난 것에 의하여 전멸에 이르게 되었다).

이 말씀은 그들이 지옥에서 비롯된 온갖 악들이나 거짓들에 대항하는 모든 능력이 결핍(=상실 · 缺乏)되었다는 것을 뜻한다는 것은 그들이 온갖 악들이나 거짓들에 저항하는 능력이 부족하다는 것을 가리키는 "전멸"(全滅 · annihilation)의 뜻에서 잘 알 수 있습니다. 왜냐하면 영계에서 이것은 전혀 능력을 가질 수 없기 때문입니다. 그리고 또한 악들을 가리키는, 그리고 파생적인 거짓들을 가리키는 "거스르는 것에 이르렀다"(=원수에게까지 올라갔다)는 말의 뜻에서 잘 알 수 있습니다. 왜냐하면 영적인 뜻으로 이들은 공격하기 위하여 일어난 원수들을 뜻하기 때문입니다. 그러므로 성경에서 원수들은 이들을 뜻합니다. 그리고 "대적하여 일어난 자들"이 뜻합니다. 시편서의 말씀입니다.

주님, 나를 대적하는 자들이
어찌 이렇게도 많습니까?
나를 치려고 일어서는 자들이
어찌 이렇게도 많습니까?
나를 빗대어
"하나님도 너를 돕지 않는다"
하고 빈정대는 자들이
어찌 이렇게도 많습니까?
(시편 3 : 1, 2)
주께로 피하는 사람을
오른손으로 구원하여 주시는 주님,
나를 치는 자들의 손에서
나를 건져 주십시오.……
나를 공격하는 악인들로부터
나를 지켜 주십시오.
나의 생명을 노리는 원수들이
나를 둘러싸고 있습니다.
(시편 17 : 7-9)
그들이 거짓으로 증거하며,
폭력을 휘둘러서 나에게 대항해 오니,

나를 원수의 뜻에 내맡기지 마십시오.
이 세상에 머무는 내 한 생애에,
내가 주님의 은덕을 입을 것을
나는 믿는다.
(시편 27 : 12, 13)
하나님, 주님은 나의 왕이십니다.
야곱의 구원을 명하십시오.
주님을 의지하였기에
우리는 우리의 적을 쳐부술 수 있었으며,
우리를 공격하여 오는 자들을
주의 이름으로 짓밟을 수 있었습니다.
(시편 44 : 4, 5)
무법자들이 일어나 나를 치며,
폭력배들이 내 목숨을 노립니다.
그들은 하나같이 하나님을
안중에도 두지 않는 자들입니다.
그러나 하나님은 나를 돕는 분이시며,
주님은 내 목숨을 붙들어 주는 분이십니다.
(시편 54 : 3, 4)
나의 하나님,
내 원수들에게서 나를 구원해 주시고,
나를 치려고 일어서는 자들에게서
나를 지켜 주십시오.
악을 지어내는 자들로부터
나를 구해 주시고,
피 흘리기 좋아하는 자들에게서
나를 건져 주십시오.
그들이 내 목숨을 노리고 있습니다.
강한 자들이 나를 치려고 모여듭니다.
(시편 59 : 1-3)

이런 장절들이나, 그밖의 다른 장절들에서 "원수들" "치려고 일어나는 자들"은 지옥에서 비롯된 악들이나 거짓들을 뜻합니다. 그들이 "치려고 일어난 자들"이라고 언급하였는데, 그 이유는 악들이나 거짓들이 선들이나 진리들에 거슬러서 일어났기 때문입니다. 그러나 그 반대는 아닙니다.

[2] 내적인 것에서 분리된 외적인 것들 안에 빠져 있는 자들은 지옥에서 비롯된 온갖 악들이나 거짓들에 저항할 능력이나 힘을 전혀 가지고 있지 못한데, 그 이유는 이런 것들에 저항하는 모든 능력과 힘은 신령존재에게서 비롯되기 때문입니다. 그러므로 내적인 것에서 분리된 자들은, 또는 신령한 것에서 분리된 자들은 결코 아무런 능력이나 힘을 가지고 있지 않습니다. 결과적으로 지옥이 그것들을 옮기는 곳이라면 어디에서든지, 악들이나 거짓들에 의하여 옮겨진 자들은 마치 바람에 나는 솜털이나 검불 같습니다. 이러한 것은 이 세상에서 저 세상에 온 악한 자에게서 아주 명확합니다. 이러한 일이, 그들에게 명령된 예배 안에 남아 있는 동안 그 민족이 그들의 적군들을 정복한 그 민족이 표징합니다. 그리고 이 예배에서 배반, 변절한 자들이 자주 정복된 것에서, 따라서 모세의 이 장절에 일치하여 자주 언급된 악 안에서 정복된 그 민족에 의하여 표징되었습니다.

> 내가 정하여 준 규례를 지키지 않고, 내가 세워 준 법도를 싫어하여, 나의 모든 계명을 그대로 실천하지 않고, 내가 세운 언약을 어기면…… 바람에 나뭇잎이 떨어지는 소리만 나도, 칼을 피해 도망가듯, 기겁하고 달아나게 하겠다. 그들은, 아무도 뒤쫓지 않아도 달아나다 넘어질 것이다.…… 칼날을 피하여 도망가듯, 서로 엎치락뒤치락 비틀거릴 것이다. 너희는 절대로 너희의 원수들과는 맞설 수 없다.
> (레위기 26 : 15, 36, 37)
> 그들의 반석께서 당신의 백성을
> 원수에게 팔아 넘기지 않으셨다면,

어떻게 원수 하나가
이스라엘 사람 천 명을 물리치고,
둘이서
만 명을 도망치게 할 수 있었겠는가?
(신명기 32 : 30)

이상에서 볼 때 "그들에게 대적하여 일어나는 자들에 의한 전멸"이 뜻하는 것이 무엇인지 명확하겠습니다.

10482. 26-29절. **모세는 진 어귀에 서서 "누구든지 주의 편에 설 사람은 나에게로 나아오너라" 하고 외쳤다. 그러자 레위의 자손이 모두 그에게로 모였다. 그가 또 그들에게 말하였다. "이스라엘의 주 하나님이 이르시기를 '너희는 각기 허리에 칼을 차고, 진의 이 문에서 저 문을 오가며, 저 마다 자기 친척과 친구와 이웃을 닥치는 대로 찔러 죽여라' 하신다." 레위 자손이 모세의 말대로 하니, 바로 그 날, 백성 가운데서 어림잡아 삼천 명쯤 죽었다. 모세가 말하였다. "오늘 너희가 저마다 자녀와 형제자매를 희생시켜 너희 자신을 주께 드렸으니, 주께서 너희에게 복을 내리실 것이다."**
"모세가 진 어귀에 섰다"는 말씀은 지옥을 향해 열린 곳을 뜻합니다. "'누구든지 주의 편에 설 사람은 나에게로 나아오너라' 하고 외쳤다"는 말씀은 내적인 것에서 비롯된 외적인 것들 안에 있는 자들을 뜻합니다. "그러자 레위 자손이 모두 그에게로 모였다"는 말씀은 선에게서 비롯된 진리들 안에 있는 자들을 뜻합니다. "그가 또 그들에게 말하였다"는 말씀은 권면이나 충고를 뜻합니다. "이스라엘의 주 하나님이 이르셨다"는 말씀은 주님에 의한 것을 뜻합니다. "너희는 각기 허리에 칼을 차라"는 말씀은 악에서 비롯된 거짓에 대항하여 싸우는 선에게서 비롯된 진리를 뜻하고, "진의 이 문에서 저 문을 오간다"는 말씀은 내적인 것에서 외적인 것에게로 열려 있는 것이 있는 장소를 뜻하고, "저 마다 자기 친척과 친구와 이웃을 닥치는 대로 찔러 죽여라"는 말씀은 그 어떤 수용이나 교류를 막기 위하여 선과 진리의 입류에 관해서, 그리고 그것에 관계되는 모든 것의 입류에 관한 폐쇄(閉鎖)나 마감을 뜻합니다. "레위 자손이 모세의 말대도 하였다"는 말씀은 이런 일이 선에게서 비롯된 진리들 안에 있는 자들에 의하여 달성(達成), 이루어졌다는 것을 뜻합니다. "바로 그 날, 백성 가운데서 어림잡아 삼천 명쯤 죽었다"는 말씀은 내적인 것에 속한 충분하고 완전한 폐쇄나 마감을 뜻합니다. "모세가 말하였다. '오늘 너희가 너희 자신을 주께 드렸다'"(=오늘 너희는 주께 너희 자신을 성결케 하라)는 말씀은 그것이 천계에 있는 신령진리의 전달이나 수용이라는 것을 뜻합니다. "너희가 저마다 자녀와 형제자매를 희생시켰다"(=각 사람이 자기 아들과 형제를 쳤다)는 말씀은 천계로부터 외적인 것에 들어가는 것으로부터 진리와 선을 막기 위하여 내적인 것이 폐쇄된 때를 뜻합니다. "주께서 너희에게 복을 내리실 것이다"(=주께서 오늘 너희 위에 복을 내리실 것이다)는 말씀은 성언에서 비롯된 신령진리의 수용을 뜻하고, 그리고 그것에 의한 주님과의 결합을 뜻합니다.

10483. 모세가 진 어귀에 섰다.

이 말씀이 지옥을 향해 열려 있는 곳을 뜻한다는 것은 내적인 것을 가리키는 모세의 표징에서(10468항 참조), 이것에 관해서는 아래에서 언급하겠지만, 열여 있는 곳을 가리키는 "진영의 문"(=진 어귀)의 뜻에서, 그리고 지옥을 가리키는 "진영"(the camp)의 뜻에서(10458항 참조) 잘 알 수 있습니다. 모세가 진영 어귀(=대문)에서 있고, 그리고 그 진영에 들어가지 못하게 하는 이유는 내면적인 것이 지옥에 들어갈 수 없다는 것을 뜻하기 위한 것입니다. 그리고 진영이 지옥을 표징하기 때문입니다. 왜냐하면 지옥에 있는 자들은 모두 내적인 것에서 분리된 외적인 것들 안에 있기 때문인데, 그 이유는 그들이 자기사랑이나 세상사랑 안에 빠져 있기 때문입니다. 그리고 그러므로 내적인 것은 거기에 들어갈 수 없는데, 그 이유는 그것이 영접, 수용되지 않기 때문이지만, 그러나 거기에 있는 어떤 자에 의하여 그 즉시 그것은 추방(追放), 배척(排斥)됩니다. 그것은 어떤 자에게는 숨이 막히고, 죽을 지경입니다. 그리고 다른 어떤 자에게는 정도(正道)에서 벗어나, 잘못된 길로 빠지기도 합니다. 여러분이 "내적인 것"이라고 말하든, "천계"라고 말하든 그것은 동일한 말입니다. 그 이유는 천계는 내적인 것 안에 존재하기 때문입니다. 그것은 성언의 내적인 것 안에 있습니다. 그리고 교회의 내적인 것 안에 있고, 예배의 내적인 것 안에 있습니다. 결과적으로 그것은 천적인 사랑이나 영적인 사랑 안에 있는 사람의 내적인 것 안에 있습니다. 다시 말하면 주님사랑 안에 있고, 이웃사랑 안에 있습니다.

[2] "이 진영의 대문"(=어귀 · the gate of this camp)이 뜻하는 이른바 지옥의 열림(=지옥을 향한 개방)이 무엇인지 간략하게 언급하겠습니다. 모든 지옥은 주변이 닫혀 있지만, 그러나 필요나 소용에 따라서 위가 열립니다. 이 열림(開放)은, 천계와 지옥 중간에 있는 세계인, 영들의 세계(the world of spirits)를 향해 열려 있습니다. 왜냐하면 거기의 지옥은 위쪽으로는 종결되었고, 천계는 아래쪽으로 종결되었기 때문입니다(5852항 참조). 필요와 소용에 따라서 그것들이 개방된다고 언급하였는데, 그 이유는 모든 사람은 누구나 그에게는 지옥에서 온 영들과 함께 있고, 그리고 천계에서 온 영들과 함께 있기 때문입니다. 지옥에서 온 영들은 그 사람의 육신적인 사랑들(=애욕들)이나 세상적인 사랑들(=애욕들) 안에 있고, 그리고 천계에서 온 천사들은 천계적인 사랑들이나 영적인 사랑들 안에 있습니다. 왜냐하면 영들의 현존(現存)이나 임재(臨在)가 없다면 사람은 어느 누구도 살 수 없기 때문입니다. 만약에 영들이 그 사람에게서 떠나간다면 마치 돌맹이처럼

시체(屍體)로 쓰러질 것입니다. 결과적으로 사람이 그의 사랑들에 일치하여 삶을 영위(營爲)하기 위해서 지옥은, 요구에 일치하여, 필수적으로 열려 있어야 합니다. 그리고 그들로부터 그런 영들은 그의 사랑들과 비슷한 존재로 그 사람에게 다가옵니다.
[3] 이 열림(開放)은 "지옥의 문"(the gate of hell)이 뜻하는 것인데, 가끔 나에게 그런 열림을 보는 것이 허락되고는 하였습니다. 그 문들은 주님에 의하여 천사들을 통하여 지켜졌는데, 그것은 필요 이상으로 더 많은 영들이 오는 것을 막기 위해서 입니다. 이상에서 볼 때 성경에서 "지옥의 문"이 뜻하는 것이 무엇인지, 그리고 "원수들의 문들"(the gates of enemies)이 뜻하는 것이 무엇인지 잘 알 수 있겠습니다. 마태복음서의 말씀입니다.

> 나도 너에게 말한다. 너는 베드로다. 나는 이 반석 위에다가 내 교회를 세우겠다. 죽음의 세력이 그것을 이기지 못할 것이다.
> (마태 16 : 18)

"지옥의 대문들이 이기지 못한다"는 말은 지옥이 믿음에 속한 진리들을 파괴하지도 못하고, 도저히 없애버릴 수도 없다는 것을 뜻하고, "그 위에 교회가 세워지는 반석"은 주님에게서 비롯된 주님을 믿는 믿음을 뜻하고, 그 믿음은 인애의 믿음입니다. 그 이유는 인애가 이 믿음 안에 존재하기 때문이고, 그리고 따라서 그것과 함께 하나이기 때문입니다. "바위"(=반석)가 이 믿음을 뜻한다는 것은 창세기서 22장의 해설서문에서 잘 볼 수 있고, 8581 · 10438항을 참조하십시오. 그리고 진정한 믿음(real faith)이 인애이다는 것은 654 · 1162 · 1176 · 1608 · 2228 · 2343 · 2349 · 2419 · 2839 · 3324 · 4368 · 6348 · 7039 · 7623-7627 · 7752-7762 · 8530 · 9154 · 9224 · 9783항을 참조하십시오.
[4] 아래의 장절도 동일한 내용을 뜻합니다. 창세기서의 말씀입

니다.

너의 자손은 원수의 성을 차지할 것이다.
(창세기 22 : 17 ; 24 : 60)

"원수들의 문을 차지한다"(=to inherit the gate of enemies)는 말은 지옥에서 비롯된 온갖 악들이나 거짓들을 파괴하는 것을 뜻합니다. 그리고 이런 일은 가나안 땅에 있는 민족들의 추방(追放)이나 파멸(破滅)에 의하여 표징되었습니다. 왜냐하면 거기에 있는 민족들은 지옥에서 비롯된 악들이나 거짓들을 표징하기 때문입니다(1573 · 1574 · 1868 · 4818 · 6306 · 8054 · 8317 · 9320 · 9327항 참조). 역시 시편서의 말씀입니다.

성문에 앉아 있는 자들이 나를 비난하고,
술에 취한 자들이 나를 두고서
빈정거리는 노래를 지어 흥얼거립니다.
(시편 69 : 12)
화살이 화살통에 가득한 용사에게는
복이 있다.
그들은 성문에서 원수들과 담판할 때에,
부끄러움을 당하지 아니할 것이다.
(시편 127 : 5)

[5] 좋은 뜻으로 "대문들"은 천계를 향해 열린 것을 뜻합니다. 시편서의 말씀입니다.

문들아, 너희 머리를 들어라.
영원한 문들아, 활짝 열려라.
영광의 왕께서 들어가신다.

영광의 왕이 뉘시냐?
힘이 세고 용맹하신 주님이시다.
전쟁의 용사이신 주님이시다.
문들아, 너희 머리를 들어라.
영원한 문들아, 활짝 열려라.
영광의 왕께서 들어가신다.
영광의 왕이 뉘시냐?
만군의 주님,
그분이야말로 영광의 왕이시다.
(시편 24 : 7-10)

더욱이 성경에서 "문들"은, 진리나 선에 의한 천계나 교회에 들어가는 입구를 뜻합니다. 그리고 또한 사람에게 있는 진리와 선의 입류를 뜻합니다.

10484. 말하였다. "누구든지 주의 편에 설 사람은 나에게로 나아 오너라"(=주의 편은 누구냐? 내게로 오너라).
이 말씀이 내적인 것에서 비롯된 외적인 것들 안에 있는 자들을 뜻한다는 것은, 내적인 것을 가리키는 모세의 표징에서(10468항 참조) 잘 알 수 있습니다. 이에 반하여 사람의 내적인 것은 천계에 있고, 그의 외적인 것은 이 세상에 있습니다. 그리고 천계는 내적인 것을 통하여 사람과 함께 외적인 것에 들어옵니다. 이러한 것은 "주의 편에 선 사람들"이 내적인 것에서 비롯된 외적인 것들 안에 있는 자들을 뜻합니다. 천계가 들어간다고 언급되었을 때 그 말의 뜻은 주님께서 들어가시는 것을 가리킵니다. 그 이유는 주님의 신성이 천계를 이루시기 때문입니다. 이러한 내용이 뜻해진다는 것은 여기에 있는 자들은 내적인 것에서 분리된 외적인 것들 안에 있는 자들에게 정반대이다는 사실에서 명확합니다. 그리고 또한 모세에게 모여든 레위 자손들은 선에게서 비롯된 진리들 안에 있는 자들을 표징하고, 그리고 선에게서 비롯된 진리들 안에 있는 자들은 내적인 것에서 비롯된 외적인 것들 안에 있는 자들을 가리킨다는 사실에서 명확합니다.

10485. 그러자 레위의 자손이 모두 그에게로 모였다.

이 말씀이 선에게서 비롯된 진리들 안에 있는 자들을 뜻한다는 것은 영적인 사랑 안에 있는 자들을 가리키는, 또는 이웃사랑 안에 있는 자들을 가리키는, "레위의 자손들"의 뜻에서(3875 · 4497 · 4502 · 4503항 참조) 잘 알 수 있습니다. 여러분이 이웃사랑이라고 말하든, 선에게서 비롯된 진리라고 말하든, 그것은 동일한 것입니다. 그 이유는 인애(=이웃사랑) 안에 있는 자들은 진리에 속한 삶(=생명) 안에 있기 때문이고, 그리고 진리의 삶(a life of truth), 다시 말하면 신령진리들에 일치하는 삶은 곧 인애이기 때문입니다.

10486. 그가 또 그들에게 말하였다.

이 말씀이 충고나 조언을 뜻한다는 것은, 여기서 다루고 있는 것과 같이, 그들이 그것에 대하여 흥분하여 다툴 때, 충고나 조언을 가리키는 "말한다"(saying)는 말의 뜻에서 잘 알 수 있습니다.

10487. 이스라엘의 주 하나님이 이르셨다(=이와 같이 말씀하셨다).

이 말씀이 주께서 하신 것을 뜻한다는 것은 성경에서 "여호와"(=주) "이스라엘의 하나님"은 주님을 뜻한다는 사실에서 잘 알 수 있습니다. "여호와"(=주)가 주님을 뜻한다는 것은 9373항에 인용된 내용을 참조하시고, "하나님" "이스라엘의 거룩한 분"이라는 말도 그러하다는 것 역시 7091항을 참조하십시오.

10488. 너희는 각기 허리에 칼을 차거라.

이 말씀이 악에서 비롯된 거짓에 대항하여 선에서 비롯된 싸우는 진리를 뜻한다는 것은 거짓에 대항하여 싸우는 진리를 가리키는 "칼"(a sword)의 뜻에서(2799 · 8294항 참조), 그리고 사랑의 선을 가리키는 "허리"(=넓적다리 · thigh)의 뜻에서(3021 · 4277 ·

4280·5050-5062·9961항 참조) 잘 알 수 있습니다. "허리에 칼을 차라"라고 언급되었는데, 그 이유는 악이나 거짓에 대항하여 싸우는 진리나, 그것들을 정복(征服)하는 진리는 반드시 선으로 말미암아야 하기 때문입니다. 그 이유는 진리에 속한 모든 능력은 이 근원에서 비롯되기 때문입니다. 사실 선이 없는 진리는 진정한 진리가 아닙니다. 왜냐하면 그것은 생명이 없는 기억지이기 때문입니다. 결과적으로 선이 없는 진리는 전혀 능력을 가지지 못합니다. 선에서 비롯된 진리는 그 진리에 일치하는 삶을 뜻합니다. 왜냐하면 선은 삶(=생명)에 속한 것이기 때문입니다. 이렇게 볼 때 "허리에 칼을 차거라"는 말이 언급된 이유를 잘 알 수 있겠습니다. 예를 들면 다윗이 시편서에 주님에 관해서 언급된 "용사이신 임금님, 칼을 허리에 차고, 위엄과 영광을 보여 주십시오"(시편 45 : 3)라는 장절입니다.

10489. 진의 이 문에서 저 문으로 오가며……(=이 문에서 저 문으로 진영을 두루 오가며……).

이 말씀이 내적인 것에서 외적인 것에게로 무엇인가 열려 있는 곳을 뜻한다는 것은, 조사한다, 또는 이 끝에서 저 끝을 두루 살핀다는 것을 가리키는 "두루 오간다"(passing through and returning)는 말의 뜻에서, 그리고 열림(開放·opening)을 가리키는 "문"의 뜻에서(10483항 참조), 따라서 "이 문에서 저 문으로"라는 말은 무엇인가 열림이 있는 곳을 가리키는 "문"의 뜻에서, 그리고 지옥을 가리키는, 따라서 외적인 것을 가리키는, "진영"(the camp)의 뜻에서(10483항 참조) 잘 알 수 있습니다. 왜냐하면 내적인 것에서 분리된 외적인 것은 사람에게 있는 지옥이기 때문입니다. 이상에서 볼 때 우리의 본문, "너희는 이 문에서 저 문으로 진영을 두루 오간다"는 말이, 그들이 내적인 것에서 외적인 것에 이르는 그 어떤 열림이 어디에 있는지 보기 위하여 반드시 조사하고, 두루 살펴야 한다는 것을 뜻한다는 것은 명확합니다.

여기의 경우가 어떠한지는 다음 단락에서 언급되겠습니다. 내적인 것에서 분리된 외적인 것은 사람 안에 있는 지옥이라는 것은, 사람 안에 있는 내적인 것은 천계이기 때문입니다(10472항 참조). 결과적으로 천계에서 분리되었을 때 외적인 것은 지옥입니다. 이러한 사실은, 내적인 것에서 분리된 외적인 것 안에 있는 자들을 자기사랑이나 세상사랑이 가리키는, 지옥적인 사랑들(=애욕들)이 지배한다는 사실에서 더 잘 알 수 있습니다. 더욱이 내적인 것에서 분리된 외적인 것을 지니고 있는 사람은, 비록 그가 이 세상에 사는 동안, 이 사실을 알지 못한다고 해도, 실제적으로 지옥에 있습니다.

10490. 저마다 자기의 친척과 친구와 이웃을 닥치는 대로 찔러 죽여라(=각 사람이 자기 형제를, 각 사람이 자기 친구를, 각 사람이 자기 이웃을 살해하였다).

이 말씀이, 어떤 수용이나 교류 따위를 막기 위하여, 선과 진리의 입류에 관해서, 그리고 지금까지 언급된 것의 입류에 대해서, 종결(終結 · 끝맺음 · a closing)을 뜻한다는 것은, 이런 것들의 그 어떤 수용이나, 교류를 막기 위하여, 영적인 생명을 제거하는 것, 따라서 사랑의 선이나 믿음의 진리를 제거하는 것을 가리키는, 그러므로 여기서는 마감하는 것을 가리키는 "살해한다"(=죽인다 · slaying)는 말의 뜻에서 잘 알 수 있습니다. 왜냐하면 이런 것들이 제거되었을 때, 역시 영적인 생명 또한 제거되고, 다만 자연적인 생명만 남아 있기 때문입니다. "살해한다"(=죽인다 · slaying)는 말이 영적인 생명을 제거하는 것을 뜻한다는 것은 3387 · 3395 · 3607 · 6767 · 7043 · 8902항을 참조하십시오. 그리고 사랑의 선이나 인애의 선을 가리키는 "형제"의 뜻에서 (3815 · 4121 · 4191 · 5409 · 5686 · 5692 · 6756항 참조), 그리고 이 선에 속한 진리를 가리키는 "친구"의 뜻에서, 그리고 이런 것들과 결합한 것을 가리키는 "이웃"의 뜻에서(5911 · 9378항 참조),

따라서 관계된 것을 가리키는 뜻에서 잘 알 수 있습니다. 왜냐하면 친척들은 이웃들이기 때문입니다. 이렇게 볼 때 우리의 본문, "각 사람이 자기 형제를, 각 사람이 자기 친구를, 각 사람이 자기 이웃을 살해하여라"는 말이, 이런 것들의 수용이나 교류(=내통)를 막기 위하여 선의 입류나 진리의 입류에 대하여, 그리고 이런 것들에 관계되는 것들의 입류에 대하여 그 민족에게 있는 내적인 것의 끝맺음(終結 · the closing)을 뜻한다는 것은 명확합니다.

[2] 이 경우를 살펴 보면, 그 민족이 마음에서 우상숭배적이었고, 그리고 지옥에 있는 사랑들(=애욕들) 안에 전적으로 빠져 있었기 때문에, 그리고 그럼에도 불구하고 그들 가운데 천계적인 것들의 표징적 예배가 제정되었기 때문에, 그러므로 그들의 내적인 것들은 철저하게 닫혀 있었습니다. 이것에 대해서는 두 가지 이유가 있습니다. 그 하나는, 내적인 것이 결여된 그들의 외적인 것들에 의한 천계와의 결합이 있게 하기 위한 것이고, 다른 하나는 모독(冒瀆)되고 더럽혀지는 것에서부터 교회나 천계에 속한 거룩한 것들을 막기 위한 것입니다. 왜냐하면 그 민족이, 그것들이 표징하는 교회나 천계에 속한 거룩한 것들을 가리키는, 예배에 속한 내적인 것들을 시인한다면, 그들은 그것들을 더럽히고, 모독하였을 것이기 때문입니다. 그러므로 얻는 결론은, 천계나 사후의 삶(=생명)에 관해서 그 민족에게 빛 가운데, 아주 적게 계시되었다는 것이고, 그리고 따라서 그들은 메시아의 왕국(the kingdom of the Messiah)이 천계에 있다는 것을 전혀 알지 못하였다는 것 등입니다.

[3] 오늘날 그 민족이 이와 꼭 같은 성품이라는 것은 잘 알려져 있습니다. 그러나 그것에 관해서는 앞에서 인용된 내용을 참조하십시오(10396항 참조). 예를 들면, 그들은 내적인 것이 전혀 없는 오로지 외적인 것들 안에 전적으로 빠져 있다는 것(4293 · 4311

· 4459 · 4834 · 4844 · 4847 · 4865 · 4868 · 4874 · 4903 · 4913 · 9320 · 9373 · 9380 · 9381항 참조), 결과적으로 그들의 예배는 그저 단순한 외적인 것이라는 것(3147 · 3479 · 8871항 참조), 그리고 그들은 예배의 내적인 것들이나 성언의 내적인 것들을 알기를 원하지 않는다는 것(3479 · 4429 · 4433 · 4680항 참조), 그리고 만약에 그들이 거룩한 내적인 것들을 알았다면, 그들은 그것들을 모독하였을 것이다는 것(3398 · 3489 · 4289항 참조), 그러므로 그것들을 숙지(熟知)하는 것이나 아는 것이 그들에게 허락되지 않았다는 것(301 · 302 · 304 · 2520 · 3769항 참조), 그럼에도 불구하고 천계적인 것들의 표징을 가리키는, 예배의 외적인 것들에 의하여 그들과 천계의 교류가 있었다는 것(4311 · 4444 · 6304 · 8588 · 8788 · 8806항 참조), 등등입니다. 그 때 우리의 본문, "너희 각 사람은 자기 형제를, 각 사람은 자기 친구를, 각 사람은 자기 이웃을 살해하여라"는 말이 뜻하는 것들이 이런 것들입니다.

[4] "형제들" "친구들" "이웃들"이나 친척관계의 수많은 다른 이름들이 교회에 속한 선들이나 진리들을 뜻하고, 그리고 천계에 속한 그런 것들을 뜻한다는 것을 알지 못하는 사람은, 그리고 그것이 악들이나 거짓들을 가리키는 그것들의 반대적인 뜻을 알지 못하는 사람은, 아래의 장절들에서와 같이, 이런 낱말들이나 이름들이 나오는 성경의 수많은 장절에 내포된 것들을 전혀 알지 못합니다. 마태복음서의 말씀입니다.

너희는 내가 땅 위에 평화를 주러 온 줄로 생각하지 말아라. 평화가 아니라 칼을 주로 왔다. 나는, '아들이 제 아버지를, 딸이 제 어머니를, 며느리가 제 시어머니를 거슬러서 갈라서게' 하러 왔다. '사람의 원수가 제 집안 식구'일 것이다. 나보다 아버지나 어머니를 더 사랑하는 사람은 내게 적합하지 않고, 나보다 아들이나 딸을 더 사랑하는

> 사람도 내게 적합하지 않다. 또 자기 십자가를 지고 나를 따르지 않는 사람도 내게 적합하지 않다.
> (마태 10 : 34-38)

여기서는 영적인 다툼들(spiritual combats)이 다루어지고 있는데, 그것들은 중생 과정에 있는 자들이 겪고 있는 온갖 시험들을 가리킵니다. 따라서 지옥에서 비롯된 그 사람에게 있는 악들이나 거짓들과 주님에게서 비롯된 그 사람에게 있는 선들과 진리들 사이에 있는 그 사람 안에서 일어나는 온갖 싸움이나 투쟁(contentions) 따위들을 가리킵니다. 이런 싸움들이나 투쟁 따위들이 여기에 기술되었기 때문에, "누구든지 자기 십자가를 지고 나를 따르지 않는 사람도 내게 적합하지 않다"고 언급되었습니다. 여기서 "십자가"는 시험들에 빠져 있을 때의 사람의 상태를 뜻합니다. 그리고 이런 것들이 바로 "사람" "아버지"나 "딸" "어머니"나, "며느리" "시어머니"가 이런 것들을 뜻한다는 것을 알지 못하는 사람은 반드시 주님께서 가정이나 가족에서 평화를 제거하기 위하여 이 세상에 강림(降臨)하셨다는 것, 그리고 그럼에도 불구하고, 요한복음서 14장 27절이나 다른 곳의 주님의 말씀에 따라서 주님께서는 평화를 주시고, 그 어떤 분쟁(分爭)이나 알력(軋轢) 따위를 제거하기 위하여 주님께서 이 세상에 오셨다는 것을 반드시 믿어야 합니다.

[5] 속사람과 겉사람의 분쟁이나 알력이 이 구절에 기술되었다는 것은 "사람"(=아들) "아버지" "딸" "어머니" "며느리" "시어머니"의 속뜻에서 명확합니다. 속뜻으로 "사람"(homo·인간)은 주님에게서 비롯된 선을 뜻하고, "아버지"는 사람의 고유속성(=자아·man's own)에서 비롯된 악을 뜻하고, "딸"은 선의 정동이나 진리의 정동을 뜻하고, "어머니"는 악에 속한 정동이나 거짓에 속한 정동을 뜻하고, "며느리"는 교회의 선에 결합된 교회의

진리를 뜻하고, "시어머니"는 교회의 악에 결합된 교회의 거짓을 뜻합니다. 그리고 사람에게 있는 선들과 악들 사이의 다툼들과 진리들과 거짓들 사이에 있는 다툼들이 기술되었기 때문에, 따라서 "사람의 원수가 제 집안 식구일 것이다"라고 언급되었습니다. 왜냐하면 "자기 집안의 식구"는 사람에게 속한 것들을, 따라서 사람의 자아(自我・固有・屬性・man's own)를 뜻하기 때문이고, 그리고 "원수"(foes)는 영적인 뜻으로 선들이나 진리들을 공격하고, 폭행하는 악들이나 거짓들을 뜻하기 때문입니다. 이런 것들이 "사람(=아들)・아버지・딸・어머니・며느리・시어머니"가 뜻한다는 것은 두루 이것들의 설명들에서 잘 알 수 있습니다.

[6] 마찬가지로 이런 장절들이 되겠습니다. 복음서의 말씀입니다.

> 형제가 형제를 죽음에 넘겨 주고, 아버지가 자식을 또한 그렇게 하고, 자식이 부모를 거슬러 일어나서 부모를 죽일 것이다.
> (마태 10 : 21)
> "누구든지 내게로 오는 사람은, 자기 아버지나 어머니나, 아내나 자식이나, 형제나 자매뿐만 아니라, 심지어 자기 목숨까지도 미워하지 않으면, 내 제자가 될 수 없다. 누구든지 자기 십자가를 지고 나를 따라오지 않으면, 내 제자가 될 수 없다...... 그러므로 이와 같이, 너희 가운데서 누구라도, 자기 소유를 다 버리지 않으면, 내 제자가 될 수 없다."
> (누가 14 : 26, 27, 33)

어느 누구가 이 말씀이 최소한 아버지・어머니・아내・자녀들・형제들이, 주님의 제자가 되기 위한 한 사람으로 가능하기 위하여 미워하여야 한다는 제한이나 한정(限定) 따위가 없이 언급된 사실에서부터 문제에 일치하는 것 이외와 달리 이해되어야 한다는 것을 모르겠습니까? 그럼에도 불구하고 그것은, 어느 누구도 미워하지 말고, 원수까지 미워하지 말고 사랑하라(마태 5 : 43, 44)는 주님의 명령들에 일치합니다.

[7] 그것들의 계도에서 악들이나 거짓들을 가리키는, 사람에게 속한 것들이 이런 이름들에 의하여 의미되었습니다. 왜냐하면 사람은 반드시 자기 자신의 영혼을 미워하여야 한다는 것, 그리고 그는 그가 가지고 있는 모든 것을 반드시 포기(抛棄)하여야 한다는 것, 다시 말하면 그 사람에게 속해 있는 것들을 포기하여야 한다고 언급되었기 때문입니다. 시험의 상태, 다시 말하면 영적인 다툼의 상태가 여기에 역시 기술되었습니다. 왜냐하면, "누구든지 자기 십자가를 지고 나를 따라오지 않으면, 내 제자가 될 수 없다"고 언급되었기 때문입니다. 주님의 제자가 되는 것은 자기 자신에 의한 것이 아니고, 주님에 의하여 인도되는 것을 가리키고, 따라서 사람에게서 비롯된 악들이나 거짓들에 의한 것이 아니고, 주님에게서 비롯되는 선들이나 진리들에 의하여 인도받는 것을 뜻합니다.

[8] 이와 같이 성언은 아래 장절에서와 같이 이런 이름들이 언급된, 어디에서나, 이해되어야 합니다. 예언서의 말씀들입니다.

땅아, 너도 들어라.
내가 지금 이 백성에게 재앙을 내린다.
그들이 이처럼 사악한 생각을 하였으니,
이것은 그들이 받아 마땅한 벌이다.
그들이 나의 말을 귀담아 듣지 않았으며,
나의 율법도 무시하였기 때문이다.……
그러므로 나 주가 이렇게 말한다.
내가 이 백성 앞에 걸림돌들을 숨겨 놓아서,
모두 돌에 걸려 넘어지게 하겠다.
아버지와 아들이 다 함께 넘어지고,
이웃과 그 친구가 다 함께 멸망할 것이다.

(예레미야 6 : 19, 21)
그들이 서로 부딪쳐서 깨지게 하고, 아버지와 자녀 사이에도 서로 부딪쳐서 깨지게 하겠다. 나는 그들을 불쌍히 여기지도 않으며, 동정도 하지 않으며, 사정없이 멸망시킬 것이다.
(예레미야 13 : 14)
그가 많은 사람으로 넘어지게 하였으며, 사람 위에 사람이 쓰러지니, 그들이 말하기를 "일어나라. 압제하는 칼을 피하여, 우리의 백성에게 와, 우리가 태어난 땅으로 다시 가자" 하였다.
(예레미야 46 : 16)
내가 이집트 사람들을 부추겨서,
서로 맞서 싸우게 하겠다.
형제와 형제가,
이웃과 이웃이,
성읍과 성읍이,
왕권과 왕권이,
서로 싸우게 하겠다.
그래서 이집트 사람들의 기를 죽여 놓겠다.
(이사야 19 : 2)

이 장절에서도 마찬가지로 "아버지들" "아들들" "형제들" "이웃들"(=친구들)은 동일한 것들을 뜻합니다.

10491. 레위 자손이 모세의 말대로 하였다.
이 말씀이 이 일은 선에게서 비롯된 진리들 안에 있는 자들에 의하여 성취된 것을 뜻한다는 것은 선에서 비롯된 진리들 안에 있는 자들을 가리키는, 추상적인 뜻으로 선에서 비롯된 진리들을 가리키는 레위 자손의 표징에서(10485항 참조), 그리고 성취(成就)나 완성(完成)을 가리키는 "모세의 말대로 한다"는 말의 뜻에서 잘 알 수 있습니다.

10492. 바로 그 날, 백성 가운데서 어림잡아 삼천 명쯤 죽었다(=쓰러졌다).

이 말씀이 내적인 것에 속한 충분하고, 완벽한 마감(=종결)을 뜻한다는 것은 마감되는 것을 가리키는 "쓰러졌다"(falling) 즉 살해되었다는 말의 뜻에서(10490항 참조), 그리고 충분하고, 완벽한 것을 가리키는 "삼천"(3.000)의 뜻에서 잘 알 수 있습니다. 왜냐하면 "삼"(3 · three)은 충분한 것이나 완벽한 것을 뜻하고(2788 · 4495 · 7715 · 8347 · 9198 · 9488 · 9489항 참조), 그리고 "삼천"(3.000)도 마찬가지를 뜻하기 때문입니다. 그 이유는 보다 큰 숫자들은 곱셈에 의하여 그것들이 생겨난 근원인 보다 적은 숫자들과 마찬가지로 동일한 것을 뜻하기 때문입니다(5291 · 5335 · 5708 · 7973항 참조). 성경에 있는 모든 숫자들은 실제적인 것들을 뜻한다는 것은 9488항의 인용내용이나 10127 · 10217 · 10253항을 참조하십시오.

[2] 이스라엘 민족이나 유대 민족에 있는 내적인 것의 마감(=종결)이 여기서 다루어지고 있기 때문에, 이 내적인 것의 마감에 관해서 좀더 상세한 내용을 언급하여야 하겠습니다. 온갖 악들이나 거짓들은 속사람, 즉 동일한 것이지만, 이런 것들이 지배적이고, 우세할 때 세상적이고, 현세적이고 육신적인 사랑들을 마감하는 것입니다. 왜냐하면 모든 악들이나 거짓들은 이런 근원에서 비롯되기 때문입니다. 내적인 것이 이런 부류의 사랑들(=애욕들)에 의하여 마감된다는 이유는, 그것들이 천계적인 사랑들에, 또는 동일한 것이지만, 온갖 악들이나 거짓들이 선들이나 거짓들에 반대되기 때문입니다. 반대되는 것들이 서로서로 거슬러 활동할 때, 해를 입는 것은, 그것이 찔림을 당할 때 근육(筋肉)의 섬유질(纖維質)이 하는 것처럼 거의 대부분 수축(收縮)하고, 움츠려듭니다. 그리고 다른 여건에서도 인체의 모든 부위는, 고통의 상태에 있을 때, 움츠려들고, 오그라듭니다. 잘 알려진 사실은, 상해(傷害)나 또는 마음의 불안한 상태는 얼굴을 찡그리게 하고, 그리고 복부를, 폐장과 그것의 호흡과 더불어, 움츠려들게 합니다. 악들

이나 거짓들이 생각이나 의지 안에 들어왔을 때, 속사람의 경우에도 동일합니다. 그 때 거기에는 혐오감(嫌惡感)이나 반감(反感)이 있고, 그리고 이것으로 말미암아 수축이나 위축 따위가 생기게 된다는 것은 지각되고, 또한 드러납니다.

[3] 이것은 내적인 것이 마감되는 일반적인 이유입니다. 그러나 특별한 이유는, 천계로부터 속사람을 통하여 선들이나 진리들이 겉사람에 들어가고, 그리고 거기에서 그것들이 더럽혀지고, 모독되는 것을 막기 위한 것입니다. 그러므로 이스라엘 민족에게서 이런 일을 막기 위하여, 그리고 그 교회에 속한 거룩한 것들과 함께 그들에게 있는 성언이 더럽혀지고, 모독되는 일을 막기 위하여, 내적인 것은 그들에게서 충분하게, 완벽하게 밀폐(密閉)되고, 폐쇄(閉鎖)되었습니다. 그것이 충분하게 그리고 완벽하게 밀폐, 폐쇄되었다는 것은, 비록 그들이 기독교인들 가운데 살아 있고, 그리고 비록 주님께서 예언서에 명확하게 다루었지만, 그럼에도 불구하고, 그들이 주님을 전혀 시인하지 않았다는 사실에서 아주 명확합니다. 아니, 그들은, 확증적인 것까지도 생각할 수 없는 그런 성품이었습니다. 이런 그들의 성품은 내면적인 모순이고, 반감이었고, 혐오감이었습니다.

[4] 더욱이 주지하여야 할 것은, 작금의 기독교계에서 성언에게서 비롯된 믿음의 진리들을 알고 있지만, 그것들에 일치하여 살지 않는 자들에게서 내적인 것은 밀폐, 폐쇄되었다는 것입니다. 왜냐하면 속사람을 개방하는 이런 진리들에 일치하는 삶이 바로 귀중하고 가치있는 삶이기 때문입니다. 왜냐하면 그렇지 않다면 진리들은 겉사람의 기억 안에 그저 단순하게 머물러 있는 것이기 때문입니다. 그러나 이런 진리들을 부인하는 자들에게서 진정한 행위 안에서는 내적인 것은 완벽하게 닫혀 있다는 것입니다. 놀라웁게도 단순한 사람에 비하여 총명스럽다는 사람 안에서 내적인 것은 더 굳게 닫힌 것으로 보인다는 것입니다. 그 이유는

총명스러운 자는 높은 직위(職位)나 재물을 손에 넣는 탐욕(貪慾)이나 물욕 따위에 빠져 있기 때문입니다. 결과적으로 소박한 사람에 비하여 매우 자기사랑이나 세상사랑에 빠져 있기 때문입니다. 그리고 총명스러운 자는 또한, 소박한 사람에 비하여 그들이 처해 있는 뛰어난 기억들에 의하여 이런 사랑들(=애욕들)에게서 비롯된 악들이나 거짓들을 확증할 수 있다는 것입니다. 부가적인 이유는 총명스러운 자들의 대부분은 유식한 자들의 세계에서 널리 유행(流行), 지배하는 어떤 이단사설에서 영혼을 생각한다는 것입니다. 그런 것으로 말미암아, 그들은, 아마도 그것 안에 살아 있는 원칙이나 원리가 있다고 여기는 숨결(=호흡)이나 바람 이외의 다른 것이 아니다는 영혼의 개념을 착상(着想), 마음에 품고 있습니다. 이에 반하여 다른 한편, 단순한 사람은 이런 개념으로 말미암아서 생각하지 않고, 오히려 영혼은 사후(死後)에 사는 그 사람이라는 개념으로부터 생각합니다. 이렇게 볼 때 후자에게서는 내적인 것이 열려 있지만, 그러나 전자에게서 그것은 닫혀 있다는 것입니다. 여러분이 내적인 것이 열려 있다, 또는 닫혀 있다고 말하든, 또는 천계가 닫혀 있다, 또는 열려 있다고 말하든, 그것은 동일한 것입니다.

10493. 모세가 말하였다. "오늘 너희 자신을 주께 드렸다"(=오늘 너희는 주께 너희 자신을 성결케 하라).

이 말씀이 천계에 있는 교류적이고, 수용적인 신령진리를 뜻한다는 것은, 주님의 신령선에서 발출하는 신령진리에 의한 천계에 있는 주님의 신령능력의 표징을 가리키는 "주께 너희 손을 채웠다"(=너희 자신을 주께 드렸다·주께 너희 자신을 성결케 하여라)는 말의 뜻에서 잘 알 수 있습니다. 그리고 그것이 거기에 있는 그것에 속한 교류적이고, 수용적이라는 것은 10076항을 참조하십시오. 여기서 그것이 표징들에 의한 천계와 신령진리의 교류이다는 것입니다. 이러한 것은 그들이 내적인 것이 닫혀진 뒤, 그 민족에 있는 예배에 속한 외적인 것들을 가리킵니다. 내적인 것이 닫혔을 때, 그 민족에게는, 신령능력의 덕택으로, 천계적인 것들의 표징을 가리키는, 예배의 외적인 것들에 의한 천계와의 교류(=내통)가 있었다는 것은 4311 · 4444 · 6304 · 8588 · 8788 · 8806항을 참조하십시오.

10494. 너희가 저마다 자녀(=아들)**와 형제자매를 희생시켰다.** 이 말씀이, 내적인 것이 닫혔을 때 천계에서 비롯된 진리와 선이 외적인 것에 들어가는 것을 막기 위한 것을 뜻한다는 것은 진리와 선의 입류에 대한 내적인 것의 마감(=닫힘)을 가리키는 "사람마다 자녀(=아들)와 형제자매를 희생시켰다"(=죽였다)는 말의 뜻에서, 다시 말하면 그가 그들을 죽인 뒤라는 말의 뜻에서(10490 · 10492항 참조) 잘 알 수 있습니다. "아들"(=자녀 · son)이 진리를 뜻한다는 것은 489 · 491 · 533 · 1147 · 2623 · 2628 · 2803 · 2813 · 3373 · 3704 · 4257 · 9807항을 참조하시고, "형제"(=형제자매)가 선을 뜻한다는 것은 3815 · 4121 · 4191 · 5409 · 5686 · 5692항을 참조하십시오.

10495. 오늘 주께서 너희에게 복을 내리실 것이다. 이 말씀이 주님으로부터 신령진리의 영접(迎接)을 뜻하고, 그리고 그것에 의한 주님과의 결합을 뜻한다는 것은 일반적으로 주님에 의하여 사람에게 주어지는 것을 가리키는 "복을 내리신다"(=복을 주신다)는 말의 뜻에서 잘 알 수 있습니다. 그리고 주님께서 주시는 모든 것은 사랑의 선과 믿음의 진리와 관계를 가지고 있기 때문에, 그리고 이런 것이나 이런 것에서 비롯되는 모든 것은 "축복"(=축복한다 · 복을 빈다)이라는 말이 뜻하기 때문에, 그러므로 여기서 이 말은 성언에서 비롯된 신령진리의 영접을 뜻하고, 그리고 그것에 의한 주님과의 결합을 뜻합니다(1096 · 2846 · 3017 · 3406 · 4216 · 4981 · 6298 · 8674 · 8939항 참조). 그리고 "축복"(=축복한다 · blessing)이 주님과의 결합을 뜻한다는 것은 3504

·3514·3530·3565·3584·6091·6099항을 참조하십시오. 여기의 경우가 어떠한지는 앞에서 설명된 내용에서 잘 볼 수 있고, 그리고 거기서 성언을 통한 주님과 사람의 결합, 그리고 천계와 이 세상의 결합은 10452항을 참조하십시오.

10496. 30-35. **이튿날 모세는 백성에게 말하였다. "너희는 크나큰 죄를 지었다. 그러나 이제 내가 주께 올라가서, 너희를 용서하여 달라고 빌겠다." 모세가 주께로 올라가서 아뢰었다. "슬픕니다. 이 백성이 금으로 신상을 만듦으로써 큰 죄를 지었습니다. 그러나 이제 주께서 그들의 죄를 용서하여 주십시오. 그렇게 하지 않으시려면, 주께서 기록하신 책에서 저의 이름을 지워 주십시오." 주께서 모세에게 말씀하셨다. "누구든지 나에게 죄를 지으면, 나는 오직 그 사람만을 나의 책에서 지운다. 이제 너는 가서, 내가 너에게 말한 곳으로 백성을 인도하여라. 보아라, 나의 천사가 너를 인도할 것이다. 그러나 기록하여라. 때가 되면, 내가 그들에게 반드시 죄를 묻겠다." 그 뒤에 주께서는, 아론이 수송아지를 만든 일로, 이 백성에게 재앙을 내리셨다.**

"이튿날이 되었다"는 말씀은 교회의 마지막 때에 이른 그런 예배의 기간(期間)을 뜻하고, "모세가 백성에게 말하였다. 너희는 크나큰 죄를 지었다"는 말씀은 완전한 외면(外面)과 멀어짐(疏遠)이나 이간(離間)을 뜻합니다. "내가 이제 주께로 올라가겠다"는 말씀은 주님에게로 내면적인 것들의 올리움(上昇)을 뜻합니다. "너희를 용서하여 달라고 빌겠다"(=혹시 내가 너희 죄를 위해 속죄할 수 있을까 함이다)는 말씀은 완전히 스스로 외면한 자들에게 주님의 신령능력의 은덕에 의한 가능성(可能性·possibility)이나 실현성(實現性)을 뜻합니다. "모세가 주께로 올라갔다"(=모세가 주께로 돌아왔다)는 말씀은 결합을 뜻하고, "아뢰었다. '슬픕니다. 이 백성이 큰 죄를 지었습니다'"라는 말씀은 비록 이 민족이 신령존재에게서 철저하게 외면하였고, 그들이 자신을 옮겼다는 것을 뜻합니다. "이 백성이 금으로 신상을 만들었다"는 말씀은 지옥적인 쾌락을 뜻하고, 그리고 그들이 지옥적인 쾌락을 찬미하였다는 것을 뜻합니다. "그러나 이제 주께서 그들의 죄를 용서하여 주십시오"(=지금이라도 주께서 그들의 죄를 용서하시기를 원합니다)라는 말씀은 그럼에도 불구하고 신령존재로부터 이 외면이 방해(妨害)가 되지 않을 것이다는 것을 뜻합니다. "그렇게 하지 않으시려면, 주께서 기록하신 이 책에서 저의 이름을 지워 주십시오"(=만일 그렇게 하지 않으시려거든 간구하오니 주께서 기록하신 주의 책에서 나를 지워 버리소서)라는 말씀은 그것이 멸망, 소멸하지 않을 성언의 내적인 것이나, 교회에 속한, 예배에 속한 내적인 것을 뜻합니다. "주께서 모세에게 말씀하셨다. '누구든지 나에게 죄를 지으면, 나는 오직 그 사람만을 나의 책에서 지운다'"라는 말씀은 대답을 뜻하고, 그 대답은 자기 스스로 신령존재에서 외면(外面), 등을 돌린 자들이 소멸될 것이다는 것을 뜻합니다. "이제 너는 가서, 내가 너에게 말한 곳으로 백성을 인도하여라"는 말씀은 이 백성이 그 교회를 표징할 것이지, 그 교회가 그 백성 안에 있지 않을 것을 뜻합니다. "보아라, 나의 천사가 너를 인도할 것이다"(=네 앞에 가리라)는 말씀은 그럼에도 불구하고 신령진리가 인도할 것이다는 것을 뜻합니다. "그러나 기억하여라. 때가 되면 그들에게 반드시 죄를 묻겠다"(=내가 감찰하는 날에는 내가 그들의 죄에 대하여 그들을 감찰하겠다)는 말씀은, 개별적으로나 일반적으로나 그들의 마지막 상태를 뜻하고, 그 때가 심판이다는 것을 뜻합니다. "주께서는 이 백성에게 재앙을 내리셨다"(=주께서 이 백성을 치시겠다)는 말씀은 이스라엘 민족에게 있는 진리의 황폐와 선의 황폐를 뜻하고, "이는 그들이 송아지를 만들었기 때문이다"는 말씀은 지옥적인 사랑에서 비롯된 그 예배 때문이다는 것을 뜻하고, "아론이 만든 송아지"라는 말씀은 이것이 오직 그들이 그것만을 애지중지한 외적인 것들에게서 왔다는 것을 뜻합니다.

10497. 이튿날(=그 날 뒤에 그것이 일어났다).
이 말씀이 교회의 마지막에 이른 그런 예배의 기간(期間)을 뜻한다는 것은, 영속적인 것이나 영원한 것을 가리키는, 그러나 유대 민족에 관해서 언급되었을 때에는 그 교회의 마지막에 이른 것을 가리키는 "이튿날"(=그 날 뒤)의 말의 뜻에서 잘 알 수 있습니다. "이튿날"이 영속적인 것이나 영원한 것을 뜻하는 이유는, 신령한 것들이나 천적인 것들이나 영적인 것들을 뜻하는 그런 것들에 관해서 언급되었을 때 "이튿날"(=내일·the morrow)은 영속적인 것이나 영원한 것을 뜻하기 때문입니다(3998·9939항 참조). 그러나 그 낱말이 그 교회의 마지막에 이르는 기간을 뜻하는 이유는 그것이 유대 민족이나 그것의 예배에 관해서 언급하고 있기 때문인데, 그 예배는 다니엘서의 예언에서와 같이, 주님께서 이 세상에 오실 때에 그 마지막(終末)에 이르렀습니다. 다니엘서의 말씀입니다.

> 하나님께서 너의 백성과 거룩한 도성에 일흔 이레의 기한을 정하셨다. 이 기간이 지나가야, 반역이 그치고, 죄가 끝나고, 속죄가 이루어지고, 하나님이 영원한 의를 세우시고, 환상에서 보이신 것과 예언의 말씀을 이루시고, 가장 거룩한 곳에 기름을 부으며, 거룩하게 구별하실 것이다.…… 침략하여 들어온 그 통치자는 뭇 백성과 더불어, 한 이레 동안의 굳은 언약을 맺을 것이다. 그리고 한 이레의 반이 지나갈 때에, 그 통치자는 희생제사와 예물드리는 일을 금할 것이다. 그 대신에 성전의 가장 높은 곳에 흉측한 우상을 세울 것인데, 그것을 거기에 세운 사람이 하나님이 정하신 끝 날을 맞이할 때까지, 그것이 거기에 서 있을 것이다.
> (다니엘 9 : 24, 27)

그리고 그 민족의 그 예배의 나머지가 유럽에 있는 현재의 교회의 종말과 함께 마지막에 이를 것이라는 것은 마태복음서에서 주님에 의하여 예언되었습니다. 마태복음서의 말씀입니다.

> 내가 진정으로 너희에게 말한다. 이 세대가 끝나기까지는, 이 모든 일이 다 일어날 것이다.
> (마태 24 : 34)

이 장에서 다루고 있는 주제는, 이 교회의 종말을 가리키는 시대의 완성(=마지막 · consummation)인데, 그것은 창세기서 26장부터 40장의 서문에서 잘 볼 수 있습니다.

10498. 모세는 백성에게 말하였다. "너희는 크나큰 죄를 지었다."

이 말씀이 완벽한 버성김(=이간 · 離間 · 疏遠 · estrangement)이나 외면(外面)을 뜻한다는 것은 신령존재로부터의 외면이나 버성김(=이간 · 소원)을 가리키는 "죄"(罪 · sin)의 뜻에서(5229 · 5474 · 5841 · 7589 · 9346항 참조), 여기서는 완벽한 외면(=등돌림)이나 버성김을 뜻하는데, 그것은 "크나큰 죄"라고 하였기 때문입니다. 신령존재로부터의 외면이나 버성김은, 거기에 더 이상 전체로부터의 진리나 선에 속한 그 어떤 것도 영접, 수용될 수 없을 때 완벽한 것입니다. 왜냐하면 천계에서 비롯되는 진리나 선은 사람에게서는 신령존재이기 때문입니다. 그 민족에게 천계로부터의 선과 진리의 수용이 전혀 없었다는 것은, 결과적으로 신령존재로부터의 완벽한 외면이 있었다는 것은 이사야서의 이런 말씀들에 의하여 기술되었습니다. 그 책의 말씀입니다.

> 주께서 말씀하셨다.
> "너는 가서 이 백성에게
> '너희는 듣기는 늘 들어라.
> 그러나 깨닫지는 못한다.
> 너희가 보이기는 늘 보아라.

그러나 알지는 못한다'
하고 일러라.
너는 이 백성의 마음을 둔하게 하여라.
그 귀가 막히고,
그 눈이 감기게 하여라.
그리하여 그들이 볼 수 없고, 들을 수 없고,
또 마음으로 깨달을 수 없게 하여라.
그들이 보고 듣고 깨달았다가는
내게로 돌이켜서
고침을 받게 될까 걱정이다."
(이사야 6 : 9, 10 ; 요한 12 : 37-40)

"그들이 내게로 돌이켜서 고침을 받게 될까 걱정이다"(=마음으로 깨닫지 못하게 하며, 회심하지도 못하고 치유받지도 못하게 하여라)라고 언급되었는데, 이 말은, 만약에 그들이 성언의 내적인 것을 이해한다면, 그리고 교회나 예배에 속한 내적인 것을 이해한다면, 그들이 그것들을 더럽히고 모독할 것이다는 것을 뜻합니다. 이 말은 10490항에 언급된 것과 일치합니다.

10499. 이제 내가 주께 올라가겠다.
이 말씀이 주님에게로 내면적인 것들의 올림(上昇)을 뜻한다는 것은, 내적인 것을 가리키는 모세의 표징에서(10468항 참조), 그리고 내면적인 것들을 향한 올림(上昇 · raising)을 가리키는 "올라간다"는 말의 뜻에서(3084 · 4539 · 4969 · 5406 · 5817 · 6007항 참조) 잘 알 수 있습니다. 여기서는 주님에게로 올리는 것을 뜻하는데, 그 이유는 "내가 주(=여호와)께로 올라가겠다"고 언급되었고, 그리고 성경에서 "여호와"는 주님을 뜻하기 때문입니다(9373항의 인용내용 참조). 여기서의 경우가 어떠한 것인지는, 그 민족에게 있는 외적인 것들로부터 성언의 내적인 것들의 올림에 관해서, 그리고 그 외적인 것들로부터 그 교회의, 그 예배의 내적인 것들의 올림에 관해서 설명, 입증된 것에서 잘 알 수 있겠습니다(4311·4444·6304·8588·8788·8806항 참조).

10500. 너희를 용서하여 달라고 빌겠다(=혹시 내가 너희 죄를 위해 속죄할 수 있을까 함이다).

이 말씀이 자기 스스로 완벽하게 외면한 자들에게 있는 주님의 신령능력의 은덕에 의한 가능성이나 현실성을 뜻한다는 것은, 더 이상 깊이 생각하는 것이나, 따라서 그럼에도 불구하고 그들의 예배가 열납(悅納)되지 않고, 경청(傾聽)되지 않게 하는 것을 가리키는 "용서한다"(贖罪·to expiate)는 말의 뜻에서 잘 알 수 있습니다. "용서한다"는 말이 예배에 속한 모든 것들의 경청(=들음)과 수용을 뜻한다는 것은 9506항을 참조하시고, 그러므로 여기서는 외면한 자들에게서 행해질 수 있는 가능성이나 현실성을 뜻합니다. 그리고 신령존재로부터 완벽한 외면을 가리키는 "죄"의 뜻에서(10498항 참조) 잘 알 수 있습니다. 이런 말들이 이런 내용들을 뜻한다는 것은 우리의 본문장에서 두루 다루어지고 있는 주제가 신령존재로부터 이스라엘 민족의 외면(=떠남·外面·the turning away)이고, 그리고 그럼에도 불구하고, 그들이 오직 처해 있는 외적인 것들에 의하여 천계와의 교류가 이루어질 수 있다는 그 가능성이기 때문입니다.

[2] 여기의 경우가 어떠한지 명확히 알게 하기 위하여 몇 가지 내용을 언급하겠습니다. 이 땅의 교회는 천계와 이 세상의 교류를 있게 하기 위한, 그리고 천계와 인류의 교류가 가능하게 하기 위한 오로지 그 목적을 위하여 설시되었습니다. 다시 말하면 천계를 통한 주님과의 교류를 목적해서 세워졌습니다. 그리고 그 교류가 없다면 인류는 멸망할 것입니다(10452항 참조). 그러나 천계와 사람의 교류(=내통)는 사람에게 있는 영적인 것들이나 천적인 것들에 의하여 이루어질 뿐, 이런 것들이 없는 세상적인 것들이나, 육신적인 것에 의해서는 결코 이루어지지 않습니다. 꼭같

은 뜻이지만, 그 일은 내적인 것들에 의하여 이루어지지만, 내적인 것들이 없는 외적인 것에 의해서는 결코 이루어지지 않습니다. 이스라엘 민족이 내적인 것이 없는 외적인 것 안에 있었기 때문에, 그럼에도 불구하고 교회에 속한 몇 가지들이 그들 가운데 제정되었기 때문에, 그러므로 천계와의 교류가 표징들에 의하여 이루어지게 하기 위하여 그와 같은 일은 주님에 의하여 장만된 그 민족에게 있었던 예배의 외적인 것들입니다. 그러나 이 교류는 초자연적으로 행해졌습니다. 이러한 내용은 10499항에 부연된 내용에서 볼 수 있겠습니다.

[3] 그러나 이런 일이 행해지기 위해서 두가지 것들이 필수적이어야 했습니다. 그 첫째는, 그들에게 있었던 내적인 것들이 철저하게 차단(遮斷), 닫혀지는 것이고, 그리고 그 둘째는 그들이 예배 안에 있을 때 거룩한 외적인 것 안에 있어야 한다는 것입니다. 왜냐하면 내적인 것이 철저하게 차단, 닫혀졌을 때, 그 때 그 교회의 내적인 것이나, 예배에 속한 내적인 것은 부인되지도 않고 시인되지도 않기 때문입니다. 그렇기 때문에 그것은 존재하지 않습니다. 그리고 그 때 거기에는 거룩한 외적인 것이 있을 수 있고, 그리고 또한 그것은 위로 올리워질 수 있습니다. 그 이유는 이런 길에 반대되는 것은 아무것도 없고, 가로막고 서 있는 것은 전혀 없기 때문입니다. 오직 이런 이유 때문에 그 민족은, 주님사랑과 주님을 믿는 믿음에 속한, 그리고 그것에 의한 영원한 생명에 속한, 내적인 것들에 관한 충분하고도, 전적인 무지(無知)에 빠져 있었습니다. 그러나 주님께서 이 세상에 강림하시자 마자, 그리고 자기 자신을 계시하시자 마자 주님께서는 사랑을 가르치셨고, 그분을 믿는 믿음을 가르치셨습니다. 그 때 그 민족은, 그들이 이런 내용을 듣고, 알게 되었을 때, 그것들을 부인하기 시작하였고, 따라서 그 민족은, 그전과 같이, 더 이상 이런 무지 가운데, 간수되지 않았습니다. 그러므로 그 때 그들은

가나안 땅에서 쫓겨났는데, 그것은, 태고시대부터 모든 장소들이 천계와 교회에 속한 것들에 속한 그런 표징적인 것으로 이루어진 그 땅에 있는 부인과 부정에 의하여 내적인 것들을 더럽히고, 모독하는 것을 막기 위한 것입니다(1585·3686·4447·5136·6516항 참조).

[4] 동일한 이유 때문에, 오늘날 그들이 내적인 것들을 터득한 만큼, 그리고 그것들에 대하여 총명스럽게 확증하거나, 그것들을 부인한 것에 비례하여 그들은 더 이상 거룩한 외적인 것 안에 있을 수 없습니다. 그 이유는 부인은 내적인 것을 닫을 뿐만 아니라, 외적인 것들로부터 거룩한 것을 제거하기 때문이고, 따라서 천계와의 교류까지도 제거하기 때문입니다. 이와 같은 경우는 성경말씀이나 그들의 교리로부터 내적인 것들을 알았지만, 그럼에도 불구하고 마음에서 그것들을 부인하는 기독교인들에게서도 비슷합니다. 그와 같은 사실은 그들이 악하게 살고, 그리고 본질적으로 악한 것을 생각할 때의 경우이지만, 그러나 수많은 경우 그들이 예배 안에 종사할 때 그들의 외적인 것들은 신앙심이 돈독(敦篤)하고 경건(敬虔)한 상태에 있는 것처럼 보일 수 있습니다.

10501. 모세가 주께로 돌아왔다.

이 말씀이 결합을 뜻한다는 것은 결합을 가리키는 "주께 돌아왔다"는 말의 뜻에서 잘 알 수 있습니다. "주께 돌아왔다"는 말이 여기서 결합을 뜻하는 이유는 "이제 내가 주께 올라가서"라는 말이 주님에게로 내적인 것의 올림(上昇)을 뜻하기 때문입니다(10499항 참조).

10502. 말하기를, "슬픕니다. 이 백성이 큰 죄를 지었습니다(=오, 이 백성이 큰 죄를 지었다).

이 말씀이, 비록 이 민족이 신령존재로부터 완벽하게 외면하고, 자신을 옮겼다고 해도 라는 것을 뜻한다는 것은 신령존재로부터 완벽하게 외면하고, 그리고 멀리 떨어졌다는 것을 가리키는 "큰 죄를 지었다"는 말의 뜻에서(10498항 참조), 잘 알 수 있습니다. 내적인 뜻으로 주제와의 관계 때문에 "비록 외면하였다"고 언급하였습니다. 왜냐하면, 이런 뜻 안에 있는 자들은 문자에는 주의를 하지 않고, 오히려 그것들의 순서(=서열) 안에 있는 것들의 뜻에 더 관심을 두고, 주의하기 때문입니다.

10503. 이 백성이 금으로 신상을 만들었다(=자기들에게 금으로 신들을 만들었나이다).

이 말씀이 지옥적인 쾌락을 뜻하고, 그들이 그것을 예배하는 것을 뜻한다는 것은 예배하는 것을 가리키는 "자신들에게 신들을 만들었다"는 말의 뜻에서, 그리고 외적인 사랑들(=애욕들)의 기쁨(=쾌락)을 가리키는, 따라서 지옥적인 쾌락을 가리키는 "금"(金 · gold)의 뜻에서(10402항 참조), 잘 알 수 있습니다. 성경에는 네 종류의 우상들이 언급되고 있는데, 말하자면, 돌로 만든 우상, 나무나 은으로 만든 우상이나 금으로 만든 우상이 되겠습니다. 돌로 만든 우상들(idols of stone)은 교리에 속한 거짓들에게서 비롯된 예배를 뜻하고, 나무로 만든 우상들(idols of wood)은 교리에 속한 악들에게서 비롯된 예배를 뜻하고, 은으로 만든 우상들(idols of silver)은 교리나 삶 양자 안에 있는 거짓에 속한 예배를 뜻하고, 금으로 만든 우상들(idols of gold)은 교리나 삶 양자 안에 있는 악에 속한 예배를 뜻합니다. 결과적으로 금으로 만든 우상들은 그것들에 속한 가장 나쁜 예배를 뜻합니다. 이런 예배 안에 있는 자들은 진리들을 위화(僞化)할 뿐만 아니라, 선들을 모독(冒瀆)합니다. 왜냐하면 그들은 악들을 선들이라고 부르고, 거기에서 파생된 거짓들을 그들은 진리들이라고 하기 때문입니다. 이런 자들은 자기사랑에 빠져 있지만, 그럼에도 불구하고 성언을 믿는 그런 부류의 예배에 있습니다. 왜냐하면 그들은 성언의 문자의 뜻을 그들이 생각하고, 행하는 것을 지지, 선호하는 모든 것들에 적용하기 때문이고, 따라서 자기 자신에 속한 예배의 지지, 선호하는 것에 활용하기 때문입니다.

10504. 그러나 이제 주께서 그들의 죄를 용서하여 주십시오(=지금이라도 주께서 그들의 죄를 용서하시기를 원합니다).

그럼에도 불구하고 이 말씀이 신령존재로부터 이 외면이 숨겨지지 않을 것이라는 것을 뜻한다는 것은, 신령존재에게서 외면하는 것을 가리키는 "죄"의 뜻에서(10498·10502항 참조), 그리고 그들의 외적인 것들로 말미암은 상승이나, 따라서 천계와의 교류에서 빗어진 것으로 말미암은, 성언에 속한 내적인 것들이 숨겨지지 않는다는 것을 가리키는, 그리고 교회에 속한 내적인 것들이나, 예배에 속한 내적인 것들이 숨겨지지 않는다는 것을 가리키는 "용서한다"(容恕·forgiving)는 말의 뜻에서 잘 알 수 있습니다. 왜냐하면 그럼에도 불구하고 이런 교류나 내통이 일어나게 되면, 그리고 이런 외면에 대하여 주의하지 않게 될 때, 그것에 주의, 관심을 두지 않는 것을 가리켜 "용서된다"고 언급되기 때문입니다.

10505. 그렇게 하지 않으시려면, 주께서 기록하신 책에서 저의 이름을 지워 주십시오(=만일 그렇게 하지 않으시려거든 간구하오니, 주께서 기록하신 주의 책에서 나를 지워 버리십시오).

이 말씀이 성언의 내적인 것이나, 또는 교회나 예배에 속한 내적인 것이 멸망하지 않을 것이다는 것을 뜻한다는 것은, 성언·교회·예배의 내적인 것을 가리키는, 이런 말을 한 모세의 표징에서(10468항 참조), 그리고 거기에 있는 주님에게서 비롯된 것을 가리키는, "주께서 기록한 책"이라는 말의 뜻에서 잘 알 수 있습니다. 왜냐하면 "책"(the book)은 내적인 것 안에 있는 것을 뜻하기 때문이고, 그리고 "기록한다"(=쓴다·writing)는 말은, 그 말이 여호와에 관해서 언급할 경우, 다시 말하면 주님에 관해서 언급할 경우, 거기에 있는 주님에게서 비롯된 것을 가리키기 때문입니다. 그리고 멸망하는 것을 가리키는, 그러나 여기서는 멸망하지 않는 것을 가리키는 "그것에서 없앤다"(=지운다)는 말의 뜻에서 잘 알 수 있습니다. 그 이유는 "주님에게 거슬러 죄를 지은 자가, 나의 책(=주님의 책)에서 내가 그를 지우겠다"라고 대답한 것이기 때문인데, 그 말은 성언・교회・예배에 속한 내적인 것은 멸망하지 않을 것을 뜻하기 때문입니다. 그러나 신령존재에게서 외면한 자들은 멸망할 것이기 때문이고, 따라서 내적인 것이 결여된 외적인 것들 안에 있는 자들은 멸망할 것이기 때문입니다.

[2] 아래의 구절에서 "나의 책"(My book), 즉 여호와의 책이라고, 그리고 어떤 곳에서는 "생명 책"(=생명의 책・the book of life)이라고 불리운, 여호와(=주)께서 쓰신 책은 사람의 내적인 것이 천계에 있는, 따라서 주님이 계시는 곳인 천계에 있기 때문입니다. 결과적으로 사람의 내적인 것 안에 있는 것들은, 신령 천적인 것들이나 신령 영적인 것들을 가리키는 것들은 주님으로부터 천계를 통해서 온 것들이기 때문입니다. 이런 것들은 모두 사람의 내적인 것에 의하여 영접, 수용될 수 있지만, 그러나 내적인 것에서 분리된 외적인 것에 의해서는 영접, 수용될 수 없습니다. 그 이유는, 외적인 것은 이 세상에 있고, 그리고 이 세상에 있는 자연적인 것들을 수용하기 위하여 형성되었기 때문입니다. 그리고 내적인 것을 통한 입류가 없는 것은 천계적인 생명을 전혀 가지고 있지 않는 것이고 결과적으로는 죽은 것(屍體・dead)이라고 하기 때문입니다.

[3] 이상의 모든 것에서 볼 때, 성경말씀에서 "생명 책"(=생명의 책・the book of life)이 뜻하는 것이 무엇인지, "이 책에 기록 되었다"고 언급된 그들이 누구인지, 다시 말하면 진리의 생명이나 선의 생명 안에 있는 자들을 뜻한다는 것, 따라서 사랑과 믿음으로 말미암아 신령계명들을 행하는 자들을 뜻한다는 것 등등은 아주 잘 알 수 있겠습니다. 왜냐하면 이런 계명들에 일치하는 삶(=생명)은 속사람을 열고, 그리고 그 사람을 완성하기 때문입니다. 그리고 그것 안에 기록된 것은, 주님에 의하여 기록된 것으

로, 영원히 남아 있기 때문입니다. 이러한 내용이 아래 장절들에서, "생명의 책에 기록된 자들"이 뜻하는 것입니다.

> 그러나 그 때에 그 책에 기록된 너의 백성은 모두 피하게 될 것이다.
> (다니엘 12 : 1)
> 이기는 사람은 이와 같이 흰 옷을 입을 것인데, 나는 그의 이름을 생명책에서 지워 버리지 않을 것이다.
> (묵시록 3 : 5)
> 다만 어린 양의 생명책에 기록되어 있는 사람들만이 들어갈 수 있습니다.
> (묵시록 21 : 27)
> 나는 또…… 책들을 펴놓고, 또 다른 책 하나를 펴놓았는데, 그것은 생명의 책이었습니다. 죽은 사람들은 그 책에 기록되어 있는 대로, 자기들의 행위대로 심판을 받았습니다.…… 이 생명책에 기록되어 있지 않은 사람은 누구나 다 이 불바다에 던져졌습니다.
> (묵시록 20 : 12, 15)
> 그러므로 땅 위에 사는 사람 가운데서, 죽임을 당한 어린 양의 생명책에 창세 때부터 이름이 기록되어 있지 않은 사람은, 모두 그에게 경배할 것입니다.
> (묵시록 13 : 8 ; 17 : 8)

이 밖에도 여러 장절들이 있습니다.

[4] 여기서 잘 알 수 있는 것은, 속사람 안에 기록된 모든 것들은 주님에 의하여 기록되었다는 것이고, 거기에 기록된 것들은 사람의 진정한 영적인 생명이나, 천적인 생명을 이룬다는 것이고, 그리고 거기에 기록된, 개별적인 것들이나 전체적인 것들은 사랑 위에 기록되었다는 것입니다(2474 · 8620 · 9386항 참조).

10506. 주께서 모세에게 말씀하셨다. "누구든지 나에게 죄를 지으면, 나는 오직 그 사람만을 나의 책에서 지운다."

이 말씀이 대답을 뜻하는데, 즉, 신령존재로부터 자기 자신들을 외면시킨 자들은 멸망할 것이다는 대답을 뜻한다는 것은 대답을 가리키는 "여호와께서 모세에게 말씀하셨다"는 말의 뜻에서, 그리고 신령존재로부터 자기 자신을 외면시키는 것을 가리키는 "여호와에게 죄를 짓는다"는 말의 뜻에서(10498항 참조), 천계에서 보이지 않는 것을 가리키는, 따라서 영적인 생명에 대해서 소멸하는 것을 가리키는, "여호와의 책에서 지운다"는 말의 뜻에서 잘 알 수 있겠습니다. "여호와의 책(=나의 책)에서 지운다"는 말이 이런 것을 뜻한다는 것은 내적인 것에서 분리된 외적인 것들 안에 있는 자들은 천계로부터 어떤 것도 받을 수 없기 때문입니다. 왜냐하면 천계로부터 영접, 수용하는 것은 내적인 것이고, 그리고 내적인 것이 결여된 외적인 것은 지옥 이외의 다른 근원에서 받을 수 없기 때문입니다. 사람에게 있는 천계가 그의 내면적인 것 안에 있다는 것, 그리고 그 내면적인 것이 생명의 책(the book of life)이라는 것, 그리고 내면적인 것 안에 있는 것은 주님에게서부터 천계를 통해서 온다는 것 등등은 바로 위 항에서 잘 볼 수 있습니다(10505항 참조).

10507. 이제 너는 가서, 내가 너에게 말한 곳으로 백성을 인도하여라.

이 말씀은 이 민족이 그 교회를 표징한다는 것, 그리고 그 교회는 그 안에 있지 않다는 것을 뜻한다는 것은 거기에 한 교회가 있게 하는 것을 가리키는 "가나안 땅으로 백성을 인도한다"는 말의 뜻에서 잘 알 수 있겠습니다. 왜냐하면 "가나안 땅"은 교회를 뜻하기 때문이고, 그리고 영적인 뜻으로 "백성을 그 땅으로 인도한다"는 말은 그들 가운데 교회를 세우는 것을 뜻하기 때문입니다. 왜냐하면 그 민족은, 하나의 교회가 되기 위하여, 그 땅에 인도되었기 때문입니다. 그러나 여기서 그것은 단지 그것을 표징하는 것을 뜻합니다. 그 이유는 여기서 "그 땅으로 인도하여라"라고 하지 않고, "그 곳으로 인도하여라"라고 언급되었기 때문입니다. 이스라엘 민족이나 유대 민족에게는 교회가 있지 않았고, 다만 교회의 표징만 있었다는 것은 4281 · 4288 · 4311 · 4500 · 4899 · 4912 · 6304 · 7048 · 9320항을 참조하시고, 그리고 "가나안 땅"이 교회를 뜻한다는 것은 3686 · 3705 · 4447 · 5136 · 6516항을 참조하시고, 그리고 결과적으로 성경에서 "땅"(=토지 · land)이나 "땅"(=토양 · 흙 · earth)이 교회를 뜻한다는 것은 9325항의 인용내용을 참조하십시오.

10508. 보아라, 나의 천사가 너를 인도할 것이다(=보라, 내 천사가 네 앞에 가리라).

이 말씀이, 그럼에도 불구하고 신령진리가 인도할 것이라는 것을 뜻한다는 것은 최고의 뜻으로 신령인성(=신령인간 · the Divine Human)의 측면에서 주님을 가리키는 "여호와의 천사"(=나의 천사 · the angel of Jehovah)의 뜻에서, 그리고 상대적인 뜻으로는 천계에 있는 천사에게 있는 주님의 신성(神性)을 가리키는 "여호와의 천사"의 뜻에서(1925 · 2821 · 4085 · 6831 · 9303항 참조) 잘 알 수 있습니다. 그리고 결과적으로는 그것은 신령진리를 뜻합니다(8192항 참조). 그리고 인도하는 것을 가리키는 "네 앞에 간다"는 말의 뜻에서 잘 알 수 있습니다.

10509. 그럼에도 내가 감찰하시는 날에는 내가 그들의 죄에 대하여 그들을 감찰하리라(=기억하여라. 때가 되면, 내가 그들에게 반드시 죄를 묻겠다).

이 말씀은 그 때가 심판을 가리키는, 개별적이든 전체적이든, 그들의 마지막 상태를 뜻한다는 것은 개별적으로나 또는 전체적으로 교회의 마지막 상태를 가리키는 "방문의 날"(=재난의 날 · 감찰하는 날 · the day of visitation)의 뜻에서(2242 · 6588항 참조), 그리고 심판당하는 것이나, 정죄되는 것을 가리키는 "죄를 감찰한다"(=죄를 벌한다 · visiting sin)는 말의 뜻에서 잘 알 수 있습니다.

여기서 "개별적으로나, 전체적으로나"라고 언급하였는데, 그 이유는 모두에게 방문의 날(=재난의 날)은, 따라서 개별적으로는 그가 죽는 때를 가리키는, 그 사람이 저 세상에 들어오는 때를 가리키기 때문이고, 일반적으로 교회에 대해서는 그 교회가 존재하는 것을 멈추는 때이기 때문입니다. 그 때 모든 것은 그들의 성질(=성품)에 대하여 조사되고, 분리, 분열되는데, 온갖 악들 안에 빠져있는 자들은 지옥으로 던져지고, 온갖 선들 안에 있는 자들은 천계로 올리워집니다. 그러나 이러한 일은 이 세상에서 행해지는 것이 아니고, 저 세상에서 실행, 완수됩니다. 그러나 그 조사나 탐구가 어떻게 완성되는지, 그리고 어떻게 분리, 분열되고, 영벌이나 지옥에 던져지는 일이나, 그리고 천계에 올리워지는 일이 어떻게 행해지는지는 주님의 신령자비로 적절한 것에서 설명하겠습니다.

10510. 주께서 이 백성에 재앙을 내리셨다(=여호와께서 백성에게 재앙을 내리셨다 · 치셨다).

이 말씀이 이스라엘 민족에게 있었던, 진리의 황폐나 선의 황폐(=파멸 · devastation)를 뜻한다는 것은 파괴하는 것을 가리키는 "친다"(=때린다 · smiting)는 말의 뜻에서(6761항 참조), 그리고 영적인 뜻으로 "파괴한다"(to destroy)는 말은 믿음이나 사랑에 속한 진리들이나 선들의 어떤 것을 박탈하고 빼앗는 것을 뜻합니다. 성경에서 그런 일을 "황폐화"(=황폐시키는 것 · desolation)나 폐허(vastation)라고 하였습니다. 여기서 "치는 일"이 황폐화나 폐허를 뜻하는 이유는 우리의 본문장에서 다루어지는 주제가 이스라엘 민족에게 있는 내적인 것의 마감(終結)이기 때문입니다. 그리고 내적인 것의 마감(=끝맺음)은 진리나 선의 황폐화를 가리키기 때문입니다.

10511. 그들이 그 수송아지를 만들었기 때문이다(=(아론이 만든) 수송아지를 그들이 만들었기 때문이다).

이 말씀이 지옥적인 사랑에서 비롯된 예배 때문인 것을 뜻한다는 것은, 자기 사랑의 쾌락을 가리키는 "수송아지"의 뜻에서(10407항 참조), 결과적으로는 "수송아지를 만드는 것"은 자기사랑의 쾌락에서 비롯된 예배를 뜻하고, 같은 말이지만 이 사랑에서 비롯된 예배를 뜻합니다. 이 사랑, 즉 자기사랑이 지옥적인 사랑(=애욕)이라는 것은 자주자주 언급, 입증되었습니다. "수송아지를 만드는 것"이 예배를 뜻한다는 것은, "그것을 만드는 것"이 우리의 본문장 4-6절에서 그것의 경배나 예배에 관해서 언급된 모든 내용을 뜻하고 있기 때문입니다.

10512. 아론이 만든 그것(=수송아지)**을 그들이 만들었다.** 이 말씀이 이러한 것이 오직 그들이 애지중지했던 외적인 것들에게서 왔다는 것을 뜻한다는 것은 성언의 외적인 것을, 그리고 교회나 예배의 외적인 것을 가리키는 아론의 표징에서(10397·10468·10480항 참조) 잘 알 수 있습니다. 그리고 오직 외적인 것만이 애지중지될 때, 그 때 외적인 것을 가리켜 "그것을 만들었다"라고 언급되지만, 그러나 그것은 오직 외적인 것들만을 애지중지한 그 민족을 뜻합니다.

별들의 창공에 보여진 셋째 지구에 관한 속편[8]

10513. 그 지구의 영들 앞에 장엄한 궁전들이 보여졌고, 그런 일이 있은 뒤, 동일한 궁전들이 우리의 지구에 있었는데 거기에는 왕들이나 대신들이 살았습니다. 왜냐하면 이런 부류의 것들이 영들 앞에 드러나 보였기 때문이고, 그리고 그런 광경이 드러났을 때 그들은, 마치 그들이 사실인양 꼭같이 보였기 때문입니다. 그러나 그 지구에서 온 영들은, 결코 어림잡아서가 아니고, 그들을 대리석 초상(肖像)들이라고 하면서, 그것들을 신봉(信奉)하였습니

다. 그들이 우리에게 그들에게서 그것들은 매우 장엄한 것이지만, 그러나 이것들은 돌로 만든 것이 아니고, 나무로 만든 그들의 거룩한 전당들(=대사원)이라고 말하였습니다. 이것들이 역시 이 세상적인 것들이라고 그들에게 일러졌을 때, 그들은, 그것들이 이 세상적인 것이 아니고, 천계적인 것이라고 대답하였습니다. 그 이유는, 그들이 그것들을 보았을 때 그들은 죽은 뒤 천계에 있는 동일한 것을 볼 것이라고 믿고 있기 때문에, 천계적인 개념을 제외하면, 그들이 이 세상적인 개념을 가지고 있지 않기 때문입니다.

10514. 그들이 또한 우리 지구의 영들 앞에 그들의 대사원(大寺院)을 드러내 보여 주면서, 그들은 그들이 이것 이상 그 어떤 장엄한 것을 보지 못하였다고 말하였습니다. 그것들은 역시 나에게도 보여졌는데, 그것들의 건축방법은 결과적으로 꼭같이 보였습니다. 그것들은, 원산지에서 성장한 것으로 다듬지 않은 나무들로, 지어졌습니다. 그들은, 그 지구에는 매우매우 크게 높게 자란 나무들이 있다고 말하였습니다. 이것들을 그들은 그것들이 어렸을 때, 그것들이 주랑(柱廊)들이나 산림구역(山林區域 · arboreal walks)으로 봉사하기 위하여 줄지어 심고, 그것들의 가지들이 연약하게 자라는 동안, 그것들은 다른 것들과 서로 휘감고, 그리고 서로 결합하기 위하여 자르고, 전지(剪枝)하는 방법으로 그것들이 적응하고, 그것들을 준비하게 합니다. 그것은 건축하려는 대사원의 토대(土臺)나 마루를 형성하기 위한 것입니다. 그리고 양쪽에 있는 다른 가지들은 벽면들로 종사하기 위하여 위로 자라게 하고, 그리고 또 다른 가지들은 지붕을 형성하기 위하여 위에 아취모양으로 휩니다. 이런 식으로 그들은 아주 놀라운 기술로, 땅에서 아주 높이 대사원을 건축합니다. 그것들이 역시 계속 이어지는 가지들에 의하여 그것에의 올림이 준비되고, 그리고 뻗어나가, 서로서로 견고(堅固)하게 연결됩니다. 더욱이 그들이 이 대사원을 다종다양한 방법으로 그 안팎을 장식하였는데, 그것은 형체들로 형성하기 위하

여 나뭇잎들을 붙들어 매는 것입니다. 그래서 그들은 완전한 수목(樹木)으로 대사원을 건축하였습니다. 그러나 나에게는 이들 사원들의 내면적인 것들의 성질이나 본질을 아는 것이 허락되지는 않았습니다. 그러나 제외된 것은, 그들의 태양의 빛은 가지들의 열린 공간들을 통해서 들어왔다는 것, 그리고 수정체들을 통해서 모든 곳에서 변화되었는데, 그것에 의하여 주위의 모든 빛들은 무지개의 빛깔들처럼 벽들을 물들게 하였고, 특히나도 푸른색과 오렌지 색깔이 더 심하였는데, 그것은 다른 색깔에 비하여 더 사랑하였기 때문입니다. 이런 사실들이 그들의 건축술의 본질이라는 것인데, 그들은 그것을 우리 지구의 장엄한 궁전들에 채택하였습니다. 그것은 역시 우리 지구의 영들에 의하여 존경받고, 찬양받았습니다.

10515. 그들 주민들은 높은 곳들에 살지 않고, 땅 바닥의 오두막들에서 산다는 것도 언급하였는데, 그 이유는 높은 곳들은 천계에 계시는 주님을 위한 것이고, 낮은 곳들은 이 땅에 사는 자들을 위한 것이라고 하였습니다. 그들의 오두막들이 내게 역시 보여졌습니다. 그것들은 직사각형이었는데, 그 안은 길다란 벽들이 있고, 그리고 그들이 누울 수 있는 계속 이어지는 긴 의자(bench)가 하나에 뒤이어져 다른 것이 있었습니다. 입구 반대쪽은 원형(圓形)이었는데, 거기에는 책상이 있고, 그 뒤쪽에는 벽난로가 있었습니다. 그 벽난로는 온 방을 밝게 하였습니다. 그러나 이 벽난로에서는 타는 불꽃이 전혀 없었지만, 그러나 벽난로의 불꽃이 하듯이, 그것 자체에서 많은 빛이 발산(發散)하는 발광체 나무(luminous wood)가 있었습니다. 그들은, 저녁에는 마치 그것들 안에 타고 있는 숯들이 있는 것처럼 이런 땔 나무들이 보인다고, 말하였습니다.

10516. 그들은 사회를 이루고 살지 않고, 각각 한 집안씩 세대별로 산다는 것도 말하였습니다. 그리고 그들은 그들이 예배를 위하여 함께 모일 때 여럿이 있다는 것도 말하였고, 그 때 가르치는

자들은 주랑(柱廊)에 있는 그 대사원 아래를 걷는다고 하였고, 그리고 나머지 양쪽에서나 이런 모임들에서 대사원의 광경이나 그 안에서 예배로부터 그들은 내면적인 즐거움을 갖는다는 것도 말하였습니다.

10517. 이밖에도 정직하고 성실하다고 할 만큼 그들은 청렴, 강직하였습니다. 그들은 그 어떤 양심 따위 없이 다른 자들을 해하는 짓도 합니다. 그들은, 육신적인 것들이나 이 세상적인 것들에 관해서 생각하는 자들에게 가까이 갔을 때 즉시 그들은 불안해하지만, 그러나, 천계적인 것들에 관해서 생각하는 자들에 가까이 다가가게 되면 그들은 기쁘고 즐겁게 됩니다. 정반대되는 성품의 이런 자들 때문에, 내 주위에 있는 우리 지구의 영들에 의하여 그들 안에 분노가 자극되었다는 것도 명확하게 지각되었습니다. 왜냐하면 우리 지구의 영들은 천계적인 것들에 관해서는 거의 생각하지 않고, 육신적인 것들이나 이 세상적인 것들을 주로 생각하기 때문입니다. 그들이 천계적인 것들에 관해서 생각할 때 그들은 진리들에 관해서 생각하지만, 선들에 관해서는 생각하지 않습니다. 이에 반하여 그 지구에서 온 영들은 선들에 관해서 생각하지만, 진리들에 관해서는 별로 생각하지 않습니다. 이렇게 볼 때, 그 지구의 주민들은 나무들의 농원을 사랑하고, 그리고 나무들로 지은 그들의 성스러운 대사원은 애지중지한다는 것을 잘 알 수 있겠습니다. 그리고 그들은 돌로 만든 작품들이나 돌로 지은 집에 대해서는 반감(反感)을 지니고 있었습니다. 왜냐하면 대응에서 볼 때 나무들이나 재목은 선을 뜻하지만, 이에 반하여 돌들이나 돌로 지은 집은 진리들을 뜻하기 때문입니다(3720항 참조). 더욱이 비록 이 세상에 사는 동안 이런 사실을 알지 못한다고 해도 자기 자신의 내면적인 정동에 대응하는 것들을 사랑하는 것이 그 사람이기 때문입니다.

10518. 별들의 창공의 네번째 지구와 그것의 영들이나 주민들

에 관한 것은 다음 장의 말미에 기술되겠습니다.

제 33장 서문 : 인애와 믿음의 교리에 관하여(11)

10519. 성만찬(聖晩餐 · the Holy Supper)은, 그것에 의하여 천계와 교회가 결합하기 위하여, 따라서 주님과 결합하기 위하여 주님에 의하여 제정(制定)되었습니다. 그러므로 그것은 교회에 속한 가장 거룩한 것입니다.

10520. 그것에 의하여 어떤 식으로 결합이 이루어졌는지는, 성언의 속뜻이나, 영적인 뜻에 속한 것을 알지 못하는 자들에 의해서는 파악, 이해되지 않습니다. 왜냐하면 문자의 뜻을 가리키는 성언의 겉뜻 너머에 있는 뜻을 그들은 생각하지 않기 때문입니다. 성언의 속뜻이나 영적인 뜻에서, "몸"(body)이나 "피"(blood)가 뜻하는 것이 무엇인지, 그리고 "빵"이나 "포도주"가 뜻하는 것이 무엇인지, 그리고 그것을 "먹는다"는 말이 무엇을 뜻하는지 알아야 합니다.

10521. 이 뜻에서 주님의 "몸"이나 "살"은, 그리고 "빵"은 사랑의 선을 뜻하고, 주님의 "피"나, 마찬가지로 "포도주"는 믿음의 선을 뜻하고, 그리고 "먹는다"는 것은 전유(專有)나 결합(結合)을 뜻합니다. 사람이 성만찬의 성례전(聖禮典)에 참여하였을 때, 그 사람과 함께 하는 천사들은 이것 이외의 다른 것들을 지각하지 않습니다. 왜냐하면 그들은 모든 것들을 영적으로 이해하고, 감지(感知)하기 때문입니다. 이상에서 볼 때, 그 때 그것은 천사들로부터 사람에게 입류한다는 것, 따라서 주님으로부터 천계를 통하여 사랑에 속한 거룩한 지각(a holy feeling)이나 믿음에 속한

거룩한 지각이 사람에게 입류한다고 하겠습니다. 결합도 이것에서 비롯됩니다.

10522. 이상에서 볼 때 명확한 사실은, 사람이, 몸(body)을 가리키는 빵을 취하였을 때, 그 사람은 주님에게서 비롯된 주님사랑에 속한 선을 통하여 주님과 결합한다는 것이고, 그리고 그 사람이 피를 가리키는 포도주를 취하였을 때, 그 사람은 주님에게서 비롯된 주님을 믿는 믿음에 속한 선을 통하여 주님과 결합한다는 것입니다. 그러나 밝히 주지하여야 할 것은, 성만찬의 성례전을 통한 주님과의 결합은, 주님에게서 비롯된 주님사랑에 속한 선이나 주님을 믿는 믿음에 속한 선 안에 있는 자들에게만 오직 이루어진다는 것입니다. 성만찬은 이 결합의 확증(確證 · seal)입니다.

제 33장 본 문(33장 1-23절)

1 주께서 모세에게 말씀하셨다. "너는 가서, 네가 이집트 땅에서 데리고 올라온 이 백성을 이끌고 여기를 떠나서, 내가 아브라함과 이삭과 야곱에게 맹세하고 그들의 자손에게 주겠다고 약속한, 그 땅으로 올라가거라.
2 내가 한 천사를 보낼 터이니, 그가 너를 인도할 것이다. 나는 가나안 사람과 아모리 사람과 헷 사람과 브리스 사람과 히위 사람과 여부스 사람을 쫓아내겠다.
3 너희는 이제 곧 젖과 꿀이 흐르는 땅으로 들어간다. 그러나 나는 너희와 함께 올라가지 않겠다. 너희는 고집이 센 백성이므로, 내가 너희와 함께 가다가는 너희를 없애 버릴지도 모르기 때문이다."

4 백성은 이렇듯 참담한 말씀을 전해 듣고 통곡하였다. 그리고
그들은 아무도 장식품을 몸에 걸치지 않았다.
5 주께서 모세에게 말씀하셨다. "이스라엘 자손에게 전하여라.
너희는 고집이 센 백성이다. 내가 한 순간이라도 너희와 함께 올
라가다가는, 내가 너희를 아주 없애 버릴지도 모른다. 그러니 이
제 너희는, 너희 몸에서 장식품을 떼어 버려라. 내가 너희에게
어떻게 해야 할지를 이제 결정하겠다."

6 이스라엘 자손은, 호렙 산을 떠난 뒤로는 장식품을 달지 않
았다.
7 이스라엘 백성이 진을 칠 때마다, 모세는 장막을 거두어 가
지고 진 바깥으로 나가, 진에서 멀리 떨어진 곳에 그것을 치곤
하였다. 모세는 그 장막을, 주와 만나는 곳이라고 하여, 회막이
라고 하였다. 주를 찾을 일이 생기면, 누구든지 진 밖에 있는 이
회막으로 갔다.
8 모세가 그리로 나아갈 때면, 백성은 모두 일어나서 저마다
자기 장막 어귀에 서서, 모세가 장막으로 들어갈 때까지 그 뒤를
지켜보았다.
9 모세가 장막에 들어서면, 구름기둥이 내려와서 장막 어귀에
서고, 주께서 모세와 말씀하신다.
10 백성은 장막 어귀에 서 있는 구름기둥을 보면, 모두 일어섰
다. 그리고는, 저마다 자기 장막 어귀에서 엎드려 주를 경배하였
다.
11 주께서는, 마치 사람이 자기 친구에게 말하듯이, 모세와 얼
굴을 마주하고 말씀하셨다. 모세가 진으로 돌아가도, 눈의 아들
이며 모세의 젊은 부관인 여호수아는 장막을 떠나지 않았다.
12 모세가 주께 아뢰었다. "보십시오, 주께서 저에게 이 백성을
저 땅으로 이끌고 올라가라고 말씀하셨습니다. 그러나 주께서 누

구를 저와 함께 보내실지는 저에게 일러주지 않으셨습니다. 주께
서는 저에게, 저를 이름으로 불러 주실 만큼 저를 잘 아시며, 저
에게 큰 은총을 베푸신다고 말씀하셨습니다.
13 그러시다면, 제가 주를 섬기며, 계속하여 주께 은총을 받을
수 있도록, 부디 저에게 주의 계획을 가르쳐 주십시오. 주께서
이 백성을 주의 백성으로 선택하셨음을 기억하시기 바랍니다."
14 주께서 대답하셨다. "내가 친히 너와 함께 가겠다. 그리하여
네가 안전하게 하겠다."
15 모세가 주께 아뢰었다. "주께서 친히 우리와 함께 가지 않
으시려면, 우리를 이 곳에서 떠나 올려 보내지 마십시오.
16 주께서 우리와 함께 가지 않으시면, 주께서 주의 백성이나
저를 좋아하신다는 것을 사람들이 어떻게 알 수 있겠습니까? 주
께서 우리와 함께 계시므로, 저 자신과 주의 백성이 땅 위에 있
는 모든 백성과 구별되는 것이 아닙니까?"
17 주께서 모세에게 말씀하셨다. "내가 너를 잘 알고, 또 너에
게 은총을 베풀어서, 네가 요청한 이 모든 것을 다 들어 주마."
18 그 때에, 모세가 "저에게 주의 영광을 보여 주십시오" 하고
간청하였다.
19 주께서 대답하셨다. "내가 나의 모든 영광을 네 앞으로 지
나가게 하고, 나의 거룩한 이름을 선포할 것이다. 나는 주다. 은
혜를 베풀고 싶은 사람에게 은혜를 베풀고, 불쌍히 여기고 싶은
사람을 불쌍히 여긴다."
20 주께서 다시 말씀하셨다. "그러나 내가 너에게 나의 얼굴은
보이지 않겠다. 나를 본 사람은 아무도 살 수 없기 때문이다."
21 주께서 말씀을 계속하셨다. "너는 나의 옆에 있는 한 곳, 그
바위 위에 서 있어라.
22 나의 영광이 지나갈 때에, 내가 너를 바위 틈에 집어 넣고,
내가 다 지나갈 때까지 너를 나의 손바닥으로 가리워 주겠다.

23 그 뒤에 내가 나의 손바닥을 거두리니, 네가 나의 등을 보게 될 것이다. 그러나 나의 얼굴은 볼 수 없을 것이다."

간추린 내용(33장 1-23절)

10523. 우리의 본문장에서 속뜻으로 다루는 주제는 계속 이어지는 이스라엘 민족입니다. 그러나 여기서는 예배에 관한 그것의 성질이고, 따라서 그 교회에 속한 것들에 대한 그것의 성질입니다. 1절부터 6절에 담고 있는 것은 이러합니다. 비록 그들이, 예배에 속한 외적인 것들이나 그 교회에 속한 외적인 것들을 가리키는, 표징들 안에 있을 수 있었지만, 그럼에도 불구하고 그들에게는 신령한 것은 있지 않습니다. 그 이유는 내적인 것이 없었기 때문입니다. 7절에서 17절까지에 담고 있는 것은 이러합니다. 예배 자체에서 본질적인 것에 관해서는, 거기에 신령한 것은 있을 수 있었습니다. 18절에서 23절에서는 그럼에도 불구하고 그들은 이런 것을 보지도 못하였고, 깨닫지도 못하였습니다.

상세한 영적인 뜻(33장 1-23절)

10524. 1-3절. **주께서 모세에게 말씀하셨다. "너는 가서, 네가 이집트 땅에서 데리고 올라온 이 백성을 이끌고 여기를 떠나서, 내가 아브라함과 이삭과 야곱에게 맹세하고 그들의 자손에게 주겠다고 약속한, 그 땅으로 올라가거라. 내가 한 천사를 보낼**

터이니, 그가 너를 인도할 것이다. 나는 가나안 사람과 아모리 사람과 헷 사람과 브리스 사람과 히위 사람과 여부스 사람을 쫓아내겠다. 너희는 이제 곧 젖과 꿀이 흐르는 땅으로 들어간다. 그러나 나는 너희와 함께 올라가지 않겠다. 너희는 고집이 센 백성이므로, 내가 너희와 함께 가다가는 너희를 없애 버릴지도 모르기 때문이다."

"주께서(=여호와께서) 모세에게 말씀하셨다"는 말씀은 이스라엘 민족에게 있는 예배의 성질과 교회의 성질에 관한 가르침(教育)을 뜻합니다. "너는 가서, 네가 이집트 땅에서 데리고 올라온 이 백성을 이끌고 여기를 떠나서 그 땅으로 올라가거라"는 말씀은 이 민족이 그 교회를 표징하지만, 거기에 결코 교회가 없을 것이라는 것, 그 이유는 그것이 외적인 것들로부터 올리워질 수 없기 때문이다는 것을 뜻합니다. "내가 아브라함과 이삭과 야곱에게 맹세하고, 그들의 자손에게 주겠다고 약속한 그 땅으로 올라가거라"는 말씀은 이 말씀이 사랑의 선과 믿음의 진리들 안에 있는 자들에게 주님으로 말미암아 약속되었다는 것을 뜻합니다. "내가 한 천사를 보낼 터이니, 그가 너를 인도할 것이다"(=내가 네 앞에 한 천사를 보낼 것이다)는 말씀은 교회와 그것의 예배가 비롯된 주님의 신성을 뜻합니다. "나는 가나안 사람과 아모리 사람과 헷 사람과 브리스 사람과 히위 사람과 여부스 사람을 좇아내겠다"는 말씀은 모든 악들이나 거짓들을 거기에서 쫓아내는 것을 뜻합니다. "너희는 이제 젖과 꿀이 흐르는 땅으로 들어간다"는 말씀은 믿음의 선이나 사랑의 선에서 비롯되는 즐거움과 기쁨을 뜻합니다. "그러나 나는 너희와 함께 올라가지 않겠다"(=나는 네 가운데 올라가지 아니할 것이다)는 말씀은, 그럼에도 불구하고 신령존재께서는 그 민족과 함께 있지 않는다는 것을 뜻하고, "너희는 고집이 센 백성이기 때문이다"(=이는 네가 목이 곧은 백성이기 때문이다)는 말씀은, 그들이 신령존재에게 비롯되는 어떤 입류도 영접, 수용하지 않다는 것을 뜻하고, "내가 너희와 함께 가다가는 너희를 없애 버릴지도 모르기 때문이다"(=혹 내가 도중에서 너희를 전멸할지도 모르기 때문이다)는 말씀은 만약에 신령한 무엇이 이 민족에게 유입하면 그것이 소멸할 것이다는 것을 뜻합니다.

10525. 주께서(=여호와께서) **모세에게 말씀하셨다.**
이 말씀이 이스라엘 민족에게 있는 예배의 성질이나 그 교회의 성질에 관한 가르침(教育)을 뜻한다는 것은, 여호와께서 말씀하실 때, 가르침을 가리키는 "말씀하신다"(speaking)는 말의 뜻에서 (10280항 참조), 잘 알 수 있습니다. 그 말씀이 이스라엘 민족에게 있는 예배나 교회의 성질에 관한 가르침을 뜻하는 이유는, 앞에서 간추린 내용에서 볼 수 있듯이(10523항 참조), 이것이 우리의 본문장에서 다루는 주제이기 때문입니다.

10526. "너는 가서, 네가 이집트 땅에서 데리고 올라온 이 백성을 이끌고 그 땅으로 여기를 떠나거라(=너와 이 백성은 여기서 떠나라).
이 말씀이 이 민족이 표징할 것이지만, 그러나 그것이 외적인 것들에게서 일어날 수 없기 때문에 거기에 교회가 결코 있지 않을 것이다는 것을 뜻한다는 교회가 제정, 설시되는 것을 가리키는 "그 땅으로 올라간다"는 말의 뜻에서, 왜냐하면 성경에서 "땅"(land)이나 "토지"(=대지 · earth)가 교회를 뜻하기 때문이고 (9325항 참조), "거기에 올라간다"는 말은 교회를 제정, 설시한다는 뜻에서, 잘 알 수 있습니다. 이런 이유 때문에 그들은 거기에 인도되었다, 또는 "올라갔다"고 언급되었습니다. 그러나 여기서 그것은 교회를 세우는 것을 뜻하지 않고, 오히려 그것을 표징하는 것을 뜻합니다. 그 이유는 그 민족이 내적인 것이 없는 외적인 것들 안에 있었기 때문이고, 사람에게 있는 교회는 그의 내적인 것 안에 있기 때문입니다. 이 경우, 그것은 한 교회를 세우는 것을 뜻하지 않고, 오히려 그 교회에 속한 것들을 표징하기 때문에, 그러므로 "가거라, 여기에서 네가 이집트 땅에서 데리고 올리온 그 백성과 함께 너는 여기서 떠나거라"라고 언급되었습니다. 따라서 그것은 주께서 하신 것이 아니라, 모세가 데리고 올라온 것입니다. 그리고 뒤이어지는 절에서는 "나는 너와 함께 올라가지 아니 하리니, 이는 네가 목이 곧은 백성이기 때문이다"라고 하였는데, 이 말씀은, 신령존재께서 그들과 함께 있으시지 않다는 것을 뜻하고, 그리고 신령존재께서 내적인 것 안에 영접, 수용되지 않은 곳을 뜻한다는 것, 그리고 거기에 교회가 있지 않고, 다만 교회의 표징을 가리키는 외적인 것만 있다는 것을 뜻합니다. 그리고 외적인 것들에서부터 내적인 것에 올리우는 것을 가리키는 "이집트 땅에서 데리고 나왔다"는 뜻에서, 그러나 여기서는 올리워진 것은 아닙니다. 그 이유는, 여호와께서 그렇게 하신 것이 아니라, 모세가 그들을 데리고 나왔다고 언급되었기 때문입니다. "이집트 땅에서 데리고 나왔다"는 말이 이런 것을 뜻한다는 것은 10421항을 참조하십시오. 이스라엘 민족에게 교회가 있지 않고, 다만 교회의 표징만 있었다는 것은 4281 · 4288 · 4311 · 4500 · 4899 · 4912 · 6304 · 7043 · 9320항을 참조하시고, 그리고 앞장의 여러 곳도 참조하십시오.

10527. 내가 아브라함과 이삭과 야곱에게 맹세하고 그들의 자손에게 주겠다고 약속한 (그 땅으로 올라가거라).

이 말씀이 주님으로 말미암아 사랑의 선이나, 믿음의 진리들 안에 있는 자들에게 약속된 것이라는 것을 뜻한다는 것은, 주께서 하실 때, 속사람 안에 있는 신령존재에 의한 확증(確證)을 가리키는, 따라서 또한 신령존재로 말미암은 약속을 가리키는 "맹세한다"(swearing)는 말의 뜻에서(2842 · 3375 · 9166항 참조), 잘 알 수 있습니다. 왜냐하면 신령존재에 의하여 약속된 것은 역시 확증된 것이기 때문입니다. 그리고 최고의 뜻으로는 신성 자체나, 신령인성에 대한 주님을 가리키는 아브라함 · 이삭 · 야곱의 표징에서, 그리고 상대적인 뜻에서는 천계와 교회를 가리키는 아브라함·이삭·야곱의 표징에서(3245·3251·3305·4615·6098·6185·6276·6804·10445항 참조), 그리고 주님에게서 비롯된 사랑의 선이나, 믿음의 진리들 안에 있는 자들을 가리키는, 그리고 추상적인 뜻으로는 사랑의 선이나 믿음의 진리들을 가리키는, 그들의 "자손"(=씨·seed)의 뜻에서(3373·10445항 참조) 잘 알 수 있습니다.

10528. 내가 한 천사를 보내겠다(=내가 천사를 네 앞에 보내겠다).

이 말씀이 교회와 교회의 예배가 비롯된 근원인 주님의 신성(神性·神靈存在)을 뜻한다는 것은 최고의 뜻으로는 신령인간의 측면에서 주님을 가리키는, 그리고 상대적인 뜻으로는 천사들과 함께 천계에 계시는 주님을 가리키는, 이것에 관해서는 아래에 언급하겠지만, 따라서 사람과 함께 교회에 계시는 주님을 가리키는 "한 천사"라는 말의 뜻에서, 그리고 준비하는 것을 가리키는 "네 앞에 보낸다"는 말의 뜻에서 잘 알 수 있습니다. 최고의 뜻으로 "천사"가 신령인성의 측면에서 주님을 뜻한다는 것은 1925·3039·6280·6831·9303항을 참조하시고, 상대적인 뜻으로 "천사"가 천사들과 함께 천계에 계시는 주님의 신성(=신령존재)을 뜻한다는 것은 1925·2821·4085·6831·8192항을 참조하십시오. 여기에서 뒤이어지는 것은, 역시 "천사"가, 그것을 영접, 수용한 사람들과 함께 있는, 주님의 신성(=신령존재)을 뜻한다는 것입니다. 왜냐하면 주님에게서 비롯된 주님사랑의 선 안에, 그리고 주님을 믿는 믿음의 진리들 안에 있는 사람들은 사후(死後)에 천사들이 되기 때문이고, 그렇게 하는 자들은 심지어 그들이 이 세상에 사는 동안에도 내적으로 천사들이기 때문입니다. 이렇게 볼 때 성경에서 세례 요한은 누가복음서에서 "천사"라고 불리웠습니다. 누가복음서의 말씀입니다.

이 사람에 대하여 성경에 기록하기를
'보아라,
내가 내 심부름꾼(=나의 천사)을 너보다 먼저 보낸다.
그가 네 앞에서 네 길을 닦을 것이다'
하였다.
(누가 7 : 27)

여기서 천사는 그와 함께 하는 주님의 신성(=신령존재)을 뜻한다는 것은 말라기서에서 명확합니다. 말라기서의 말씀입니다.

내가 나의 특사(=천사)를 보내겠다.
그가 나의 갈 길을 닦을 것이다.
너희가 오랫동안 기다린 주가,
문득 자기의 궁궐에 이를 것이다.
너희가 오랫동안 기다린,
그 언약의 특사가 이를 것이다.
(말라기 3 : 1)

여기서 "천사"가 주님의 신성(=신령존재 · the Divine of the Lord)을 뜻한다는 것은, 세례자 요한이 성언의 측면에서 주님을 표징하기 때문이고, 심지어 엘리야께서도 그런 측면에서 주님을 표징합니다. 그리고 성언은 주님에게서 비롯된 진리를 뜻하기 때문입니다. 엘리야가 성언을 표징한다는 것은 창세기 18장 서문에서 볼 수 있고, 그리고 2726 · 5247항에서 볼 수 있습니다. 그리고 세례자 요한 역시 그러하다는 것은 9372항에서 읽을 수 있습니다. 이에 반하여 최고의 뜻으로 "천사"가 신령인성의 측면에서 주님이시기 때문에, 그러므로 말라기서에서는 "주님께서 문득 자기의 궁궐에 이를 것이다, 그 언약의 특사(=천사)가 이를 것이다"

라고 언급되었습니다. 여기서 "궁궐"(the temple)은 주님의 신령 인성을 뜻하는데, 이것은 요한복음 2장 18-22에서 명확합니다. 그분께서 "주" 또는 "천사"(=특사)라고 불리운 이유는, 신령선으로 말미암아서는 "주"라고 불리웠고, 신령진리로 말미암아서는 "천사"라고 불리웠기 때문입니다. 성경에서 "여호와"가 주님 자신을 뜻하기 때문에, 그러므로 "내가, 그가 나의 갈 길을 닦기 위하여, 나의 특사(=천사)를 보낸다"라고 언급되었습니다. 이것은 여호와께서 하신 말씀입니다.

10529. 나는 가나안 사람과 아모리 사람과 헷 사람과 브리스 사람과 히위 사람과 여부스 사람을 좇아내겠다.
이 말씀이 거기에서의 모든 악들이나 거짓들의 쫓아냄(追放)을 뜻한다는 것은 그 교회의 악들이나 거짓들을 가리키는, 그리고 예배에 속한 악들이나 거짓들을 가리키는, 가나안 땅 안에 있는 그 민족들의 표징에서 잘 알 수 있습니다(9320 · 9327항 인용내용 참조). 그러나 그 민족들이 뜻하는 개별적인 악들이나 거짓들이 무엇인지는, 그 민족들이 다루어진 곳에서의 설명에서 볼 수 있는데, 가나안 사람에 관해서는 1573 · 1574 · 4818항을 참조하시고, 아모리 사람에 관해서는 1857 · 6306 · 6859항을 참조하시고, 헷 사람에 관해서는 2913 · 6858항을 참조하시고, 브리스 사람에 관해서는 1573 · 1574 · 6859항을 참조하시고, 히위 사람이나 여부스 사람에 관해서는 6860항을 참조하십시오.

10530. 너희는 이제 곧 젖과 꿀이 흐르는 땅으로 들어간다.
이 말씀이 믿음의 선이나 사랑의 선에서 비롯된 즐거운 것이나 기쁜 것을 뜻한다는 것은, 교회를 가리키는 "땅"(land)의 뜻에서(9325항 인용내용 참조), 그리고 믿음의 선인 영적인 선을 가리키는 "젖"(=우유 · milk)의 뜻에서(2184항 참조), 그리고 사랑의 선인 천적인 선을 가리키는 "꿀"(honey)의 뜻에서, 그리고 충분하고, 넉넉한 것을 가리키는 "흐른다"는 말의 뜻에서 잘 알 수 있습니다. “젖과 꿀이 흐르는 땅”이 이런 내용들을 뜻하고 있기 때문에, 그것이 곧 믿음의 선이나 사랑의 선에게서 비롯된 즐거움이나 기쁨을 뜻합니다(5620항 참조). 이런 것들에게서 비롯된 즐거운 것이나 기쁜 것이라고 언급되었는데, 그 이유는 천계적인 즐거움이나 기쁨 자체는 믿음의 선이나 사랑의 선 안에 있기 때문입니다. 왜냐하면 모든 선은 그것의 기쁨을 가지고 있기 때문이고, 그리고 사랑받는 것을 선이라고 불리우기 때문입니다. 그리고 모든 기쁨은 사랑에 속한 것이기 때문입니다. 천계적인 즐거움이나 영원한 행복이 뜻하는 것이 기쁨이라는 것은 진리에 속한 사랑이나 선에 속한 사랑 이외의 다른 근원에서 오지 않기 때문입니다. 이 기쁨이 이 세상에 있는 그 어떤 사랑의 기쁨에 비하여 월등한 것이라는 사실은 모든 기쁨들이 이 세상적이고, 육신적이고, 현세적인 것들 안에 존재하는 것으로 여기는 사람들에게는 전혀 알려지지 않고 있습니다.

10531. 그러나 나는 너희와 함께 올라가지 않겠다(=나는 너희 가운데 올라가지 아니하겠다).
이 말씀이 그럼에도 불구하고 신령존재께서 그 민족과 함께 하지 않는다는 것을 뜻한다는 것은, 이 말이 여호와에 의하여 언급되었을 때, 그 민족 자체 안에 계시지 않는 신령존재를 가리키는, “그 민족 가운데 올라가지 아니한다”(=함께 올라가지 않는다)는 말의 뜻에서 잘 알 수 있습니다. 따라서 거기에 교회가 결코 존재하지 않는다는 것을 뜻합니다. 왜냐하면 신령존재께서는 교회가 있는 곳에 계시기 때문입니다. 왜냐하면 “그 땅에 올라간다”는 말은 교회를 세우는 것을 뜻하기 때문입니다(10526항 참조). 그리고 “너희 가운데”(in the mist of thee)라는 말은 그것의 내적인 것 안에 있다는 것을 뜻합니다.

10532. 너희는 고집이 센 백성이기 때문이다(=이는 네가 목이 곧은 백성이다).

이 말씀은 그들이 신령존재에게서 비롯된 어떤 입류(入流)도 영접, 수용하지 않는다는 것을 뜻한다는 것은, 동일한 말씀이 나오는, 위에서 입증, 설명된 내용에서(10429항 참조) 잘 알 수 있습니다.

10533. **내가 너희와 함께 가다가는 너희를 없애 버릴지도 모르기 때문이다**(=혹시 내가 도중에 너를 진멸할까 함이다).
이 말씀이 만약에 신령한 것이 이 민족에게 입류하시면 그것이 소멸할 것이다는 것을 뜻한다는 것은 멸망이나 소멸을 가리키는 "없애 버린다"(=진멸한다)는 말의 뜻에서 잘 알 수 있습니다. 만약에 신령한 것이 그들에게 입류하면 그 민족이 멸망(=소멸)할 것이다는 것은 명확합니다. 왜냐하면 우리의 본문은 "혹시 내가 너희와 함께 가다가는 너희를 없애 버릴지도 모르기 때문이다" 라고 언급하였기 때문입니다. 여기의 경우는 이러합니다. 내적인 것이 결여된 외적인 것들 안에 있는 자들은, 따라서 자기사랑이나 세상사랑 안에 있는 자들은 신령한 어떤 것도 영접, 수용할 수 없기 때문입니다. 그러므로 그들에게서는 내적인 것은 닫혀진 채 지켜질 것이기 때문입니다. 만약에 내적인 것이 그들에게서 열린다면, 그리고 신령한 것이 유입된다면, 그것들은 전적으로 멸망할 것입니다. 왜냐하면 그들의 삶(=생명)은 자기사랑과 세상사랑에게서 오기 때문이고, 그리고 거기에는 변함없는 반대와 반항만 있고, 그리고 자기사랑이나 세상사랑과 천계적인 사랑들 사이에는 모순(矛盾)이나 불일치(不一致)가 있고, 천계적인 사랑은 신령한 것이기 때문입니다. 그러므로 그들의 생명은 신령한 것의 입류에 의하여 소멸할 것이기 때문입니다. 이스라엘 민족이 내적인 것이 결여된 외적인 것 안에 있다는 것, 따라서 자기사랑이나 세상사랑에 빠져 있다는 것은 자주 위에서 설명, 입증되었습니다.

10534. 4-6절. **백성은 이렇듯 참담한 말씀을 듣고 통곡하였**

다. 그리고 그들은 아무도 장식품을 몸에 걸치지 않았다. 주께서 모세에게 말씀하셨다. "이스라엘 자손에게 전하여라. 너희는 고집이 센 백성이다. 내가 한 순간이라도 너희와 함께 올라가다가는, 내가 너희를 아주 없애 버릴지도 모른다. 그러나 이제 너희는, 너희 몸에서 장식품을 떼어 버려라. 내가 너희에게 어떻게 해야 할지를 이제 결정하겠다." 이스라엘 자손은 호렙 산을 떠난 뒤로는 장식품을 달지 않았다.

"백성은 이렇듯 참담한 말씀을 듣고 통곡하였다"(=백성이 이 나쁜 소식을 듣고 슬퍼하였다)는 말씀은 다른 자들에게는 심한 것이 아니다는 그들의 슬픔이나 비통(悲痛)을 뜻합니다. "그들은 아무도 장식품을 몸에 걸치지 않았다"(=장신구를 다는 사람이 아무도 없었다)는 말씀은 그들의 외적인 것의 성질을 뜻하고, 그것은 신령한 것의 결여(=결핍・缺如・缺乏)을 뜻합니다. "주께서 모세에게 말씀하셨다"는 말씀은 가르침(敎育)을 뜻합니다. "이스라엘 자손에게 전하여라. 너희는 고집이 센 백성이다"라는 말씀은 그 민족이 신령존재에서 비롯되는 입류를 영접, 수용하지 않을 것이다는 것을 뜻하고, "내가 한 순간이라도 너희와 함께 올라가다가는, 내가 너희를 아주 없애 버릴지도 모른다"(=내가 잠깐 네 가운데 올라가서 너를 진멸할 것이다)는 말씀은 그들이, 만약에 그들에게 신령한 것이 유입된다면, 소멸할 것이다는 것을 뜻합니다. "그러니 이제 너희는, 너희 몸에서 장식품을 떼어 버려라"(=그러므로 이제 네 장신구들을 버려라)는 말씀은 그들의 외적인 것의 성품을 뜻하는데, 그것은 신령한 것이 결여된 것이라는 것을 뜻합니다. "내가 너희에게 어떻게 해야 할지를 이제 결정하겠다"(=그리하면 내가 너에게 무슨 일을 할 것인지를 알리리라)는 말씀은 이런 식으로 어떤 것이 그들에게 공표될 것이다는 것을 뜻합니다. "이스라엘 자손은 장식품을 달지 않았다"(=이스라엘 자손이 그들의 장신구를 떼어 내었다)는 말씀은 그들에게 있는 외적인 것들 안에 있는 신령진리의 박탈(剝奪)이나 상실(喪失)을 뜻하고, "호렙 산을 떠난 뒤로……"(=호렙 산 가까이서)라는 말씀은 예배에 속한 외적인 것들 안에, 그리고 교회나 성언의 외적인 것들 안에 있다는 것을 뜻합니다.

10535. **백성은 이렇듯 참담한 말씀을 듣고, 통곡하였다**(=백성이 이 나쁜 소식들을 듣고, 슬퍼하였다).

이 말씀이 다른 자들에게는 심한 것이 아니지만, 그들의 슬픔이나 비통함을 뜻한다는 것은 "나쁜 소식을 듣고, 슬퍼하였다"(=통곡하였다)는 말의 뜻에서 잘 알 수 있습니다. 이 말이 다른 자들에게는 심한 것이 아니지만, 슬픔이나 비통함을 뜻한다는 것은 그 민족에게 관해서 이미 설명된 내용에서, 다시 말하면 하나의 교회가 그들 가운데 세워질 것이다는 것을 주장하였지만, 그러나 그것은 그들이 온 세상에서 다른 민족에 비하여 월등하게 뛰어나다는 것을 위한 것이었습니다. 왜냐하면 그들은 다른 민족에 비하여 더욱 자기사랑에 빠져 있었고, 그리고 그들은, 그들에게 여호와께서 함께 하신다는 것이나, 따라서 교회가 있었다는 것 이외에 별달리 그들 위에 탁월한 상태에 오를 수 없었기 때문입니다. 왜냐하면 여호와께서 계시는 곳이면, 다시 말하면 주님이 계시는 곳이면 거기에 교회가 있기 때문입니다. 이것이 그들의 목적이었다는 것은 성경의 수많은 여러 장절에서 명확합니다. 예를 들면 우리의 본문장의 말씀입니다.

> (모세가 주께 아뢰었다.) "주께서 우리와 함께 가지 않으시면, 주께서 주의 백성이나 저를 좋아하신다는 것을, 사람들이 어떻게 알 수 있겠습니까? 주께서 우리와 함께 계시므로, 저 자신과 주의 백성이 땅 위에 있는 모든 백성과 구별되는 것이 아닙니까?"
> (출애굽 33 : 16)

이것은 선택에 의한 것이 아니고, 오히려 허용(許容·permission)에 의한 것이라는 것, 한 교회가 그들 가운데 세워졌다는 것, 그럼에도 불구하고 그 민족에게 교회가 있지 않고, 다만 한 교회의 표징만 있었다는 것 등등은 10396항의 인용내용을 참조하십시오.

10536. 그리고 그들은 아무도 장식품을 몸에 걸치지 않았다(=장신구를 다는 사람이 아무도 없었다).

이 말씀이 그들의 외적인 것의 성질을 뜻한다는 것, 그것은 신령한 것의 박탈(剝奪)이나 상실(喪失)을 뜻한다는 것은 외적인 것들 안에 있는 신령한 것을 가리키는 장신구(=장식품·裝身具·ornament)의 뜻에서 잘 알 수 있습니다. 따라서 "그의 장신구를 그 사람에게 달지 않았다"는 말씀은 외적인 것들 안에 있는 신령한 것들의 빼앗김을 뜻합니다. "장신구"(=장식품)가 이런 것을 뜻하는 이유는 장신구가 옷들과 관계를 가지고 있기 때문이고, 그리고 "옷들"(garments)이 일반적으로 신령진리들을 뜻하기 때문입니다. 일반적으로 "옷들"의 뜻이 이러하다는 것은, 거기에 있는 모두, 즉 천사들이나 영들이 옷들을 입고 나타나는 저 세상에 있는 표징에서 시작되었고, 그리고 그 옷들은 그의 진리와 일치하기 때문입니다. 순수한 신령진리들 안에 있는 자들은 흰색의 빛나는 옷들을 입고 나타나고, 다른 자들은 다른 옷들을 입고 나타납니다. 영들은 그들의 옷이 어디에서 오는지 알지 못하지만, 그러나 이것을 알지 못하지만 그들에게는 옷들이 입혀 있습니다. 더욱이 그들의 옷들은 진리들에 대한 그들의 상태의 변화에 일치하여 다종다양하게 바뀝니다. 한마디로 그것은, 그들의 옷들에 의하여, 보이고, 드러나기 위한 그들의 이해를 가리킵니다. 왜냐하면 각 사람의 이해는 진리들에 의하여 형성되기 때문이고, 그리고 그것은 그것이 형성된 근원을 가리키는 그런 부류의 진리들이기 때문입니다. 천계의 천사들에게서 그들의 이해는 그들의 내적인 것 안에 존재하고, 결과적으로 그들은 빛나는 흰색의 옷들을 입습니다. 그 빛남(the shining)은 신령선에서 말미암은 것이고, 흼(whiteness)은, 신령진리를 가리키는, 천계의 빛에서 오는 것입니다. 그러나 내적인 것이 결여된 외적인 것들 안에 있는 자들은 거무스름하고, 거무스럽게 변한 색깔을 드러냅니다. 이런 자들은 마치 길에서 걸식하는 거렁뱅이들 같고, 또는 숲 속의 강도들 같았습니다. 이상에서 볼 때 "장신구들"이 뜻하는 것이 무엇인지 잘 알 수 있겠습니다. 다시 말하면 교회의 거룩한 진리들을 뜻한다는 것, 결과적으로 우리의 본문 "그들의 장신구를 몸에 걸치지 않았다"는 말씀은 교회의 거룩한 진리들의 박탈이나 상실하는 것을 뜻합니다. 내적인 것이 결여된 외적인 것들 안에 있는 이스라엘 민족에게의 적용에서 그것은 신령존재에서 비롯된 진리들이 없는 외적인 것의 성품을 뜻합니다. "옷들"이 진리들을 뜻한다는 것은 2132 · 2576 · 4545 · 4763 · 5248 · 5319 · 5954 · 6378 · 6914 · 6917 · 6918 · 9093 · 9158 · 9212 · 9216 · 9814 · 9827 · 9952항을 참조하시고, 예를 들면 "아론이나 그의 아들들의 옷들"이 뜻하는 것은 교회의 거룩한 진리들을 뜻한다는 것은 아래의 단락에서 잘 볼 수 있습니다(10540항 참조).

10537. 주께서 모세에게 말씀하셨다.

이 말씀이 가르침(教育)을 뜻한다는 것은, 여호와께서 말씀하실 때, 가르침을 가리키는 "말한다"(saying)는 말의 뜻에서(10280항의 인용내용 참조), 잘 알 수 있습니다. 여기서는 신령진리가 그 민족에게 존재하지 않는다는 가르침인데, 그것은, 이것에 관해서는 아래에 언급하겠지만, "그들에게서 장신구를 떼어 버려라"는 말씀이 뜻합니다.

10538. 이스라엘 자손에게 전하여라. 너희는 고집이 센 백성이다.

이 말씀이 그 민족은 신령존재에게서 비롯되는 입류를 영접, 수용하지 않을 것이다는 것을 뜻한다는 것은, 동일한 말씀이 나오는, 위에 설명된 것에서(10429항 참조) 잘 알 수 있습니다.

10539. 내가 한 순간이라도 너희와 함께 올라가다가는, 내가 너희를 아주 없애 버릴지도 모른다.

이 말씀이 만약에 신령한 것이 그들에게 입류한다면, 그들이 멸망시킬 것이다는 것을 뜻한다는 것은, 꼭 같은 말이 나오는, 위의 설명에서(10531·10533항 참조) 잘 알 수 있습니다.

10540. 그러니 이제 너희는, 너희 몸에서 장식품(=장신구)**을 떼어 버려라.**

이 말씀이 그들의 외적인 것의 성품을 뜻한다는 것, 그리고 그것은 신령한 것이 박탈되었다는 것을 뜻한다는 것은, 다루고 있는 주제가 교회일 때, 거룩한 진리를 가리키는, 다시 말하면 외적인 것들 안에 있는 신령한 것을 가리키는(10536항 참조), "장식품"(=장신구)의 뜻에서, 그리고 떼어낸다, 벗기어 버린다는 것을 가리키는, 따라서 그것을 박탈하는 것을 가리키는 "그것을 그들에게서 떼어 버려라"는 말의 뜻에서 잘 알 수 있습니다. 외적인 것들 안에 있는 신령한 것, 다시 말하면 거룩한 진리는 "장신구"가 뜻한다는 것은 아래의 장절들에게서 명확합니다. 에스겔서의 말씀입니다.

수 놓은 옷을 네게 입혀 주었고, 물개 가죽신을 네게 신겨 주고, 모시로 네 몸을 감싸 주고, 비단으로 겉옷을 만들어 주었다. 내가 온갖 보물로 너를 장식하여, 두 팔에는 팔찌를 끼워 주고, 목에는 목걸이를 걸어 주고, 코에는 코걸이를 걸어 주고, 두 귀에는 귀고리를 달아 주고, 머리에는 화려한 면류관을 씌워 주었다. 이렇게 너는 금과 은으로 장식하고, 모시 옷과 비단 옷과 수 놓은 옷을 입었다. 또 너는, 고운 밀가루와 꿀과 기름으로 만든 음식을 먹어서, 아주 아름답게 되고, 마침내 왕비처럼 되었다. 네 아름다움 때문에 네 명성이 여러 이방 나라에 퍼져 나갔다. 내가 네게 베푼 화려함으로 네 아름다움이 완전하게 된 것이다.
(에스겔 16 : 10-14)

[2] 이 구절은 예루살렘에 관해서 언급한 것인데, 예루살렘은 주님에 의하여 홍수 뒤에 세워진 교회를 뜻하고, 그리고 그 교회는 이스라엘 교회나 유대 교회에 의하여 계승되었습니다. 그 후자 교회의 성질이 동일한 장에 기술되었습니다. 그러나 고대교회의 성질은 위의 장절에 의하여 기술되었고, 그것의 거룩한 진리들이 거기에 언급된 장신구들에 의하여 기술되었습니다. 그 교회에 속한 그런 것들이 몇몇 특별한 것들에 의하여 의미되고 있다는 것, 그리고 각각의 것은 어떤 특별한 것을 뜻한다는 것 등은 누구나 잘 알 수 있습니다. 그렇지 않다면 예루살렘의 이와 같은 기술은 무슨 목적이 되겠습니까?
[3] 그러나 교회에 속한 개별적인 것이 무엇인지는 오직 속뜻에서만 알 수 있습니다. 왜냐하면 이 속뜻은 영계에 있는 어떤 것이 각각의 개별적인 것에 대응한다는 것을 가르치고 있기 때문입니다. 그것으로 말미암아 "수 놓은 옷"이 기억적인 진리를 뜻한다는 것을 알 수 있습니다(9688항 참조). "고운 모시 옷"은 신령존재에게서 비롯된 총명적인 진리를 뜻한다는 것(5319·9469·9596·9744항 참조), "팔찌들"은 능력에 관한 진리들을 뜻한다는 것(3103·3105항 참조), "목걸이"는 입류에 관한 선에서 비롯된 진리를, 그리고 결과적으로는 내면적인 것들과 외면적인 것들의 결합을 뜻한다는 것(5320항 참조), "코걸이"는 지각에 관한 진리를 뜻한다는 것, 그리고 "귀고리들"은 복종에 관한 진리를 뜻한다는 것(4551·10402항 참조), "화려한 면류관"은 진리에 속한 선을 가리키는, 영적인 선을 뜻한다는 것, 그리고 "면류관"은 선을 뜻하기 때문이고(9930항 참조), 그리고 "화려하다"는 것은 영적인 것을 뜻하기(9815항 참조) 때문입니다. 그리고 "금과 은"은

일반적으로 선과 진리를 뜻하고(113 · 1551 · 1552 · 5658 · 6914 · 6917 · 9874항 참조), "고운 밀가루 · 꿀 · 기름"은 내적이나 외적인 진리들이나 선들을 뜻하고, "고운 밀가루"는 선에게서 비롯된 진리를 뜻하고(9995항 참조), "꿀"은 외적인 선을 뜻하고(10530항 참조), "기름"은 내적인 선을 뜻하고(886 · 4582 · 4638 · 9474 · 9780 · 10254 · 10261항 참조), "아름다움"은 선에서 비롯된 진리의 형체(=모습)를 뜻합니다(3080 · 3821 · 4985 · 5199항 참조). 이런 것들이 언급된 "예루살렘"이 교회를 뜻한다는 것은 402 · 2117 · 3654항을 참조하십시오. 이렇게 볼 때, "장신구"가 뜻하는 것이 무엇인지, 다시 말하면 복합적인 거룩한 진리를 뜻한다는 것은 명확합니다.
[4] 동일한 내용이 이사야서에 열거된 "시온의 딸들의 장신구들"이 뜻하고 있습니다. 이사야서의 말씀입니다.

그 날이 오면,
주께서는 여인들에게서,
발목 장식, 머리 망사, 반달 장식,
귀고리, 팔찌, 머리 쓰개,
머리 장식, 발찌,
허리띠, 향수병, 부적,
가락지, 코걸이,
고운 옷, 겉옷, 외투, 손지갑,
손거울, 모시 옷, 머리수건, 너울 들을
다 벗기실 것이다.
그들에게서는
향수 내음 대신에 썩는 냄새가 나고,
고운 허리띠를 띠던 허리에는
새끼줄이 감기고,
곱게 빗어 넘기던 머리는

다 빠져서 대머리가 되고,
고운 옷을 걸치던 몸에는 상복을 걸치고,
고운 얼굴 대신에
수치의 자국만 남을 것이다.
너를 따르던 남자들이 칼에 쓰러지며,
너를 따르던 용사들이
전쟁터에서 쓰러질 것이다.
(이사야 3 : 18-25)

여기서 문자의 뜻 너머를 생각하지 못하는 사람이나, 몸을 치장하기 위하여 언급된 시온의 딸들에게 있는 모든 그런 것들 이외의 다른 것을 알지 못하는 자들은 그 문자에 따라서 이해할 것입니다. 그리고 그 나라에 속한 남자들은 그들의 몸치장 때문에 멸망할 것이고, 그리고 결과적으로는 그들의 오만(傲慢)과 자만(自慢) 때문에 죽을 것이라는 것을 이해할 것입니다. 왜냐하면 "그들의 남자들은 칼에 쓰러지고, 전쟁터에서 쓰러질 것이다"고 언급되고 있기 때문입니다. 그러나 문자 위에 있는 어떤 것이 그들의 마음에서 일어나는 사람들은 단순히 이런 것들을 뜻하지 않는다는 것을 알 수 있을 것입니다.

[5] 성경의 다종다양한 구절에서 우리는 "시온의 딸들"이 시온의 딸들을 뜻하지 않고, 오히려 교회에 속한 그런 것들을 뜻한다는 것을 잘 알 수 있겠습니다. 이러한 것은 "예루살렘의 딸들"이나 "이스라엘의 딸들"이나, "유다의 딸들" 그리고 그밖의 다른 것도 마찬가지입니다. 이들이 교회나 그 교회에 속한 것들을 뜻한다는 것은 6729·9055항을 참조하십시오. 그러므로 "시온의 딸들"은 그것들이 교회나 그 교회에 속한 것들을 뜻하기 때문에, 뒤에 이어지는 것은, 여기서와 같이, 그들의 장신구들은 그 교회에 속한 진리들이나 선들을 뜻하고, 그리고 그 각각의 장신구들은 그 어떤 특별한 진리나 선을 뜻합니다. 왜냐하면 성경에는 뜻

이 없이 언급된 것은 아무것도 없기 때문이고, 심지어 하나의 음절가지도 그러하기 때문입니다.

[6] 그 교회가, 이런 것들이 뜻하는, 그것의 진리들이나 선들을 빼앗겼기 때문에, 그러므로 "향수 내음 대신에 썩는 냄새가 나고, 고운 허리띠 대신에 새끼줄이 감기고, 곱게 빗어 넘기던 머리 대신 대머리가 되고, 몸에 걸치던 고운 옷 대신에 상복을 걸치고, 고운 얼굴 대신에 수치의 자국만 남을 것이다"고 언급되었고, 그리고 "남자들이 칼에 쓰러지고, 용사들이 전쟁터에서 쓰러질 것이다"라고 언급되었습니다. 왜냐하면 "향수 내음"은 그것의 지각에 관한 신령진리를 뜻하고(10199 · 10291항 참조), "썩은 냄새"는 그것의 결여나 결핍을 뜻하고, "허리띠"는 그것들의 관계에서 진리들이 선들을 함께 묶는 결속(結束)을 뜻하고(9341 · 9828 · 9837항 참조), "허리띠 대신의 새끼줄"은 그것들의 분리(分離)나 분산(分散)을 뜻하고, "곱게 머리를 빗는 것"은 기억적인 진리를 뜻하고(2831항 참조), "대머리"는 진리에 속한 총명의 박탈이나 선에 속한 지혜의 박탈을 뜻하고(9960항 참조), 수치(=그을림 · 연소 · burning)는 자기사랑에 속한 악들에 의한 그들의 소멸(消滅)을 뜻하고(1297 · 2446 · 7852 · 9055 · 9141항 참조), "아름다움"(美)은 교회에 있는 선에서 비롯된 진리의 형체(=모습)이나 따라서 그것의 완벽함을 뜻하고(3080 · 3821 · 4985 · 5199항 참조), 그것에 의하여 "남자들이 쓰러지는 칼"은 진리나 선을 파괴하는 거짓을 뜻하고(2799 · 4499 · 6353 · 7102 · 8294항 참조), "전쟁터에서 쓰러질 용사들"은 악이나 거짓에 거스를 그 어떤 저항이 없다는 것을 뜻합니다. 왜냐하면 "전쟁"은 영적인 다툼들이나 싸움들을 뜻하고, 그리고 시험을 뜻하기 때문입니다(1659 · 1664 · 2686 · 8273 · 8295 · 10455항 참조). 이상에서 볼 때, "장신구"가 일반적으로 교회에 속한 신령진리를 뜻한다는 것은 명확합니다.

[7] 아래 장절에서도 "장신구"는 동일한 것을 뜻합니다. 사무엘

서의 말씀입니다.

이스라엘의 딸들아,
너희에게 울긋불긋 화려한 옷을 입혀 주고,
너희의 옷에 금장식을 달아 주던,
사울을 애도하며 울어라!
(사무엘 하 1 : 24)

이 말씀은 사울에 대한 다윗의 애도(哀悼)가 담겨 있는데, 그것은 같은 장의 18절에는 유다 사람들에게 '활의 노래'를 가르치라고 기술되었습니다. 거기서 "활"(bow)은 악에 속한 거짓에 대항하여 싸우는 진리의 교회를 뜻합니다(2686 · 2709 · 6422항 참조). 결과적으로 "이스라엘의 딸들"은 교회에 속한 진리의 정동을 뜻합니다(2362 · 3963 · 6729 · 6775 · 6788 · 8994항 참조). "울긋불긋 화려한 옷을 입혀 준다"는 말은 선에서 비롯된 교회에 속한 내면적인 진리들을 뜻하고(4922 · 9468항 참조), "옷에 금장식을 달아 준다"는 말은 진리들을 선으로 말미암아 아름답게 만드는 것을 뜻합니다. "금"이 선을 뜻한다는 것은 9874항의 인용내용을 참조하시고, "옷"이 일반적으로 진리를 뜻한다는 것은 10536항을 참조하십시오. 사울에 대한 다윗의 애도가 악에 속한 거짓에 대항하여 싸우는 진리의 교리에 관해서 다루고 있다는 것은, 여기서 "활"은 교리를 뜻한다는 것, 그리고 그 이유는 왕이나, 사울에게 속했던 왕권(王權)이 보호의 측면이나 심판(=공평)에 대한 신령진리를 뜻하기 때문입니다(1672 · 2015 · 2069 · 3009 · 4575 · 4581 · 4966 · 5044 · 5068 · 6148항 참조).

[8] 다른 곳에서도 "장신구"는 동일한 내용을 뜻합니다. 시편서의 말씀입니다.

그 이름에 걸맞는 영광을
주께 돌려드려라.
거룩한 옷을 입고 주님을 바라보며,
그 앞에 엎드려라.
(시편 29 : 2)

여기서 “거룩한 옷”(=거룩한 장신구)은 교회에 속한 순수한 진리들을 뜻합니다. 이사야서에서도 마찬가지입니다.

너를 파괴하는 사람과
황폐하게 하는 사람이
너를 곧 떠날 것이다.
네 눈을 들어 주위를 둘러보아라.
네 백성이 모두 모여 너에게로 온다.
나 주가 내 삶을 걸고 맹세한다.
신부가 패물을 몸에 치장하고 자랑하듯,
너는 네 백성을 자랑할 것이다.
(이사야 49 : 17, 18)

이 구절은 시온에 관해서 언급하고 있는데, 시온은 천적인 교회를 뜻하고, “급히 서두르는 네 아들들”은 그 교회의 진리들을 뜻합니다. 그리고 “아들들”이 진리들을 뜻한다는 것은 489 · 491 · 2623 · 2803 · 2813 · 3373 · 3704 · 4257 · 9803항을 참조하십시오. 이렇게 볼 때, “너는 반드시 그들 모두를 장신구처럼 네게 달며, 신부가 하는 것처럼 그들도 너를 두르리라”(=옷 입으리라)고 언급되었는데, 그것은 교회의 진리들에 관해서 언급할 수 있지만, 그러나 시온의 아들들의 진리들은 아닙니다.
[9] 성경에 있는 대부분의 모든 것들은 역시 반대의 뜻(=나쁜 뜻)을 가지고 있기 때문에, 그러므로 장신구에 속한 것들 역시

그런 뜻을 가지고 있는데, 그것들은 바로 위화된 진리들입니다. 예를 들면 이런 장절들이 되겠습니다.

너 예루살렘아,
네가 망하였는 데도,
네가 화려한 옷을 입고,
금패물로 몸단장을 하고,
도대체 어찌된 셈이냐?
너의 화장이 모두 헛일이 될 것이다.
너의 연인들은 너를 경멸한다.
그들은 오직 너를 죽이려고만 한다.
(예레미야 4 : 30)
바알 신들에게 분향하며
귀고리와 목걸이로 몸단장을 하고,
정부들을 쫓아다니면서
나를 잊어버린 그 세월만큼,
내가 이제 그에게 모든 벌을 내릴 것이다.
(호세아 2 : 13)

그밖에 여러 장절들이 있습니다.

10541. 내가 너희에게 어떻게 해야 할지를 이제 결정하겠다(=내가 너에게 무슨 일을 할 것인지를 알게 될 것이다).

이 말씀이 이런 식으로 어떤 것이 그들에게 생기게 한다는 것을 뜻한다는 것은 속뜻으로 그것들의 시리즈에서 잘 알 수 있습니다. 왜냐하면 그 민족은 거룩한 외적인 것 안에 있을 수 있지만, 동시에 거룩한 내적인 것 안에 있지 않기 때문입니다. 그리고 이런 식으로, 비록 내적인 것 안에 있지 않지만, 교회에 속한 외적인 것이 그 민족에게 있을 수 있기 때문에, 그러므로 우리의 본문, "나는 내가 무엇을 할 것인지를 알게 될 것이다"는 말이 이런 식으로 어떤 일이 그들에게 생겨나기 위한 것이다는 것을 뜻합니다.

10542. 이스라엘 자손은 장식품을 달지 않았다(=이스라엘 자손이 그들의 장신구들을 떼어내었다).
이 말씀이 그들에게 있는 외적인 것들 안에 있는 신령진리의 박탈(剝奪)을 뜻한다는 것은 빼앗기는 것이나, 박탈당하는 것을 가리키는 "어느 누구의 것을 떼어버린다"는 말의 뜻에서, 그리고 거룩한 진리나, 신령한 것을 가리키는 "장신구"(=장식품)의 뜻에서(10536·10540항 참조) 잘 알 수 있습니다.

10543. 호렙 산을 떠난 뒤로는……(=호렙 산 가까이서……).
이 말씀이 예배에 속한 외적인 것들 안에 있다는, 그리고 교회나 성언에 속한 외적인 것들 안에 있다는 것을 뜻한다는 것은 외적인 것들 안에 있는 신령진리를 가리키는 "호렙 산"의 뜻에서 잘 알 수 있습니다. 왜냐하면 호렙은 시내 산 주위에 있는 산악지역을 가리키기 때문이고, 그리고 "시내 산"은 신령진리를 뜻하기 때문입니다. 결과적으로 "호렙"은 시내 산 주위의 신악지역이기 때문에, 호렙은 외적인 것들 안에 있는 신령진리를 뜻합니다. 중앙에 있는 것이나 주위에 있는 높은 것 위에 있는 것들은 내적인 것을 뜻합니다. "시내 산"이 신령진리를 뜻한다는 것은 8805·9420항을 참조하시고, "중앙"(=가운데)이 내적인 것을 뜻한다는 것은 1074·2940·2973·5897·6084·6103·9164항을 참조하시고, 높은 것이 마찬가지를 뜻한다는 것은 2148·4210·4599·9489·9773·10181항을 참조하시고, "주위"(=주변)가 외적인 것을 뜻한다는 것은 2973항을 그리고 "아래"도 같은 것을 뜻합니다. 그 백성이 외적인 것들 안에 있고, 내적인 것 안에 있지 않기 때문에 그러므로 율법이 시내 산에서 공포되었을 때, 그들은 호렙 산 아래에 있었고, 그리고 그 산은 그 백성이 그 산의 근접을 막기 위하여 제한, 차단(遮斷)되었습니다(출애굽 19 :

12, 13, 21-24 ; 20 : 18 ; 신명기 4 : 10-12). “예배에 속한 것, 그리고 교회나 성언에 속한 것”이라고 언급하였는데, 그 이유는 전자의 외적인 것은 후자의 외적인 것이기 때문입니다. 왜냐하면 예배는 교회에 속하고, 그리고 교회의 진리들이나 선들, 그리고 그 교회의 예배에 속한 진리들이나 선들은 성언에서 비롯되기 때문입니다. 그러므로 예배의 외적인 것들이나 교회의 외적인 것들 안에 있는 자들은 성언의 외적인 것들 안에 있습니다.

10544. 7-11절. **이스라엘 백성이 진을 칠 때마다, 모세는 장막을 거두어 가지고 진 바깥으로 나가, 진에서 멀리 떨어진 곳에 그것을 치곤 하였다. 모세는 그 장막을, 주와 만나는 곳이라고 하여, 회막이라고 하였다. 주를 찾을 일이 생기면, 누구든지 진 밖에 있는 이 회막으로 갔다. 모세가 그리로 나아갈 때면, 백성은 모두 일어나서 저마다 자기 장막 어귀에 서서, 모세가 장막으로 들어갈 때까지 그 뒤를 지켜보았다. 모세가 장막에 들어서면, 구름기둥이 내려와서 장막 어귀에 서고, 주께서 모세와 말씀하신다. 백성은 장막 어귀에 서 있는 구름기둥을 보면, 모두 일어섰다. 그리고는, 저마다 자기 장막 어귀에 엎드려 주를 경배하였다. 주께서는, 마치 사람이 자기 친구에게 말하듯이, 모세와 얼굴을 마주하고 말씀하셨다. 모세가 진으로 돌아가도, 눈의 아들이며 모세의 젊은 부관인 여호수아는 장막을 떠나지 않았다.**
“모세는 장막을 가지고 갔다”(=거두어 가지고 갔다)는 말씀은 예배・교회・성언에 속한 거룩한 것을 뜻합니다. “진 바깥으로 나가, 진에서 멀리 떨어진 곳에 장막을 쳤다”는 말씀은 그 민족 자체가 있는 외적인 것들에게서 멀리 이동하였다는 것을 뜻합니다. “모세는 그 장막을 회막이라고 하였다”는 말씀은 내적인 것들이 그것에 내재해 있는 예배・교회・성언에 속한 외적인 것들을 뜻합니다. “주를 찾을 일이 누구든지 생기면 진 밖에 있는 이 회막으로 갔다”(=주를 찾는 모든 자가 진영 밖에 있는 회중의 성막으로 나아갔다)는 말씀은 교회와 예배에 속한 진리들이나 선들에 관한 모든 가르침들이 그 민족이 있는 것들인, 외적인 것들에게서 멀리 떨어진 성언에 속한 외적인 것들에 의하여 모두에게 주어질 것이다는 것을 뜻합니다. “모세가 그리로 나아갈 때면, 백성은 모두 일어나서 저마다 자기 장막 어귀에 섰다”는 말씀은 그 민족이 성언・교회・예배에 속한 외적인 것들 안에 있지 않고, 그것의 바깥에 있었다는 것을 뜻합니다. “모세가 장막으로 들어갈 때까지 그 뒤를 지켜보았다”(=모세를 바라 보았다)는 말씀은 그들이 성언・교회・예배에 속한 외적인 것을 살펴 보았지만, 그러나 그것은 그들의 이해력이나 염려에서 사라지는 것을 뜻합니다. “모세가 장막에 들어서면 구름기둥이 내려와서 장막 어귀에 서고, 주께서 모세와 말씀하신다”는 말씀은 성언이 그들의 이해력이나 염려에서 사라진 뒤, 짙은 불영명이 밖에서부터 그들의 생각이나 자제(自制)를 사로잡았지만, 그럼에도 불구하고 거기에는 안에서 비롯된 명료한 지각이 있었다는 것을 뜻합니다. “백성은 장막 어귀에 서 있는 구름기둥을 보면, 모두 일어섰다”(=모든 백성은 그 구름기둥이 성막 문에 선 것을 보았다)는 말씀은 밖에서 비롯된 그들을 사로잡은 짙은 불영명을 뜻하고, “그 백성은 모두 일어섰다. 그리고는 저마다 자기 장막 어귀에 엎드려 주를 경배하였다”는 말씀은 그 민족이 거룩한 방법으로 그들의 내적인 것을 존경, 경배하였다는 것을 뜻합니다. “주께서는 모세와 얼굴을 마주하고 말씀하셨다”는 말씀은 모두 결합된 성언 안에 있는 신령한 것들을 뜻합니다. “마치 사람이 자기 친구에게 말하듯이 하였다”는 말씀은 진리와 선의 결합을 뜻합니다. “모세가 진으로 돌아갔다”는 말씀은 그 민족이 있는 외적인 것에로 갔다는 것을 뜻하고, “눈의 아들이며, 모세의 젊은 부관인 여호수아는 장막을 떠나지 않았다”는 말씀은 모세의 처지에서 교회와 예배에 속한 거룩한 것들을 섬기는 동안의 신령진리를 뜻합니다.

10545. 모세가 장막(=성막)**을 가져갔다**(=거두어 가지고 갔다). 이 말씀이 예배에 속한 교회에 속한, 성언에 속한 거룩한 것을 뜻한다는 것은 최고의 뜻으로는, 주님을 가리키고, 또한 천계와 교회를 가리키는 장막(=성막·tent)의 뜻에서, 그리고 상대적인 뜻으로는 천계와 교회에 속한 모든 것들을 가리키는, 결과적으로는 예배나 성언에 속한 거룩한 것을 가리키는 "성막"(=장막)의 뜻에서 잘 알 수 있습니다. 왜냐하면 이런 것들은 모두가 교회에 속한 것들이고, 주님에 속한 것들이기 때문입니다. 그 이유는 그것들은 모두가 주님에게서 온 것이기 때문입니다. "장막"(=성막)이 이런 내용들을 뜻하는 이유는 태고시대 사람들은 장막들 안에서 살았고, 그리고 또한 그것 안에서 그들의 거룩한 예배를 드렸기 때문입니다. 이런 백성들 가운데는 천적인 교회가 존재하였는데, 그런 교회들은 계속해서 이어지는 교회들 중에서 가장 거룩한 것이었습니다. 왜냐하면 그들은, 그들에게 계시는 여호와이신, 주님을 경배하였기 때문입니다. 그분은 그들의 지도자(指導者·Leader)이셨기 때문에, 그들은 천계의 천사들과 교류(=교제)하였고, 결과적으로는 그들은 주님에게서 비롯된 천적인 지혜 안에 있었습니다. 이러한 것이 창세기 첫장에 하늘과 땅(天地)의 창조에 의하여 기술된 이 교회의 설시입니다. 그리고 그들의 지혜는 낙원(樂園·paradise)에 의하여 기술되었습니다. 왜냐하면 성경에서 "하늘과 땅"(天地)은 교회를 뜻하기 때문이고, "낙원"은 총명이나 지혜를 뜻하고, 그리고 "사람"(man)은 교회 자체를 뜻하기 때문입니다. 그리고 "아담"(Adam)이라는 이름이 명명된 "땅"(ground)도 마찬가지입니다. 성경에서 하늘과 땅(天地)이 교회를 뜻하고, "하늘"이 내적인 교회를, "땅"이 외적인 교회를 뜻한다는 것은 1733·1850·2117·2118·3355·4535·10373항을 참조하시고, 총명이나 지혜가 낙원들이나 동산들(=정원들)에 의하여 기술되었다는 것은 100·108·2702·3220항을 참조하시고, "사

람"(man)이 교회를 뜻한다는 것은 478 · 768 · 4287 · 9276항을 참조하시고, "땅"(ground)도 마찬가지를 뜻한다는 것은 566 · 1068항을 참조하십시오. 그리고 "사람을 창조한다"(creating man)는 말이 교회를 세우는 것을 뜻한다는 것은 16 · 88 · 10373항과 8891 · 9942항을 참조하십시오.

[2] 결과적으로 그 교회는 다른 모든 것들에 비하여 많은 사랑을 받았기 때문에, 그리고 주님으로 말미암아 그들은 장막들 안에서 살았기 때문에, 왜냐하면 주님께서는 주님을 사랑하는 사람과 함께 "거처"를 정하신다고 말씀하셨기 때문에(요한 14 : 23), 그러므로 이런 것들에 속한 기억 안에는 이스라엘 민족 가운데 건축되었던 장막(Tabernacle) 즉 회막이 건축되었는데, 거기에는 예배의 거룩한 것이 계속해서 유지되었습니다. 그리고 이와 같은 동일한 이유 때문에 장막들의 잔치(the feast of tabermacles)나 천막들의 잔치가 제정되었습니다.

[3] "천막"(=장막 · tent)이 거룩한 것들을 뜻한다는 것, 특히 예배에 속한 거룩한 것을 뜻한다는 것은 아래의 장절에서 명확합니다. 이사야서의 말씀입니다.

임신하지 못하고 아기를 낳지 못한 너는
노래하여라.
해산의 고통을 겪어 본 적이 없는 너는
환성을 올리며 소리를 높여라.
아이를 못 낳아 버림받은 여인이
남편과 함께 사는 여인보다
더 많은 자녀를 볼 것이다.……
너의 장막 터를 넓혀라.
장막의 휘장을 아끼지 말고 펴라.
너의 장막 줄을 길게 늘이고,
말뚝을 단단히 박아라.

(이사야 54 : 1, 2)

"장막 터를 넓혀라"는 말은 교회에 속한 것들과 더불어 그렇게 하는 것을 뜻하고, 결과적으로는 예배에 속한 것을 뜻합니다. 그리고 "장막의 휘장을 아끼지 말고 펴라"는 말은 진리들을 증대, 번식시키는 것을 뜻합니다. "휘장들"(curtain)이 교회의 진리들을 뜻한다는 것은 9595·9596·9606·9756항을 참조하시고, "아이 못 낳는 여자"(=돌계집·*石女*·the barren)는 예전에 교회의 진리들이나 선들 안에 있지 않았던 자를 뜻합니다(3908·9325항 참조).

[4] 예레미야서의 말씀입니다.

재난에 재난이 꼬리를 물고 일어납니다.
온 나라(=온 땅)가 황무지가 됩니다.
홀연히 나의 천막집도 찢깁니다.
순식간에 나의 장막집도 찢깁니다.
(예레미야 4 : 20)

여기서 "땅"이 교회를 뜻한다는 것은 9325항에 인용된 내용에서도 잘 볼 수 있습니다. 그리고 교회는, 사랑에 속한 선들로 말미암아, 그리고 믿음에 속한 진리들로 말미암아 교회이기 때문에, 그러므로 "나의 천막집도, 장막집도 찢기었다"라고 언급되었습니다. 여기서 "천막들"(=천막집)은 교회에 속한 선들을 뜻하고, "장막들"(=장막집)은 교회의 진리들을 뜻합니다.

[5] 같은 책의 말씀입니다.

우리의 장막이 부서졌다.
장막을 잡고 있던 줄도 모두 끊어졌다.
우리의 자녀들도 모두 떠나가고,

아무도 남아 있지 않아서,
우리의 장막을 다시 칠 사람도 없고,
휘장을 달 사람도 없다.
백성의 목자들이 미련하여,
주님께서 인도해 주시기를 간구하지 않더니,
일이 이렇듯 뒤틀려서,
우리 백성이 모두 흩어지게 되었구나!
(예레미야 10 : 20, 21)

여기서도 역시 "장막"이나 "휘장"은 동일한 내용을 뜻하고, 그리고 "장막을 잡고 있던 줄"은 더 이상 선과 진리의 어떤 결합도 없다는 것을 뜻하고, 그리고 진리와 선의 어떤 결합도 없다는 것을 뜻합니다. 그러므로 "우리의 자녀들도 모두 떠나갔다"고 언급되었는데, 그 이유는 "아들들"(sons)이 진리들을 뜻하기 때문입니다. "아들들"이 진리들을 뜻한다는 것은 9777 · 9854 · 9880 항을 참조하시고, "줄들"(cords)이 결합들을 뜻한다는 것은 489 · 491 · 533 · 2623 · 2803 · 2813 · 3373 · 3704 · 4257 · 9807 항을 참조하십시오.
[6] 시편서의 말씀입니다.

주님, 누가
주님 계신 곳에서 살 수 있는 사람입니까?
주의 거룩한 산에 머무를 사람은
누굽니까?
깨끗한 삶을 사는 사람,
정의를 실천하는 사람,
마음으로 진실을 말하는 사람입니다.
(시편 15 : 1, 2)

"주님 계신 곳(=여호와의 천막)에 산다"는 것은 그와 같이 천계에 산다는 것을 뜻하고, 거기의 사랑의 선 안에서 사는 것을 뜻합니다. 같은 책의 말씀입니다.

내가 영원토록 주의 장막에 머무르며,
주의 날개 아래로 피하겠습니다.
(시편 61 : 4)

여기서도 그 뜻은 동일합니다.

[7] 아모스서의 말씀입니다.

그 날이 오면,
내가 무너진 다윗의 초막(=천막)을 일으키고,
그 터진 울타리를 고치면서,
그 허물어진 것들을 일으켜 세워서,
그 집을 옛날과 같이 다시 지어 놓겠다.
(아모스 9 : 11)

여기서 "다윗의 천막"(=초막)은 주님의 교회를 뜻하고, 그리고 주님의 예배의 거룩한 것을 뜻합니다. "터진 곳"(=파괴된 곳)을 닫아, 폐쇄하고, "허물어진 것(=황폐하게 된 것)을 회복한다"(=다시 일으켜 세운다)는 말은 악들의 옮김(=제거)에 의한 이런 것들이 회복하는 것을 뜻합니다. 성경에서 "다윗"은 주님을 뜻하고(1888 · 9954항 참조), 따라서 "다윗의 천막"(=초막)은 주님의 교회를 뜻하고, 예배의 거룩함을 뜻합니다. 예레미야서의 말씀입니다.

나 주가 이렇게 말한다.
내가 야곱의 장막들을 회복하여 놓고,
야곱의 거처를 불쌍하게 여겨,
폐허의 언덕에 다시 성읍을 세우고,

궁궐도 다시 제자리에 세우게 하겠다.
(예레미야 30 : 18)

여기서 "야곱의 장막들"이나, "그의 거처"는 교회에 속한 선들이나 진리들을 뜻합니다.

[8] "천막들"(=초막들 · 장막들 · tents)이 교회의 선들이나 예배에 속한 선들을 뜻하기 때문에, 그러므로 나쁜 뜻으로 "천막들"은 예배에 속한 악들이나 그 교회의 악들을 뜻합니다. 이러한 내용은 아래의 장절들에게서 잘 볼 수 있습니다.

딸 시온은 아름답고 곱게 자랐으나,
이제 내가 멸망시키겠다.
이방 왕들이 군대를 몰고
도성으로 접근하여,
성읍 사방에 진을 칠 것이다.
제각기 원하는 자리에 진을 칠 것이다.
(예레미야 6 : 2, 3)
너희는 일어나 게달(=아라비아)로 쳐올라가서,
저 동방의 백성(=아들들)을 멸망시켜라.
그들의 장막과 양 떼를 빼앗고,
그들의 휘장과 세간도 모조리 빼앗아라.
그들에게서 낙타도 빼앗아라.
그리고 그들에게 이르기를
'너희 사방에는
무서운 적들만 있다' 하여라.
(예레미야 49 : 28, 29)
절기가 오고,
주께 영광을 돌릴 잔칫날이 돌아와도,
무엇을 제물로 드릴 수 있겠느냐?
재난이 닥쳐와서 백성들이 흩어지는 날,

이집트가 그 피난민을 받아들여도, 끝내,
멤피스 땅에 묻히는 신세가 되고 말 것이다.
가지고 간 귀중한 금은 보화는
잡초 속에 묻히고,
살던 곳은 가시덤불로 덮일 것이다.
(호세아 9 : 5, 6)
(주님은) 이집트의 맏아들을 모두 치시고,
그의 힘의 첫 열매들을
함의 천막에서 치셨다.
(시편 78 : 51)

10546. (모세는) **진 바깥으로 나가, 진에서 멀리 떨어진 곳에서 그것을 치곤 하였다.**

이 말씀이 그 민족이 존재해 있던 외적인 것들로부터의 외딴 곳(=멀리 떨어진 곳)을 뜻한다는 것은, 준비하고, 배치하는 것을 가리키는, 그리고 교회나 예배에 속한 것들을 질서정연하게 정돈, 정리하는 것을 가리키는, "천막을 친다"(=천막을 펼친다)는 말의 뜻에서 잘 알 수 있습니다. 왜냐하면 "천막"(tent)은 교회나 예배에 속한 거룩한 것을 뜻하기 때문이고, 그리고 성언에 속한 거룩한 것을 뜻하기 때문입니다(10545항 참조). 따라서 결과적으로는 "천막을 친다"는 말은 준비하고, 배치, 배열하는 것을 뜻하고, 그리고 이런 것들을 질서에 맞게 정리, 정돈하는 것을 뜻합니다. 그리고 거기에서 비롯되고, 천계와 교회에 일치하는 천계적인 질서(the heavenly order)를 가리키는 "진"(=진영 · the camp)의 뜻에서 잘 알 수 있습니다. 천계나 교회의 모든 진리들이나 선들이 질서에 속해 있기 때문에, 결과적으로는 그것들의 그릇들(容器)을 뜻합니다. "진"(=진영)이 이런 것들을 뜻하는 이유는, 진을 구축(構築)한 "이스라엘 자손"이 복합적으로 모든 진리들이나 선들을 뜻하기 때문입니다. 그러나 이스라엘 자손들이 여호와 대신에 그 수송아지를 예배하였을 때, 그 때 그들의 "진"(=진영)은 그 반대를 뜻하였습니다. 따라서 지옥적인 질서를 뜻하고, 또한 지옥을 만드는 거짓과 악의 그릇이나 수용을 뜻합니다. 여러분이 내적인 것이 결여된 예배나 교회의 외적인 것을 말하든, 또는 "지옥"을 말하든, 그것은 동일한 것입니다. 왜냐하면 내적인 것이 결여된 예배의 외적인 것 안에 있는 자들은 자기사랑이나 세상사랑 안에 있기 때문이고, 그리고 자기사랑이나 세상사랑은 지옥에서 오기 때문입니다. 이상에서 볼 때 모세가 그의 천막을 가지고 가서, 그 진에서 멀리 떨어진 진 밖에 장막을 친 이유를 잘 알 수 있겠습니다. 왜냐하면 앞에서 말씀하였듯이, "장막"은 예배의 거룩한 것이나, 교회나 성언의 거룩한 것을 뜻하기 때문입니다. 이런 것들이 뜻해지는 이유는 이스라엘 민족이 빠져 있었던, 외적인 것들에게서 멀리 떨어진 것을 뜻하기 때문입니다.

[2] "진"(=진영)이 천계적인 질서(heavenly order)를 뜻한다는 것, 그리고 "진을 설치하는 것"(encamping)이 천계적인 질서에 맞게 선이나 질서의 배치를 뜻한다는 것은 4236・8103・8130・8131・8155・8193・8196항을 참조하시고, 결과적으로 "진"(=진영・병영)은 그것들이 이것들에 속한 그릇(=수용그릇) 안에 있는 것에 비례하여 천계나 교회를 뜻한다는 것은 10038항을 참조하시고, 반대의 뜻으로는 지옥을 뜻한다는 것은 10458항을 참조하십시오. 더욱이 내적인 것에서 분리된 예배의 외적인 것이나 교회의 외적인 것이 지옥을 가리킨다는 것은 10483・10489항을 참조하십시오. 이런 이유 때문에 내적인 것에서 분리된 외적인 것들 안에 있는 자들은 결코 그 어떤 신령입류를 영접하지 못한다는 것은 10429・10472항을 참조하십시오. 결과적으로 주님을 믿는 믿음이나 주님사랑에 속한 것은 아무것도 영접, 수용하지 못한다는 것은 10396・10400・10411항을 참조하십시오. 그 이유는 그들이 오직 자신들의 고유 사랑들(=애욕들)을 우러르기 때

문이고, 따라서 지옥만을 우러르기 때문입니다(10422항 참조). 결과적으로 그들 자체의 예배는 잡신들(=우상들)을 위한 것입니다(10407·10421항 참조). 이스라엘 민족이 내적인 것에서 분리된 외적인 것들 안에 빠져 있었다는 것은 9380항의 인용된 내용에서 잘 볼 수 있고, 그리고 9373·9391·10396·10401·10407·10492·10498·10500·10533항을 참조하십시오.

10547. 모세는 그 장막을 회막이라고 하였다.

이 말씀이, 내적인 것들이 그것 안에 있는, 예배의 외적인 것이나, 교회나 성언의 외적인 것을 뜻한다는 것은, 내적인 것이 그것 안에 있는, 예배의 외적인 것이나, 교회나 성언의 외적인 것을 가리키는 회막(會幕·the Tent of meeting)의 뜻에서 잘 알 수 있습니다. 왜냐하면 "장막"(=천막·tent)은 예배에 속한 거룩한 것을 뜻하기 때문이고, 그리고 교회나 성언에 속한 거룩한 것을 뜻하기 때문입니다(10545항 참조). 그리고 "회"(會·모임·meeting)가 내적인 것들이 있는 곳을 뜻하기 때문입니다. 왜냐하면 모든 내적인 것들은 외적인 것들 안에 함께 있기 때문입니다(6451·9216·9828·9836항 참조). 문자의 뜻에서 "회"(=모임)는 이스라엘 자손의 모임을 뜻하지만, 그러나 속뜻으로는 그 교회의 진리들이나 선들의 모임이나 집합(集合)을 뜻합니다. 그 이유는 이스라엘 자손이 좋은 뜻으로는 복합적으로 그 교회에 속한 진리들이나 선들을 뜻하기 때문이고(5414·5879·5951·7957항 참조), 그리고 이스라엘 자손의 "회합"(=집회·congregation)이나 "집회"(=회중·모임·집합·assemblage)도 마찬가지로 같은 내용을 뜻합니다(7830·7843항 참조). 성언의 진리들이나 선들은, 그리고 교회나 예배의 진리들이나 선들은 그것들 자신의 내적인 것 안에 있습니다. 왜냐하면 성언이나, 교회나 예배의 내적인 것 안에는 천적인 것들이나 영적인 것들이 있기 때문입니다. 그러나 외적인 것 안에는 자연적인 것들이나 이 세상적인 것들이 있기 때문입니다. 모든 천적인 것들이나 영적인 것들은 자연적인 것들이나 이 세상적인 것들 안에 유입하고, 그리고 그것들 안에 있는 말단(末端)의 것에 유입합니다. 그리고 그것들을 형성하고, 조직, 구성합니다. 이상에서 볼 때 성언의 문자적인 뜻이라고 하는 성언의 겉뜻은 곧 "모임"(會 · meeting)이 뜻한다고 하겠습니다. 이것이 이른바 성언의 문자의 뜻이라고 하는, 성언의 겉뜻의 경우이고, 따라서 교회나 예배의 외적인 것들의 경우라고 하겠습니다. 왜냐하면 이런 것들은 모두가 성언에서 비롯되기 때문입니다.

10548. 주를 찾을 일이 생기면, 누구든지 진 밖에 있는 이 회막으로 갔다(=주를 찾는 모든 자가 진영 밖에 있는 회중의 성막으로 나아갔다).

이 말씀이 교회나 예배에 속한 진리들이나 선들에 관한 모든 가르침들이 그 민족이 처해 있는 내적인 것들에게 멀리 떨어져 있는 성언의 외적인 것에 의하여 모두에게 주어질 것이다는 것을 뜻한다는 것은 교회나 예배에 속한 진리들이나 선들에 관하여 가르침을 받는 것을 가리키는 "주를 찾는 일"(inquiring of Jehovah)의 뜻에서 잘 알 수 있습니다. 왜냐하면 여호와(=주)를 찾는 모든 일은 이런 것들 안에 있는 가르침의 목적이기 때문입니다. 그리고 이것에 관해서는 바로 위에서 언급한, 교회와 예배에 속한 외적인 것을 가리키는 "회막"의 뜻에서(10547항 참조), 그리고 그 민족이 처해 있는 외적인 것들에게서 멀리 떨어진 것을 가리키는 "진 밖"(=진영 밖)의 뜻에서(10546항 참조) 잘 알 수 있습니다. 이상에서 볼 때, 우리의 본문 "주를 찾는 모든 자가 진영 밖에 있는 회중의 성막으로 나아갔다"는 말은, 교회나 예배에 속한 진리들이나 선들에 관한 모든 가르침(敎育)이 그 민족이 처해 있는 외적인 것들에게서 멀리 떨어진 성언의 외적인 것에 의하여 주어질 것이다는 것을 뜻한다는 것은 아주 명확합니다.

[2] “성언의 외적인 것에 의한다”고 언급하였는데, 그 이유는 교회를 이루고, 그리고 예배에 들어오는 믿음의 진리들이나 선들, 그리고 사랑의 진리들이나 선들에 관한 모든 가르침은 이 근원에서 비롯되기 때문입니다. 그리고 주님에 관해서 묻는다, 문의한다는 말은 성언에서 참고하고, 찾아 보는 것을 뜻하기 때문입니다. 왜냐하면 성경에 주님은 현존하시기 때문인데, 그 이유는 성언은 주님에게서 비롯된 신령진리이기 때문입니다. 그리고 주님께서는 그분의 진령진리 안에서 천사들과 함께 계시기 때문이고, 그분을 영접, 수용한 교회에 속한 사람들과 함께 계시기 때문입니다.

[3] “성언의 외적인 것에 의한다”라고 언급하였는데, 그 이유는 성언의 외적인 것 안에는 모든 내적인 것들이 함께 있기 때문이고, 따라서, 위에서 언급한 것과 같이(10547항 참조), 천계나 교회에 속한 모든 진리들이나 선들이 거기에 있기 때문입니다. 이렇게 볼 때 모든 응답(應答)들이나 계시(啓示)들은 궁극적인 것들 안에서 이루어진다는 것입니다. 더욱이 예배에 대하여 이바지하는 교회에 속한 모든 교리적인 것들은 성언의 외적인 것에 의하여 주어지지만, 그러나 그것들은, 그들이 성경말씀을 읽을 때, 주님에게서 비롯된 조요(照耀)의 상태에 있는 자들에게만 오직 주어집니다. 왜냐하면 그 때 빛은 천계로부터 속뜻을 통하여 그들에게 입류하기 때문입니다(9025 · 9382 · 9409 · 9424 · 9430 · 10105 · 10324 · 10402 · 10431항 참조).

[4] 그것이 이스라엘 민족이 처해 있는 외적인 것들에게서 멀리 떨어졌다는 것을 뜻하는 이유는 그 민족에게 있는 성언의 외적인 것들은 아주 다르게 보이기 때문이고, 결과적으로는 다르게 드러나 표현되기 때문입니다. 이러한 사실은 주님을 믿는 믿음이나 주님사랑에 관해서 그들은 그것 안에서 그것을 전혀 볼 수 없다는 사실에서 잘 알 수 있고, 또한 주님에 관해서, 주님에게

서 비롯된 천계에 관해서 그들은 사실 전혀 볼 수 없다는 사실에서 잘 알 수 있습니다. 그러나 그들이 보는 것들은 단지 이 세상적인 것들이나 현세적인 것들이라는 것이고, 그리고 특히 다른 자들에 비하여 자기 자신들의 탁월(卓越)함에 관한 것들이라는 것입니다. 그 이유는, 그들이 내적인 것이 결여된 외적인 것들 안에 있기 때문이고, 그리고 이런 부류의 성격을 지닌 자들은 내적인 것으로 말미암아서는 아무것도 볼 수 없기 때문입니다. 내적인 것으로 말미암아 본다는 것은 주님에게서 비롯된 천계로 말미암아 보는 것을 가리킵니다. 이렇게 볼 때 성언에 속한 외적인 것, 그리고 결과적으로는 그 민족에게 있는 교회나 예배에 속한 외적인 것은, 본질적으로 살펴 볼 때, 성언이나 교회나 예배에 속한 외적인 것에서 멀리 떨어져 있다는 것은 명확합니다. 11절에서 그 민족의 외적인 예배가 속뜻으로 지금 기술되었습니다.

10549. 모세가 그리로(=장막으로) **나아갈 때면, 백성은 모두 일어나서 저마다 자기 장막 어귀에 서 있었습니다.**

이 말씀이 그 민족은 성언이나, 교회나, 예배에 속한 외적인 것 안에 있지 않고, 오히려 그것의 밖에 있다는 것을 뜻한다는 것은 성언을 가리키는 모세의 표징에서(9372항의 인용내용 참조), 그리고 예배의 거룩한 것이나, 교회의, 또는 성언의 거룩한 것을 가리키는 "장막"의 뜻에서(10545항 참조), 그리고 그것의 밖에 있다는 것을 가리키는 "모두 일어나서 저마다 자기 장막 어귀에 서 있다"는 말의 뜻에서 잘 알 수 있습니다. 왜냐하면 "어귀"(=문 · door)는 입구 · 안내(=도입) · 교류(=내통)을 뜻하고(2145 · 2152 · 8989항 참조), 결과적으로는 "그 앞에 서 있다"는 말은 들어가지 않고, 안내되지도 않고, 교류(=내통)을 가지고 있다는 것을 뜻합니다.

10550. 모세가 장막으로 들어갈 때까지 그 뒤를 지켜보았다.

이 말씀은 그들이 성언의 외적인 것이나, 그리고 교회나 예배의 외적인 것을 보고 있지만, 그러나 그것이 그들의 이해나 염려에서 사라졌다는 것을 뜻한다는 것은 성언의 외적인 것을 보는 것을 가리키는 "모세의 뒤를 보았다"는 말의 뜻에서 잘 알 수 있습니다. 왜냐하면 "모세"는 성언을 뜻하기 때문이고(10549항 참조), 그리고 "그의 뒤를 본다"는 말은 그것의 외적인 것을 보는 것을 뜻하기 때문입니다. 왜냐하면 그것이 앞에 있다는 것은 그것이 안에 있다는 것을 뜻하기 때문이고, 그것이 뒤에 있다는 것은 그것이 밖에 있다는 것을 뜻하기 때문입니다. 결과적으로 여호와의 뒤를 보고, 얼굴을 보지 못한다는 것은 외적인 것은 보지만, 내적인 것은 보지 못한다는 것을 뜻하기 때문입니다. 이러한 내용은 우리의 본문장 마지막 절에서 잘 보여 주고 있습니다. 그리고 그들의 이해나 염려(apprehension)에서 사라지는 것을 가리키는 "그가 장막에 들어갈 때까지"라는 말의 뜻에서 잘 알 수 있습니다. 왜나하면 그가 들어갔을 때는 그가 더 이상 보이지 않기 때문입니다.

10551. 모세가 장막에 들어서면, 구름기둥이 내려와서 장막 어귀에 서고, 주께서 모세와 말씀하셨다.

이 말씀은 성언이 그들의 이해나 염려에서 사라진 뒤, 짙은 불영명이 밖으로부터 그들을 사로잡고, 점유(占有)하지만, 그럼에도 불구하고 거기에 안에서 비롯된 명료한 지각이 있다는 것을 뜻한다는 것은 성언이 그들의 이해나 염려에서 사라진 뒤를 뜻한다는 것은 성언이 그들의 이해나 염려에서 사라진 뒤를 가리키는 "모세가 장막에 들어선다"는 말의 뜻에서(10550항 참조), 그리고 그 민족에게는 상대적으로 짙은 불영명의 상태(a dense obscurity)를 가리키는 "구름기둥"(the pillar of cloud)의 뜻에서 잘 알 수 있습니다. 왜냐하면 "구름"(a cloud)은 성언의 외적인 것을 뜻하기 때문이고(창세기 18장 서문이나 4060 · 4391 · 5922 ·

6343·6752·8443·9781항 참조), 그리고 또한 조요의 상태에 있지 않는 자들에게 있는 성언의 불영명의 상태나, 내적인 것에서 분리된 성언의 외적인 것 안에 있는 자들에게 있는 짙은 불영명을 뜻하기 때문입니다(6832·8106·8814·8819·9430항 참조). 그리고 밖에 있다는 것을 가리키는 "장막 어귀에 서 있다"는 말의 뜻에서(10549항 참조), 그리고 안으로 말미암아 명확하게 지각하는 것을 가리키는 "모세와 말씀하신다"는 말의 뜻에서 잘 알 수 있습니다. 왜냐하면 본질적으로 살펴보면, "모세"는 성언을 뜻하기 때문이고(9372항 참조), 그리고 "말한다"(speaking)는 것은 지각하는 것을 뜻한다는 것은 10290항 인용내용을 참조하십시오. 그것이 안으로 말미암은 것을 뜻한다는 것은 구름기둥이 그와 말씀하는 모세는 성막 안에 있기 때문입니다.

[2] 안으로 말미암아 본다는 것이나, 안으로부터 지각을 갖는다는 것이 무엇인지 여기서 필히 언급하여야 하겠습니다. 왜냐하면 그들의 내적인 것이 열려 있고, 그리고 내적인 것이 열려 있을 때 그것은 천계의 빛 안에 있기 때문입니다. 비록 사람이 그것에 관해서 무지(無知)한다고 해도, 이 빛은 유입하고, 빛을 비춥니다. 사람이 그것을 알지 못하는 이유는, 이 빛이 사람의 기억 안에 있는 지식들에게 유입하기 때문이고, 그리고 이런 지식들은 자연적인 빛 안에 있기 때문입니다. 그리고 그 사람은 마치 자기 자신에게서 비롯된 것처럼 이런 지식들로 말미암아 생각하기 때문에, 그는 입류를 지각할 수 없고, 그럼에도 불구하고 그는 그가 조요의 상태에 있다는 것을 그가 알 수 있게 하는 다양한 지시(指示)나 암시(暗示)로 말미암아 생각합니다. 그러나 그럼에도 불구하고, 모든 사람은 누구나, 만약에 그가 진리를 목적해서, 그리고 삶의 선(=선한 삶)을 목적해서 진리를 아는 것을 애지중지하지 않는다면, 따라서 생명(=삶) 때문에, 그가 신령진리를 사랑하지 않는다면, 조요의 상태에 자신이 있다고 믿는 잘못된 생

각에 빠져 있습니다. 그 이유는 성언에서 비롯된 신령진리에 일치하여 사는 것이 주님을 사랑하는 것이고, 그리고 주님께서 사랑을 받고 계실 때 모든 조요는 주님에게 오는 것이기 때문입니다.

[3] 그러나 성언에서 비롯된 신령진리들에 일치하는 삶이 그들의 목적이 아닌 사람들이나, 영예・재물・명성(名聲) 따위가 자신의 목적으로 가지고 있고, 따라서 성언의 진리들을 수단이나 방법 따위로 여기는 사람들은, 그 어떤 조요의 상태에 있다는 것은 전혀 불가능합니다. 왜냐하면 이런 목적은 이 세상적이고 육신적이기 때문이고, 영적이거나 천계적인 것이 아니기 때문입니다. 그러므로 그것은 속사람을 닫아, 차단하고, 그리고 속사람이 그렇게 되었을 때 천계로부터 그 어떤 빛도 들어올 수 없고, 그리고 비출 수 없습니다. 만약에 이런 부류의 작자들이 성경말씀을 읽는다면, 그들은, 그들이 조요의 상태에 있다고 믿을 것이고, 따라서 그들은 아주 큰 오류(誤謬)을 저지르고 있는 것입니다. 왜냐하면 그들은 천계로 말미암아 생각하지 않고, 오히려 이 세상적으로 말미암아 생각하기 때문이고, 따라서 그들은 주님으로 말미암아 생각하지 않고, 다만 자기 자신으로 말미암아 생각하기 때문입니다. 그들이 자기 자신으로 말미암아, 그리고 이 세상으로 말미암아 생각하는 것에 비례하여 그들은 천계적인 빛에서 분리된 자연적인 빛으로 말미암아 생각합니다. 그리고 영적인 것에서, 천계적인 빛에서 분리된 자연적인 빛은 매우 칠흑같이 짙은 흑암일 뿐입니다. 만약에 이런 부류의 인물들이 자신들은 조요의 상태에서 비롯된 그 어떤 것을 보았다고 스스로 설득한다면, 그것은 하나의 오류(誤謬)나 궤변(詭辯)일 뿐입니다. 왜냐하면 그들은, 안에서 비롯된 것이 아니고, 밖으로 말미암아 진리를 보는 것을 가리키는 온갖 확증들에 의하여, 또는 종지(宗旨)적인 믿음으로 말미암아 그것을 보는 것을 가리키는, 확증들에 의하여,

한 사물이 오직 다른 것들에게서 비롯되었다는 것으로 말미암아 진리라고 한 것인지, 아닌지를 깨닫기 때문입니다. 그것의 본성이나 성질이 어떤 것인지는 9363-9369항을 참조하십시오. 이런 인물들이 진리를 거짓으로, 그리고 거짓을 진리로 볼 수 있는 작자들입니다. 그리고 또한 선을 악으로, 악을 선으로 보는 자들입니다.

[4] 이상에서 볼 때 밖으로부터(from without) 성언을 보고, 이해한다는 것이 무엇인지, 그리고 안으로부터(from within) 성언을 지각하는 것이 무엇인지, 아주 명확합니다. 밖으로부터 성언을 본다는 것은 "장막 어귀에 서 있으면서 모세의 뒤를 지켜보았다"는 백성이 뜻하는 것입니다. 그들이 "구름기둥이 내려와서 장막 어귀에 서 있는 것을 본다"는 말이나, "그들이 자기 장막 어귀에서 엎드려 경배하였다"는 말은 곧 밖으로 말미암아 보는 것을 뜻합니다. 그러나 안으로 말미암아 성언을 지각, 깨닫는다는 것은 "장막으로 들어가는 모세"에 의하여 뜻하고 있고, "구름기둥이 내려와서 장막 어귀에 서 있고, 주께서 모세와 말씀하신다"는 말이 뜻하고 있습니다.

[5] 조요의 상태에서 오는 입류(入流)가 어떻게 이루어지는지 간략하게 언급하겠습니다. 사람들과 꼭같이, 천사들도 성경말씀을 읽을 때 지각합니다. 그러나 천사들은 그것을 영적으로 지각하고, 사람들은 그것을 자연적으로 지각할 뿐입니다. 내적인 것이 열려 있는 사람은 성언을 영적으로 역시 지각, 깨닫습니다. 그러나 그가 이 세상에 사는 동안 그는 이 사실을 알지 못하는데, 그 이유는 그의 영적인 생각이 겉사람 안에 있는 자연적인 생각에 유입하기 때문이고, 거기에서 자체를 볼 수 있게 드러나게 하기 때문입니다. 뿐만 아니라, 그것이 빛을 비추는 내면적인 생각이고, 그리고 그것에 의하여 주님에게서 비롯되는 입류는 성취됩니다. 그들의 생각들을 면밀히 살핀다는 것, 그리고 그것에 관해서

깊이 숙고(熟考)한다는 것은 유식한 몇몇 사람들은, 사람 안에 겉으로 보이지 않는 내면적인 생각이 존재해 있다는 것을 이미 잘 알고 있고, 그러므로 그들은, 이와 같은 생각의 개념들을 비물질적인 것이나, 총명적인 것이라고 부르고, 그리고 그들은 이런 개념들과 겉으로 보이는 외면적인 것들의 개념들 사이에서 명확하게 분별합니다. 그들은 후자적인 것을 자연적인 것이나 물질적인 것이라고 합니다. 그러나 그들은, 내면적인 생각이 영적인 것이라는 것을 알지 못하고 있습니다. 그리고 또한 이런 것들이 아래로 내려오게 되면, 그것들이 자연적인 개념들로 변한다는 것을 역시 알지 못하고, 그리고 그것들이 서로 상이한 모습 하에 있다는 것이나, 서로 다른 조건 하에 놓인다는 것도 역시 알지 못하고 있습니다. 이상에서 볼 때 우리는 어느 정도 조요가 그것을 통해서 오는 입류가 어떻게 이루어지는지 알 수 있겠습니다.

10552. 모든 백성은 장막 어귀에 서 있는 구름기둥을 보았다.
이 말씀이 밖으로 말미암아 그들을 사로잡은 짙은 불영명을 뜻한다는 것은 바로 위의 설명내용에서 잘 알 수 있겠습니다(10551항 참조).

10553. 백성들은 (구름기둥을 보면) **모두 일어섰다. 그리고는, 저마다 자기 장막 어귀에서 엎드려 주를 경배하였다.**
이 말씀이 그 민족이 거룩한 방법으로 자신들의 외적인 것을 경배한다는 것을 뜻한다는 것은, 거룩한 방법으로 경배하는 것을 가리키는 "저마다 일어나서 엎드렸다"는 말의 뜻에서, 그리고 성언의 외적인 것이나, 교회나 예배의 외적인 것을 가리키는 "자기 장막 어귀"라는 말의 뜻에서(10549항 참조) 잘 알 수 있습니다. 이런 말들에서, 비록 그들이 성언의 본연의 뜻 밖에 있고, 그리고 그것에 관한 매우 짙은 불영명의 상태에 있다고 해도, 그럼에도 불구하고 그들이 거룩한 방법으로 그것을 경배한다는 그 민족의 성품(=자질 · 천성 · genius)이 기술되었습니다. 그러나 이와 같은 거룩함은 신령거룩함에서 전적으로 분리된 자기사랑에서 일어난 우상적인 거룩함입니다. 그 민족은, 그들이 예배에 있을 때, 이런 부류의 거룩함 안에 있었다는 것은 3479 · 4281 · 6588 · 9377 · 10430 · 10500항을 참조하십시오.

10554. 주께서는 모세와 얼굴을 마주하고 말씀하셨다.

이 말씀이 서로 결합된 성언 안에 있는 신령한 것들을 뜻한다는 것은 결합하는 것을 가리키는 "얼굴을 마주하고 말한다"(=대면하고 말한다)는 말의 뜻에서 잘 알 수 있습니다. 왜냐하면 "얼굴들"(faces)은 내면적인 것들을 뜻하기 때문이고, 그리고 내면적인 것들이 서로서로 상호간에 중시(重視)하고 존경할 때, 그리고 서로 마주 볼 때, 그들은 자신들을 서로 결합시키기 때문입니다. 이러한 내용은 주님(=여호와)께서 성언을 뜻하는 모세와 말씀하신다고 언급되었을 때 "얼굴을 마주하고 말씀하신다"는 말이 뜻합니다. 왜냐하면 "말한다"(speaking)는 말은 지각을 뜻하기 때문이고, "얼굴을 마주한다"(=대면한다 · faces to faces)는 말은 상호적인 것을, 결과적으로는 그것이 곧 결합을 가리키는데, 다른 것 안에 있는 어떤 것의 상호적인 지각을 뜻하기 때문입니다.

[2] 이것이 바로 성언의 본성이라는 것은, 여기서 "모세"가 성언을 뜻하기 때문입니다. 왜냐하면 성언의 내적인 것이나 외적인 것에서 이것이 성언의 본성(本性 · 性質)이기 때문입니다. 성언의 내적인 것에서, 그리고 성언의 외적인 것에서, 개별적인 것이나 전체적인 것은 모두 결합하기 때문입니다. 더욱이 그것의 내면적인 것 안에 있는 것들은 성언의 외적인 것 안에 있는 것들에게 있는 대응들에 의하여 결합합니다. 이런 결합들은 기술될 수 없습니다. 그리고 만약에 그것들이 기술된다고 해도 그것들은 생각에 속한 어떤 개념에 의하여 파악될 수도 없고, 이해될 수도 없습니다. 이것이 바로 그 때 그와 같이 서로 결합된 천적인 것들이고, 영적인 것들입니다. 그리고 그것은 대응들에 의하여 문자

의 뜻을 구성하는 자연적인 것들이나 세상적인 것들을 결합시킨 것을 가리킵니다. 이런 결합들의 성질이나 본성 따위는 예를 들면 사람에게 있는 기관들이나 내장들은 기관들과 같이 어느 정도, 서로 하나처럼 결합된, 다종다양하고, 그것들의 각각은 내적으로 헤아릴 수 없이 다종다양한 것들로 이루어진 천사적인 사회들의 결합에 비유되는 개념에 제시될 수 있겠습니다. 그럼에도 불구하고 그것들은 하나(一體)를 이룹니다. 이러한 사실이나 내용이 그것의 진리들이나 선들에 대한 성언입니다. 성언의 성질이나 내용이 바로 이러한 것이다는 것은 사람에게는 전혀 알려지지 않았습니다. 그러나 천사들은 그것을 잘 알고 있습니다. 왜냐하면 그들은 성언에 속한 내면적인 것들의 관계나 결합을 지각하기 때문입니다.

[3] 이상에서 볼 때 우리가 확실하게 잘 알 수 있는 것은 "여호와(=주)께서 모세와 얼굴을 맞대고 말씀하신다"는 말이 서로 결합된 성언 안에 있는 신령한 것들을 뜻한다는 것입니다. "얼굴을 맞대고 말한다"는 것은 전자를 뜻하고, "여호와께서 얼굴을 마주 본다"는 말은 후자를 뜻하는데, 이러한 것은 우리의 본문장의 뒤에 이어지는 것, 즉 여호와께서 모세에게 말씀하셨다는 장절에서 알 수 있습니다. 거기에서 "주께서 다시 말씀하셨다. 그러나 내가 너에게 나의 얼굴은 보이지 않겠다. 나를 본 사람은 아무도 살 수 없기 때문이다. 주께서 말씀을 계속하셨다.……나의 영광이 지나갈 때에, 내가 너를 바위 틈에 집어 넣고, 내가 지나갈 때까지 너를 나의 손바닥으로 가리워 주겠다. 그 뒤에 내가 나의 손바닥을 거두리니, 네가 나의 등을 보게 될 것이다. 그러나 나의 얼굴은 볼 수 없을 것이다"(출애굽 33 : 20-23)라고 언급되었습니다. "모세"가 성언을 뜻한다는 것은 10549항의 내용을 참조하시고, "얼굴"이 내면적인 것을 뜻한다는 것은 9546항의 인용 내용을 참조하시고, "말한다"(speaking)는 말이 지각을 뜻한다는

것은 10290항의 인용내용을 참조하십시오.

10555. 마치 사람이 자기 친구에게 말하듯이 (주께서는 모세와 말씀하셨다).

이 말씀이 진리와 선의 결합을 뜻한다는 것은, 위에서 언급한 것과 같이(10554항 참조), 상호적인 지각을 가리키는, 그리고 결과적으로는 결합을 가리키는 "말한다"(speaking)는 말의 뜻에서, 그리고 진리를 가리키는 "사람"(=남자)의 뜻에서(3134·3459·4823·7716·9907항 참조), 그리고 결합된 진리에게 있는 선을 가리키는 "이웃"(=친구·neighbor)의 뜻에서, 잘 알 수 있습니다. 성경에는 "사람과 이웃"(man and neighbor)이나, "사람과 친구"(man and companion)가 두루 언급, 거명되고 있는데, 그것은 곧 상호적인 것을 뜻하고, 그리고 "사람과 형제"(man and brother)가 뜻하는 것을 뜻합니다. 그리고 상호적인 것이 의미되었을 때 거기에는 상호적인 결합이 의미되었고, 이러한 것은 진리와 선 사이의 것입니다. 왜냐하면 진리는 상호적으로 자신을 선과 결합시키기 때문입니다. 이런 이유 때문에 진리는 자기 존재를 선에서 취하고, 그리고 선도 진리 안에서 자기의 성질을 취합니다. 천계에는 선과 결합되지 않은 진리는 그 어떤 것도 존재하지 않습니다. 이런 이유 때문에 선이 없는 진리는 아무것도 아닙니다. 그리고 또한 선 역시 진리가 없으면 아무것도 아닙니다. 왜냐하면 선이 없는 진리는 존재(存在·*esse*)가 없는 현현(顯現·*existere*)과 같기 때문입니다. 진리가 없는 선은 현현이 없는 것과 같습니다. 다시 말하면 선이 없는 진리는 생명이 없는 몸통과 같습니다. 그리고 진리가 없는 선은 몸통이 없는 생명과 같습니다. 그러므로 만약에 그것들이 서로 함께 결합되지 않았다면 그것은 어떤 것이 비롯된 그 어떤 것이 아닙니다. 다시 말하면 그것들은, 천계나 교회에 관해서 서술할 수 있는 아무것도 아닙니다.

[2] 여기의 경우는 사람 안에 있는 의지가 없는 이해와 같은 것이

라고 하겠습니다. 또는 의지가 없는 의지와 같은 것이라고 하겠습니다. 전자는 후자에게서 분리될 때 가능합니다. 예를 들면, 참된 것이나 선한 것을 이해만 하고, 그것을 원하지 않는 것과 같다고 하겠습니다. 그러나 이러한 경우 이해한다는 것은 선 이외의 다른 근원에서 그것의 뜻을 취한다고 하겠습니다. 그것은 곧 자기사랑이나 자기 자신을 위해서 원하는 것에서 그것을 취합니다. 이것에 대하여 진리의 이해나, 또는 선의 이해는 수단들로서 봉사, 섬깁니다. 깊이, 바르게 생각하는 사람은, 사람에게서 이해가 그의 원하는 것에서부터 그것의 생명(=진수·眞髓)을 취한다는 것을 능히 알 수 있습니다. 그리고 원하는 것이 없으면 그것은 아무것도 아니라고 하겠습니다. 그리고 또한 이해하는 것이나 원하는 것이 서로 상호적으로 존경할 때, 그것들은 서로 결합됩니다. 이와 같은 경우는 진리와 선에게서도 동일하고, 결과적으로는 믿음과 사랑의 경우에서도 동일합니다. 만약에 진리가 선과 결합하지 않는다면, 또는 믿음과 사랑이 결합되지 않는다변, 거기에는 진리도 결코 존재하지 않고, 또한 선도 결코 존재하지 않고, 또한 믿음도 사랑도 존재하지 않습니다. 이러한 내용들은, 영적인 뜻으로 "사람과 친구" 또는 "사람과 이웃" 그리고 "사람과 형제"가 뜻하는 내용이 상호적인 결합을 뜻한다는 것을 알게 하기 위하여, 언급되었습니다.

10556. 모세가 진으로 돌아갔다.

이 말씀이 그 민족이 처해 있는 외적인 것을 뜻한다는 것은 이스라엘 민족이 있었던, 성언이나, 교회나, 예배의 외적인 것을 가리키는 "진"(=진영·the camp)의 뜻에서(10546항 참조) 잘 알 수 있습니다. 지금은 모세가 진영에 돌아왔을 때, 그는 더 이상 성언을 표징하지 않고, 오히려 이스라엘 민족의 우두머리(首長)을 뜻합니다. 왜냐하면 내적인 것에서 분리된 외적인 것들 안에 있는 자들과 함께 그 진영에 있다는 것은 그와 비슷한 상태에 있다는 것을 뜻하기 때문입니다. 그가 그 진영 바깥으로 나가, 진영에서 멀리 떨어진 곳에 장막을 칠 때는 전혀 다릅니다. 그러므로 어떤 식으로 모세가 그 민족의 우두머리를 표징한다는 것은 우리의 본문장에 이어지는 마지막까지의 속뜻의 내용에서 잘 알 수 있겠습니다. 모세가 이 표징을 연출(演出)하고 있기 때문에 그러므로 "눈의 아들이며 모세의 젊은 부관인 여호수아는 장막을 떠나지 않았다"라고 언급되었는데, 이 말씀은 표징이 진영 밖에 있는 장막 안에서 계속되고 있다는 것을 뜻합니다.

10557. 눈의 아들이며 모세의 젊은 부관인 여호수아는 장막을 떠나지 않았다(=눈의 아들인 그의 종 청년 여호수아는 성막을 떠나지 아니하였다).

이 말씀이 모세의 자리에서 교회의 거룩한 것들이나, 예배의 거룩한 것들 안에서 섬기는 신령진리를 뜻한다는 것은, 모세의 자리에서 섬기는 신령진리를 가리키는, 그리고 진리로 말미암아 "눈의 아들"이라고 불리웠고, "선"으로 말미암아 "젊다"(=소녀·청년)라고 불리운, 모세의 부관(=모세 종) 여호수아의 표징에서, 그리고 교회의 거룩한 것들이나, 예배의 거룩한 것들 안에 있는 것을 중지하지 않는 동안을 가리키는 "장막을 떠나지 않았다"는 말의 뜻에서, 잘 알 수 있습니다. 여기서 "떠나지 않았다"(=옮기지 않았다)는 말은 한동안 끝내지 않았다는 것을 뜻하고, 그리고 "장막"(=성막)은 성언의 거룩한 것이나, 교회나 예배의 거룩한 것을 뜻합니다(10545항 참조). 위의 마지막 단락에서(10556항 참조), 모세는 지금 이스라엘 민족의 우두머리를 드러내기 시작하였다고 언급하였고, 그리고 그러므로 속뜻으로 그것들의 관계가 깨지는 것을 막았다고 언급하였는데, 모세가 없었을 때, 여호수아는 그 장막에 남아 있을 것을 대비(對備)하고 있는 것입니다. 왜냐하면 여호수아는 몇몇 기능의 측면에서 신령진리를 표징하기 때문입니다. 예를 들면, 투쟁하는 신령진리를 대비, 표징한 것입니다(8595항 참조). 그리고 조사하고, 관찰하고, 주의하는 신령진리를 표징합니다(10454항 참조). 여기서는 그가 모세가 부재중(不在中)에 사역(使役·섬기는)하는 신령진리를 표징합니다. 그러므로 그는 "모세의 부관"(=모세의 종)이라고 불리웠습니다.

10558. 12-17절. **모세가 주께 아뢰었다. "보십시오, 주께서 저에게 이 백성을 저 땅으로 이끌고 올라가라고 말씀하셨습니다. 그러나 주께서 누구를 저와 함께 보내실지는 저에게 일러주지 않으셨습니다. 주께서 저에게, 저를 이름으로 불러 주실 만큼 저를 잘 아시며, 저에게 은총을 베푸신다고 말씀하셨습니다. 그러시다면, 제가 주를 섬기며, 계속하여 주님께 은총을 받을 수 있도록, 부디 저에게 주의 계획을 가르쳐 주십시오. 주께서 이 백성을 주의 백성으로 선택하셨음을 기억하시기 바랍니다." 주께서 대답하셨다. "내가 친히 너와 함께 가겠다. 그리하여 네가 안전하게 하겠다." 모세가 주께 아뢰었다. "주께서 친히 우리와 함께 가지 않으시려면, 우리를 이 곳에서 떠나 올려 보내지 마십시오. 주께서 우리와 함께 가지 않으시면, 주께서 주의 백성이나 저를 좋아하신다는 것을, 사람들이 어떻게 알 수 있겠습니까? 주께서 우리와 함께 계시므로, 저 자신과 주의 백성이 땅 위에 있는 모든 백성과 구별되는 것이 아닙니까?" 주께서 모세에게 말씀하셨다. "내가 너를 잘 알고, 또 너에게 은총을 베풀어서, 네가 요청한 이 모든 것을 다 들어 주마."**

"모세가 여호와(=주)께 아뢰었다"(=말씀하셨다)는 말씀은, 신령존재께서, 따라서 교회 자체가 그들과 함께 있지 않았다는 분노(忿怒·indignation)를 뜻합니다. "보십시오, 주께서 저에게 이 백성을 저 땅으로 이끌고 올라가라고 말씀하셨습니다"라는 말씀은 그 교회가 그 민족에게 있을 것이다는 성의있는 약속을 뜻합니다. "그러나 주께서 누구를 저와 함께 보내실지는 저에게 일러주지 않으셨습니다"는 말씀은 이러한 일이 신령후원(神靈後援·the Divine auspices)이 없으면 행해질 수 없다는 것을 뜻합니다. "주께서는 저에게, 저를 이름으로 불러주실 만큼 저를 잘 아신다고 말씀하셨다"는 말씀은 그의 성품(性稟)을 뜻하고, "저에게 큰 은총을 베푸신다고 말씀하셨다"(=너는 내 목전에서 은혜를 입었다고 하셨습니다)라는 말씀은, 그가 그 민족을 관장(管掌)할 수 있기 때문에 그가 인정(認定), 수락(受諾)되었다는 것을 뜻합니다. "그러므로, 이제 내가 주께 간구하오니, 내가 주의 목전에서 은혜를 입었다면……"이라는 말씀은 만약에 그가 이런 것 때문에 인정, 수락되었다는 것을 뜻합니다. "이제 주의 길을 내게 보여주시어, 내가 주를 알게 하십시오"라는 말씀은 그들에게 있는 신령존재의 본성(=성질)이 무엇인지에 관한 가르침(教育)을 뜻하고, "내가 주의 목전에서 은혜를 입게 하소서"라는 말씀은 그 백성을 관장하는 것이 그에게 수용되었기 때문이다는 것을 뜻합니다. "이 민족을 주의 백성으로 보시옵소서"(=생각하소서)라는 말씀은 그들이 이 세상의 모든 것들을 다스리시는 신령존재(=신성)가 그들과 함께 하는 유일한 존재라는 것을 뜻합니다. "주께서 대답하셨다. '내가 친히 너와 함께 가겠다. 그리하여 네가 안전하게 하겠다'"는 말씀은, 교회에 속한 신성(神性)이나 그리고 예배와 성언에 속한 신성(=신령존재)이 거기에 있을 것이지만, 그러나 그것이 없는 외적인 것이 그 민족에게 있을 것이다는 것을 뜻합니다. "모세가 주께 아뢰었다. '주께서 친히 우리와 함께 가지 않으시려면, 우리를 이 곳에서 떠나 올려 보내지 마십시오'"라는 말씀은, 만약에 신령존재께서 거기에 계시지 않는다면, 거기에는 교회에 속한 어떤 것도 없을 것이다는 것을 뜻합니다. "주께서 우리와 함께 가지 않으시면, 주께서 주의 백성이나 저를 좋아하신다는 것을, 사람들이 어떻게 알 수 있겠습니까?"라는 말씀은, 만약에 신령존재께서 그들 가운데 나타내신다면, 다른 것들에 비하여 뛰어난 수용(受容 · reception)을 뜻합니다. "주께서 우리와 함께 계시므로, 저 자신과 주의 백성이 땅 위에 있는 모든 백성과 구별되는 것이 아닙니까?"라는 말씀은 교회가 존재하는 온 세상에 있는 모두에 비하여 그들의 결과적인 뛰어남(傑出)을 뜻합니다. "주께서 모세에게 말씀하셨다. '내가 네가 요청한 이 모든 것을 다 들어 주겠다'"는 말씀은 신령존재께서, 그들에게 있는 교회에 속한 외적인 것 안에, 그리고 예배나 성언에 속한 외적인 것 안에, 계실 것이다는 것을 뜻합니다. "내가 너를 잘 알고, 또 너에게 은총을 베풀었기 때문이다"는 말씀은 그가 그의 성품 때문에, 열납, 수용되었다는 것을 뜻합니다.

10559. 모세가 주께 아뢰었다(=모세가 여호와에게 말씀드렸다). 이 말씀이 신령존재께서 그들과 함께 있지 않다는, 따라서 신령존재가 교회 자체가 아니라는 분노(忿怒)를 뜻한다는 것은 여기서는 분노를 가리키는 "말한다"(=아뢴다)는 말의 뜻에서 잘 알 수 있습니다. 왜냐하면 "말한다"(saying)는 말은 아래에 이어지는 것들을 담고 있기 때문인데, 그 이유는 그가 말한 것들이나, 그리고 아래에 이어지는 것들은, 신령존재께서 그들과 함께 있지 않을 것이고, 따라서 그 교회가 그들에게 있지 않을 것이라는 것 때문에 생긴 분노에 속한 것들이기 때문입니다. 그들은 이런 것들에 의하여 지상(地上)에 있는 모두에 비하여 뛰어난다(=걸출하다)는 것을 드러내기 위한 것이기 때문입니다. 이러한 사실은 아래에 이어지는 16절의 말씀에서 명확합니다. 여호와(=주)께 말씀드린 모세의 말(=간청)이 그것 때문에 생긴 분노의 말들이라는 이유는, 여기서 모세는, 위에서 언급한 것과 같이(10556항 참조), 이스라엘 민족의 지도자(=우두머리)와 관계를 가지고 있기 때문입니다. 그러므로 그는 자기 자신을 위하여, 그리고 그 민족을 위해서 말하였습니다. 왜냐하면 모세는 "저와 이 백성"이라고 말하였기 때문입니다(16절). 그리고 여기서 모세는 그 백성의 우두머리(首長)로서 그 민족과 관계를 가지고 있기 때문에, 그러므로 "모세가 주께 아뢰었다"(=말하였다)는 말은 분노를 뜻합니다. 왜

냐하면 그 민족과 같은 이런 부류의 사람은, 만약에 그가 자신의 열망(熱望) 따위를 얻지 못한다면, 하나님에 대하여 분노하기 때문입니다.

[2] 이러한 일은 내적인 것이 결여된 외적인 것들 안에 있는 자들에 의하여 행해졌습니다. 왜냐하면, 만약에 그들이 하나님을 존경하고, 경배한다면, 말하자면 하나님을 사랑한다면, 그것은 그분을 위한 것이 아니고, 오히려 자기 자신들을 목적한 것이기 때문입니다. 그 이유는 그들이 다른 것들에 비하여 월등히 다른 자들이나 재물에 대하여 뛰어난 것 이외에는 아무것도 열망하지 않기 때문입니다. 이것은 그들의 존경이나 경배 따위를 자극(刺戟)하는, 말하자면 그들의 지배애(支配愛)를 흥분, 자극하는 불꽃과 같기 때문입니다. 그러나 만약에 그들이 자신들이 열망하는 것을 취하지 못한다면, 그들은 하나님을 헌신짝 버리듯이 버릴 것입니다. 그 민족이 이런 성질이었다는 것은 성언의 역사서에서 잘 알 수 있습니다. 야곱의 이 말은 그 내용을 잘 드러내고 있습니다. 창세기서의 말씀입니다.

> 야곱은 이렇게 서원하였다. "하나님께서 저와 함께 계시고, 제가 가는 이 길에서 저를 지켜 주시고, 먹을 것과 입을 것을 주시고, 제가 안전하게 저의 아버지 집으로 돌아가게 해주시면, 주님이 저의 하나님이 되실 것이며,……하나님께서 저에게 주신 모든 것에서, 열의 하나를 하나님께 드리겠습니다."
> (창세기 28 : 20, 21)

이 구절의 말씀은 만약에 그가 장차 이런 것들을 받게 된다면, 그는 자신의 하나님으로 여호와를 시인할 것이지만, 그러나 만약에 그것들을 취하지 못한다면 그는 그분을 시인하지 않을 것이다는 것을 뜻합니다. 이러한 내용이나 사실은 그 민족에게서 대대로 이어져 내려온 것들입니다. 이렇게 볼 때, 그들이 가나안 땅에서, 처음에는 이스라엘 민족이, 그 다음에는 유대 민족이 이런 이유 때문에 쫓겨날 때까지, 그 민족이 아주 자주 변절(變節), 배신(背信)하였고, 그리고 다른 잡신(雜神)들을 섬겼다는 것입니다. 따라서 앞에서 말한 분노의 원인이, 바로 여호와께서 그들과 함께 가시지 않는다면, 그들이 이 세상에 있는 모두에 비하여 걸출하게 되지 않을 것이라는 것입니다.

[3] 그 분노의 원인은 교회 자체가 그들에게 있지 않은 것이다는 것은 여호와께서 가나안 땅으로 옮기신 것이 그 교회가 되는 것을 뜻한다는 사실에서 이어지고 있습니다. 그 이유는, 그 교회가 태고시대(太古時代) 때부터 가나안 땅에 있었다는 것이고, 그리고 성경은, 그 민족이 소유하고 있는 그 민족에게 있는 것을 제외하면, 어디에서도 기록될 수 없었다는 것 등입니다. 성경은 그 어디에서도 기술될 수 없었다는 것은 그 땅 전체에 있는 모든 장소들이나, 그리고 그 땅 주위에 있는 장소들이나, 예를 들면, 산들・골짜기들・강들・숲들이나 그밖의 모든 것들이 천적인 것들이나 영적인 것들의 표징이 되었기 때문입니다. 그리고 그것은, 역사서나 예언서 양쪽의 성언의 문자적인 뜻은 그런 것들로 이루어져야 한다는 것은, 필수적입니다. 그 이유는, 천적인 것이나 영적인 것을 가리키는 성언의 내면적인 것들은 반드시 이런 것들 안에서 마감되어야 하기 때문이고, 그것은, 마치 가옥(家屋)이 그 기초 위에 있듯이, 그것들 위에 세워져야 하기 때문입니다. 왜냐하면 만약에 그것의 궁극적인 것을 가리키는 문자적인 뜻의 측면에서 성언이 그런 것들 위에 서 있지 않다면 그것은 마치 기초가 없는 가옥과 같을 것이기 때문입니다. 이것이 사실이라는 것은 성언에서 명확한데, 그것의 언급에서 보면 그 땅의 여러 장소들이나 표징적인 것을 지니고 있는 것에 속한 모든 것은 천계에 속한 것들이나 그 교회에 속한 것들을 뜻하기 때문입

니다.
[4] 이렇게 볼 때 가나안 땅으로 데리고 왔다는 것은 곧 그 교회를 세우는 것을 뜻하고, 그리고 비록 그가 그것에 관해서 생각하지 않는다고 해도 모세의 분노는 역시 이런 것을 담고 있다는 것입니다. 그 교회가 태고시대 이래로 가나안 땅에 있었다는 것, 그리고 결과적으로는 거기에 있는 모든 장소들이 표징적이라는 것 등은 3686·4447·4454·4516·4517·5136·6306·6516·8317·9320·9325항을 참조하십시오. 그리고 이것으로 말미암아 성경에서 "가나안 땅"이 교회를 뜻한다는 것은 9325항의 인용내용을 참조하십시오.

10560. 보십시오. 주께서 저에게 이 백성을 저 땅으로 이끌고 올라가라고 말씀하셨습니다.

이 말씀이 그 교회가 그 민족에게 있을 것이라는 성의 있는 약속을 뜻한다는 것은 어떤 말이 여호와(=주)에 의하여 말해졌을 때 성의 있는 약속을 가리키는 "주께서 저에게 말씀하셨다"는 말의 뜻에서, 그리고 그 교회가 그 민족에게 세워질 것이라는 것을 가리키는 "이 백성을 이끌고 올라간다"는 말의 뜻에서, 잘 알 수 있습니다. 이러한 내용들이 속뜻으로 우리의 본문 말씀들이 뜻하는 것들입니다. 그러나 가장 가까운 문자의 뜻으로는 그들이 가나안 땅으로 옮겨지고, 그리고 그 땅을 차지할 것이라는 것을 뜻합니다. 그 땅으로 옮겨지고, 그 땅을 차지할 것이라는 것은 곧 교회가 세워지는 것을 뜻한다는 것은 10559항을 참조하십시오. 이런 것들에 관해서 그 경우가 어떠한지는 앞서의 여러 내용들에게서, 다시 말하면 그 민족에게는 결코 교회가 세워질 수 없었고, 다만 교회에 속한 표징만 있을 것이라는 것을 두루 입증, 설명되었습니다. 그 이유는, 그들이 내적인 것에서 분리된 외적인 것들 안에 있기 때문이고, 그리고 이런 성품의 작자들은 신령존재로부터 어떤 입류도 받지 못하고, 그리고 그럼에도 불구하고 사람에게 있는 그 교회는 그의 내적인 것 안에 존재하고, 그것에서 분리된 외적인 것 안에 존재하지 못한다는 것 때문입니다. 이런 성품의 인물들은 사실 교회를 표징할 수는 있었지만, 그 교회가 될 수는 없었습니다. 교회를 표징한다는 것, 그리고 그 교회가 아니라는 것은 외적인 것들을 예배하는 것을 가리키고, 그리고 그것들을 거룩하고 신령하다고 부르는 것을 가리키지만, 그러나 천계에서 비롯된 믿음과 사랑에서 그것들을 시인하거나 깨닫는 것은 아닙니다. "그 백성이 그 땅으로 올라간다"는 말의 뜻에 관해서는 위에 언급된 내용을 참조하십시오(10526항 참조).

10561. **그러나 주께서 누구를 저와 함께 보내실지는 저에게 일러주지 않으셨습니다**(=주께서는 나와 함께 보낼 자를 내게 알려주지 않으셨습니다).

이 말씀이 이러한 일은 신령후원(神靈後援 · the Divine auspices)이 없이는 행해질 수 없다는 것을 뜻한다는 것은, 이것에 관해서는 아래에서 언급하겠지만, 여호와에 의하여 보내진다고 언급된 신령존재께서 인도하실 것을 가리키는, "모세와 그 민족이 함께 보낸다"는 말의 뜻에서 잘 알 수 있습니다. 그 이유는 모세는 사실이 자기가 그 백성(=그 민족)을 가나안 땅으로 데리고 간다는 것을 잘 알고 있었기 때문이지만, 그러나 만약에 이런 일이 신령인도(神靈引導)나 신령후원이 없이 행해진다면, 그들은 그것의 점유(占有)에 들어가지 못할 것이다는 것을 잘 알고 있었기 때문입니다. 이러한 사실은 그 교회가 그 민족에게 세워지지 않을 것이다는 것을 내포하고 있고, 뜻하고 있습니다. 이것은 10559 · 10560항에 인용된 내용에 일치합니다. 이렇게 볼 때 우리의 본문, "이 백성을 데리고 올라가지만, 주께서 누구를 저와 함께 보내실지는 저에게 일러주지 않으셨습니다"라는 말이 그 교회는 신령후원이 없으면 그 민족에게 세워질 수 없다는 것을 뜻한다는 것은 확실합니다. 따라서 천사들은 이런 뜻을 지각하지만, 그러나 그것들은 사람들에 의하여 지각될 수 있습니다. 왜냐하면 천사들은 성경말씀의 속뜻에 일치하여 성언의 모든 것들을 지각하지만, 그러나 사람들은 겉뜻(=문자적인 뜻)에 따라서 지각하기 때문입니다. 그럼에도 불구하고 그것 안에는 속뜻이 있습니다. 여호와에 관해서 언급될 때, "그들과 함께 보낸다"는 말이 신령존재께서 인도하실 것이다는 것을 뜻한다는 것은 "여호와에 의하여 보내진다"라는 말이 신령인도와 신령진행(神靈進行 · the Divine proceeding)을 뜻하기 때문입니다. 그러므로 어원에서는 천사들은 "보내졌다"(sent)는 것으로 불리워졌고, 그러므로 주님께서는 자신에 대하여 말씀하실 때 아버지에 의하여 "보내졌다"는 것으로 자주 말씀하셨는데, 이 말은 신령발출(神靈發出 · the Divine proceeding)을 뜻합니다(4710 · 6831항 참조). 이렇게 볼 때 속뜻으로 우리의 본문, "누구를 저와 함께 보낸다"는 말이 뜻하는 것이 무엇인지 확실합니다.

10562. 주께서는 저에게, 저를 이름으로 불러주실 만큼 저를 잘 아십니다(=주께서는 "나는 너를 지명하여 안다"고 말씀하셨습니다).

이 말씀이 그의 성품(性稟)을 뜻한다는 것은, 여호와에 관해서 언급되었을 때, 영원 전부터 아는 것이나 예견(豫見)하는 것을 가리키는 "안다"(knowing)는 말의 뜻에서(5309항 참조), 그리고 상태 · 사물 · 사람의 성질이나 성품을 가리키는 "이름"(name)의 뜻에서(144 · 145 · 1754 · 1896 · 2009 · 2724 · 3004-3011 · 3421 · 6674 · 6887 · 8274 · 8882 · 9310항 참조) 잘 알 수 있습니다. 뒤이어지는 것들에서는 모세의 성품이 의미되고 있습니다. 이렇게 볼 때 우리의 본문, "나는 너를 지명하여 안다"는 말은, 여호와에 의하여 언급되었기 때문에, 영원 전부터 그의 성품이 무엇인지 알고, 예견한다는 것을 뜻합니다.

10563. 저에게 큰 은총을 베푸신다고 말씀하셨습니다(=또한 너

는 내 목전에서 은혜를 입었다고 하셨습니다).
이 말씀은, 그가 그 민족을 관장(管掌)하였기 때문에, 그가 영입, 수용되었다는 것을 뜻한다는 것은, 지각된 것을 가리키는, 여기서는 "나는 너를 이름을 불러(=지명하여) 안다"는 말이 뜻하는 것인 그의 성품 때문이다는 것을 가리키는, "여호와의 목전(=안전)에서 은혜를 입었다"는 말의 뜻에서 잘 알 수 있습니다. 그의 성품은 곧 그가 그 민족을 관장할 수 있었기 때문입니다. 왜냐하면 모세는 주님에 의하여 이스라엘 백성을 관장할 수 있다는 것이 예견되었기 때문입니다. 이것이 예견 되었다는 것은 그가, 모든 영주(領主)의 권력이 존재하는 임금 바로의 궁전에서 성장, 가르침을 받았고, 그리고 이것으로 말미암아 그는 다른 자들에 비하여 뛰어난 성질이나 기질(氣質) 따위를 터득하였다는 사실에서 잘 알 수 있겠습니다. 이런 것들 때문에 그는 그의 백성을 관장하고, 통치하는 일을 수용하였습니다. 그의 성품이 이러하다는 것은 그 민족의 다른 자들에 비하여 신령존재로부터 더 많은 가르침을 영접, 수용될 수 있었습니다. 왜냐하면 그는 그 민족이 처해 있는 것과 같은, 내적인 것에서 분리된 외적인 것 안에 결코 있지 않았기 때문입니다. 그러므로 이러한 내용들이 바로 우리의 본문, "나는 너를 지명하여 알고, 너는 나의 목전에서 은혜를 입었다"는 말이 뜻하는 것들입니다.

10564. 그러시다면, 내가 주의 목전에서 은혜를 입었으면 내가 이제 주께 간구합니다.
이 말씀이, 만약에 그가 인정, 수용되었다면 이라는 것을 뜻한다는 것은 바로 위에 언급된 내용에서(10562·10563항 참조) 잘 알 수 있습니다.

10565. (간구하오니), **이제 주의 길을 내게 보여 주십시오**(=부디 저에게 주의 계획을 가르쳐 주십시오).
이 말씀이 그들에게 있는 신령존재의 성품이 무엇인지에 관한 가르침을 뜻한다는 것은 신령존재에 관한 가르침을 가리키는 "여호와의 길(=주의 길·주의 계획)을 알게 한다"는 말의 뜻에서 잘 알 수 있습니다. 왜냐하면 "알게 한다"는 말은 가르침을 뜻하기 때문이고, 그리고 "여호와의 길"(=주의 길·주의 계획·the way of Jehovah)은 인도하는 신령진리를 뜻하기 때문입니다. 그리고 그들에게 있는 신령존재의 성품을 아는 것을 가리키는 "여호와를 안다"는 말의 뜻에서 잘 알 수 있습니다. "길"(way)이 진리를 뜻한다는 것은 627·2333·10422항을 참조하시고, 여기서는 인도하는 신령진리를 뜻합니다. "내가 주의 안전에서 은총을 받았기 때문"이라는 말은 그가 그 백성을 관장하는 일이나, 그들을 인도하는 일이 인정, 수용되었기 때문이다는 것을 뜻합니다(10563·10564항 참조).

10566. 주께서 이 백성을 주의 백성으로 선택하셨음을 기억하시기 바랍니다(=이 민족을 주의 백성으로 생각하십시오).

이 말씀이 그들은 모든 것들을 다스리는 신령존재가 그 민족에게 있는 유일한 민족들이라는 것을 뜻한다는 것은 신령존재가 거(居)하는 곳을 가리키는, 그리고 영적인 뜻으로 주님의 교회가 존재해 있는 곳을 가리키는 "주의 백성"(=주의 민족)의 뜻에서 잘 알 수 있습니다. 왜냐하면 하나라고 생각하고, 믿음이나 사랑으로 주님을 시인하는 자들은 모두 "여호와의 민족"(the nation of Jehovah)이기 때문입니다. 그러나 그 당시 이스라엘 자손은 교회에 속한 것은 아무것도 생각하지 않았고, 다만 가나안 땅의 점유(占有)만을 생각하였고, 다른 민족들에 비하여 자신들이 잘났다는 것만을 생각하였습니다. 그들의 하나님의 이름이 여호와라는 것이 모세에게 일러졌지만, 그러나 그들은 전에는 그것을 알지 못하였기 때문에(출애굽 3 : 13, 14), 그리고 그들이 애굽 땅에서 주님께서 역사하신 그와 같은 큰 기적들을 보았기 때문에, 그리고 홍해 바다에서, 광야에서 주님께서 역사하신 그와 같은 큰 기적들을 보았기 때문에, 그러므로 그들은 그들의 하나님으로 여호와를 시인하였습니다. 그럼에도 불구하고, 그들의 마음 속에서 그들은 그분을 믿지 않았습니다. 왜냐하면 그들은, 신들이 여럿이 있다고 믿었기 때문입니다. 이러한 사실은, 모세가 시내 산에서 시간이 걸리는 동안, 금송아지를 만든 사실에서 잘 알 수 있는데, 그들은 금송아지를 자신들의 하나님(=신들 · their god)으로 경배하였는데, 마치 여호와에게 하듯이 하였습니다. 그리고 그 뒤, 그들이 아주 자주 그것에 향했던 신들(gods)에게서 잘 알 수 있습니다. 이러한 사실은 성경의 역사서들에게서 잘 볼 수 있습니다. 이상의 모든 것에서 볼 때 그들이 그저 단순히 수많은 기적들 때문에 여호와를 예배하였다는 것을 잘 알 수 있겠고, 그리고 그분이 유일한 하나님이 아니라는 것에서도 잘 알 수 있겠습니다. 그리고 많은 기적들 때문에 단순히 하나님을 예배하는 사람은, 그리고 하나님이 아니라, 그저 하나님의 이름만을 숭배하는 사람은, 그가 자신의 바람이나 욕망 따위들을 얻지 못하였을 때에는 언제든지 변절(變節)하고, 떠나가 버립니다. 이스라엘 민족이 그저 뜻없이 그 이름의 측면에서만 여호와를 예배하였다는 것은 3732 · 4299 · 6877항을 참조하시고, 그들이 마음에서는 우상숭배자들이었다는 것은 4208 · 4281 · 4820 · 5998 · 6877 · 7401 · 8301 · 8882항을 참조하시고, 그들이 역시 가장 사악한 민족이었다는 것은 4314 · 4316 · 4317 · 4444 · 4503 · 4750 · 4751 · 4815 · 4820 · 4832 · 5057 · 7248 · 8819 · 9320항과 더 상세한 내용은 10396항을 참조하십시오. 이상의 모든 것에서 볼 때 우리의 본문, “이 민족이 당신의 백성입니다”라는 말이 무엇을 뜻하는지, 다시 말하면, 그들은 여호와께서만 그들 가운데 있는 그런 존재였다는 것을 뜻하고, 그리고 이런 식으로 그들이 다른 민족들에 비하여 걸출(傑出)하게 될 것이다는 그런 존재를 뜻한다는 것을 잘 알 수 있겠습니다. 그러나 비록 가장 가까운 뜻으로 이런 말들이 이런 것들을 뜻한다고 해도, 그럼에도 불구하고 속뜻으로 이런 말들은 신령존재께서 그들과 함께 하신다는 것, 결과적으로는 그들에게 교회가 존재한다는 것을 뜻합니다.

10567. 주께서 대답하셨다. "내가 친히 너와 함께 가겠다. 그리하여 네가 안전하게 하겠다(=나의 임재(=나의 얼굴들)가 너와 함께 가면, 내가 너에게 쉼을 주리라).

이 말씀이 교회에 속한 신령존재나, 예배나 성언에 속한 신령존재가 거기에 있을 것이라는 것, 그러나 그 민족 자체에게는 내적인 것이 결여된 외적인 것만 있을 것이라는 것을 뜻한다는 것은 내면적인 것들을 가리키는 "얼굴들"(=임재 · faces)의 뜻에서(9546항의 인용내용 참조), 그리고 여호와에 관해서 언급할 때, 신령한 것들을 가리키는, 지금 여기서는 교회에 속한 신령한 것들이나, 그리고 예배나 성언에 속한 신령한 것들을 가리키는 "얼굴들"(=임재)의 뜻에서, 그리고 산다는 것(to live)을 가리키는 "간다"(going)는 말의 뜻에서(3335 · 4882 · 5493 · 5605 · 8417 · 8420 · 9440항 참조), 그러나 여호와에 관해서 언급되었을 때 그것은 생명을 주는 것, 그리고 현존하는 것(=임재하는 것), 인도하는 것을 뜻하는 "얼굴들"의 뜻에서 잘 알 수 있습니다. 왜냐하면 이런 것으로 말미암아 사람은 살기 때문입니다. 그리고 그것 안에서 신령한 것들이 종결(=마감)하는 교회에 속한 외적인 것이나, 그리고 예배나 성언에 속한 외적인 것을 가리키는 "모세를 쉬게 한다"는 말의 뜻에서 잘 알 수 있습니다. 왜냐하면 모세는 이와 같은 외적인 것을 표징하기 때문입니다(10563항 참조). 그리고 "쉰다"(=안전하게 한다)는 것이 쉬는 것이나 종결(=마감)하는 것을 뜻하고, 더욱이 어원에서 이 말은 쉬는 것이나 마감(=종결)하는 것을 뜻합니다. 교회나, 예배나, 성언에 속한 내면적인 것들이 그것들의 외적인 것 안에서 종결되고, 마감된다는 것, 그리고 그것들이, 마치 그것들의 터전에서와 같이, 또는 그것의 기초 위에 가옥이 세워지듯이, 그것 위에 쉰다는 것은 9216항에서 볼 수 있습니다. "모세를 쉬게 한다"는 말이 이런 내용을 뜻한다는 것은 속뜻으로 우리의 본문장에 이어지는 아래의 장절에서 잘 알 수 있는데, 거기에는 성언・교회・예배에 속한 내면적인 것들이 다루어졌고, 그리고 그것들이 외적인 것 안에서 마감되었습니다. 이 외적인 것이, 모세에 의하여 표징하는 것입니다.

10568. 모세가 주께 아뢰었다. "주께서 친히 우리와 함께 가지 않으시려면, 우리를 이 곳에서 떠나 올려 보내지 마십시오(=만일 주의 임재(=얼굴들)가 나와 함께 가지 않으면, 우리를 여기에서 올려 보내지 마십시오).

이 말씀이, 만약에 신령존재께서 거기에 계시지 않다면, 거기에 교회에 속한 것이 존재하지 않을 것이다는 것을 뜻한다는 것은, 위에서 이것에 관해서 언급한 것과 같이(10567항 참조), 교회・예배・성언에 속한 내면적인 신령한 것들을 가리키는 "여호와의 얼굴"(=여호와의 임재)의 뜻에서, 그리고 거기에 교회에 속한 것이 없을 것이다는 것을 가리키는 "우리를 여기에서 올려 보내지 말라"는 말의 뜻에서 잘 알 수 있습니다. 우리의 본문이 이런 내용들을 뜻하는 이유는 "가나안 땅에 옮겨진다"는 말이 교회를 세우는 것을 뜻하기 때문이고, 따라서 "우리를 여기에서 올려 보내지 않는다"는 말이 따라서 거기에 교회에 속한 것이 없을 것이다는 것을 뜻하기 때문입니다. "가나안 땅으로 옮겨진다"는 말이 교회의 세움(設始)을 뜻한다는 것은 10560・10561항에서 볼 수 있고, 그리고 이것은 성경에서 "가나안 땅"이 교회 이외의 다른 것으로 천계에서 이해되지 않기 때문입니다. 왜냐하면 성언에 속한 것들은 모두 천계에서 영적으로 지각되기 때문입니다. 그러므로 어떤 땅에 대한 언급이 있게 되면, 그들은 거기에 있는 그 땅에 있는 교회에 속한 것들이나, 또는 거기에 있는 그 민족에게 있는 것들을 생각합니다. 천계의 천사들은 그 마음을 어떤 땅의 개념 안에 간직할 수 없는데, 그 이유는 땅의 개념은 물질적인 것이기 때문입니다. 또한 어떤 민족의 개념 안에도 간직할 수 없는데, 이 개념 역시 물질적이기 때문입니다. 그러므로 영적인 개념은 그들에게 그 개념이 교회에 관한 것이라고 생각이 납니다. 일반적으로 영적인 개념은 주님에 관한 것이고, 그리고 주님의 나라・천계・교회・주님사랑・주님을 믿는 믿음에 관한 것이고, 그리고 또한 믿음과 사랑에 속한 헤아릴 수 없이 많은 것들에 관한 것이고, 따라서 교회에 속한 것들에 관한 것들입니다. 만약에 여러분이 이것을 믿는다면, 그것은 천계에 들어가기 위한 그 어떤 물질적인 개념을 위해서는 불가능합니다. 그것은 제일 먼저 입구에서 벗어 버려야 할 것입니다. 이런 경우가 성언에 속한 전부이고, 그리고 개별적인 것입니다. 이렇게 볼 때 그 때 우리의 본문, "가나안 땅으로 옮겨진다"는 말이 교회를 세우는 것을 뜻한다는 것이고, 여기서와 같이 "옮겨지지 않는다"는 말은 교회의 세움이 없다는 것을 뜻한다는 것은 명확합니다.

10569. **주께서 우리와 함께 가지 않으시면, 주께서 주의 백성이나 저를 좋아하신다는 것을, 사람들이 어떻게 알 수 있겠습니까?**(=나와 주의 백성이 주의 목전에서 은혜를 입은 것을 무엇으로 알겠습니까? 주께서 우리와 함께 가시는 것이 아닙니까?).

이 말씀이, 만약에 신령존재께서 그들 가운데 명확하게 드러내신다면 다른 것들에 비하여 뛰어난 영접이나 수용을 뜻한다는 것은, 그들 가운데 계신 신령존재에 관해서 언급될 때, 계시되는 것을 가리키는 "알게 된다"는 말의 뜻에서, 그리고 영접, 수용되는 것을 가리키는(10563항 참조), 여기서는 다른 것들에 비하여 뛰어난 것을 가리키는, "여호와의 목전에서 은혜를 입는다"는 말의 뜻에서 잘 알 수 있는데, 그 이유는 이런 말, 즉 "그것으로 우리, 즉 나와 주의 백성이 지면에 있는 모든 백성들로부터 구별되는 것입니다"라는 말이 뒤이어지기 때문입니다. 그리고 여호와에 관해서 언급될 때, 신령인도(神靈引導)를 가리키는, 여기서는 가나안 땅으로 인도하는 것을 가리키는 "우리와 함께 간다"는 말의 뜻에서 잘 알 수 있습니다(10567항 참조). 이렇게 볼 때, 우리의 본문, "나와 주의 백성이 주의 목전에서 은혜를 입었다는 것을 무엇으로 알겠습니까? 그것으로 나와 주의 백성이 지면에 있는 모든 백성들로부터 구별되는 것입니다"는 말이, 만약에 신령존재께서 우리 가운데 명확하게 드러내신다면, 다른 자들에 비하여 뛰어난 영접이나 수용을 뜻한다는 것은 명확합니다.

[2] "여호와의 목전"(=여호와가 우리와 함께)이라고 언급하였고, 그리고 그 말은 땅에 있는 사람들이나 천계에 있는 천사들에게 있는 진리들이나, 믿음이나 사랑에 속한 선들 안에 계시는 주님의 현존(=임재)를 뜻합니다. 주님의 현존(=임재)이 진리들 안에, 그리고 믿음의 선들이나 사랑의 선들 안에 존재하는 이유는 이런 것들이 주님 그분에게서 비롯되기 때문이고, 그리고 주님께서 사람들이나 천사들에게 있는 이런 것들 안에 현존(=임재)하실 때, 그 때 주님께서는 그들에게 있는 주님의 고유속성(=자아) 안에 현존하시기 때문이고, 사람들이나 천사들의 고유속성에는 주님께서 현존하시지 않기 때문입니다. 왜냐하면 사람의 것이나 천사의 것은 악하기 때문입니다. 이상에서 볼 때 성경에서 "안전에서"(=목전에서)라는 말은, 주님의 신령한 것들을 영접, 수용하는 사람들에 관해서 언급할 때, 믿음이나 받아드릴 수 있는 이해력을 뜻합니다. 왜냐하면 이해는 내적인 눈(the internal eye)이기 때문이고, 그리고 믿음은 보고, 깨달은 진리이기 때문입니다. 성경에서 사람의 눈에 관해서 언급되었을 때 "눈"(目)이 믿음이나 또는 이해를 뜻한다는 것은 2701·4403-4421·4523-4534·9051항을 참조하십시오.

[3] 시각은 거기에서 비롯된 것이라는 것에 관해서 몇 마디 설명하고자 합니다. 이해를 비추는 진정한 빛이 있는데, 그것은 인

체의 시각을 밝게 비추는 빛과는 전적으로 다릅니다. 이해를 밝게 비추는 빛은 천계에서 비롯되지만, 그러나 육체의 시각을 비추는 빛은 이 세상에 존재합니다. 천계의 빛은, 거기에 계시는 태양이신 주님에게서 오고, 그리고 그것의 본질 안에는 주님의 신령선에게서 발출하는 신령진리가 내재해 있습니다. 이렇게 볼 때, 여호와에 관해서 언급할 때 "눈"은 주님의 신령현존(=임재 · the Divine presence)을 뜻하고, 그리고 주님의 신령진리를 영접, 수용하는 사람들에 관해서 언급될 때 "눈들"은 믿음이나 조요된 이해를 뜻한다는 것은 명확합니다.

[4] 마음을 밝게 하고, 사람들에게 있는 이해를 성취하는 것이 진정한 빛이라는 것은, 비록 사람들이 시각이나 빛(=재능이나 지력)을 이해의 공으로 돌린다고 해도, 그리고 비록 성경에서, 믿음에 의하여, 그리고 그것의 빛에 의하여 본다고 뜻하는 "빛"(the Light)이라고 주님이 자주 불리신다고 해도, 이 세상에서는 잘 알려져 있지 않습니다. 이것이 마음을 밝게 비추는 진정한 빛이라는 것, 그리고 이것이 태양이신 주님에게서 발출하는 신령진리가 이 빛이라는 것, 그리고 거기에서 그것이 진리의 이해를 줄 때 그것이 수용된다는 것 등등은 9548 · 9684항의 인용내용이나, 9570 · 9571 · 9594항의 인용내용을 참조하십시오.

[5] 이상의 모든 것에서 볼 때, 아래 장절들에서와 같이, 성경에서 "여호와의 눈"이 뜻하는 것이 무엇인지 밝히 알 수 있겠습니다.

주님, 귀를 기울여 들어주십시오.
주님, 눈여겨 보아 주십시오.
(이사야 37 : 17)
내가 그들을 지켜 보면서 잘 되게 하고, 다시 이 땅으로 데려오겠다.
내가 그들을 세우고 헐지 않겠으며, 내가 그들을 심고 뽑지 않겠다.

(예레미야 24 : 6)
그렇다.
주의 눈은
주님을 경외하는 사람들을 살펴보시며,
한결같은 사랑을 사모하는 사람을
살펴보신다.
(시편 33 : 18)
주께서 성전에 계신다.
주님은 하늘 보좌에 앉아 계신다.
주님은
불꽃처럼 날카로운 눈으로 굽어보시고,
사람을 살펴보신다.
(시편 11 : 4)

10570. **주께서 우리와 함께 계시므로, 저 자신과 주의 백성이 땅 위에 있는 모든 백성과 구별되는 것이 아닙니까?**(=그것으로, 우리, 즉 나와 주의 백성이 지면에 있는 모든 백성들로부터 구별됩니다).

이 말씀이 그 교회가 있는 온 세상에 있는 모든 것에 대하여 뛰어난 결과적인 그들의 걸출함을 뜻한다는 것은 온 세상에 있는 모두에 비하여 뛰어난 걸출함을 가리키는 "지면에 있는 모든 백성들로부터 구별된다"는 말의 뜻에서 잘 알 수 있겠습니다. 이 내용에 관해서는 아래에서 언급하겠습니다.

[2] 이 목적, 즉 그들이 온 세상에 있는 자들에 비하여 뛰어나다는 것을 구별하는 것이라는 것은 이스라엘 민족이 여호와를 예배하기 위한 목적이다는 것, 그리고 그 목적 때문에 그들은 거룩한 외적인 것 안에 있을 수 있다는 것은 그 민족에 관해서 이미 언급된 내용에서 잘 알 수 있습니다. 이런 부류가 거룩한 외적인 것 안에 있다는 것, 그리고 그들이 다른 자들에게는 마치

하나님을 예배하는 자들처럼 보인다는 것은, 그와 같이 외적인 것들 안에 있을 수 있었던, 성경의 역사서에 언급된 우상숭배자들에게서 확실합니다. 그러나 그들이 거룩하고, 내적인 것을 전혀 가지고 있지 않다는 것은, 만약에 사람들이 그것들을 알고, 그것들에 일치하여 산다면, 예배가 내적인 것이 될 수 있다는 성경 안에 계시된 것이 신령진리들이다는 사실에서 모두가 잘 알 수 있고, 그리고 추정(推定)할 수 있습니다. 왜냐하면 만약에 사람이 그런 것이 없는 거룩한 방법으로 하나님을 예배할 수 있다면 거기에는 교회의 교리 따위는 전혀 필요 없을 것이고, 또한 그 어떤 설교 따위도 필요 없을 것이기 때문입니다.
[3] 그 민족이, 그들은 소견상 그들의 목적으로서 다른 자들에 비하여 월등하게 걸출하다는 목적을 위하여 거룩한 외적인 것 안에 있을 수 있었다는 그런 민족이었기 때문에, 그리고 그 백성에게는 예배에 속한 외적인 것들을 가리키는 천적인 것들이나 영적인 것들의 표징이 있었고, 천사들과 교통 가운데 있을 수 있기 때문에, 그리고 그것에 의하여 천계와 결합할 수 있었기 때문에, 그러므로 그 민족은 수용되었습니다. 그러나 그들이 그것에 의하여 하나님을 예배하는 자들이라고 믿는 사람은 아주 큰 과오(過誤)를 범하고 있습니다. 왜냐하면 그들은 자기 자신이나 이 세상을 예배하는 자들이기 때문이고, 그리고 마음으로는 우상숭배자들이기 때문입니다. 그리고 그들이 이런 성품이기 때문에 주님을 믿는 믿음이나 주님사랑에 속한 예배의 내면적인 것들은 그들에게 드러나지도 않고, 누설(漏泄)되지도 않는데, 이러한 것은 구약의 여러 책들에게서 명확하고, 그리고 주님께서 이 세상에 강림하셨을 때 그들이 주님을 시인하지 않았다는 사실에서, 아니, 지금도 주님을 시인하지 않고 있다는 사실에서 잘 알 수 있습니다. 만약에 주님에 관한 예언적인 말씀에서 가르침을 받는다고 해도 그들은 여전히 그 가르침(=말씀)을 영접, 수용하지 않

습니다. 그들은 온 세상에 있는 모든 것에 비하여 월등히 찬양하는 메시아를 열망하지만, 그는 천계에 있는 나라의 주인이신 메시아는 아니고, 결과적으로는 이 땅 위에 있는 모두의 구원을 대비하는 메시아도 역시 아닙니다. 이상에서 볼 때 초기부터 그 민족의 성품이 무엇이었는지 잘 알 수 있겠고, 그리고 여기서 그들이 "주께서 우리와 함께 가시면, 그것으로 그들이 지면에 있는 모든 백성들로부터 구별된다"고 언급한 이유 또한 잘 알 수 있겠습니다.

[4] "지면에 있다"고 언급되었고, 그것이 어디에서나 교회를 뜻합니다. 왜냐하면 "땅"(ground)은, 땅(land)이나 육지(earth)와 마찬가지로, 교회를 뜻하기 때문입니다. 땅(land)이나 육지(earth)가 교회를 뜻한다는 것은 9325항의 인용내용을 참조하십시오. 그러나 "땅"(ground)은, "들판"(=논밭 · field)이 뜻하는 것과 같은 동일한 이유 때문에, 교회를 뜻하고, 따라서 다종다양한 종자들의 수용으로 말미암아, 그리고 그것들의 성장이나 농산물로 말미암아, 그것은 믿음이나 사랑에 속한 진리들이나 선들을 뜻하고, 사람은, 마치 "땅"이 씨들에 속한 것과 같이, 그것의 수용그릇입니다. 그러나 그 교회에 살고 있는 백성으로 말미암아 "땅"(land)이나 육지(earth)가 교회라고 불리웁니다. 그러나 "땅"(ground)은 공간(空間)의 측면에서 확장(=확대)의 뜻을 담고 있기 때문에, 그리고 "땅"(land)이나 "육지"(earth)도 그와 같기 때문에, 그러므로 "땅"(ground) 대신에 번역자들은 "땅"(earth)이라고 하였고, 그리고 "지면"(the faces of the ground)이라는 말 대신에 "지면"(the faces of the earth)이라고 하였는데, 이러한 것은 다른 장절에서도 같습니다. 그리고 어원에서 "땅"(ground)을 뜻하는 낱말은 "땅"(earth)이 뜻하는 낱말과는 전적으로 다른 어원에서 비롯되었습니다. "땅"(ground)이, "땅"(land)이나 "땅"(earth)이 뜻하는 것과 꼭같이, 교회를 뜻한다는 것은 성경의 다종다양한 구절들에게

서 명확합니다. 그것에 관해서 몇 장절을 부연할 수 있겠습니다.
[5] 예레미야서의 말씀입니다.

귀족들이 물을 구하려고 종들을 보내지만,
우물에 가도 물이 없어서
종들은 빈 그릇만 가지고 돌아온다.
종들이 애태우며 어찌할 바를 모른다.
온 땅(the land)에 비가 내리지 않아서
땅(the ground)이 갈라지니,
마음 상한 농부도 애태우며
어찌할 바를 모른다.
(예레미야 14 : 3, 4)

여기서 "땅"(ground)은 교회를 뜻하고, 그리고 "땅"(land)도 그러합니다. 왜냐하면 속뜻으로 다루고 있는 주제는 진리의 결핍(缺乏)이고, 그리고 결과적으로는 교회의 폐허(廢墟)이기 때문입니다. "물"(waters)은 진리들을 뜻하고, "우물"(pits)은 이런 것들이 있는 곳을 뜻하고, 따라서 교리를 뜻합니다. "그릇"(vessels)은 용기(容器)들을 뜻하고, "비"(rain)는 천계로부터의 입류를 뜻하고, "땅"(land)은 교회가 있는 곳을 뜻하고, "땅"(ground)은 교회 자체를 뜻하는데, 가뭄(=한발 · drought) 때문에 "여러 갈래로 갈라졌다"고 언급되었습니다. 따라서 천계에서 비롯되는 진리의 결핍 때문에 "여러 갈래로 갈라졌다"고 언급되었습니다.
[6] 이사야서의 말씀입니다.

칠십 년이 지나가면,
주께서 두로를 돌보아 주셔서
옛날처럼
다시 해상무역을 하게 하실 것이다.

그 때에 두로는 다시 제 몸을 팔아서,
땅 위에 있는
세상의 모든 나라의 돈을 끌어들일 것이다.
그러나 두로가 장사를 해서 벌어들인 소득은
주의 몫이 될 것이다.
두로가 제 몫으로 간직하거나
쌓아 두지 못할 것이다.
주를 섬기며 사는 사람들이,
두로가 벌어 놓은 것으로,
배불리 먹을 양식과 좋은 옷감을 살 것이다.
(이사야 23 : 17, 18)

여기서 "두로"는 진리나 선의 지식의 측면에서 교회를 뜻하고, 따라서 추상적인 뜻으로는, 그들이 이런 것들을 목적해서 재물·영예·명성을 위해 가르침을 받았을 때, "그녀의 자기 삯"(=몸을 판 돈·화대·해웃값)이라고 불리운 이런 지식들을 뜻하고, 그리고 그런 것들을 구매한 것이라고 하였지만, 그러나 진리 자체를 위해서 가르침을 받은 것은 아닙니다. 성경에는 "매춘"(賣春·harlotry)이나 "매춘부"(賣春婦·whoredom)라고 하는 말이나, "땅의 모든 나라와 음행을 저질른다"는 말이 있는데, 이 말은 교회의 모든 진리들과 더불어 그와 같은 짓을 행하는 것을 뜻합니다. "땅 위에서"(=지면에서)라는 말은 어디서나 교회가 있는 곳을 뜻합니다. 진리나 선에 속한 지식들이 여전히 그것들 안에 진리나 선의 지식이, 따라서 신령한 것이 남아 있기 때문에, 비록 그것들을 가리키고, 팔아 먹는 사람에게까지라도 그것들은 이윤(=재물)을 목적한 것이기 때문에, 결과적으로는 "몸을 판 돈"(=화대·해웃값)이기 때문에 그러므로 "그녀의 상품과 화대(=삯)가 주께 거룩함이 될 것이다"라고 언급되었습니다. 문자의 뜻 너머를 생각하는 사람은 누구나, 여기서 "화대"(=몸 값)가 땅 위에 있는 모든 나라와의 음란을 뜻하지 않고, 그리고 그런 것들이 "주께 거룩함이 되지 않는다"는 것을 뜻한다는 것을 잘 알 수 있을 것입니다.

[7] 시편서의 말씀입니다.

> 주께서 주의 영을 불어넣으시면,
> 그들이 다시 창조됩니다.
> 주께서는 땅의 모습을
> 다시 새롭게 하십니다.
> (시편 104 : 30)

"주의 영"(the spirit of Jehovah)은 주님에게서 발출하는 신령진리를 뜻합니다(9818항 참조). "창조되었다"는 말은 새롭게 창조되는 것, 다시 말하면 중생하는 것을 뜻하고(10373항 참조), "땅의 모습(=땅의 지면)을 다시 새롭게 한다"는 말은 교회를 개혁(改革)하고, 세우는 것을 뜻합니다. 그리고 "지면"(地面)은 어디에서나 교회가 영접, 수용될 수 있는 곳을 뜻합니다. "지면"(=땅 위)이라는 말이 언급된 다른 장절에서도 마찬가지입니다. 예를 들면, 창세기 7 : 4 ; 8 : 8, 13 ; 출애굽 32 : 12 ; 민수기 12 : 3 ; 신명기 6 : 15 ; 7 : 6 ; 사무엘 상 20 : 15 ; 사무엘 하 14 : 7 등이 되겠습니다.

10571. 주께서 모세에게 말씀하셨다. "네가 요청한 이 모든 것을 다 들어주마"(=네가 말한 이 일도 내가 행하겠다).

이 말씀이 신령존재께서 그들에게 있는 교회에 속한 외적인 것 안에, 그리고 예배나 성언에 속한 외적인 것 안에, 계실 것이라는 것을 뜻한다는 것은, 이것에 관해서는 10557 · 10563항에 언급하였지만, 그 민족 자체에게 있는 외적인 것이 내적인 것에서 분리되지 않았다고 여기는, 그 민족의 우두머리로서 그가 교회 ·

예배·성언의 외적인 것을 뜻하는 모세의 표징에서, 그리고 여호와에 의하여 언급되었을 때에는, 신령존재께서 외적인 것 안에 있을 것이라는 것을 가리키는 "모세가 요청한 이 모든 것을 다 들어준다"(=모세가 말한 일도 행한다)는 말의 뜻에서 잘 알 수 있습니다. 왜냐하면 "말을 행한다"(=일을 행한다·doing the word)는 말은 그들과 함께 간다는 것, 그리고 그들을 가나안 땅으로 데리고 간다는 것을 뜻하기 때문입니다. 그리고 "그들과 함께, 그리고 그들을 가나안 땅으로 데리고 간다"는 말은 신령존재께서 그들 가운데 명확하게 모습을 나타낼 것이다는 것을 뜻하기 때문입니다(10569항 참조). 우리의 본문절이나 뒤이어지는 절에 숨겨진 비의(秘義)는, 만약에 모세가 표징하는 교회의 외적인 것이나, 예배나 성언의 외적인 것에 속한 개념들이 없다면, 간신히 기술될 것입니다. 그리고 또한 그 민족 자체 안에 있는 교회의 외적인 것이나, 예배나 성언의 외적인 것에 속한 개념들이 없다면 겨우 기술될 수 있는 비의입니다. 전자와 후자는, 모세가 표징하는 외적인 것이 그 민족 자체 안에 있는 외적인 것처럼, 내적인 것에서 분리된 것이 아니라는 사실에서, 서로 구분됩니다. 이상에서 볼 때 어떤 때는 "모세와 백성"이라고 언급되었고, 다른 때는 백성이라는 말이 없이 "모세"만 언급되었고, 또 다른 때는, 모세라는 말이 없이 "백성"만 언급되었다는 것, 그리고 모세가 여호와에게 말할 때에는, 그는 "나의 백성"이라고 말하였고, 여호와께서 모세에게 말씀하셨을 때에는, 주께서 모세에게 말씀하신다고 하였는데, 이런 것은 예를 들면 우리의 본문장 12·14·17·19-23절이 되겠습니다. 그리고 모세에게서 분리, 백성에게 말씀하실 때의 장절은 우리의 본문장 2, 3절이나 다음에 이어지는 장절이 되겠습니다.

10572. **내가 너를 잘 알고, 또 너에게 은총을 베풀었기 때문이다**(=이는 네가 내 목전에서 은혜를 입었고, 내가 지명하여 너를 알기

때문이다).
이 말씀이 그가 그의 성품 때문에 영접되었다는 것을 뜻한다는 것은, 동일한 말이 나오는, 위에서 언급, 설명된 내용에서 잘 알 수 있습니다(10562 · 10563항 참조).

10573. 18-23절. **그 때에, 모세가 "저에게 주의 영광을 보여 주십시오" 하고 간청하였다. 주께서 대답하셨다. "내가 나의 모든 영광을 네 앞으로 지나가게 하고, 나의 거룩한 이름을 선포할 것이다. 나는 주다. 은혜를 베풀고 싶은 사람에게 은혜를 베풀고, 불쌍히 여기고 싶은 사람을 불쌍히 여긴다." 주께서 다시 말씀하셨다. "그러나 내가 너에게 나의 얼굴은 보이지 않겠다. 나를 본 사람은 아무도 살 수 없기 때문이다." 주께서 말씀을 계속하셨다. "너는 나의 옆에 있는 한 곳, 그 바위 위에 서 있어라. 나의 영광이 지나갈 때에, 내가 너를 바위 틈에 집어 넣고, 내가 다 지나갈 때까지 너를 나의 손바닥으로 가리워 주겠다. 그 뒤에 내가 나의 손바닥을 거두리니, 네가 나의 등을 보게 될 것이다. 그러나 나의 얼굴은 볼 수 없을 것이다."**
"그 때에 모세가 '저에게 주의 영광을 보여 주십시오' 하고 간청하였다"는 말씀은 외적인 것 안에 있는 내적인 신령진리의 알림(=통고 · 주목 · noticing)을 뜻합니다. "주께서 대답하셨다. '내가 나의 모든 영광을 네 앞으로 지나가게 하겠다'"는 말씀은 내적인 것에서 분리된 외적인 것 위에 높이 있는 천계나 교회에 속한 모든 신령한 것을 뜻하고, "나의 거룩한 이름을 선포할 것이다"는 말씀은 거기에 있는 신령예배에 속한 거룩한 것을 뜻합니다. "나는 은혜를 베풀고 싶은 사람에게 은혜를 베풀고, 불쌍히 여기고 싶은 사람을 불쌍히 여긴다"는 말씀은, 신령진리나 신령선은 그것을 영접, 수용하는 사람에게 계시될 것이다는 것을 뜻합니다. "주께서 다시 말씀하셨다. '그러나 내가 너에게 나의 얼굴을 보이지 않겠다'"는 말씀은 교회와 예배와 성언에 속한 내면적인 신령한 것들이 이스라엘 민족에게 나타날 수 없다는 것을 뜻합니다. "나를 본 사람은 아무도 살 수 없기 때문이다"는 말씀은 신령존재 자체는 본질적으로 그것이 무엇인지 보여질 수 없다는 것을 뜻하지만, 그럼에도 불구하고 그것은 주님을 통해서 천계에 존재한다는 것을 뜻합니다. "주께서 말씀을 계속하셨다. '보라, 내 옆에 한 곳이 있으니, 너는 한 바위 위에 서 있어라'"(=너는 나의 옆에 있는 한 곳, 그 바위 위에 서 있어라)는 말씀은 하나님을 믿는 믿음의 상태를 뜻합니다. "나의 영광이 지나갈 때"라는 말씀은 성언·교회·예배에 속한 내면적인 것들을 뜻하고, "내가 너를 바위 틈에 집어 넣겠다"는 말씀은 내적인 것이 결여된 외적인 것들 안에 있는 자들에게 있는 것을 가리키는 믿음에 속한 불영명이나 거짓을 뜻합니다. "내가 다 지나갈 때까지 너를 나의 손바닥으로 가리워 주겠다"는 말씀은 내적인 것의 종결(=마감·終結)을 뜻합니다. "그 뒤에 내가 나의 손바닥을 거두리니, 네가 나의 등을 보게 될 것이다. 그러나 나의 얼굴은 볼 수 없을 것이다"는 말씀은, 그들이, 내적인 것들은 보지 못하지만, 성언·교회·예배에 속한 외적인 것들은 볼 것이다는 것을 뜻합니다.

10574. 그 때에, 모세가 "저에게 주의 영광을 보여 주십시오" 하고 간청하였다(=모세가 말하기를 "내가 주께 간구하오니 주의 영광을 내게 보여 주소서" 하였다).

이 말씀이 외적인 것 안에 있는 내적인 신령진리의 알림(=통고·주목·noticing)을 뜻한다는 것은, 그 민족 자체로서는 내적인 것에서 분리되지 않았지만, 교회·예배·성언의 외적인 것을 가리키는 여기서는 모세의 표징에서(10563·10571항 참조), 알림(=통고)을 취하는 것을 가리키는 "보여 준다"는 말의 뜻에서(2150·3764·4567·4723·5400항 참조), 그리고 성언의 내적인 것을 가리키는 "여호와의 영광"(=주의 영광)이라는 말의 뜻에서(창세기 18장 서문과 5922·9429항 참조), 잘 알 수 있습니다. 이렇게 볼 때

"모세가 말하였다. 나에게 주의 영광을 보여 주십시오"라는 말이 성언·교회·예배에 속한 외적인 것 안에 있는 내적인 것의 알림(=통고)을 뜻한다는 것은 명확합니다.

[2] 위의 말씀들이 이러한 내용을 뜻한다는 것은 우리의 본문장, 앞절에서 잘 알 수 있습니다. 왜냐하면 속뜻으로 여기서 다루고 있는 주제가 이스라엘 민족이고, 그 민족에게서 교회는 세워질 수 없다는 것이기 때문입니다. 이런 이유 때문에 그들은 내적인 것을 영접, 수용할 수 없었습니다. 교회에 속한 내적인 것을 영접, 수용한다는 것은 천계로부터 신령진리를 받는 것이고, 그리고 그것에 의하여 천계적인 사랑을 영접, 수용한다는 것입니다. 이것이 속뜻으로 다루는 주제이기 때문에, 그럼에도 불구하고 모세는, 여호와께서 그들을 가나안 땅으로 데리고 올라갈 것을 주장하였고, 그리고 그것이 교회를 설시하는 것이기 때문에, 그러므로 지금 모세는, "나에게 주의 영광을 보여 주십시오"라고 간청하였습니다. 그러므로 그것은 외적인 것 안에 있는 내적인 신령진리의 알림이요, 고지(告知)를 뜻합니다.

[3] "여호와의 영광"(=주의 영광)이 모세에 의하여 알려질 수 없는 그런 것을 뜻한다는 것은 우리의 본문장에 이어지는 장절들에게서 명확한데, 거기에는, 거기에서 불리운 그분의 영광이라고 한, 여호와의 얼굴을 그가 볼 수 없고, 다만 주께서 지나가신 뒤에 그는 주님의 뒷부분(=주님의 등)만 볼 것이라고 하였습니다. 그리고 이것도 "바위의 틈"에서 보았습니다. 이러한 것은 그가, 내적인 것들에 속한 것이 아니고, 교회·예배·성언에 속한 외적인 것들의 고지(告知)만을 뜻합니다. 이러한 내용이 "주의 영광"의 뜻이라는 것은, 시내 산에서와 같이, 그리고 성막을 덮고, 그것 안에 그와 같이 불리운 구름이 있을 때(출애굽 16 : 10 ; 24 : 16, 17 ; 40 : 34, 35 ; 민수기 16 : 42과 그밖의 여러 곳 참조) "그들이 여호와의 영광"(=주의 영광)을 종종 보았다고 언급된 사실에

서 명확합니다. “주의 영광”이라고 불리는 이런 장절에서의 “구름”은 교회 · 예배 · 성언에 속한 외적인 것을 뜻하고, 또한 성언의 문자적인 뜻을 뜻합니다(창세기 18장 서문과 4060 · 4391 · 5922 · 6343 · 6752 · 8106 · 8781 · 9430 · 10551항 참조).

[4] “여호와의 영광”(=주의 영광)이 성언 · 교회 · 예배에 속한 내적인 것을 뜻하는 이유는, 주님에게서 발출하는 신령진리가 천계에서 “주의 영광”이 뜻하기 때문입니다. 왜냐하면 주님에게서 발출하는 신령진리는 거기에서 마치 빛 같이 보이기 때문이고, 이 빛 안에 있는 주님의 모습(=풍채)은 곧 “주의 영광”이 순수한 본연의 뜻에서 뜻하는 것이기 때문입니다. 주님의 모습(the appearance of the Lord)은 주님에게서 비롯되는 모든 것들을 뜻하고, 그것은 헤아릴 수 없이 많은 것을 가리키는 일반적인 낱말로는 “천적인 것이나 영적인 것”이라고 불리우는 것입니다. 성언의 내적인 것이나, 교회나 예배의 내적인 것이 “여호와의 영광”(=주의 영광)이 뜻한다는 것은, 그것이 이 빛 안에 있기 때문이지만, 그러나 외적인 것은 이 세상의 빛 안에 있고, 그러므로 이것은 성경에서 “구름”이 뜻하는 것입니다. 이렇게 볼 때 성언의 속뜻이 곧 “영광”(榮光 · the glory)이라는 것은 명확합니다.

[5] 이상에서 볼 때 지금 “주의 영광”이 뜻하는 것이 무엇인지, 그리고 그분의 “빛”이 아래의 장절들에서 뜻하는 것이 무엇인지도 잘 알 수 있겠습니다. 이사야서의 말씀입니다.

> 예루살렘아, 일어나서 빛을 비추어라.
> 구원의 빛이 너에게 비치었으며,
> 주의 영광이 아침 해처럼
> 너의 위에 떠올랐다.
> 어둠이 땅을 덮으며,
> 짙은 어둠이 민족들을 덮을 것이다.

그러나 오직 너의 위에는
주께서 아침 해처럼 떠오르시며,
그의 영광이 너의 위에 나타날 것이다.
이방 나라들이 너의 빛을 보고 찾아오고,
뭇 왕이 떠오르는 너의 광명을 보고,
너에게로 올 것이다.……
주께서 몸소 너의 영원한 빛이 되시며,
네가 곡하는 날도 끝이 날 것이므로,
다시는 너의 해가 지지 않으며,
다시는 너의 달이 이지러지지 않을 것이다.
(이사야 60 : 1-3, 20)

여기서는 주님의 강림(降臨)이 다루어졌습니다. "빛"은 주님에게서 발출하는 신령진리를 뜻하고, "주님의 영광"이나 "그분의 떠오르는 영광"(=밝음)은 주님에 관한, 그리고 주님을 믿는 믿음과 주님사랑에 관한 이 빛 안에 나타나는 모든 것들을 뜻하고, "땅이나 민족을 덮는 어둠이나 짙은 어둠"은 믿음이나 사랑에 속한 불영명들을 뜻합니다. 왜냐하면 이런 말들은 민족들 가운데 교회의 설시에 관해서 언급하고 있기 때문입니다. 그러므로 "이방 나라들이 너의 빛을 보고 찾아오고, 뭇 왕이 떠오르는 너의 영광을 보고, 너에게 올 것이다"는 그 빛과 영광은 주님에 관한 신령진리들을 뜻하고, 그분에게서 오는 그분을 믿는 믿음과 그분에 대한 사랑을 뜻합니다.
[6] 또 이사야서의 말씀입니다.

"나 주의 의를 이루려고 너를 불렀다.
내가 너의 손을 붙들어 주고,
너를 지켜 주어서,
너를 백성의 언약과 이방의 빛이

되게 할 것이다.……
나는 주다. 이것이 나의 이름이다.
나는, 내가 받을 영광을
절대로 다른 사람에게 넘겨 주지 않고,
내가 받을 찬양을
절대로 우상들에게 양보하지 않겠다."
(이사야 42 : 6, 8)

여기서도 역시 주님이 다루어졌는데, 그분은 "이방의 빛"이라고 불리셨는데, 그 이유는 모든 신령진리가 그분에게서 나오기 때문입니다. 그리고 그분께서 "주의 영광"이라고 하였는데, 그것은 그분 안에 믿음에 속한 모든 것이나, 사랑에 속한 모든 것이, 있기 때문입니다. 또 같은 책의 말씀입니다.

네 빛이
새벽 햇살처럼 비칠 것이며,
네 상처가 빨리 나을 것이다.
네 의를 드러내실 분이
네 앞에 가실 것이며,
주의 영광이 네 뒤에서 호위할 것이다.
(이사야 58 : 8)

여기서도 동일한 것을 뜻합니다.
[7] 역시 같은 책의 말씀입니다.

"예루살렘을 사랑하는 사람들아,
그 성읍과 함께 기뻐하고 즐거워하여라.
예루살렘을 생각하며 슬퍼하던 사람들아,
너희는 모두
그 성읍과 함께 크게 기뻐하여라.

이는, 너희로 하여금,
위로를 주는 예루살렘의 품에서
젖을 빨아 배부르게 하고,
또한 너희로 하여금,
풍요한 젖을 빨아들여
기쁨을 누리게 하려 함이다"(=그녀의 영광의 풍요함으로 즐거워하게 하려는 것이다).
(이사야 66 : 10, 11)

이 구절의 "예루살렘"은, 다른 구절에서와 같이, 교회를 뜻합니다. "그녀의 영광의 풍요함"은 주님에게서 비롯된 진리에 속한 사랑을 뜻합니다. 스가랴서의 말씀입니다.

바깥으로는 내가
예루살렘의 둘레를 불로 감싸 보호하는
불 성벽이 되고,
안으로는 내가 그 안에 살면서
나의 영광을 드러내겠다.
(스가랴 2 : 5)

여기서도 이 구절은 예루살렘에 관해서 언급하고 있는데, 예루살렘은 교회를 뜻하고, "그 성읍 가운데의 영광"은, 믿음이나 사랑에 속한 것을 가리키는, 진리와 선의 모든 것의 측면에서 주님 그분을 뜻합니다. 위의 장절들에서 "영광"이 신령빛에 속한 그런 것들을 뜻한다는 것은 명확합니다.
[8] 묵시록서에서도 마찬가지입니다.

하나님께로부터 하늘에서 내려오는 거룩한 도시 예루살렘을 보여 주었습니다. 그 도시는 하나님의 영광에 싸였고, 그 빛은 지극히 귀한

보석과 같고, 수정과 같이 맑은 벽옥과 같았습니다.…… 그 도시에는, 해나 달이 빛을 비출 필요가 없습니다. 그것은, 하나님의 영광이 그 도성을 밝혀 주며, 어린 양이 그 도성의 등불이시기 때문입니다. 민족들이 그 빛 가운데로 다닐 것이요, 땅의 왕들이 그들의 영광을 그 도시에 들여올 것입니다. 그 도시에는 밤이 없으므로, 온종일 대문을 닫지 않을 것입니다.
(묵시록 21 : 10, 11, 23-25)

여기서 "거룩한 예루살렘"은 오늘날에 계승될 교회를 뜻합니다. 그 교회에 속한 것들이나, 주님에게서 비롯된 믿음이나 주님사랑에 속한 것들이 "발광체" "빛" "영광" 등에 의하여 기술되었습니다. "영광"이 빛에 속한 것들을 뜻하기 때문에 그것은, "그 도성을 비추는 하나님의 영광"이라고 언급되었습니다. 이런 것들에 대하여 깊이 생각하고 예의 주시하는 사람은 누구나, 그리고 단순한 낱말들 안에 빠지지 않은 사람은 누구나, 이러한 모든 것들이 교회에 속한 그런 것들을 뜻한다는 것을 잘 알 수 있습니다. 그러나 속뜻은 각각의 개별적인 것이 뜻하는 것을 가르치고 있습니다. 왜냐하면 성경에는 헛되이 언급된 것은 아무것도 없고, 심지어 획 하나까지도 그렇지 않은 것은 전무(全無)하기 때문입니다.
[9] 누가복음서의 말씀입니다.

내 눈이 주의 구원을 보았습니다.
주께서 이것을
모든 백성 앞에 마련하였으니,
이것은
이방 사람들에게는 계시하시는 빛이요,
주의 백성 이스라엘에게는 영광입니다.
(누가 2 : 30-32)

그 낱말들은 그 때 태어나신 주님에 관한 시므온의 예언에서 나타나고 있습니다. “이방 사람들에게 계시하시는 빛”(=이방 사람들에게 비치는 빛)은 주님에게서 발출하는 신령진리를 뜻하고, “주의 백성 이스라엘의 영광”은, 당신 자신에 관해서 주님에 의하여 계시되는 모든 것을 뜻하고, 그리고 그것을 영접, 수용한 자들에게 있는 믿음과 주님사랑에 관한 모든 것을 뜻합니다. “영광”이 모든 것들을 언급한다고 하였는데, 그 이유는 그것이 거기에 있는 천계에서, 그리고 그 빛 가운데 나타나기 때문입니다. “이스라엘 자손”은 주님을 믿음과 주님사랑 안에 있는 자들을 뜻합니다.

[10] “빛”이 신령진리의 측면에서 주님을 뜻한다는 것, 그리고 빛에 속한 “영광”이 역시 같은 것을 뜻한다는 것은 요한복음서에서 주님께서 친히 하신 말씀에서 잘 알 수 있습니다. 요한복음서의 말씀입니다.

> 그들은 하나님의 영광보다도 사람의 영광을 더 사랑하였다.…… 나는 빛으로 세상에 왔다. 그것은 나를 믿는 사람이면, 누구든지 어둠 속에 머무르지 않게 하려는 것이다.
> (요한 12 : 43, 46)
> 태초에 말씀이 계셨다. 그 말씀은 하나님과 함께 계셨다. 그 말씀은 하나님이셨다.…… 그 빛이 세상에 오셨으니, 모든 사람을 비추는 참 빛이시다.…… 말씀이 육신이 되어 우리 가운데 사셨다. 우리는 그의 영광을 보았다. 그 영광은 아버지께서 주신 독생자의 영광이며, 그 안에는 은혜와 진리가 충만하였다.
> (요한 1 : 1, 9, 14)

여기서 “말씀”(聖言 · the Word)은 신령진리를 뜻하고, 따라서 “빛”(the Light)을 뜻합니다. “영광”은 이 빛 안에 있는 주님에 관하여 나타내는 모든 것을 뜻합니다.

[11] 그것들 안에 "영광"이라는 말씀이나 "빛"이라는 말씀이 있기 때문에 성경에서 인용된 이런 장절들은 함께 언급되고 있습니다. 그리고 그것들은, "빛"이 주님에게서 비롯된 신령진리를 뜻한다는 것을 알게 하기 위하여, 따라서 신령진리의 측면에서 주님 당신을 뜻한다는 것을 알게 하기 위하여, 인용되었습니다. 그리고 "영광"이 빛에 관한 모든 것을 뜻한다는 것, 결과적으로는 믿음이나 사랑으로 주님을 영접한 천사들이나 사람들에게 있는 총명과 지혜를 만드는 신령진리에서 비롯된 모든 것을 뜻한다는 것을 알게 하기 위하여 그 장절들은 인용되었습니다. 아래 장절들에서와 같이, 어디에서나 "영광"은 동일한 것을 뜻합니다.

> 아버지, 아버지께서 내게 주신 사람들도, 내가 있는 곳에 나와 함께 있게 하여 주시고, 창세 전부터 아버지께서 나를 사랑하셔서 내게 주신 내 영광을, 그들도 보게 하여 주시기를 빕니다.
> (요한 17 : 24)
> 그리스도가 반드시 이런 고난을 겪고서, 자기 영광에 들어가야 하지 않겠습니까?
> (누가 24 : 26)
> 그 때에 인자가 올 징조가 하늘에서 나타날 터인데, 그 때에는 땅에 있는 모든 민족이 가슴을 치며, 인자가 큰 권능과 영광으로 하늘 구름을 타고 오는 것을 볼 것이다.
> (마태 24 : 30)

[12] 여기서 "구름들"은 이 세상의 빛 안에 있는 그런 부류의 신령진리를, 따라서 사람들에게 있는 그런 신령진리를 뜻하고, "영광"은 천계의 빛 안에 있는 그런 부류의 신령진리를, 따라서 천사들에게 있는 그런 신령진리를 뜻합니다. 신령진리가 "구름"이나 "영광"에 의하여 의미되고 있기 때문에, 그러므로 성언은

겉뜻이나, 속뜻에 관한 것을 뜻하고, 겉뜻에 대해서는 “구름”이 뜻하고, 속뜻에 대해서는 “영광”이 뜻합니다. 더욱이 이 세상의 빛 가운데 나타난 것은 상대적으로 천계의 빛 가운데 나타난 구름을 가리킵니다. “구름”이 이런 뜻을 가지고 있다는 것은 창세기서 18장 서문에서 볼 수 있고, 그리고 4060 · 4391 · 5922 · 6343 · 6752 · 8106 · 8443 · 8781 · 9430 · 10551항을 참조하십시오.

[13] 이상에서 볼 때, 아래 장절에서와 같이, 성경에서 구름이 “영광”이라고 불리웠다는 것을 볼 수 있습니다.

> 주의 영광이 구름 속에 나타났다.
> (출애굽 16 : 10)
> 주의 영광이 시내 산 위에 머무르고, 엿새 동안 구름이 산을 뒤덮었다.…… 이스라엘 자손의 눈에는 주의 영광이, 마치 산꼭대기에서 타오르는 불꽃처럼 보였다.
> (출애굽 24 : 16, 17)
> 그 때에 구름이 회막을 덮고, 주의 영광이 성막에 가득 찼다. 모세는, 회막에 구름이 머물고, 주의 영광이 성막에 가득 찼으므로, 거기에 들어갈 수 없었다.
> (출애굽 40 : 34, 35)
> 온 회중이 모세와 아론을 규탄할 때에, 모세와 아론이 회막 쪽을 바라보니, 회막에 갑자기 구름이 덮이고, 주의 영광이 거기에 나타났다.
> (민수기 16 : 42)
> 제사장들이 성소에서 나올 때에, 주의 성전에 구름이 가득 찼다. 주의 영광이 주의 성전을 가득 채워서, 구름이 자욱하였으므로, 제사장들은 서서 일을 볼 수가 없었다.
> (열왕기 상 8 : 10, 11)
> 성전이 하나님의 영광과 권능에서 나오는 연기로 가득 차게 되었다.
> (묵시록 15 : 8)

[14] 신령존재께서 마치 구름과 같이 나타나셨기 때문에, 그러므로 "구름"은 신령현존(神靈現存)을 뜻합니다. 신령현존이 있는 곳에는 거기에 신령진리가 있는데, 왜냐하면 이 진리가 없으면 신령존재께서는 나타나시지 못하기 때문입니다. 그 이유는 그것이 그것 안에 있기 때문입니다. 그리고 그것이기 때문입니다. 그러므로 이들 장절에서 구름은 "영광"이라고 불리웠고, 또한 이스라엘 민족에게는 달리 나타날 수가 없었습니다. 그 이유는 그들은 내적인 것이 결여된 외적인 것들 안에 있었기 때문입니다(6832・8814・8819・10551항 참조). 그럼에도 불구하고 "구름"과 "영광"은, 마치 이 세상의 빛과 천계의 빛이 서로 구분되는 것과 같이, 서로 양자로 구분됩니다. 그리고 그것은 마치 성언의 문자적인 뜻과 그것의 속뜻이 다르듯이 구분되고, 그리고 인간적인 지혜와 천사적인 지혜가 구분되듯이 다릅니다. 이상의 모든 것에서 볼 때, 모세가 간청한 말, "내가 주께 간구하오니, 주의 영광을 내게 보여 주십시오"라는 말이 내적인 신령한 것이 그에게 보여지기를 위한 것을 뜻한다는 것은 잘 알 수 있겠습니다. 그리고 모세가 교회의 외적인 것을, 그리고 예배나 성언의 외적인 것을 표징하기 때문에, 거기에는 이 외적인 것 안에 있는 내적인 신령진리의 고지(=통보)가 있다는 것을 뜻합니다.

10575. 주께서 대답하셨다. "내가 나의 모든 영광을 네 앞으로 지나가게 하겠다"(=내가 나의 모든 선함을 네 얼굴 앞에 지나가게 할 것이다).

이 말씀이, 모세와 그가 관장하고 있는 그 민족이 있는 내적인 것에서 분리된 외적인 것 위에 있는 천계와 교회의 모든 신령한 것을 뜻한다는 것은 모세와 그가 관장하는 그 민족이 거기에 있는, 내적인 것에서 분리된 외적인 것 보다 더 높이에 있는 것을 가리키는, "네 앞을 지나간다"(=그의 목전을 통과한다)는 말의 뜻에서 잘 알 수 있습니다. 왜냐하면 여기서 "네 얼굴"은 내적인 것이 그 안에 내재해 있는 예배·교회·성언에 속한 외적인 것을 뜻하기 때문이고, 그리고 "지나간다"(=통과한다)는 말은 그것보다 더 높이에 있다는 것을 뜻하기 때문입니다. 그리고 천계나 교회에 속한 모든 신령한 것을 가리키는 "여호와의 모든 선함"의 뜻에서 잘 알 수 있습니다. 여기의 경우가 어떠한지는 모세와 그가 관장하고 있는 그 민족에 관해서 언급, 입증된 것에서 잘 알 수 있습니다. 다시 말하면 그들은 내적인 것에서 분리된 외적인 것들 안에 있었는데, 그것은 예배에 있는 동안 그들은 내적인 것이 전혀 없는 거룩한 외적인 것들 안에 있다는 것을 뜻합니다. 그럼에도 불구하고 그들의 거룩한 외적인 것에 들어갈 수 없는 거기에 거룩한 내적인 것이 있기 때문에 그러므로 우리의 본문, "주께서 나의 모든 선함(=영광)을 네 목전에 지나가게 할 것이다"는 말이 뜻하는 것이 무엇인지 명확합니다. 사실 그 민족 안에는 내적인 것은 있었지만, 그러나 그것은 자기사랑이나 세상사랑에서 비롯된 불결한 것이고, 그리고 더러운 것으로 꽉 차 있었습니다. 그러나 이것은, 그들이 예배 안에 있을 때, 천계의 내적인 거룩한 것이나, 교회와 성언의 내적인 거룩한 것이 더럽혀지고, 모독(冒瀆)되지 않게 하기 위하여, 단절(=종결·斷切)되었습니다. 왜냐하면 이것이 그 민족의 내적인 것에 의하여 더럽혀지고, 모독된다면, 거기에는 그들이 예배에 종사하고, 그리고 성경을 읽고 있는 동안, 천계와 그들의 외적인 것에 속한 것과의 교류나 내통이 전혀 없을 것이기 때문입니다. 이 주제에 관해서는 충분하게 밝힌 언급되고 설명된 10454-10457·10462-10466·10492·10498·10500·10533·10549-10551·10570항을 참조하십시오.

10576. 나의 거룩한 이름을 선포할 것이다(=내가 네 앞에 주의 이름을 선포할 것이다).

이 말씀이 그것 안에는 신령예배에 속한 거룩함이 있다는 것을 뜻한다는 것은 예배의 거룩한 것을 가리키는 "여호와의 이름을 부른다"(=주의 이름을 부른다)는 말의 뜻에서(440·2724항 참조), 그리고 지금 모세가 표징하고 있는 외적인 것 앞에 있는 것을 가리키는 "너의 앞"이라는 말의 뜻에서(10563·10571항 참조) 잘 알 수 있습니다. 여기의 경우가 어떠한지는 바로 위에서 언급된 것에서(10575항 참조) 잘 알 수 있을 것입니다.

10577. 나는 주다. 은혜를 베풀고 싶은 사람에게 은혜를 베풀고, 불쌍히 여기고 싶은 사람을 불쌍히 여긴다(=나는 은혜를 베풀 자에게 은혜를 베풀고, 자비를 보일 자에게 자비를 보일 것이다).

이 말씀이 신령진리와 신령선이 영접, 수용할 자들에게 계시될 것이다는 것을 뜻한다는 것은 영적인 진리나 영적인 선을 주는 것을 가리키는, 여기서는 그것을 계시하는 것을 가리키는 "은혜를 베푼다"(=은혜를 보여 준다)는 말의 뜻에서 잘 알 수 있습니다. 그 이유는 여기의 주제는 그 교회에 속한 내적인 것과 외적인 것이고, 그리고 예배와 성언에 속한 내적인 것과 외적인 것이기 때문입니다. 그리고 천적인 진리와 선을 내려주는(=下賜하는) 것을 가리키는, 여기서는 그것을 계시하는 것을 가리키는 "자비를 보여 준다"(=불쌍히 여긴다)는 말의 뜻에서 잘 알 수 있습니다. 그것이 영접, 수용할 수 있는 자에게 계시된 것을 뜻한다는 것은 성언에 속한 내적인 것들이나, 교회와 예배에 속한 내적인 것들은 그것을 영접, 수용하는 자들 이외에는 어느 누구에게도 결코 계시되지 않기 때문입니다.

[2] "은혜를 베푼다"(=은혜를 보여 준다)는 말이 영적인 진리나 선을 내려주는 것, 즉 하사하는 것을 뜻한다는 것, 그리고 "자비를 베푼다"(=자비를 보여 준다)는 말이 천적인 진리나 선을 하사하는 것을 뜻한다는 것은 "은혜"(grace)가 믿음에 관해서 언급하기 때문이고, "자비"(mercy)가 사랑에 관해서 서술하기 때문입니다. 그리고 믿음의 선은 영적인 선을 가리키고, 사랑의 선은 천

적인 것을 가리키기 때문입니다. 영적인 선과 천적인 선이 무엇인지, 그리고 그것의 차이가 무엇인지는 9277항에 인용된 내용에서 볼 수 있고, 그리고 주님의 영적 왕국에 있는 자들은 "은혜"를 말하고, 주님의 천적 왕국에 있는 자들은 "자비"를 말한다는 것은 598·981·5929항을 참조하십시오. 은혜와 자비에 이런 내용의 차이가 없다면, "은혜를 베푼다" "자비를 베푼다"는 말은 언급되지 않았을 것입니다. 이것으로 말미암아 출애굽 34장 6절, 요엘 2장 13절, 시편 103편 8절, 145편 8절에서 여호와께서(=주께서) "은혜로우시고, 자비롭다"고 하였습니다. 또 이사야서의 말씀입니다.

주께서는
너희에게 은혜를 베풀려고 기다리시며,
너희를 불쌍히 여기려고 일어나신다.
참으로 주께서는 공의의 하나님이시다.
주를 기다리는 모든 사람은 복되다.
(이사야 30 : 18)

[3] 교회에 속한 모든 것들이 관계를 가지고 있는 것은 둘이 있기 때문에, 다시 말하면 사랑과 믿음이기 때문에, 그리고 자비는 사랑에 속하고, 은혜와 진리는 믿음에 속하기 때문에, 그러므로 성경에서 주님에게 간청할 때, "자비와 은혜"(mercy and grace)가 언급되었고, 그리고 주님에 관해서 기술되었을 때 "자비와 진리"(mercy and truth)가 언급되었습니다. 이러한 것은 아래 장절에서 잘 드러나고 있습니다.

주의 한결같은 사랑을 늘 바라보면서
주의 진리를 따라서 살았습니다(=주의 자비가 내 눈 앞에 있으니, 내가 주의 진리 안에서 행하였습니다).

(시편 26 : 3)
주님,
주의 한결같은 사랑(=자비)은 하늘에 닿아 있고,
주의 미쁘심(=진리)은 구름에 닿아 있습니다.
(시편 36 : 5)
하나님의 한결같은 그 사랑과 진실(=주님의 자비와 진리)을
나에게 보내 주십시오.……
주의 한결같은 그 사랑(=자비),
너무 높아서 하늘에 이르고,
주의 미쁘심(=진리),
구름에까지 닿습니다.
(시편 57 : 3, 10)
사랑과 진실(=자비와 진리)이 만나고,
정의와 평화가 입을 맞춘다.
(시편 85 : 10)
내가 영원히
주의 사랑(=자비)을 노래하렵니다.
대대로 이어 가면서,
내 입으로 주의 신실하심(=진리)을 알리렵니다.
내가 이르기를
"주의 사랑(=자비)은 영원토록 서 있을 것이요,
주의 신실하심(=진리)을 그 하늘에
견고하게 세워 주실 것이다" 하였습니다.……
정의와 공평이 주의 보좌를 받들고,
사랑과 진실(=자비와 진리)이 주의 기둥을 인도합니다.
(시편 89 : 1, 2, 14)

이 장절에서도 "자비"는 사랑을 뜻하고 "진리"는 믿음을 뜻합니다.

10578. 주께서 다시 말씀하셨다. "그러나 내가 너에게 나의

얼굴을 보이지 않겠다."

이 말씀이 교회에 속한 내면적인 신령한 것들이나, 그리고 예배와 성언에 속한 내면적인 신령한 것들이, 이스라엘 민족에게 나타날 수 없다는 것을 뜻한다는 것은 교회·예배·성언에 속한 내면적인 신령한 것들을 가리키는 "여호와의 얼굴"(=주의 얼굴·나의 얼굴)의 뜻에서(10567·10568항 참조), 그리고 나타나는 것을 가리키는 "그들을 본다"는 말의 뜻에서 잘 알 수 있습니다. 이런 내면적인 신령한 것들이 이스라엘 민족에게 나타날 수 없다는 것은, 이것이 모세에게 말하였고, 그리고 여기서 모세는 이스라엘 민족의 우두머리로서 관계를 가지고 있다(10556항 참조)는 사실에서 잘 알 수 있습니다. "여호와의 얼굴"(=주의 얼굴)이 성언에 속한 내면적인 신령한 것들을, 그리고 교회와 예배에 속한 내면적인 신령한 것들을 뜻한다는 것은, "여호와의 영광"이 뜻하는 것과 꼭같이, "여호와의 얼굴"이 동일한 것을 뜻한다는 사실에서 잘 알 수 있습니다. 왜냐하면 모세가 "내가 주께 간구하오니, 주의 영광을 내게 보여 주십시오"라고 간청하였고, 그리고 여호와께서는 "네가 내 얼굴을 볼 수 없다"고 말씀하셨기 때문입니다. 그리고 "여호와의 영광"은, 앞에서 언급한 것과 같이(10574항 참조), 성언·교회·예배에 속한 내면적인 신령한 것들을 뜻하기 때문입니다.

[2] 여기의 경우가 어떠한지는, 앞에서 자주 언급한 것에서, 다시 말하면 이스라엘 민족은 그들이 내면적인 것에서 분리된 외적인 것들 안에 있기 때문에, 예배에 속한 내면적인 것들을, 그리고 교회나 성언에 속한 내면적인 것들을 보는 것이 불가능하다는, 또는 따라서 그들이 "여호와의 얼굴"을 볼 수 없다고 언급된 사실에서 잘 알 수 있습니다. 그러나 내적인 것에서 분리되지 않은 외적인 것 안에 있는 자들은 성언에 속한 내면적인 것들이나, 그리고 교회와 예배에 속한 내면적인 것들을 볼 수 있고, 따

라서 그들은 "여호와의 얼굴"을 볼 수 있습니다. 이것에서 뒤이어지는 것은, 주님사랑 안에 있는 자들은, 그리고 이웃을 향한 인애 안에 있는 자들은, 그것들을 볼 수 있다는 것입니다. 왜냐하면 주님사랑이나 이웃사랑인 인애는 속사람을 열기 때문이고, 그리고 이것이 열렸을 때, 그의 내면적인 측면에서 그 사람은 주님께서 계시는 곳인 천사들 가운데 천계에 있기 때문입니다.

[3] 그러나 여기서는 이른바 주님사랑이 무엇인지, 그리고 주님을 사랑하는 것이 무엇인지 간략하게 언급하겠습니다. 그가 주님을 사랑한다고 믿고, 그리고 주님의 계명들에 일치하여 살지 않는다는 사람은 아주 큰 과오를 범하고 있는 것입니다. 왜냐하면 주님의 계명들에 따라서 사는 것이 그분을 사랑하는 것이기 때문입니다. 이 계명들은 주님에게서 비롯된 진리들이고, 따라서 주님께서는 그것 안에 계십니다. 그러므로 그들이 사랑을 받는 것에 비례하여, 다시 말하면 사람들이 사랑으로 말미암아 그것들에 일치하여 살아가는 것에 비례하여 주님께서는 사랑을 받는 것입니다. 그 이유는 주님께서 사람을 사랑하시기 때문입니다. 그리고 사랑으로 말미암아 그가 영원히 행복하기 원하는 것이고, 그리고 사람은, 주님의 계명들에 일치하는 삶을 제외하면, 행복해질 수 없기 때문입니다. 그 이유는 이런 것들에 의하여 사람은 중생되기 때문이고, 영적인 존재가 되기 때문입니다. 그리고 사람은 이런 식으로 천계에 오를 수 있기 때문입니다. 그러나 주님의 계명들에 일치하는 삶 없이 주님을 사랑한다는 것은 주님을 사랑하는 것이 아닙니다. 왜냐하면 그 때 그 사람에게는 주님께서 입류하시고, 그 사람을 주님 당신에게 이끌어 되살리는 그 어떤 것도 없기 때문입니다. 그 이유는 그 사람은 마치 빈 그릇과 같기 때문이고, 그의 믿음 안에는 생명에 속한 것이 전무(全無)하기 때문이고, 그리고 그의 사랑 안에는 역시 생명에 속한 것은 전혀 없기 때문입니다. 영생(永生 · eternal life)라고 부르는 천계

의 생명은 어느 누구에게 직접적으로 쏟아지는 것이 아니고, 오히려 간접적으로 흘러 들어오는 것입니다. 이상의 모든 것에서 볼 때 주님을 사랑한다는 말이 무엇인지, 그리고 주님을 본다는 말이 무엇인지, 또는 주님의 얼굴을 본다는 것이 무엇인지, 다시 말하면 주님께서는 그런 믿음이나 사랑으로 말미암아 보여진다는 것이라는 것은 잘 알 수 있겠습니다.

[4] 주님의 계명들에 일치하여 산다는 것은 인애나 믿음의 교리에 일치하여 사는 것입니다. 그리고 그 교리는 출애굽기서의 여러 장들의 서문에 언급된 내용에서 잘 볼 수 있습니다. 이것이 바로 주님께서 요한복음서에서 가르치신 그것입니다. 요한복음서의 말씀입니다.

> 내 계명을 받아서 지키는 사람은 나를 사랑하는 사람이요, 나를 사랑하는 사람은 내 아버지의 사랑을 받을 것이다. 그리고 나도 그 사람을 사랑하여, 그에게 나를 드러낼 것이다.…… 예수께서 그에게 대답하셨다. "누구든지 나를 사랑하는 사람은 내 말을 지킬 것이다. 그러면 내 아버지께서 그 사람을 사랑하실 것이요, 우리는 아버지께로 가서 아버지와 함께 살 것이다. 나를 사랑하지 않는 사람은 내 말을지키지 않는다. 너희가 듣고 있는 이 말은, 내 말이 아니라, 나를 보내신 아버지의 말씀이다.
> (요한 14 : 21, 23, 24)

"여호와의 얼굴"(=주의 얼굴)이 뜻하는 것이 무엇인지 더 상세한 것은 아래에 이어지는 단락에 언급되겠습니다.

10579. 나를 본 사람은 아무도 살 수 없기 때문이다(=이는 나를 보고서 살 자가 아무도 없기 때문이다).

이 말씀이 신령존재 자체는 본질적으로 보여질 수 있는 그런 존재가 아니라는 것, 그러나 그것이 천계에서 주님을 통하여서만 가능하다는 것을 뜻한다는 것은, 어느 누구도 여호와 아버지를 볼 수 없었고, 다만 그분이 보여졌을 때에는, 보여진 그분은 주님이셨다는 사실에서 잘 알 수 있습니다. 왜냐하면 주님께서는 여호와의 "얼굴" 바로 그것이기 때문입니다. 어느 누구도 지금까지 여호와 아버지를 보지 못하였다는 것은 복음서의 이런 장절에서 주님께서 친히 하신 말씀에서 아주 명확합니다.

> 일찍이 하나님을 본 사람은 없으나, 아버지의 품 속에 계시는 독생자이신 하나님이 그분을 나타내 보이셨다.
> (요한 1 : 18)
> 너희는 그의 음성을 들은 일도 없고, 그의 모습을 본 일도 없다.
> (요한 5 : 37)
> 아버지 밖에는 아들을 아는 이가 없으며, 아들과 또 아들이 계시하여 주고자 하는 사람 밖에는 아버지를 아는 이가 없습니다.
> (마태 11 : 27)

[2] 여호와 아버지께서 보여졌을 때, 보여진 그분이 주님이라는 것은 주님께서 역시 요한복음서에서 가르치셨습니다. 요한복음서의 말씀입니다.

> (예수께서 대답하셨다.) "너희가 나를 알았더라면, 내 아버지도 알았을 것이다. 이제 너희는 내 아버지를 알고 있으며, 그분을 이미 보았다." 빌립이 예수께 말하였다. "주님, 우리에게 아버지를 보여 주십시오. 그러면 좋겠습니다." 예수께서 대답하셨다. "빌립아, 내가 이렇게 오랫동안 너희와 함께 지냈는데도, 너는 나를 알지 못하느냐? 나를 본 사람은 아버지를 본 사람이다. 그런데 네가 어떻게 '우리에게 아버지를 보여 주십시오' 한다는 말이냐?"
> (요한 14 : 7-9)
> "너희의 조상 아브라함은 나의 날을 보게 될 것을 즐거워하였고, 마침내 보고서 기뻐하였다."…… 예수께서 그들에게 말씀하셨다. "내가 진정으로 진정으로 너희에게 말한다. 아브라함이 있기 전부터 내가

있었다."
(요한 8 : 56, 58)

이상에서 볼 때, 신령인성의 측면에서 주님께서는 보여진 여호와이시다는 것, 따라서 주님은 "여호와의 얼굴이다"는 것 등은 아주 명확합니다.

[3] 주님께서 "여호와의 얼굴이다"는 것은, 아래의 장절에서와 같이, 성경말씀에서 명확합니다. 구약의 말씀입니다.

주께서 이르시기를
"그들은 나의 백성이며, 나를 속이지 않는 자녀들이다"
하셨습니다. 그런 다음에,
그들의 구원자가 되어 주셨습니다(=이는 주께서 말씀하시기를 "분명히 그들은 나의 백성이요, 거짓말하지 않은 자식들이라" 하셨으니, 그처럼 주께서 그들의 구주가 되셨습니다).
주께서는, 그들이 고난을 받을 때에
사자나 천사를 보내셔서
그들을 구하게 하시지 않고
주께서 친히 사랑과 긍휼로
그들을 구원하여 주시고,
옛적 오랜 세월 동안
그들을 치켜들고 안아 주셨습니다.
(이사야 63 : 8, 9)
"이제 내가 너희 앞에 한 천사를 보내어 길에서 너희를 지켜 주며, 내가 예비하여 둔 곳으로 너를 데려가겠다. 너희는 삼가 그 말에 순종하며, 그를 거역하지 말아라. 나의 이름이 그와 함께 있으므로, 그가 너희의 반역을 용서하지 않을 것이다."
(출애굽 23 : 20, 21)

[4] 왜냐하면 여호와께서 이 세상의 주님 강림 전에 나타나셨을

때 여호와께서는 천사의 모습(=형체)으로 나타나셨기 때문입니다. 그 이유는 그분이 천계를 통하여 나타나셨을 때 그분은, 인간적인 모습(=형체)인 이런 형체로 그분 자신을 옷입히셨기 때문입니다. 왜냐하면 거기에 계신 신령존재로 말미암아 보편적인 천계는 한 사람의 모습(=모양)과 같았기 때문입니다. 이러한 내용은, 천계를 가리키는 최대인간(最大人間 · the Grand Man)에 관해서 다룰 때, 넉넉하게 다루었습니다. 그리고 이것으로 말미암아 그 때 신령인간(the Divine Human)이셨습니다. 그리고 여호와께서, 하나의 천사처럼, 인간의 형체(=모습)로 나타나셨기 때문에, 그럼에도 불구하고 그 모습(=형체)은 여호와 당신이셨고, 그리고 그분의 모습(=형체)은 진정한 모습(=형체)이셨다는 것은 명확합니다. 그 이유는 그 형체(=모습)가 천계에 있는 그분의 신성(神性)이셨기 때문입니다. 이것이 바로 영원 전부터 주님이십니다. 그러나 인간적인 형체(=모습)는, 천계를 통과하는 것에 의하여, 그럼에도 불구하고 인류를 구원하기 위하여 실제적으로, 본질적으로, 한 사람이 되실 필요가 있다고 생각되었기 때문에, 그러므로 주님은 세상에 탄생하는 것을 즐거워하셨고, 그리고 그것에 의하여 실제적으로 인간적인 모습을 취하셨는데, 그것 안에 여호와 당신이 계셨습니다. 이 내용이 그러하다는 것은 주님께서 요한복음서에서 가르치셨습니다. 요한복음서의 말씀입니다.

> 내가 아버지 안에 있고, 아버지께서 내 안에 계심을 믿어라.
> (요한 14 : 11)
> 나와 아버지는 하나다.
> (요한 10 ; 30)

[5] 주님께서 영원부터 계셨다는 것은, 주님께서 친히 요한복음서에서 이와 같이 가르치셨습니다. 요한복음서의 말씀입니다.

태초에 말씀이 계셨다. 그 말씀은 하나님과 함께 계셨다.…… 모든 것이 그로 말미암아 생겨났으니, 그가 없이 생겨난 것은 하나도 없다. …… 말씀이 육신이 되어 우리 가운데 사셨다.
(요한 1 : 1, 3, 14)
나는 아버지에게서 떠나서 세상에 왔다. 나는 세상을 두고 아버지께로 간다.
(요한 16 : 28)
아버지, 창세 전에 내가 아버지와 함께 누리던 그 영광으로, 나를 아버지 앞에서 영광되게 하여 주십시오.
(요한 17 : 5)
내가 진정으로 진정으로 너희에게 말한다. 아브라함이 있기 전부터 내가 있었다.
(요한 8 : 58)

[6] 이상의 여러 장절들에게서 밝히 알 수 있는 것은 주님께서 정말로 그분의 인성(His Human)의 측면에서 여호와이시다는 것입니다. 따라서 그분의 인성은 신령하시다는 것입니다. 이런 이유 때문에 요한복음서에는 "하나님은 말씀이셨고, 그 말씀이 육신이 되셨다"고 언급되었고, 그리고 역시 "아브라함이 있기 전에 나는 있다"라고 하였는데, 특히 과거의 뜻으로 "나는 있었다"라고 하지 않고(not, I was), "나는 있다"(I am)라고 현재를 나타냈습니다. 왜냐하면 "나는 있다"(I am)는 말씀은 여호와이시기 때문입니다(출애굽 3 : 14). 이렇게 볼 때 밝히 알 수 있는 것은 "나를 본 사람은 아무도 살 수 없다"는 말씀이 신령존재 자체는 본질적으로 그런 존재일 만큼 보여질 수 있는 존재가 아니고, 오히려 천계에서 주님을 통해서 보여질 수 있는 존재라는 것입니다. "천계에서 주님을 통하여"라고 언급하였는데, 그 이유는 주님께서 천계 위에 계시기(is above the heavens) 때문입니다. 왜

냐하면 주님께서는 천계의 태양이시기 때문입니다. 그럼에도 불구하고 주님은 천계에 현존(現存)하십니다. 그 이유는 거기에 있는 신령진리이시고, 그리고 태양이신 주님에게서 발출하는 신령진리는 천계에서 주님이시기 때문입니다. 그러므로 거기의 신령진리는 그분의 "얼굴"이십니다.

[7] 위에서 "여호와의 얼굴"이 성언에 속한 내면적인 신령한 것들을 뜻한다고 하였고, 그리고 교회와 예배에 속한 내면적인 신령한 것들이라고 언급하였습니다(10567·10568항 참조). 그 이유는 성언에 속한 내면적인 신령한 것들이나, 교회와 예배에 속한 내면적인 신령한 것들은 주님에게서 발출하는 신령진리이기 때문입니다. 따라서 천계에 있는 주님이시기 때문입니다. 이러한 내용이, 성경 어디에서나 언급된 "여호와의 얼굴"이 뜻하는 것입니다. 예를 들면 아래의 장절들이 되겠습니다.

> 너희는 이 작은 사람들 가운데서 하나라도 업신여기지 않도록 조심하여라. 내가 너희에게 말한다. 하늘에서 그들의 천사들이 하늘에 계신 내 아버지의 얼굴을 늘 보고 있다.
> (마태 18 : 10)
> 하나님과 어린 양의 보좌가 도시 안에 있고, 그의 종들이 그분을 예배하며, 하나님의 얼굴을 뵐 것입니다.
> (묵시록 22 : 3, 4)
> 주께서 너를 밝은 얼굴로 대하시고,
> 너에게 은혜를 베푸시며,
> 주께서 너를 고이 보시어서,
> 너에게 평화를 주시기를 빈다.
> (민수기 6 : 25, 26)
> 수많은 사람이 기도할 때마다
> "주님, 우리에게 큰 복을 내려 주십시오(=누가 우리에게 선을 보여 주겠느냐?)

주님, 주의 환한 얼굴을
우리에게 보여 주십시오" 하고 빕니다(="주여, 주의 얼굴빛을 우리에게 들어 주소서" 말한다).
(시편 4 : 6)
주님, 언제까지 나를 잊으시렵니까?
영원히 잊으시렵니까?
언제까지 나를 외면하시렵니까?(=언제까지 주께서는 주의 얼굴을 내게서 숨기려 하십니까?)
(시편 13 : 1)
주께서 나더러
"내게 와서 예배하여라"(=너희는 내 얼굴을 찾으라) 하셨을 때
"주님, 내가 가서 예배하겠습니다"(=주여, 내가 주의 얼굴을 찾으리이다) 하고
대답하였습니다.
(시편 27 : 8)
하나님, 우리에게 은혜를 베풀어 주시고,
우리에게 복을 내려 주십시오.
주님의 얼굴을 환하게
우리에게 비추어 주십시오.
(시편 67 : 1)
하나님, 우리를 회복시켜 주십시오.
우리가 구원을 받도록
주님의 빛나는 얼굴을 보여 주십시오(=오 하나님이여, 우리에게로 다시 돌이키시어 주의 얼굴을 비추소서, 그리하시면 우리가 구원을 받을 것입니다).
(시편 80 : 3, 7, 19)
즐거운 소리를 아는 사람은
복이 있도다.
오 주여,
그들이 주의 얼굴빛 가운데 행하리이다.
(시편 89 : 15)

주님, 내 기도를 들어 주시고,
내 부르짖음이
주님께 이르게 해주십시오.
내가 고난을 받을 때에,
주의 얼굴을 숨기지 마십시오.
(시편 102 : 1, 2)
주께서 얼굴을 숨기시면
그들은 떨면서 두려워하고,
주께서 호흡을 거두어들이시면
그들은 죽어서 본래의 흙으로 돌아갑니다.
(시편 104 : 29)

[8] "여호와의 얼굴"이 여기서 뜻하는 것이 무엇인지 누구나 이해할 수 있을 것입니다. 다시 말하면 신령존재요, 그리고 신령존재에게 속한 것이요, 따라서 자비・평화와 모든 선입니다. 그러나 보편석인 뜻으로는 신령진리를 뜻합니다. 그 이유는 모든 선은 신령진리 안에 내재해 있기 때문입니다. 사람이나 천사 양자에게서도 신령선은 신령진리 안에 있습니다. 그리고 신령진리가 없다면, 신령선도 없습니다. 왜냐하면 진리는 선의 수용그릇이기 때문입니다. 따라서 자비와 평화의 수용그릇이기 때문입니다. 그때 이것에서 뒤이어지는 것은, 거기에 여호와의 얼굴이 있지 않으면, 신령선은 신령진리 안에 있지 않다는 것입니다. 그리고 또한 거짓 안에 악이 있는 곳에는 신령존재가 보이지 않는다는 것입니다. 이것이 바로 아래의 장절들에서 "여호와께서 그분의 얼굴을 숨기시고, 외면하신다"는 말의 뜻입니다.

너희의 죄 때문에,
주께서 너희에게서 얼굴을 돌리셔서,
너희의 말을 듣지 않으실 뿐이다.

(이사야 59 : 2)
나는 그들의 모든 죄악 때문에 이 도성을 외면하였다.
(예레미야 33 : 5)
내가 간섭하지 않을 것이니(=내가 외면할 것이니)……
나의 은밀한 성소를 더럽히고,
도둑들이 그 곳에 들어가서 약탈할 것이다.
(에스겔 7 : 22)
그들이 그렇듯 악을 저질렀으니,
주께서 그들의 기도를
들어주지 않으실 것이다.
(미가 3 : 4)

[9] 그러나 우리가 주지하여야 할 것은, 여호와, 다시 말하면 주님께서는 결코 사람에게서 그분의 얼굴을 돌리시지 않으시지만, 다만 악에 빠져 있는 사람이 주님에게서 자신의 얼굴을 돌린다는 것입니다. 그리고 그 때 신령존재께서는 그 사람 뒤에 계시기 때문에, 그것은 마치 그 자신이 숨고, 외면한 것처럼 보일 뿐입니다. 더욱이 그와 같은 일은 모든 지옥적인 영들이 태양이신 주님에게 자신들의 등판짝을 돌리지만, 이에 반하여 천사들은 언제나 자신들의 얼굴을 주님을 향한다는 것은 사실입니다. 이 세상에서 자신의 생애를 보내는 동안, 그의 영의 측면에서 보면 사람에게서도 꼭 같습니다.

10580. 주께서 말씀을 계속하셨다. "너는 나의 옆에 있는 한 곳, 그 바위 위에 서 있어라."
이 말씀이 하나님을 믿는 믿음의 상태를 뜻한다는 것은, 상태를 가리키는 "장소"(=곳 · place)의 뜻에서(2625 · 2837 · 3356 · 3387 · 4321 · 4882 · 5605 · 7381 · 9440 · 9967 · 10146항 참조), 그리고 믿음을 가리키는 "바위"(rock)의 뜻에서(8581 · 10438항 참조) 잘 알 수 있습니다. 그것이 하나님을 믿는 믿음의 상태를 뜻한다는 것은 “내 옆에 있는 한 곳”(=나와 함께 있는 한 곳)이라고 언급되었기 때문입니다. 우리의 본문이 뜻하는 것은, 만약에 속뜻에서 비롯된 것을 제외한다면, 따라서 만약에 속뜻으로 “장소”(place)나 “바위”(rock)가 뜻하는 것이 무엇인지 알지 못한다면, 어느 누구도 알 수 없을 것입니다. 왜냐하면 그렇지 않다면 우리의 본문, “여호와 옆에 있는 바위의 장소”가 무슨 의미가 있겠습니까? 그것은 곧 여호와(=주)께서 거기에 사신다는 것을 뜻하고, 그리고 모세에게 그분께서 계시는 장소를 주신다는 것을 뜻합니다. 그럼에도 불구하고 그 때 여호와께서는 천사들과 함께 천계에 사시고, 사람들과 함께 교회에서 사십니다. “바위”(=반석・磐石・rock)가 믿음을 뜻한다는 것은 저 세상에 있는 겉모습(外現)에서 비롯됩니다. 거기에서 믿음 안에 있는 자들은 높은 바위들 위에서 살지만, 그러나 사랑 안에 있는 자들은 산에서 삽니다. 거기에서 높은 바위들은 돌에 속한 것을 나타내지만, 그러나 산들은 돌에 속한 것은 드러내지 않습니다. 그 이유는 그것들이 땅에 속한 고양(高揚)들을 가리키기 때문입니다. 이렇게 볼 때 “바위”가 믿음을 뜻한다고 하겠습니다.

10581. 나의 영광이 지나갈 때에, 이런 일이 있을 것이다.
이 말씀이 성언에 속한 내면적인 것들이나, 그리고 교회나 예배에 속한 내면적인 것들을 뜻한다는 것은, 성언에 속한 내면적인 신령한 것들이나, 교회나 예배에 속한 내면적인 신령한 것들을 가리키는 “여호와의 영광”(=주의 영광)의 뜻에서 잘 알 수 있습니다(10574항 참조).

10582. 내가 너를 바위 틈에 집어 넣겠다.
이 말씀이 내적인 것이 결여된 외적인 것들 안에 있는 자들에게 있는 그와 같은 믿음의 불영명이나 거짓을 뜻한다는 것은 믿음에 속한 불영명한 것이나 거짓스러운 것을 가리키는 “바위 틈”(a cleft of the rock)의 뜻에서 잘 알 수 있습니다. 왜냐하면 “바위"(=반석)는 믿음을 뜻하기 때문이고(10580항 참조), 그리고 "틈"(a cleft)은, 아래에서 설명되겠지만, 그것의 불영명(不英明)이나, 그것의 거짓을 뜻하기 때문입니다. "내적인 것이 결여된 외적인 것들 안에 있는 자들에게 있는 그런 것들"이라고 언급하였는데, 그 이유는 그런 자들에게 있는 믿음에 속한 모든 진리는 불영명의 상태에 있기 때문이고, 그리고 거짓을 수반, 그것과 동반(同伴)하기 때문입니다. 왜냐하면 성언을 믿기 때문에, 그들 중의 어떤 부류는 그것이 어디에서나 성언에 꼭 일치 한다고 믿지만, 그것의 내면적인 뜻에 일치한다는 것을 믿지 않기 때문입니다. 그리고 그와 같이 믿는 자들은 어떤 빛 안에는 있을 수 없습니다. 왜냐하면 천계에서 비롯된 빛은 내적인 것을 통하여 외적인 것에 유입하기 때문입니다. 더욱이 그들이 천계에서 빛이 없는 것을 믿는 것은 마치 진리 같이 보이지만, 그럼에도 불구하고, 그들에게 있는 그것은 거짓입니다. 왜냐하면 그들은 진리에 관해서 물질적인 개념이나 땅의 개념을 가지고 있을 뿐, 동시에 영적인 개념이나 천적인 개념을 가지고 있지 않기 때문입니다. 그리고 물질적인 개념이나 땅의 개념은, 만약에 그것 안에 천계에서 비롯된 빛이 있지 않다면, 오류들로 가득합니다. 예를 들어 보겠습니다. 야고보와 요한이 주님의 나라에 관해서 땅의 개념을 가지고 있었기 때문에, 그들은 주님 나라에서 하나는 그의 오른쪽에, 다른 하나는 그의 왼쪽에 앉기를 간청하였습니다. 그러나 예수님이 말씀하셨습니다. 마태복음서의 말씀입니다.

> 예수께서는 대답하셨다. "너희는 너희가 구하는 것이 무엇인지를 모르고 있다."⋯⋯ "너희가 아는 대로, 민족들을 통치하는 사람들은 그들을 마구 내리누르고, 고관들은 세도를 부린다. 그러나 너희까지는 그렇게 해서는 안 된다. 너희 사이에서 위대하게 되고자 하는 사람은 누구든지 너희를 섬기는 사람이 되어야 하고, 너희 가운데서 으뜸이

되고자 하는 사람은 너희의 종이 되어야 한다.”
(마태 20 : 22, 25-27)

[2] 그 때의 사람들과 같이 이런 성품의 백성은 천계적인 왕국이 어떤 나라인지 알지를 못하였고, 또한 거기의 영광이 무엇인지도 알지를 못하였고, 그리고 사랑이 무엇인지, 믿음이 무엇인지 알지를 못하였습니다. 일반적으로 선이 무엇인지도 알지 못하였습니다. 왜냐하면 그들은 그들의 판단을 육신적인 것들이나 이 세상적인 것에 기초를 두었기 때문입니다. 그리고 육신에 속한 기쁨이나 그것의 느낌 따위를 선이라고 하였기 때문입니다. 그리고 그들이 영광이라고 부르는 모든 것 이외의 것을 원수라고 하였습니다. 그들은 자기사랑과 세상사랑을 천계적인 사랑이라고 하였고, 기억지가 만드는 종지(宗旨)를 그들은 믿음이라고 하였습니다. 그들이 하나님에 관해서 생각할 때, 그들은 물질적으로 생각하였고, 그러므로 하나님을 부인하고, 자연을 하나님으로 여겼습니다. 그리고 또한 그들은 우상들을 예배하였고, 죽은 사람들을 예배하였습니다. 이렇게 볼 때 믿음이 얼마나 불영명하였는지, 그리고 단순한 외적인 것들 안에 있는 자에게 있는 거짓이 어떠하였는지 잘 알 수 있겠습니다.
[3] 이런 부류의 불영명한 상태나 믿음의 거짓은 성언을 성언의 문자적인 뜻의 측면에서 믿는 자들이 교리가 없이 문자적인 뜻에서 무엇인가를 깨달았다는 자들에 의하여 만들어진 것들입니다. 교리가 없이 성언을 읽는 자들은 등불이 없이 흑암을 걷는 자들과 같습니다. 이런 부류는 모두 단순한 감관적인 사람들입니다. 유대 민족이 이런 부류이다는 것은 명확합니다. 왜냐하면 그들은 성언의 문자적인 뜻에 따라서 성언에 속한 모든 것들을 설명하기 때문입니다. 그 이유는 그들이 내적인 것에서 분리된 외적인 것들 안에 빠져 있기 때문입니다. 저 세상에 이런 부류의

사람들은 바위들 위에서 살지 않고, 오히려 거기에 있는 동굴들 안에서 살거나, 또는 바위들의 틈새들에서 삽니다.

[4] "바위의 틈새"가 믿음에 속한 어둠이나 거짓을 뜻한다는 것은 성경의 아래의 장절들에게서 명확합니다. 이사야서의 말씀입니다.

> 그 날에, 주께서 휘파람을 불어, 이집트의 나일 강 끝에 있는 파리 떼를 부르시며, 앗시리아 땅에 있는 벌 떼를 부르실 것이다. 그러면 그것들이 모두 몰려와서, 거친 골짜기와 바위틈 및 모든 가시덤불과 모든 풀밭에 내려앉을 것이다.
> (이사야 7 : 18, 19)

이 장절에는 주님의 강림과 그 때의 교회의 상태에 관해서 기술되었습니다. 거기에는 영적인 진리나 선에 속한 모든 것들의 황폐가 있을 것을 가리킵니다. 왜냐하면 이런 말들은 그 때 교회에 속한 사람이 내적인 것들에게서 물러나고, 그리고 전적으로 외적인 것들이 될 것이고, 따라서 전적으로 감관적이 될 것이기 때문입니다. 감관적인 것이 된다는 것은, 외적인 감관들이 주장하는 것을 제외하면, 그 어떤 것도 이해되지 않고, 믿지 않는다는 것을 뜻합니다. "이집트의 나일 강 끝에 있는 파리"는 전적으로 외적인 사람이나 전적으로 감관적인 사람의 거짓을 뜻하고, "앗시리아 땅에 있는 벌"은 그것에서의 추론에 속한 거짓을 뜻하고, "황폐한 골짜기"(=황폐한 강들)는 전적으로 황폐된 교리의 진리들을 뜻하고, "바위틈"은 그것에서 파생된 믿음의 거짓들을 뜻합니다. 이런 말들이 뜻하는 것을 누구가 찾아다니겠습니까? 속뜻에 의하여 밝혀지지 않는다면 그것은 완전히 숨겨질 것입니다.

[5] 또 같은 책의 말씀입니다.

그 날이 오면, 사람들은,
자기들이 경배하려고 만든
은 우상과 금 우상을
두더지와 박쥐에게 던져 버릴 것이다.
땅을 뒤흔들며 일어나시는 주님의
그 두렵고 찬란한 영광 앞에서 피하여
바위 구멍과 바위 틈으로 들어갈 것이다.
(이사야 2 : 20, 21)

"두더지와 박쥐에게 던져 버린다"는 것은, 짙은 흑암 안에 있는 것들이나, 밤의 어둠 안에 있는 것들을 예배하는 것을 뜻합니다. 다시 말하면 내적인 어떤 것도 없는 외적인 것들을 예배하는 것을 뜻합니다. "바위 구멍에 들어가고, 바위 틈으로 들어간다"는 것은 불영명의 상태나, 믿음의 흑암의 상태, 따라서 온갖 거짓들 안에 들어가는 것을 뜻합니다.
[6] 예레미야서의 말씀입니다.

나는 그들의 조상에게 주었던 고향 땅에, 그들을 다시 데려다 놓을 것이다.
"내가 많은 어부를 보내서,
이 백성을 고기 잡듯 잡아내겠다.
나 주의 말이다.
그런 다음에, 많은 사냥꾼을 보내서,
모든 산과 모든 언덕과 바위 틈을
샅샅이 뒤져서,
그들을 사냥하듯 잡아내겠다."
(예레미야 16 : 15, 16)

여기서는 교회의 회복(回復)이 주제입니다. 그것은 곧 "이스라엘 자손을 그들의 조상에게 주었던 땅에 다시 데려온다"는 말이 뜻하고, "그들을 고기 잡듯 잡아낸다"는 말은 교회에 속한 외적인 것들을 가르친다는 것을 뜻하고, "그들을 사냥하듯 잡아내겠다"는 말은 그것에 속한 내적인 것들을 가르친다는 것을 뜻하고, "산과 언덕 위에 있는 자들"은 사랑이나, 인애 안에 있는 자들을 뜻하고, "바위 틈에 있는 자들"은 믿음 안에는 있지만, 그럼에도 불구하고 조요되지 못한 자들, 따라서 믿음의 불영명한 것에 있는 자들을 뜻합니다.
[7] 예레미야서와 오바댜서의 말씀입니다.

"에돔아, 보아라.
이제 내가 너를
세계 만민 가운데서
가장 하찮은 자로 만들어서,
사람들에게서 멸시를 받게 하겠다.
네가 바위 틈 속에 자리잡고 살며,
산꼭대기를 차지하고 산다고,
누구나 너를 무서워한다고
생각하지 말아라.
그러한 너의 교만은
너 스스로를 속일 뿐이다.
(예레미야 49 : 15, 16)
네가 바위 틈에 둥지를 틀고,
높은 곳에 집을 지어 놓고는,
'누가 나를 땅바닥으로 끌어내릴 수 있으랴?'
하고 마음 속으로 말하지만,
너의 교만이 너를 속이고 있다.
네가 독수리처럼
높은 곳에 보금자리를 꾸민다 하여도,
네가 별들 사이에 둥지를 튼다고 하여도,
내가 너를 거기에서 끌어내리고야 말겠다.

(오바댜 1 : 3, 4)

"바위 틈에 산다"는 것은 믿음의 거짓들 안에 있다는 것을 뜻합니다. 여기서 다루는 주제는 다른 자들에 비하여 스스로 뛰어났다는 자들입니다. 그 이유는 그들이 모든 다른 자들에 비하여 많은 것을 배웠기 때문입니다. 그럼에도 불구하고 그 때 그들은 거짓들 안에 빠져 있고, 심지어 진리들을 볼 수 없습니다. 저 세상에서 이런 부류의 인물들은 바위 틈들에서 살고, 때로는 자신들을 그것들의 구멍에서 불쑥 튀어나오기도 합니다. 그러나 그들은 거기서 다시 그들의 구멍들 속으로 던져지고, 그리고 바위들 아래에 있는 굴 속으로 던져지기도 합니다. 이러한 것은 "언덕의 높은 곳을 차지한다"는 말이나, "독수리처럼 자신들을 높인다"는 말이나, "별들 사이에 둥지를 튼다"는 말이 뜻하지만 그럼에도 불구하고 "끌어내리고야 만다"는 말이 뜻합니다. 이상에서 볼 때 우리의 본문, "모세를 바위 틈에 집어 넣는다"는 말이, 내적인 것이 결여된 외적인 것들 안에 있는 자들과 꼭 같이, 믿음에 속한 불영명의 상태나 거짓을 뜻하기 때문인데, 그 이유는 여기서 그가 그들의 우두머리의 관계를 가지고 있기 때문입니다.

10583. 내가 다 지나갈 때까지 너를 나의 손바닥으로 가리워 주겠다.

이 말씀이 내적인 것의 마감(終結)을 뜻한다는 것은, 그것들의 외적인 것 위에 있는 교회에 속한 내적인 것의 마감(=종결)을 가리키는, 그리고 예배나 성언에 속한 내적인 것의 마감을 가리키는 "손바닥으로 모세를 가리워 준다"는 말의 뜻에서 잘 알 수 있습니다. 그것이 그것들의 내적인 것을 뜻하는 이유는 "손바닥으로 가린다"는 말은 여호와의 영광이나 얼굴을 보는 것에서 그것들을 막아서 못 보게 하는 것을 뜻하기 때문입니다. 그리고 "여호와(=주)의 영광"은 성언·교회·예배에 속한 내적인 것을 뜻하고

(10574항 참조), 그리고 "여호와의 얼굴"도 마찬가지를 뜻합니다(10567·10568·10578항 참조).

10584. 그 뒤에 내가 나의 손바닥을 거두리니, 네가 나의 등을 보게 될 것이다. 그러나 나의 얼굴은 볼 수 없을 것이다.
이 말씀이 그들은 성언·교회·예배에 속한 외적인 것들을 보겠지만, 그러나 그것들의 내적인 것들은 보지 못한다는 것을 뜻한다는 것은, 이것에 관해서는 아래에 언급하겠지만, 성언·교회·예배에 속한 외적인 것들을 가리키는 "여호와의 등"(=주의 뒷부분)의 뜻에서, 그리고 위에서 언급한 것과 같이(10578항 참조), 이런 것들의 내적인 것들을 가리키는 "여호와의 얼굴"(=주의 얼굴)의 뜻에서, 결과적으로는 "뒷부분은 보고, 여호와의 얼굴은 보지 못한다"는 말은 성언·교회·예배에 속한 외적인 것들은 보지만, 그것들의 내적인 것들을 보지 못한다는 뜻에서 잘 알 수 있습니다. 이런 내용이 이스라엘 민족이나 유대 민족이었고, 오늘날의 그들이라는 것은 우리의 본문장에 먼저 언급된 것들이나, 언급되고 있는 것에서 잘 볼 수 있었습니다.
[2] "여호와의 뒷부분"(=등)이 성언·교회·예배에 속한 외적인 것들을 뜻한다는 이유는 "얼굴"이 내적인 것들을 뜻하기 때문입니다(10578항 참조). 그리고 "여호와의 뒷부분(=등)은 보고, 얼굴을 보지 못하는" 자들은 성언을 믿고, 존경하고, 숭배하는 자이지만, 그러나 그들은 다만 문자적인 뜻을 가리키는, 그것의 외적인 것을 믿고, 존경하고, 숭배하지만, 더 이상 내면적으로 통찰하지는 못합니다. 이들이 성언으로 말미암아 조요(照耀)를 받고, 그들이 그것에 의하여 성언의 본래의 뜻을 알리고, 따라서 그것의 내면적인 뜻을 알기 위해서 자기 자신들을 위하여 교리를 만듭니다. 성언은 교리가 없으면 이해될 수 없다는 것, 그리고 조요된 자에 의하여 성언에서 교리는 발췌(拔萃)된다는 것이 이해에 대한 밝은 등불로 반드시 있어야 한다는 것은 9382·9408·

9410 · 9424 · 9430 · 10105 · 10324 · 10400 · 10431항을 참조하시고, 성언의 속뜻이 이 교리를 가르친다는 것은 9430항을 참조하십시오. 이상의 모든 것에서 볼 때 우리의 본문, "여호와의 등은 보지만, 그분의 얼굴은 보지 못한다"는 말이 무슨 뜻인지 잘 알 수 있겠습니다.

[3] 그러나 성언을 믿지 않는 자들은 심지어 여호와의 등도 보지 못하고, 다만 여호와로부터 자신들의 등을 돌리고, 그리고 그들은 다만 자기 자신들이나 이 세상만 봅니다. 이들이 바로 성경에서 "그들의 등은 주의 성전을 향하고, 해를 경배한다"고 언급된 자들이 뜻하는데, 이런 자들에 관해서 에스겔서에는 이렇게 기술되었습니다. 에스겔서의 말씀입니다.

> 그가 나를 주의 성전 안뜰로 데리고 가셨는데, 주의 성전 어귀에, 바로 그 현관과 제단 사이에 사람이 스물다섯 명이나 있었다. 그들은 주의 성전을 등지고, 얼굴을 동쪽으로 하고 서서, 동쪽 태양에게 절을 하고 있었다.
> (에스겔 8 : 16)

"태양과 일출"(日出)은 이 세상의 태양과 그것의 일출을 뜻하지만, 여기서는 그것은 주님사랑에 정면으로 반대되는, 자기사랑을 뜻합니다. 이렇게 볼 때 이 세상의 태양은, 천사들의 개념에서, 등쪽에 있는 아주 어두운 것에 있는 어떤 것을 드러내고 있습니다. 이에 반하여 천계의 태양이신 주님은 면전(面前)에 나타나십니다(7078항 참조). 이런 부류에 관해서 "성전을 향하여 등을 돌린 자들"이고, 그들은 "등을 돌린 자"라고 언급되었습니다. 예레미야서의 말씀입니다.

> 네가 바로 나를 버린 자다.……
> 너는 늘 나에게 등을 돌리고 떠나갔다.

(예레미야 15 : 6)
오히려 자기들의 악한 마음에서 나오는 온갖 계획과 어리석은 고집대로 살고, 얼굴을 나에게로 돌리지 않고, 오히려 등을 나에게서 돌렸다.
(예레미야 7 : 24)

별들의 창공에 보여진 넷째 지구에 관하여

10585. 지금은 이 지구에 관하여 기술하겠습니다. 나는 다른 지구들에게로 옮겨진 것은 아닙니다. 그러나 그 지구에서 온 영들 자신들이 나에게 옮겨졌습니다. 그들이 멀리 떨어져 있을 때, 그들은 마치, 계속적인 것은 아니지만, 길게 뻗어나간 한 통(a roll)처럼 보였지만, 그러나 분명한 부분들이었습니다. 왜냐하면 거기에는 수많은 그들이 있었기 때문이고, 그리고 그들은 무리로 떼지어 있었기 때문입니다. 처음에 그들은 보다 낮은 쪽으로 옮겨졌고, 그리고 그들이 거기에서부터 위로 올르려고 하는 것이 지각되었습니다. 따라서 그들은 나에게 다가오려고 했지만, 그들은 그렇게 할 수는 없었습니다. 그러므로 그들은 화성(火星)쪽으로 정면에서 왼쪽으로 조금 진전하였습니다. 그들은 거기에서 위로 오르려고 무척 애를 썼습니다. 힘들기는 했지만 그들은 매우 어렵게 위로 올라왔습니다. 이와 같은 이유는, 그들은 우리의 지구의 영들과는 전적으로 다른 성품(=기질)을 지녔기 때문입니다. 그리고 이와 같이 다른 성질이나 기질을 지닌 자들은 다양한 방법에 의하여 옮겨졌습니다. 그래서 영들은 자신들의 방법에 의하여 그들과 제휴(提携)하였고, 그래서 결합은 이루어졌습니다. 왜냐하면 영들이나 천사들이 결합하고, 분열시키는 것은 정동들이

나 사상들(=생각들)이기 때문입니다. 그들이 이런 것들에 대하여 차이가 있는 것에 비례하여 그들은 서로서로 분리되어 나타납니다. 그럼에도 불구하고 그들은 중간매체의 영들에 의하여 결합합니다. 그 때 그것은 주님을 기쁘게 합니다. 이것이 그들이 멀리 떨어진 화성에서 여기에 온 이유입니다.

10586. 그들이 그들과 결합한 뒤, 그들은 즉시 머리 위에, 따라서 내 가까이에 나타났습니다. 왜냐하면 이런 결합에 의하여, 내 주위에 있는 우리의 지구의 영들과 더불어 정동들이나 그것에서 파생된 생각들의 제휴(提携)가 이루어졌기 때문입니다. 그리고 현존(=임재)은, 위에서 언급한 것에서 볼 수 있는 것과 같이, 이것들에 관한 제휴에 일치하여 나타났습니다. 그 때 그들은 나에게, 거기에서 제휴한 영들을 보았다고 말하였습니다.

10587. 처음의 대화는 그들의 지구의 그들의 말(言語)에 관한 것이었습니다. 그들은, 내적인 방법에 의하여 서로 함께 대화를 한다고 말하였습니다. 외적인 방법에 의한 다른 자와의 대화는 좋아하지 않는다고 말하였습니다. 이것은 아래의 방법에서 이루어지듯이, 대기(大氣)에 의한 것이나 시각(視覺)에 의한 것입니다. 그들은 자신들 안에서 생각하고, 그리고 생각의 개념들은, 비록 해부학(解剖學)을 공부한 자들에게 잘 알려진 것이지만, 이 지구에는 알려지지 않은 방법에 의하여 귀들(the ears)의 내면적인 것에 흘러드는 것에 의하여 서로 의견을 교류하였습니다. 왜냐하면 거기에는 입 안에는 없는 어떤 도관(導管 · canal)이 있기 때문인데, 그것은 이른바 유스타키오 관(管 · Eustachian tube)이라고 부르는 것으로, 그것은 입 안에서 열려 있고, 귀의 내실 안에 있는 막다른 곳이고, 그리고 얇은 막으로 에워싸여 있기 때문입니다. 이 관을 통하여 호흡의 공기는 조용한 소리와 함께 유입하고, 그래서 말해지는 생각은 서로 교류합니다. 이미 언급한 것과 같이, 이러한 일은 대기에 의하여 이루어집니다. 더욱이 그들이

이런 식으로 그들끼리 말을 주고 받을 때 그들은 역시 일반적으로나 개별적으로는 입술을 움직입니다. 이들은 눈을 향해서는 거의 진전이 없고, 특히 왼쪽 눈을 향해서는 그러합니다. 그리고 그들의 내면적인 생각이나, 그것의 상태(=삶)는 스스로 자체를 드러냅니다. 앞에서 언급한 것과 같이, 이런 일은 시각을 통해서 이루어집니다. 이렇게 볼 때 그들의 얼굴은, 그들의 생각들과 한 몸처럼 작용한다는 것은 명확합니다. 왜냐하면 얼굴은, 그 사람이 생각하고, 좋아하는 것들을 묘사(描寫)하고, 제시(提示)하기 위하여 전적으로 형성되기 때문입니다. 이렇게 볼 때 얼굴은 마음의 지표(指標·the index of the mind)라고 하겠습니다. 그러나 이것은 신실한 자의 경우입니다. 그러나 그것은 신실하지 않은 자나, 가장하는 자들이나, 위선자들의 경우와는 아주 크게 다릅니다. 이와 같은 경우가 어떤 것인지 내가 확인하기 위하여 그들이 비슷한 방법으로 나의 입술들이나 나의 얼굴을 움직이는 것이 허락되었습니다. 그 때 그들의 생각의 목적들을 일치된 방법에 의하여 지각되었습니다. 그들은, 격조(格調) 높은 낱말들이나, 분명한 음성에 의하여 어떤 말이 있었는지 질문을 받았습니다. 그러나 그들은 분명한 음성에 의한 것이 무엇인지 알지 못한다고 대답하였습니다. 그러나 그들은 건전한 것이 무엇인지는 알고 있습니다. 이런 것들을 듣자, 나는 화성의 영들에게 대응하는 그 이유를 지각하였고, 그리고 그들이 내게 오기 전에 그들과 제휴된 이유도 나는 알았습니다. 왜냐하면 유사한 언어가 그들에게서 지배적이기 때문인데, 그와 같은 사실은 화성의 주민들이나 영들이 다루어진 곳에서 볼 수 있었습니다(7359-7362항 참조).

10588. 그들의 대화를 듣는 중에 그들의 호흡에 관해서 의심이 생겼습니다. 그 의심은, 우리의 지구의 사람들의 호흡과 비슷한지 그 여부였습니다. 일러진 것은 사실 그것은 비슷하지만, 그러나 그것이 소리를 내는 방법에서 분명하지 않다는 것입니다.

그것은 우리들에게서는 기관(氣管)이나 후두(喉頭)에서 행해는 것과 같습니다. 그리고 그들의 입술은, 그들의 섬유질에 들어오는 개념들의 입류뿐만 아니라, 폐장의 내적인 호흡에 의해서도 움직이지 않았습니다.

10589. 우리 지구의 몇몇 영들에게 이런 의심들이 별들의 창공에서 왔는지 여부가 제시되었습니다. 그러므로 그것들이 어디에서 왔는지 대답하도록 천사들에 주어졌습니다. 그 대답은 한 별에서 왔는데, 그 별은 그들의 태양이고, 우리의 지구의 태양에서는 아주아주 멀리 떨어져 있는 것입니다. 그리고 그것의 위치는 아래에 있고, 은하수 가까이에 있다는 것입니다. 그리고 이 별은 작은 별들 가운데 있다는 것입니다.

10590. 별들의 창공에 있는 넷째 지구에 관한 속편은 다음장 말미에서 계속되겠습니다.

제 34장 서문 : 인애와 믿음*1)의 교리에 관하여(12)

10591. 사람은, 그의 내적인 것의 측면에 관해서는 죽을 수 없도록 창조되었습니다. 그 이유는 그가 하나님을 믿을 수 있기 때문이고, 그리고 하나님을 사랑할 수 있기 때문입니다. 따라서 믿음과 사랑 안에서 하나님과 결합할 수 있기 때문입니다. 그리고 하나님과의 결합은 영원히 사는 것입니다.

10592. 출생한 모든 사람 안에는 이 내적인 것이 있습니다. 그의 외적인 것은, 그것에 의하여 그가 믿음과 사랑에 속한 것들에 들어가기 위한 방편입니다. 따라서 내적인 것에 속하기 위한

---

*1) 여기는 부활에 관한 것이다(역자주).

방편입니다. 내적인 것은 "영혼"(the soul)이라고 부르는 것이고, 외적인 것은 "육신"(the body)이라고 불리우는 것입니다.

10593. 사람이 이 세상에서 운반하는 외적인 것은 이 세상의 씀씀이(善用)에 맞게 조절되었습니다. 이 외적인 것은 사람이 죽을 때 떨어져 남습니다. 그러나 저 세상에서 씀씀이에 맞게 조절된 외적인 것은 죽지 않습니다. 후자적인 외적인 것은 내적인 것과 함께 "영"(靈 · a spirit)이라고 하는데, 만약에 그 사람이 이 세상에서 선하였다면, 선한 영이나 천사가 되고, 만약에 그가 악하였다면 악한 영이 됩니다.

10594. 저 세상에서 사람의 영은, 이 세상의 것과 전적으로 동일한 인간의 형체(=모습 · the human form)으로 보입니다. 그리고 그 영은 또한 이 세상에서와 같이, 보고, 듣고, 말하고 느끼는 능력이나 역량을 향유(享有)하고 있고, 그리고 이 세상에서와 꼭 같이, 생각하고, 원하고, 행동하는 모든 능력이나 역량을 부여받고 있습니다. 한마디로 그가 이 세상에서 감싸졌던 조잡(粗雜)한 육신으로 감싸졌지 않았다는 것만 제외하면, 그는 개별적인 측면이나 전체적 측면에서 한 사람(a man)입니다. 이것은 그가 죽었을 때에 뒤에 남는 것이고, 또한 그는 그것을 다시 되찾지 못합니다.

10595. 이것이 바로 부활(復活)이 뜻하는 삶(=생명)의 계속입니다. 사람들이 이른바 이 세상에 있는 가시적인 것들이 소멸하는 것을 가리키는, 최후심판(最後審判 · the Last Judgment)까지 그들이 다시 살아나지 않을 것이라고 믿는 이유는, 그들이 성언을 바르게 이해하지 못하였기 때문이고, 그리고 감관적인 사람은 진정한 생명 자체를 육신에 두기 때문이고, 그리고 만약에 이와 같이 다시 사는 것이 없다면 사람에게 있는 것은 모두 끝이 날 것이라고 믿기 때문입니다.

10596. 사후 사람의 생명은 그의 사랑에 속한 생명이고, 그리

고 그의 믿음에 속한 생명입니다. 결과적으로 이런 부류는 이 세상에서 그의 생애를 보내는 동안의 그의 사랑이었고, 그의 믿음이었고, 그의 생명은 영원히 남습니다. 지옥에 속한 생명은 다른 모든 것들에 비하여 자기 자신이나 세상을 사랑한 자들이 맞는 것입니다. 그리고 천계에 속한 생명은 모든 것들 보다 하나님을 사랑한 자들이 맞는 것이고, 자신들 보다 이웃을 사랑한 자들이 맞는 것입니다. 이들이 바로 믿음을 가진 자들이지만, 그러나 전자는 믿음을 가지지 않은 자들입니다. 천계에 속한 생명(=삶)은 곧 영생(永生)이라고 불리우는 것이고, 지옥에 속한 생명(=삶)은 영적인 죽음이라고 불리우는 것입니다.

10597. "하나님은 죽은 사람의 하나님이 아니라, 살아 있는 사람의 하나님이시다"(마태 22 : 32)라고 언급된 것과 같이 성경 말씀은 사람이 죽은 뒤(死後)에도 산다고 가르칩니다. 그리고 성경은, 나사로는 죽은 뒤에 천계에 올리웠지만, 부자(富者)는 지옥에 보내졌나(누가 16 : 22, 23)고 가르치고, 그리고 아브라함・이삭・야곱도 거기에 있다(마태 8 : 11 ; 22 : 32 ; 누가 16 : 23-25, 29)고 가르치고, 그리고 예수님께서는 강도에게 "너는 오늘 나와 함께 낙원에 있을 것이다"(누가 23 : 43) 말씀하셨다고 가르칩니다. 이 밖에도 여러 장절들이 있습니다.

제 34장 본 문(34장 1-35절)

1 주께서 모세에게 말씀하셨다. "너는 돌판 두 개를 처음 것과 같이 깎아라. 그러면, 네가 깨뜨려 버린 처음 돌판 위에 쓴 그 말을, 내가 새 돌판에 다시 새겨 주겠다.

2 너는 그것을 내일 아침까지 준비해서, 아침에 일찍 시내 산

으로 올라와서, 이 산 꼭대기에서 나를 기다리고 서 있거라.
3 그러나 아무도 너와 함께 올라와서는 안 된다. 이 산의 어디
에도 사람이 보여서는 안 된다. 산기슭에서 양과 소에게 풀을 뜯
기고 있어도 안 된다."
4 모세는, 주께서 그에게 명하신 대로, 돌판 두 개를 처음 것과
같이 깎았다. 이튿날 아침에 일찍 일어나서, 그는 두 돌판을 손
에 들고 시내 산으로 올라갔다.
5 그 때에 주께서 구름에 싸여 내려오셔서, 그와 함께 거기에
서서, 거룩한 이름 '주'를 선포하셨다.
6 주께서 모세의 앞으로 지나가시면서 선포하셨다. "주, 나 주
는 자비롭고 은혜로우며, 노하기를 더디하고, 한결같은 사랑과
진실이 풍성한 하나님이다.
7 수천 대에 이르기까지, 한결같은 사랑을 베풀며, 악과 허물과
죄를 용서하는 하나님이다. 그러나 나는 죄를 벌하지 않은 채 그
냥 넘기지는 아니한다. 아버지가 죄를 지으면, 본인에게 뿐만 아
니라 삼사 대 자손에게까지 벌을 내린다."
8 모세가 급히 땅에 엎드려서 경배하며
9 아뢰었다. "주님, 주께서 저에게 은총을 베푸시는 것이 사실
이면, 주께서는 우리와 함께 가 주시기 바랍니다. 이 백성이 고
집이 센 백성인 것은 사실이나, 주께서 우리의 악과 우리의 죄를
용서해 주시고, 우리를 주의 소유로 삼아 주시기를 바랍니다."
10 주께서 말씀하셨다. "내가 이제 너희와 언약을 세운다. 내가
너희 모든 백성 앞에서, 이 세상 어느 민족들 가운데서도 이루어
진 적이 없는 놀라운 일을 하여 보일 것이다. 너희 주변에 사는
모든 백성이, 나 주가 너희에게 하여 주는 그 일이 얼마나 두려
운 일인지를 보게 될 것이다.
11 너희는, 내가 오늘 너희에게 명하는 것을 삼가 지키도록 하
여라. 내가 이제 너희 앞에서 아모리 사람과 가나안 사람과 헷

사람과 브리스 사람과 히위 사람과 여부스 사람을 쫓아내겠다.
12 너희는 삼가, 너희가 들어가는 땅에 사는 사람들과 언약을
세우지 않도록 하여라. 그들과 언약을 세우면, 그것이 너희에게
올무가 될 것이다.
13 그러니 너희는 그들의 제단을 허물고, 그들의 석상을 부수
고, 그들의 아세라 목상을 찍어 버려라.
14 너희는 다른 신에게 절을 하여서는 안 된다. 나 주는 '질투'
라는 이름을 가진, 질투하는 하나님이기 때문이다.
15 너희는 그 땅에 사는 사람들과 언약을 세우지 말아라. 언약
이라도 세웠다가, 그들이 자기들의 신들을 음란하게 따르며, 그
신들에게 제사를 드리면서 너희를 초대하면, 너희가 그 초대를
거절하지 못하고, 그리로 가서, 그 제물을 먹지 않겠느냐?
16 또 너희가 너희 아들들을 그들의 딸들과 결혼시키면, 그들
의 딸들은 저희 신들을 음란하게 따르면서, 너희의 아들들을 꾀
어, 자기들처럼 음란하게 그 신들을 따르게 만들 것이다.
17 너희는 신상을 부어 만들지 못한다.
18 너희는 무교절을 지켜야 한다. 내가 너희에게 명한 대로, 아
빕월의 정한 때에, 이레 동안 누룩을 넣지 않은 빵을 먹어라. 이
것은, 너희가 아빕월에 이집트에서 나왔기 때문이다.
19 태를 처음 열고 나온 것은 모두 나의 것이다. 너희 집짐승
가운데 처음 난 수컷은, 소의 맏배이든지 양의 맏배이든지, 모두
나의 것이다.
20 나귀의 맏배는 어린 양을 대신 바쳐서 대속하게 해야 한다.
그렇게 대속하지 않으려거든, 그 목을 부러뜨려야 한다. 너희 아
들들 가운데 맏아들도 모두 대속해야 한다. 그리고 아무도 내 앞
에 빈 손으로 나와서는 안 된다.
21 너희는 엿새 동안 일을 하고, 이렛날에는 쉬어야 한다. 밭갈
이하는 철이나 거두어들이는 철에도 쉬어야 한다.

22 너희는 밀을 처음 거두어들일 때에는 칠칠절을 지키고, 한
해가 끝날 때에는 수장절을 지켜야 한다.
23 너희 가운데 남자들은 모두 한 해에 세 번 이스라엘의 하나
님, 나 주 앞에 나와야 한다.
24 내가 뭇 민족을 너희 앞에서 쫓아내고, 너희의 영토를 넓혀
주겠다. 너희가 한 해에 세 번, 주 너희의 하나님을 뵈려고 올라
올 때에, 아무도 너희의 땅을 점령하려 하지 않을 것이다.
25 너희는 나에게 바치는 희생제물의 피를, 누룩을 넣은 빵과
함께 바치지 말아라. 유월절 제물은 이튿날 아침까지 남겨 두어
서는 안 된다.
26 너희는 너희 땅에서 난 첫 열매 가운데서 제일 좋은 것을
주 너희의 하나님의 집으로 가져 오너라. 너희는 새끼 염소를 그
어미의 젖으로 삶아서는 안 된다."
27 주께서 모세에게 말씀하셨다. "너는 이 말을 기록하여라. 내
가 이 말을 기초로 해서, 너와 이스라엘과 언약을 세웠기 때문이
다."
28 모세는 거기서 주와 함께 밤낮 사십 일을 지내면서, 빵도
먹지 않고, 물도 마시지 않고, 언약의 말씀, 곧 십계명을 판에
기록하였다.
29 모세가 두 증거판을 손에 들고 시내 산에서 내려왔다. 그가
산에서 내려올 때에, 그의 얼굴에서는 빛이 났다. 주와 함께 말
씀을 나누었으므로 얼굴에서 그렇게 빛이 났으나, 모세 자신은
전혀 알지 못하였다.
30 아론과 이스라엘의 모든 자손이 모세를 보니, 모세 얼굴의
살결이 빛나고 있었다. 그래서 그들은 그에게로 가까이 가기를
두려워하였으나,
31 모세가 그들을 부르자, 아론과 회중의 지도자들이 모두 그
에게로 가까이 갔다. 모세가 먼저 그들에게 말을 거니,

32 그 때에야 모든 이스라엘 자손이 그에게로 가까이 갔다. 모
세는, 주께서 시내 산에서 자기에게 말씀하신 모든 것을 그들에
게 명하였다.
33 모세는, 그들에게 하던 말을 다 마치자, 자기의 얼굴을 수건
으로 가렸다.
34 그러나 모세는, 주 앞으로 들어가서 주와 함께 말할 때에는
수건을 벗고, 나올 때까지는 쓰지 않았다. 나와서, 주께서 명하
신 것을 이스라엘 자손에게 전할 때에는,
35 이스라엘 자손이 자기의 얼굴에서 빛이 나는 것을 보게 되
므로, 모세는, 주와 함께 이야기하러 들어갈 때까지는, 다시 자
기의 얼굴을 수건으로 가렸다.

간추린 내용(34장 1-35절)

10598. 속뜻으로 우리의 본문장에는 이스라엘 민족에게 세워질 교회에 관한 것이 주제입니다. 그러나 그 민족이 내면적으로 신령존재를 영접, 수용할 수 없는 그런 성품(性稟)이었기 때문에, 그 교회는, 그 민족에게 교회가 아니고, 다만 교회의 표징이 있게 하기 위하여, 수용되었습니다. 이러한 내용은 1-9절에서 다루어진 주제입니다.

10599. 그 뒤, 속뜻으로 그들이 하나의 교회를 표징하기 위하여 전적으로 준수(遵守)되어야 할 그 교회에 속한 중요하고, 으뜸적인 것들이 다루어졌습니다. 이러한 것은 10-28절에서 다루어진 주제입니다.

10600. 마지막으로 다루어진 것은 그것들의 외적인 것들을 통한, 성언·교회·예배에 속한 신령 내적인 것을 통한 빛남

(shining)이었습니다. 그러나 그 민족 앞에서는 아닙니다. 이러한 내용은, 모세가 그 백성과 말을 하고 있을 때 그의 얼굴의 살갗의 빛남이 뜻하고, 그리고 베일의 가림(=수건의 가림)이 뜻합니다. 이와 같은 내용은 29-35절에서 다루어졌습니다.

상세한 영적인 뜻(34장 1-35절)

10601. 1-9절. **주께서 모세에게 말씀하셨다. "너는 돌판 두 개를 처음 것과 같이 깎아라. 그러면, 네가 깨뜨려 버린 처음 돌판 위에 쓴 그 말을, 내가 새 돌판에 다시 새겨 주겠다. 너는 그것을 내일 아침까지 준비해서, 아침에 일찍 시내 산으로 올라와서, 이 산 꼭대기에서 나를 기다리고 서 있거라. 그러나 아무도 너와 함께 올라와서는 안 된다. 이 산의 어디에도 사람이 보여서는 안 된다. 산기슭에서 양과 소에게 풀을 뜯기고 있어도 안 된다." 모세는, 주께서 그에게 명하신 대로, 돌판 두 개를 처음 것과 같이 깎았다. 이튿날 아침에 일찍 일어나서, 그는 두 돌판을 손에 들고 시내 산으로 올라갔다. 그 때에 주께서 구름에 싸여 내려오셔서, 그와 함께 거기에 서서, 거룩한 이름 '주'를 선포하셨다. 주께서 모세의 앞으로 지나가시면서 선포하셨다. "주, 나 주는 자비롭고 은혜로우며, 노하기를 더디하고, 한결같은 사랑과 진실이 풍성한 하나님이다. 수천 대에 이르기까지, 한결같은 사랑을 베풀며, 악과 허물과 죄를 용서하는 하나님이다. 그러나 나는 죄를 벌하지 않은 채 그냥 넘기지는 아니한다. 아버지가 죄를 지으면, 본인에게 뿐만 아니라 삼사 대 자손에게까지 벌을 내린다." 모세가 급히 땅에 엎드려서 경배하며 아뢰었다. "주님, 주께서 저에게 은총을 베푸시는 것이 사실이면, 주께서는 우리와**

함께 가 주시기 바랍니다. 이 백성이 고집이 센 백성인 것은 사실이나, 주께서 우리의 악과 우리의 죄를 용서해 주시고, 우리를 주의 소유로 삼아 주시기를 바랍니다."

"주께서 모세에게 말씀하셨다"는 말씀은 이스라엘 민족에 관한 결론(結論)을 뜻합니다. "돌판 두 개를 처음 것과 같이 깎아라"는 것은 성언에 속한 외적인 것을, 그리고 교회와 예배에 속한 외적인 것을 뜻하는데, 그와 같은 것은 그 민족을 위한 것이다는 것을 뜻합니다. "그러면, 네가 깨뜨려 버린 처음 돌판 위에 쓴 그 말을 내가 새 돌판에 다시 새겨 주겠다"는 말씀은, 성언·교회·예배에 속한 내면적인 신령 천적인 것들과 신령 영적인 것들이 역시 이런 외적인 것들 안에 있다는 것을 뜻합니다. "너는 그것을 내일 아침까지 준비해서, 아침에 일찍 시내 산으로 올라와라"는 말씀은 신령진리의 계시의 새로운 시작을 뜻합니다. "이 산 꼭대기에서 나를 기다리고 서 있거라"는 말씀은 신령사랑이 내재해 있는, 극내적인 천계(the inmost heaven)에서 비롯된 것을 뜻합니다. "그러나 아무도 너와 함께 올라와서는 안 된다"는 말씀은 이스라엘 민족이 신령진리 안에 있을 수 없다는 것을 뜻합니다. "이 산의 어디에도 사람이 보여서는 안 된다"는 말씀은 그들이 그것에서부터 완전히 옮겨져 있어야 한다는 것, 따라서 그것 밖에 있어야 한다는 것을 뜻합니다. "산기슭에서 양과 소에게 풀을 뜯기고 있어도 안 된다"는 말씀은, 역시 그들은, 교회·예배·성언에 속한 내면적인 선이나 외면적인 선에 관해서 가르침을 받을 수 없다는 것을 뜻합니다. "모세는, 주께서 명하신 대로, 돌판 두 개를 처음 것과 같이 깍았다"는 말씀은, 그것이 그 민족을 위한 것으로, 성언·교회·예배에 속한 외적인 것을 뜻합니다. "모세는 이튿날 아침 일찍 일어나서, 시내 산으로 올라갔다"는 말씀은 신령진리의 계시의 시작을 뜻하고, "주께서 그에게 명하신 대로 하였다"는 말씀은, 그들이 고집, 주장하기 때문에 그와 같이 행해졌다는 것을 뜻하고, “그는 두 돌판을 손에 들었다”는 말씀은, 그것이 그 민족을 위한 것으로, 성언・교회・예배에 속한 외적인 것을 뜻합니다. “그 때에 주께서 구름에 싸여 내려오셔서, 그와 함께 거기에 서셨다”는 말씀은 그것 안에 신령존재께서 계시는, 성언에 속한 외적인 것을 뜻합니다. “거룩한 이름 ‘주’를 선포하셨다”(=주의 이름을 선포하셨다)는 말씀은 믿음에 속한 진리들과 선들에게서 비롯된, 그리고 사랑에 속한 진리들과 선들에게서 비롯된 주님의 예배를 뜻합니다. “주께서 모세의 앞으로 지나가셨다”는 말씀은 외적인 것들 위에 있는 내적 신령한 것들을 뜻합니다. “주, 나 주는 자비롭고 은혜로우신 하나님이다”는 말씀은, 모든 선이 그것에서 비롯된, 신령존재 자체와 신령인간(=인성)과 신령발출(the Divine proceeding)을 뜻합니다. “노하기를 더디한다”(=오래 참는다)는 것은 신령관대(=신령온화・神靈寬大・the Divine clemency)를 뜻하고, “한결같은 사랑과 진실이 풍성한 하나님이다”(=선함과 진리가 풍성한 하나님이다)는 말씀은 그분께서 선 자체이시고, 진리 자체이시다는 것을 뜻합니다. “수천 대에 이르기까지 한결같은 사랑을 베푸신다”(=선함을 수천 대까지 간직하신다)는 말씀은 영원을 뜻하고, “악과 허물과 죄를 용서하신다”는 말씀은 악과 그것의 거짓의 제거를 뜻하고, 그러므로 그것이 나타나지 않는다는 것을 뜻합니다. “나는 죄를 벌하지 않은 채 그냥 넘기지는 아니한다”(=범법자가 결코 깨끗게 되지는 않는다)는 말씀은 완성이나 성취에 대한 행동거지(行動擧止・bearing)를 뜻하고, “아버지가 죄를 지으면, 본인에게 뿐만 아니라 삼사 대 자손에게 벌을 내리겠다”(=그 조상들의 죄악을 그 자손들과 그 자손들의 자손들까지 미치게 하겠다)는 말씀은 긴 시리즈에 이어지는 온갖 악들과 그것에서 파생된 거짓들의 거절(拒絶・rejection)과 유죄판결(有罪判決・condemnation)을 뜻하고, “삼 대와 사 대까지”(=셋째 대와 넷째 대까지)라는 말씀은 거짓들과 그것에서 파생된 악들에 속한 거절과 유죄판결을 뜻합니다. "모세가 급히 땅에 엎드려서 경배하였다"는 말씀은 입류로부터 외적인 것에의 수용을 뜻하고, 그리고 겸비(謙卑·humiliation)에서 비롯된 예배를 뜻합니다. "아뢰었다. '주님, 주께서 저에게 은총을 베푸시는 것이 사실이라면……'"(=이제 내가 주의 목전에서 은혜를 입었다면……)이라는 말씀은 이와 같은 외적인 것이 영접, 수용되었다는 것을 뜻합니다. "주께서는 우리와 함께 가 주시기를 바랍니다"(=오 주여, 내가 주께 바라오니 나의 주께서 우리 가운데 가소서)라는 말씀은 신령존재께서 그것 안에 있을 것이다는 것을 뜻합니다. "이 백성이 고집이 센 백성인 것은 사실이다"(=이는 그들이 목이 곧은 백성이기 때문이다)는 말씀은 비록 이스라엘 민족이 내면적인 신령존재를 영접, 수용하지 않는다는 것을 뜻합니다. "주께서 우리의 악과 우리의 죄를 용서해 주시기를 바란다"(=우리의 죄악과 죄를 용서해 주시기를 바란다)는 말씀은, 거짓들과 악들 안에 있는 많은 것들을 가리키는 그들의 내면적인 것들이 제거될 것이다는 것을 뜻합니다. "우리를 주의 소유로 삼아 주시기를 바랍니다"(=우리를 주의 유업으로 삼으소서)라는 말씀은 그럼에도 불구하고 거기에 교회가 있을 것이다는 것을 뜻합니다.

10602. 주께서 모세에게 말씀하셨다.

이 말씀이 이스라엘 민족에 관한 결론을 뜻한다는 것은 여호와께서 모세에게 말씀하실 때 대답(對答·answer)을 가리키는, 그러나 여기서는 결론(結論)을 가리키는 "말씀한다"(said)는 말의 뜻에서 잘 알 수 있습니다. 그 이유는 "말씀한다"는 말이 그 뒤에 이어지는 것을 내포(內包)하고 있기 때문입니다. 왜냐하면 그것들이, 그분께서 말씀하신 것들이고, 그리고 그것들이 일러진 것들이기 때문입니다. 그러므로 여기서 "말씀하셨다"는 말은, 앞서 두 장에서 다루어진, 이스라엘 민족에 관한 결론을 뜻합니다. 그 결론은, 교회가 그들 가운데 반드시 설시되어야 한다는 것이고,

그리고 성언이 반드시 그들 가운데 기술되어야 한다는 것입니다. 그러나 그들은 단순히 외적인 것들 안에 있을 뿐이고, 내적인 것 안에는 전적으로 있지 않다는 것을 가리킵니다. 외적인 것들 안에 있지만, 내적인 것들 안에 있지 않다는 것은, 주님의 시인 없이, 그리고 하나님을 목적해서 하나님을 사랑하는 것 없이, 그럼에도 불구하고 자기를 사랑하고, 하나님을 사랑하지 않는 것을 가리키는, 오직 자기 자신을 위하여, 외적인 것들을 마치 거룩한 것으로 예배하는 것을 가리킵니다. 아니, 그것은 하나님으로부터 자기 자신에게 향하는 것을 가리키고, 그리고 하나님을 우러르는 것에서부터 자기 자신을 우러르는 것을 가리키고, 자기 자신을 하나님에게로 향하지 않는 것을 가리킵니다. 그러나 그들이 자신의 목적을 위하여 거룩한 외적인 것 안에 있을 수 있기 때문에, 그리고 이런 일은 그들에게 있는 영들에 의하여 하나님을 목적한 거룩한 외적인 것으로 놀랄 만큼 바꿀 수 있기 때문입니다. 그리고 그와 같은 일은 천사들에 의하여 이들 영들로부터 수용될 수 있기 때문에, 그리고 따라서 거룩한 내적인 것에게로 일어날 수 있기 때문에, 그러므로 그럼에도 불구하고 그 민족은 수용되었습니다(10500 · 10570항 참조). 이러한 것이 우리의 본문에 담겨진 결론이고, 따라서 그것은 우리의 본문, “여호와께서 모세에게 말씀하셨다”는 말이 뜻하는 것입니다.

10603. 너는 돌판 두 개를 처음 것과 같이 깎아라(=너는 처음 것과 같은 돌판 둘을 깎아라).

이 말씀이 성언 · 교회 · 예배에 속한 외적인 것을 뜻한다는 것은 그것이 그 민족을 위한 것이라는 것은 성언의 외적인 것을 가리키는 “돌판들”의 뜻에서(10453 · 10461항 참조), 잘 알 수 있습니다. 성언에 속한 외적인 것은 성언의 문자에 속한 뜻입니다. 그리고 역시 이것이 교회에 속한 외적인 것과 예배에 속한 외적인 것을 뜻한다는 것은, 교회가 성언에서 비롯되었고, 그리고 예배 또한 그것에서 비롯되었기 때문입니다. 왜냐하면 교회와 예배를 이루는 믿음에 속한 모든 진리와 사랑에 속한 모든 선은 반드시 성언에서 비롯되어야만 하기 때문입니다. 결과적으로 성언에는 외적인 것과 내적인 것이 있듯이, 또한 교회나 예배에도 반드시 내적인 것과 외적인 것이 있습니다. 그리고 이것에 관해서는 아래에서 이어지겠지만, 모세에 의하여 행해질 경우, 그 민족을 위하여 외적인 것을 만드는 것을 가리키는 "그것들을 깎는다"는 말의 뜻에서, 그리고, 모방(模倣)하는 것을 가리키는 "처음 것과 같다"는 말의 뜻에서 잘 알 수 있습니다. 왜냐하면 처음 것들은 여호와께서 만든 것이고, 지금의 이것들은 모세가 만든 것이기 때문입니다.

[2] 여호와께서 깎으신 처음 것들이, 그 민족이 여호와처럼 금송아지를 예배하는 것을 보았을 때, 모세에 의하여 깨졌다는 것은 섭리(攝理)이었습니다. 그 이유는, "돌판 두 개"가 뜻하는 성언인, 성언의 외적인 섯은, 마음 속에서는 나만 우상숭배적인 그 민족 가운데서는 그와 같이 기술될 수 없었기 때문입니다. 그러므로 첫째 돌판들은 깨어진 것이고, 그리고 지금 모세에게, 그가 처음 것들을 모방해서 다른 것들을 깎으라고, 언급된 것입니다. "모방해서"라고 언급하였는데, 그 이유는 속뜻이 동일하게 남아 있지만, 겉뜻은 바뀌었기 때문입니다. 여호와에 의하여 처음 것들 위에 쓰여진 동일한 말이 이들 돌판들에 쓰여진 것은 속뜻을 뜻합니다.

[3] 이 주제가 백일하에 드러났는데, 여기서 겉뜻이나 문자의 뜻에서 설명된 것은 그 민족을 위하여 바뀌었다는 것입니다. 그 민족을 위하여 제단들・번제단들・희생제물이나 곡식제물이나 헌주(獻酒) 등등이 엄명되었고, 그리고 역사서나 예언서 모두에 이런 것들이 예배의 가장 거룩한 것들로서 언급되었습니다. 그럼에도 불구하고 그 때 그것들이 단순하게 허락되었는데, 그 이유

는 그것들이 제일 먼저는 에벨(Eber)에 의하여 제정되었고, 그리고 그것들은 고대 표징적인 교회에는 잘 알려지지 않았습니다(1128·2180·2818항 참조).

[4] 그것은 그 민족을 위한 것인데, 거기에는 오직 예루살렘에는 신령예배가 있었고, 그리고 이런 이유 때문에 그 도시는 거룩하게 존중, 간주(看做)되었고, 그래서 역사서나 예언서에는 모두 거룩하다고 불리웠습니다. 그 이유는, 그 민족이 마음에서는 우상숭배적이었고, 그러므로 매 명절에 그 성읍에 모두 그들이 모이지 않았다면, 그의 각자의 자리에 있는 자는 이방 사람들의 어떤 신(神)들을 예배하였을 것이고, 또한 우상들이나, 주상(鑄像·molten image)을 예배하였을 것이기 때문입니다. 그 민족을 위하여 고대 사람들이 가지고 있었던 것과 같은 산이나 산림(山林)에서 드리는 거룩한 예배는 금지되었습니다. 그와 같이 금지한 이유는 그들이 거기에 우상들을 세우는 것을 막기 위해서이고, 그리고 나무들 자체를 섬기는 것을 막기 위한 것입니다.

[5] 그 민족을 위해서는 복수(複數)의 아내들을 두는 것이 허락되었는데, 그런 일은 고대에서는 전혀 알려지지 않았던 것이고, 그리고 다종다양한 이유 때문에 그들의 아내들과 이혼(離婚)하는 것도 마찬가지입니다. 결과적으로 이런 혼인들이나, 이혼에 관계되는 법률들이 법제화되었습니다. 그렇지 않았다면, 그것은 성언의 외적인 것에 들어오지 못하였을 것입니다. 그러므로 이런 외적인 것은 주님에 의하여 주어진 것이 모세에 의하여 언급되었습니다. 그리고 그것은 그들의 마음들의 완악(頑惡)함 때문에 허락된 것 뿐입니다(마태 19 : 8). 그 민족을 위해서는 야곱에 관한 언급이 자주 있었고, 그리고 마찬가지로 이스라엘 열 두 자손에 관한 언급도 자주 있었습니다. 예를 들면, 선민(選民·elect)이나 상속(相續·hears)들이 되겠는데(묵시록 7 : 4-8 ; 그밖의 여러 장절들), 그렇지만 그들은 모세의 노래에 기술된 그런 부류였습니다

(신명기 32 : 15-43). 그리고 또한 예언서에는 그와 같이 두루두루 기술되었고, 그리고 주님 그분에 의해서도 기술되었습니다. 그 민족을 위해서 거기에서 온 성언의 외적인 것의 다른 것들은 언급하지 않겠습니다.

[6] 이러한 내용이 모세에 의하여 다듬어진 두 돌판들이 뜻하는 것입니다. 그럼에도 불구하고 이 외적인 것 안에는 변하지 않는 신령 내적인 것(the Divine internal)이 처음 돌판들 위에 여호와에 의하여 기술된 동일한 말씀들이 뜻하는 것입니다.

10604. 그러면, 네가 깨뜨려 버린 처음 돌판 위에 쓴 그 말을, 내가 새 돌판에 다시 새겨 주겠다.

이 말씀이 성언·교회·예배에 속한 내면적 신령 천적인 것들이나 내면적 신령 영적인 것들이 이런 외적인 것들 안에 있다는 것을 뜻한다는 것은 성언·교회·예배에 속한 외적인 것들을 가리키는 이들 "판들"(=돌판들)의 뜻에서(10603항 참조), 그리고 신령 내면적인 것들을 가리키는, 따라서 속뜻에 속한 것들을 가리키는 "여호와께서 그것들 위에 쓰신 그 말들"의 뜻에서(10453·10461항 참조) 잘 알 수 있습니다. 그것들은 천적, 영적이라고 불리우는데, 그 이유는 그것들은 천계에서 천사들 앞에서나, 거기의 빛에서 그와 같이 보이기 때문입니다. 거기의 천적인 것들은 사랑에 속한 것들이고, 영적인 것들은 사랑에서 비롯된 믿음에 속한 것들입니다. 이렇게 볼 때 우리의 본문, "나는 네가 깨뜨려 버린 처음 돌판 위에 쓴 그 말을 새 돌판에 다시 새기겠다"(=다시 쓰겠다)는 말이 이런 외적인 것들 안에 있는 성언·교회·예배에 속한 내면적 신령 천적인 것들이나 내면적 신령 영적인 것들을 뜻한다는 것은 명확하겠습니다. 여기의 경우가 어떠한지는 직접적으로 위에 우선한 단락에서 잘 볼 수 있습니다.

[2] 오늘날에는 성언에 속뜻이 있다는 것이 전혀 알려져 있지 않기 때문에, 심지어 성언의 속뜻이 무엇인지 알지 못하기 때문

에, 그것에 관해서 자세하게 몇 말씀 부연하겠습니다. 천사들의 생각의 개념들은, 사람들의 생각의 개념과 같이, 자연적이 아니고, 영적입니다. 그러나 그들의 영적인 개념들의 성질은, 그의 생각들의 처음 시작에서 내면적인 생각이나 숙고(熟考)에 의한 것을 제외하면, 사람에 의하여 아주 어렵게 이해될 것입니다. 이것들이 언어의 낱말들이 결여된 것들이라는 것은, 사람이 오랜 기간동안 언어에 의하여 표현할 수 있는 것에 비하여 일순간에 더 많은 것들을 이해, 파악할 수 있는 그런 성질이라는 사실에서 잘 알 수 있습니다. 생각에 속한 이런 개념들은 그의 영에 속한 것입니다. 그러나 사람이 파악, 이해하고, 그리고 낱말들 안에 들어오는 생각에 속한 개념들은 자연적인 것인데, 식자들에 의하여 그것은 물질적이라고 하는 것입니다. 이에 반하여 전자, 즉 내면적인 개념들은 영적인 것들이라고 불리우고, 식자들에 의해서는 비물질적이라고 하는 것입니다. 사람은, 사후(死後), 하나의 영이 되었을 때 이런 개념들 안에 들어가게 되고, 그리고 이런 개념들에 의하여 사람은 다른 영들과의 대화에 종사(從事)합니다. 개념들의 두 계층 사이에는 대응(對應)이 있고, 그리고 이 대응에 의하여 영적인 개념들은, 그 사람이 말을 할 때 자연적인 것으로 바뀝니다. 이러한 사실은 사람에게 알려져 있지 않는데, 그 이유는 사람이 그것에 관해서 깊이 생각하지 않기 때문이고, 그리고 어느 누구도, 내면적으로 생각하는 사람을 제외하면, 그것에 관해서 깊이 생각할 수 없기 때문입니다. 다시 말하면 육신에서 벗어나 추상적으로 그들의 영 안에서 생각하는 사람을 제외하면 그것에 관해서 깊이 생각할 수 없기 때문입니다.

[3] 이와 같이 영적인 생각과 자연적인 생각 사이에 대응이 있기 때문에, 그리고 천사들은 영적인 생각에 있기 때문에 그들은, 결과적으로 사람이 자연적으로 깨달은 것을, 영적으로 지각하는데, 이러한 일은 즉시즉시 일어나고, 그것은 차이에서는 그 어떤

이견(異見)도 없습니다. 이러한 일은, 사람이 성경말씀을 읽을 때 주로 행해지고, 또한 사람이 성경말씀으로 말미암아 생각할 때 일어납니다. 왜냐하면 성언은, 전체적인 것이든 개별적인 것이든, 거기에는 대응이 내재해 있는 것으로 기술되었기 때문입니다. 예를 들면, 사람이 마태복음서에서 주님의 말씀들을 읽을 때입니다. 마태복음서의 말씀입니다.

> "그 환난의 날들이 지난 뒤에,
> 곧 해는 어두워지고,
> 달은 빛을 내지 않고,
> 별들은 하늘에서 떨어지고,
> 하늘의 세력들은 흔들릴 것이다.
> 그 때에 인자가 올 징조가 하늘에서 나타날 터인데, 그 때에는 땅에 있는 모든 민족이 가슴을 치며, 인자가 큰 권능과 영광으로 하늘 구름을 타고 오는 것을 볼 것이다."
> (마태 24 : 29, 30)

[4] 천사들은 이런 말들을 사람과는 전혀 다르게 깨닫습니다. "어두어질 해"에 대해서는 그들은 해를 깨닫지 않고, 오히려 주님사랑을 깨닫고 "달"에 대해서는 그들은 달을 깨닫지 않고, 오히려 주님을 믿는 믿음을 깨닫습니다. 그리고 "별들"에 의해서는 별들을 깨닫지 않고, 선과 진리의 지식들을 깨닫습니다. 그리고 "인자"(人子 · 사람의 아들 · the Son of man)에 의해서는 그들은 신령진리의 측면에서 주님을 지각하고, "땅에 있는 민족"에 의해서는 교회에 속한 모든 진리들을 깨닫습니다. 그리고 "하늘의 구름들"에 의해서는 문자의 뜻 안에 있는 성언을 깨닫고, "권능과 영광"에 의해서는 속뜻 안에 있는 성언을 깨닫습니다. 사람이 이런 낱말들을 읽을 때, 천사들은 대응의 은덕에 의하여 일순간에 그것들에 속한 이해 안에 들어옵니다. 그리고 그들은, 사람이 해 ·

달・별들・하늘의 구름들이나 그밖의 모든 것들에 관해서 생각하는 것을 전혀 알지 못합니다. 그 이유는 천사들이 영적인 개념 안에 있기 때문입니다. 그리고 이런 영적인 개념은 자연에 속한 것들이 천계적인 빛에 속한 것들로 바뀌는 그런 성질의 것입니다. 그것은 곧 주님에게 비롯된 신령진리를 가리킵니다.
[5] 사람이 성경말씀을 읽을 때, 천사들이 성언을 그와 같이 깨닫는다는 것은, 천사들이 사람들과 같이 있기 때문이고, 그리고 사람들의 정동들 안에 거(居)하기 때문입니다. 그 이유는 그의 영의 측면에서 한 사람은 영들과 같이 사회에 있기 때문이고, 영적인 것을 가리키는, 그의 내면적 생각의 측면에서는 천계의 천사들과 같이 한 사회에 있기 때문입니다. 이러한 것은, 사람이 생각하는 능력(the capability of thinking)을 가지고 있다는 사실에서 입니다. 이러한 것들이나 내용들은 성언의 속뜻이 무엇인지 알게 하기 위한 것입니다. 또는 천적인 것이나 영적인 것이라고 하는, 성언・교회・예배에 속한 내면적인 것들이 무엇인지 알게 하기 위하여 언급된 것입니다.

10605. 너는 그것을 내일 아침까지 준비해서, 아침에 일찍 시내 산으로 올라오너라(=아침에 준비하고, 아침에 시내 산으로 올라오너라).

이 말씀이 신령진리의 계시의 새로운 시작을 뜻한다는 것은, 이것에 관해서는 아래에 언급되겠지만, 오르는 상태(=상승・上昇狀態・a rising state)를 가리키는, 즉 시작의 상태를, 여기서는 새로운 시작을 가리키는 "아침"(morning)의 뜻에서, 그리고 신령진리가 비롯된 근원인 천계를 가리키는, 따라서 계시가 비롯되는 근원인 천계를 가리키는 "시내 산"의 뜻에서(8805・8931・9420항 참조), 잘 알 수 있습니다. "아침"이 오름의 상태, 즉 시작의 상태를 뜻한다는 것은 모든 시간적인 것들이 상태들을 뜻하기 때문입니다. 이런 이유 때문에 천계에서 시간(時間)은 시간적인 개념으로 생각되지 않고, 오히려 정동들과 그것에서 파생된 생각들에 대한 상태의 변화들로 생각됩니다. 그리고 또한 거기에서의 상태의 변화(the changes of state)는, 마치 아침·낮·저녁·밤과 같이, 하루의 때들과 같고, 그리고 아침은 그 때들의 시작이 비롯된 근원과 같기 때문입니다. 이상하게 보일지 모르지만, 천계에는 때들(times)은 존재하지 않습니다. 그럼에도 불구하고, 그때 그들은 이 세상에서의 사람들과 같이, 서로서로 살아갑니다. 다만 총명·지혜·행복의 측면에서만 차이가 있을 뿐입니다. 그러나 그 이유는 주님이신 태양에서 비롯된 거기의 빛은, 이 세상의 태양에서 비롯된 빛과 같이 매일 매일의 교차(交叉·daily alternations)들에 영향을 받지 않고, 다만 천사들에게서는 사랑의 상태들이나 믿음의 상태들에 일치하여 다종다양하게 변화하기 때문입니다. 이 상태들은 이 지구에서의 매일 매일의 볕(熱)·빛(光)·그늘(陰影)의 상태와 같은 교차들에 의하여 영향을 받습니다. 이와 같은 이유는, 주님을 가리키는, 거기의 태양에서 비롯된 빛(光)은 신령진리이기 때문이고, 그리고 그 태양에서 비롯된 볕(熱)은 사랑이기 때문입니다. 천사들은, 이 세상에서 사람들이 빛과 볕의 상태로 말미암아 영향을 받듯이, 그 빛과 볕의 영향을 받습니다. 천계에서 빛이 거기의 태양이신 주님으로 말미암아 존재한다는 것은 9548·9684항에 인용된 내용을 참조하십시오. 이 빛이, 천사들이나 사람들이 가지고 있는 총명이나 지혜의 근원인, 신령진리라는 것은 9548·9571·9684·10569항에 인용된 내용을 참조하십시오. 그리고 때들(times)이 상태들(狀態·states)을 뜻한다는 것은 10133항을 참조하시고, 천계에서 상태들은 이 세상의 날(日·day)이나 한 해(year)의 때들(=사계절·차례·times)과 같다는 것은 5962·8426항을 참조하십시오. 그리고 "아침"이 이런 상태들의 시작을, 따라서 새로운 시작을 뜻한다는 것은 8427·10114항을 참조하십시오. 천계에는 저녁이나 새벽녘이 있지만, 그러나 밤의 상태(a state of night)가 없다는 것은 6110항을 참조하십시오.

10606. 이 산 꼭대기에서 나를 기다리고 서 있거라.
이 말씀이, 신령사랑이 존재해 있는 극내적인 천계(the inmost heaven)에서 비롯된 것을 뜻한다는 것은 계시의 근원을 가리키는 "시내 산"의 뜻에서(8805 · 8931 · 9420항 참조), 그리고 극내적인 천계를 가리키는 "산 꼭대기" 즉 정상(頂上)의 뜻에서(9422 · 9434항 참조) 잘 알 수 있습니다. 그것이 신령사랑이 있는 곳을 뜻한다는 것은, 극내적인 천계에는 주님에게서 비롯된 주님사랑을 가리키는 천적인 사랑(celestial love)이 통치하지만, 그러나 아래 낮은 천계에서는 이웃을 향한 이웃사랑(=인애 · charity)인 영적인 사랑이 통치하기 때문입니다(10438항 참조). 이렇게 볼 때 우리의 본문 장절, "너는 그것을 내일 아침까지 준비해서, 아침에 일찍 시내 산으로 올라와서, 이 산 꼭대기에서 나를 기다리고 서 있거라"는 말이, 신령사랑이 있는 곳인 극내적인 천계에서 비롯되는, 따라서 신령사랑에서 비롯되는, 신령진리의 계시의 새로운 시작을 뜻한다는 것은 명확합니다. 더욱이 신령계시(the Divine revelation)를 가리키는 성언(聖言 · the Word)은 거기에서부터 내려옵니다.

10607. 그러나 아무도 너와 함께 올라와서는 안 된다.
이 말씀이, 이스라엘 민족은 신령진리 안에 있을 수 없다는 것을 뜻한다는 것은, 신령진리의 계시의 근원인 천계에 있지 못한다는 것을 가리키는, 따라서 신령진리 안에 있을 수 없다는 것을 가리키는, 여기서는 모세가 있는 시내 산에 오르는 것인, "올라와서는 안 된다"(not coming up)는 말의 뜻에서 잘 알 수 있습니다. 왜냐하면 "시내 산"은 신령진리의 계시가 거기에서 비롯된 천계를 뜻하기 때문이고(8805 · 8931 · 9420 · 10605항 참조), 그리고 모세는, 신령진리를 영접, 수용한 것인, 교회 · 예배 · 성언에 속한 외적인 것을 표징하기 때문입니다. 이스라엘 민족이 이러한 내용을 뜻한다는 것은, 그 민족에 관해서, "아무도 너와 함께 올라와서는 안 된다, 이 산의 어디에도 사람이 보여서는 안 된다" 라고 언급되어 있기 때문입니다.

[2] 모세가 여기서 신령진리를 영접, 수용한 성언·교회·예배에 속한 외적인 것을 표징한다는 것은 우리의 본문장에 구체적으로 언급된 것, 예를 들면, 모세가 반드시 시내 산에 올라와야 한다는 것, 그리고 반드시 산 꼭대기에 서 있어야 한다는 것, 그리고 그 백성은 거기에서 반드시 멀리 떨어져 있어야 한다는 것 등등에서 명확합니다. 뒤에 이어지는 것에서 여호와께서는 모세 그에게 말씀하셨지만, 백성에게는 말씀하시지 않았습니다. 예를 들면 10절에서는 "네가 있는 곳 가운데서 모든 백성(=너희 주변에 사는 백성)이 나 주가 너희에게 하여 주는 놀라운 일을 볼 것이다" 그리고 11절에는 "너희는, 내가 오늘 너희에게 명령한 것을 삼가 지키도록 하여라. 보아라, 나는 그들을 쫓아내겠다" 그리고 12절에서는, "너희는 삼가, 너희가 들어가는 땅에 사는 사람들과 언약을 세우지 않도록 하여라" 그리고 14절에서는 "너희는 다른 신에게 절을 하여서는 안 된다" 그리고 15절에서는 "너희는 그 땅에 사는 사람들과 언약을 세우지 말아라.…… 누가 너희를 초대하면, 그리로 가서 너희가 그의 희생제물을 먹으며" 16절에서는 "너희가 너희의 아들들을 그들의 딸들과 결혼시키면" 등등이 언급되었습니다. 그 뒤에는 모세 얼굴의 살결이 빛나고 있었다, 그리고 그 백성은 그에게 가까이 가기를 두려워하였다, 이것 때문에 모세는, 그 백성과 말을 할 때, 자기의 얼굴을 수건으로 가렸다 라고 언급되었습니다.

[3] 이상의 모든 것에서 볼 때, 우리의 본문장에서 모세는 신령진리를 영접, 수용한 성언·교회·예배에 속한 외적인 것을 표징한다는 것, 따라서 그것을 통하여 내적인 신령진리가 빛을 발한

다는 것 등등은 명확합니다. 모세가 이와 같은 외적인 것을 표징하지만, 내적인 것은 표징하지 않는다는 것은 우리의 본문장의 개별적인 모든 것에서 잘 알 수 있습니다. 예를 들면, 여호와께서 구름에 싸여 강림하셨다, 그리고 모세와 함께 서셨다는 것 등입니다. 왜냐하면 "구름"은 성언의 외적인 것을 뜻하기 때문이고, 그리고 그 때 여호와께서 그에게, 내적인 것들이 아니고, 그들이 준수(遵守)하여야 할 교회와 예배에 속한 외적인 것들을 명령하셨기 때문입니다. 이와 같은 외적인 것은 앞장에서 모세에 의하여 표징되었는데, 예를 들면 7-11절, 17-23절이 되겠습니다(10563 · 10571항 참조). 그러나 내적인 것을 영접, 수용하지 못한 외적인 것은 이스라엘 민족에게 관련된 것입니다.

10608. 더욱이 이 산의 어디에도 사람이 보여서는 안 된다(=온 산에 걸쳐 아무도 보이지 않게 하여라).
이 말씀이 그들은 거기에서 완전히 떠나야 한다는 것을, 따라서 그것 밖에 있어야 한다는 것을 뜻한다는 것은 복합체적으로 천계를 가리키는, 따라서 신령진리를 가리키는 여기서는 호렙 산을 가리키는 "산"의 뜻에서 잘 알 수 있습니다. 왜냐하면 여러분이 천계를 언급하든, 또는 신령진리를 말하든, 그것은 동일하기 때문입니다. 그 이유는, 천계를 형성하는 천사들은 신령진리의 수용그릇들이기 때문입니다. 그리고 그 산의 전체적인 확장이 "호렙"(Horeb)이라고 불리웠고, 그리고 그것 가운데서 보다 더 높은 산이 "시내 산"이라고 불리웠기 때문입니다. 결과적으로 "호렙"은 천계를 뜻하고, 또는 동일한 것이지만 전체적인 복합적으로는 신령진리를 뜻합니다. 그리고 그것의 내적인 것은 "시내 산"이 뜻하고, 그것의 외적인 것은 그것의 주위를 가리키는 산간지역이 뜻합니다. 그러므로 그것을 에워싸고 있는 것을 뜻할 때 "호렙"은 외적인 것을 뜻합니다(10543항 참조). 이스라엘 민족이 내적인 것을 영접, 수용하지 못한 외적인 것 안에 있기 때문에, 따라서 내적인 것에서 분리된 외적인 것 안에 있기 때문에, 동일한 뜻이지만, 내적인 것이 있는 것의 밖에 있기 때문에, 그러므로 사람은 아무도 산 어디에서도 보여서는 안 된다고 명령되었습니다. 동일한 내용이 모세가 장막 안에 있을 때 장막 어귀에 서 있는 그 민족이 뜻하고, 그리고 자기 장막 어귀에서 엎드려 주를 경배하였다(33장 8-10절)는 그 민족이 뜻합니다(10545-10555항 참조).

[2] "호렙 산"과 "시내 산"에서 비롯된 천계와 신령진리에 관해서 여기서 간략하게 언급하겠습니다. 이 세상에서 일반적으로 믿는 것은, 천사들은 대기권(大氣圈) 위에 있는 지역에 있다는 것이고, 그들은 거기에서 공기적인 존재들(aerial beings)로 산다는 것이고, 그리고 그들은 그들이 설 수 있는 평면(=장소)을 전혀 가지고 있지 않다는 것 등등입니다. 수많은 사람들의 마음들 가운데 이와 같은 소견(所見)들이 있는 이유는, 그들이, 천사들이나 영들이 이 땅의 사람들과 같이 동일한 형체 안에 있다는 것을 파악, 이해하지 못하고 있기 때문이고, 따라시 그들은 얼굴을 가지고 있다는 것, 그리고 그들은 손들과 팔들을 가지고 있고, 그리고 발들을 가지고 있다는 것, 한마디로 그들은 몸(體)을 가지고 있다는 것을 모르고 있기 때문입니다. 그럼에도 불구하고, 그들은 주거(住居)를 가지고 있고, 거처(居處)를 가지고 있다는 것을 모르고 있기 때문입니다. 그 때 그럼에도 불구하고, 천사들이나 영들은 이 땅에서와 같이 그들 가운데서 삽니다. 그것은 마치 사람들이 이 땅에서 사는 것과 같습니다. 천적인 천사들은 산들에서 살고, 영적인 천사들은 바위들에서 살고, 아직까지 천사들이 되지 못한 자들은 산들이나 바위들 중간인, 평지들에서 삽니다. 이에 반하여 지옥적인 영들은 산들이나 바위들(=암반들) 아래에 삽니다.

[3] 이러한 것들은, 성경에서 "산들"이 천계를 뜻하고, 특히 "호렙"이나 "시내 산"이 어디에서나 천계를 뜻한다는 것을 알게 하

기 위하여 언급되었습니다. 더욱이 내면적인 천사들은 산들 보다 더 높은 곳에 산다는 것, 그리고 그들이 더 높은 곳에서 살면 그럴수록 그들은 더 내면적이고 더욱더 완벽합니다. 이렇게 볼 때 율법이 선포될 때, 여호와께서 시내 산의 꼭대기에 하강하신 이유와 모세가 그분과 함께 산 꼭대기에 서 있어야 한다고 명령된 이유를 잘 알 수 있겠습니다. 땅 위의 산들은 천계는 아닙니다. 그러나 땅 위에 있는 산들은 천계에서 천사들이 있는 산들을 표징합니다.

10609. 산기슭에서 양과 소에게 풀을 뜯기고 있어도 안 된다 (=양 떼들과 소 떼들도 그 산 앞에서 먹이지 못하게 하여라).
이 말씀이 그들이 교회에 속한, 그리고 예배나 성언에 속한 내면적인 선이나, 외면적인 선에 관해서 교육을 받을 수 없다는 것을 뜻한다는 것은 내면적인 선을 가리키는 "양"의 뜻에서, 그리고 외면적인 선을 가리키는 "소"의 뜻에서(5913·6048·8937항 참조), 그리고 교육을 받는 것을 가리키는 "먹인다"(=풀을 뜯긴다)는 말의 뜻에서(5201·6277항 참조), 그리고 교회·예배·성언에 속한 외적인 것을 가리키는 여기서는 호렙 산인, "산"의 뜻에서(10543항 참조) 잘 알 수 있습니다. 이렇게 볼 때 우리의 본문의 말은, 그 민족이 교회·예배·성언에 속한 내면적인 선이나 외면적인 선에 관해서 교육을 받을 수 없다는 것을 뜻하는데, 그 이유는 그들이 이런 외적인 것 밖에 있기 때문이고, 그리고 어떤 방법에서도 그것 안에 있지 않기 때문입니다. 그들이 이런 것들에 관해서 가르침을 받을 수 없는 이유는 그들이 자아의 사랑들(=애욕들)이나 세상의 사랑들(=애욕들) 안에 있기 때문이고, 그리고 이런 사랑들(=애욕들)에 빠져 있는 자들은 천적인 선이나 영적인 선이 무엇인지 알 수 없기 때문이고, 따라서 교회에 속한 선이 무엇인지도 알 수 없기 때문입니다. 왜냐하면 이 선은 영적이고, 천적인 것이기 때문입니다. 그 이유는 신령한 것이기 때문입니다. 만약에 이 선이 그들에게 기술된다면, 그들은 그것을 전혀 이해하지도, 파악하지도 못할 것입니다. 그 이유는 그들에게는 이 선에 관한 지각이 존재하는 내적인 것이 닫혀 있기 때문입니다.

[2] 이러한 내용들이 우리의 본문 "그 산기슭에서 양과 소에게 풀을 먹여서는 안 된다"는 말이 뜻한다는 것은 자신의 마음을 성언의 역사적인 뜻 안에 사로잡고 있는 사람들에게는 이상하게 보일 것입니다. 그리고 이 말들이 그 민족 자체에게 속한 어떤 것들을 뜻한다는 것 이상으로 깊이 생각하지 못하기 때문입니다. 성언의 속뜻을 터득하지 못한 자들은 본문에서 "양이나 소"가 양이나 소를 뜻하지 않고, 오히려 사람에게 있는 내면적인 선이나 외면적인 선을 뜻한다는 것을 알지 못합니다. 신령한 성언이 공통적으로 양이나 소, 그리고 어떤 가축이 가지고 있는 것이 무엇입니까? 그것은 반드시 사람에게도 있어야 하는데, 그들의 예배, 사랑, 믿음은, 따라서 그런 것들은 사람들에게서 교회를 이루는 것이기 때문입니다. 그리고 이런 것 안에는 신령한 성언이 있습니다.

[3] "양과 소"가 이런 것들을 뜻한다는 것, 그리고 그것들이 양이나 소를 뜻하지 않는다는 것 등등은 그런 것들이 언급된 성경의 여러 장절들에게서 잘 알 수 있습니다. 시편서의 말씀입니다.

주께서 손수 지으신 만물을
사람이 다스리게 하시고,
모든 것을 발(=주님의 발) 아래에 두셨습니다.
크고 작은 온갖 집짐승과 들짐승까지도,
하늘에서 나는 새들과
바다에 노니는 물고기와
물길 따라 움직이는 모든 것을,
사람이 다스리게 하셨습니다.

(시편 8 : 6-8)

이 구절은 주님에 관해서 언급하고 있습니다. 그리고 천계와 지상에 있는 모든 것들을 다스리는 그분의 능력에 관해서 언급하고 있습니다. 여기서 "양 떼와 소 떼"는 사람들에게 있는 내면적인 선들이나 외면적인 선들을 뜻하고, "짐승들"은 그들에게 있는 정동들을 뜻합니다. 그렇지 않다면 신령한 것을 가리키는 주님의 능력이 양 떼나 소 떼, 그리고 짐승들을 다스린다는 것이 무슨 소용이 있겠습니까? "짐승들"이 사람에게 있는 정동들을 뜻한다는 것은 9280항에 인용된 내용을 참조하십시오.

[4] 요엘서의 말씀입니다.

슬프다, 그날이여!
주께서 심판하실 날이 다가왔다.
전능하신 분께서 보내신
바로 그 파멸의 날이 다가왔다.……
풀밭이 없어,
가축들이 울부짖고,
소 떼가 정신없이 헤매며,
양 떼도 괴로워한다.
(요엘 1 : 15, 18)

여기서 "짐승들"(=가축들)은 사람에게 있는 정동들을 뜻하고, 그리고 "소 떼와 양 떼"는 외면적인 선들이나 내면적인 선들을 뜻합니다. 왜냐하면, 여기서 다루는 주제는 "여호와의 날"(=주께서 심판하시는 날)이 뜻하는 주님의 강림(降臨)이고, 그리고 파멸하게 될, 또는 황폐하게 될 교회, 다시 말하면 거기에 더 이상 어떤 사랑의 선이나 또는 믿음의 선이 없다는 것이 주제이기 때문입니다. 이러한 선들은 "짐승들"(=가축들) · "소 떼" · "양 떼"가 뜻하는 것입니다. 그렇지 않다면, "가축들이 울부짖고, 소 떼가 정신없이 헤매고, 양 떼도 괴로워한다"는 말이 무엇을 뜻하겠습니까? 그것이 교회에게 일어나는 것이 무엇이겠습니까? 그 때 "그들이 가지고 있지 못하는 풀 밭"은 그들이 그것에 의하여 가르침을 받아야 하는 진리가 전혀 없다는 것을 뜻합니다.
[5] 예레미야서의 말씀입니다.

옛부터 우리 조상이
애써서 얻은 모든 것을,
그 수치스러운 우상이 삼켜 버렸습니다.
우리 조상이 애써 모은
양 떼와 소 떼와 아들과 딸들을
모두 삼켜 버렸습니다.
(예레미야 3 : 24)

여기서도 역시 "양 떼"나 "소 떼"는 사랑의 선들이나 믿음의 선들인, 교회에 속한 내면적인 선들이나 외면적인 선들을 뜻합니다.
[6] 이사야서의 말씀입니다.

내가 야곱으로부터 자손이 나오게 하며,
유다로부터
내 산을 유업으로 얻을 자들이
나오게 하겠다.
내가 택한 사람들이
그것을 유업으로 얻으며,
내 종들이 거기에 살 것이다.
샤론 평야는
나를 찾는 내 백성이

양 떼를 치는 목장이 되고,
아골 골짜기는
소들이 쉬는 곳이 될 것이다.
(이사야 65 : 9, 10)

여기서 "야곱"과 "유다"는 야곱이나 유다의 백성을 뜻하지 않고, 오히려 외적인 천적인 교회와 내적인 천적인 교회를 뜻합니다. 그래서 "야곱"은 외적인 교회를 뜻하고, "유다"는 내적인 교회를 뜻합니다. 이 교회에 속한 내적인 선은 "양 떼의 목장"(=양 떼의 무리)이 뜻하고, 외적인 선은 "소들의 쉬는 곳"(=소들이 눕는 자리)이 뜻합니다. "샤론"은 이 선이 있는 곳인 내적인 것을 뜻하고, "아골 골짜기"는 그것의 외적인 것을 뜻합니다. "샤론"이 천적인 교회의 내적인 것을 뜻한다는 것은 "샤론"이 언급된 곳인, 이사야서 33장 9절, 35장 2절의 장절들에게서 명확하고, "아골 골짜기"가 천적인 교회의 외적인 것을 뜻한다는 것은 호세아서 2장 15절의 말씀에서 명확합니다.
[7] 호세아서의 말씀입니다.

(이스라엘, 에브라임, 유다가)
양 떼와 소 떼를 몰고
주를 찾아 나선다고 하여도,
주께서 이미 그들에게서 떠나셨으니,
그들이 주를 만나지 못할 것이다.
(호세아 5 : 6)

여기서 "양 떼와 소 떼"는 "이스라엘 · 에브라임 · 유다"가 뜻하는 자들에게 있는 내면적인 것들이나 외면적인 것들을 뜻합니다. 그렇지 않다면 그들의 "양 떼와 소 떼를 몰고 여호와(=주)를 찾는다"는 말이 뜻하는 바가 무엇이겠습니까?

10610. 모세는, 돌판 두 개를 처음 것과 같이, 깎았다.
이 말씀이 성언에 속한 외적인 것이나, 교회와 예배에 속한 외적인 것을 뜻하고, 그리고 그런 것은 이스라엘 민족을 위한 것을 뜻합니다.

10611. 모세는, 이튿날 아침에 일찍 일어나서 시내 산으로 올라갔다.
이 말씀이 신령진리의 계시의 새로운 시작을 뜻한다는 것은 꼭 같은 말이 나오는, 앞에서 설명된 것에서 잘 알 수 있습니다(10605항 참조).

10612. 모세는 주께서 명하신 대로 하였다.
이 말씀이, 그들이 고집하고, 주장하기 때문에, 그것이 그와 같이 행해졌다는 것을 뜻한다는 것은, 모세가 깎은 돌판 둘이 뜻하는 것인, 이스라엘 민족을 위한 것을 가리키는 성언의 외적인 것에 관해서 언급될 때, 그들이 고집하고, 주장하였기 때문에, 그 일이 그와 같이 행해졌다는 것을 가리키는 "주께서 명령하였다"는 말의 뜻에서 잘 알 수 있습니다. 성경말씀에는 두루두루 이스라엘 민족과 그들에게 제정된 표징적인 예배가 다루어지고 있는데, 그것이 "주(=여호와)께서 명령하셨다"고 언급되었고, 그리고 이것은 매우 유쾌한 것을 뜻하지 않고, 오히려 그들이 고집하고 주장하기 때문에 그와 같이 행하는 것의 허락(=허용 · permission)을 뜻합니다. 왜냐하면 그들은 가나안 땅에 이주(移住)되기를 주장하였기 때문이고, 그리고 여호와께서는 그들과 함께 있게 되었고, 결과적으로는, 그들이 그와 같이 주장한(10430 · 10535항 참조) 하나의 교회가 그들 가운데 설시되었기 때문입니다. 예를 들어 보겠습니다. 수많은 율법들이 전해진 것에 관한 제단들 위에 번제물들, 희생제물들, 음식제물들, 부어드리는 제물들이 드려진 것입니다. 그것에 관해서는 역시 여호와께서 그들에게 명령하셨다고 언급되었습니다. 그럼에도 불구하고 그 때 이런 것들은 명령된 것이 아니고, 그리고 주문된 것이 아니라 그것들은 허락(=허용)된 것일 뿐입니다. 이러한 사실은 2180항에 기술된 성경말씀에서 인용된 여러 장절들에서 잘 볼 수 있습니다. 마찬가지로, 그들은 아내 여럿과 혼인하는 것이 허락되었고, 어떤 원인을 위해서는 이혼증서(離婚證書 · a bill of divorce)를 써 주는 것도 허용되었습니다. 그럼에도 불구하고 그 때 여호와께서는, 비록 그와 같이 언급되었다고 해도, 이것을 명령하신 것이 아니고, 다만 그들의 마음의 완고(頑固)함 때문에 그것을 단지 허용하였을 뿐입니다(마태 19 : 7, 8). 그리고 그와 같은 것은 그밖에 수많은 다른 것들도 있습니다.

10613. 모세는 두 돌판을 손에 들었다.

이 말씀이, 그것들은 그 민족을 위한 것이지만, 성언에 속한 외적인 것이나, 교회나 예배에 속한 외적인 것을 뜻한다는 것은, 모세에 의하여 깎아진 두 돌판의 뜻에 관해서 위에서 입증, 설명된 내용에서(10603항 참조), 잘 알 수 있습니다.

10614. 그 때에 주께서 구름에 싸여 내려오셔서, 그와 함께 거기에 서셨다.

이 말씀이, 신령존재께서 내재해 있는, 성언에 속한 외적인 것을 뜻한다는 것은, 성언의 문자의 뜻을 가리키는, 따라서 그것의 외적인 것을 가리키는 "구름"의 뜻에서(창세기 18장 서문과 4060 · 4391 · 5922 · 6343 · 6752 · 8106 · 8781 · 9430 · 10574항 참조), 그리고 여호와(=주)에 관해서 언급되었을 때, 그 안에 있는 신령존재를 가리키는 "거기에 모세와 함께 서 있다"는 말의 뜻에서 잘 알 수 있습니다. 여호와께서 구름 가운데 모세에게 나타나신 이유는, 우리의 본문장에서 모세는, 내적인 것을 영접, 수용한 성언에 속한 외적인 것을 표징하기 때문입니다(10607항 참조). 왜냐하면 주님께서는 각자의 성품에 일치하여 각자에게 나타나시기 때문입니다(6832 · 8814 · 8819 · 9434 · 10551항 참조).

[2] 내적인 것을 영접, 수용한 외적인 것이 무엇인지, 그리고 그 것을 수용하지 않은 외적인 것이 무엇인지, 간략하게 설명하고자 합니다. 성경말씀에는 외적인 뜻(=겉뜻 · an external sense)이 있고, 그리고 내적인 뜻(=속뜻 · an internal sense)이 있고, 그리고 또한 극내적인 뜻(an inmost sense)이 있습니다. 겉뜻 안에 있는 성언은 마치 문자에 나타나는 그런 것을 가리키고, 그리고 이 뜻은 자연적인 것입니다. 그 이유는 사람의 판단력에 맞게 조절(調節)되었기 때문입니다. 왜냐하면 사람들은 자연적으로 생각하기 때문입니다. 그러나 속뜻 안에 있는 성언은 영적인데, 그 이유는 그것이 주님의 영적인 왕국에 있는 천사들의 이해에 맞게 조절되었기 때문입니다. 왜냐하면 천사들은 영적으로 생각하기 때문입니다. 그리고 극내적인 뜻 안에 있는 성언은 천적인데, 그 이유는 그것이 주님의 천적인 왕국에 있는 천사들의 지각에 맞게 조절되었기 때문입니다. 왜냐하면 이 왕국에 있는 천사들은 초월(超越)적인 영석으로 생각하기 때문입니다. 성언이 이런 성질의 것이기 때문에, 뒤이어지는 것은 전자는 질서에서와 같이, 후자 안에 있다는 것이고, 극내적인 것은 내적인 것 안에, 그리고 내적인 것은 외적인 것 안에 있다는 것입니다. 이렇게 볼 때 거기에는 모든 것들의 관계(=결합 · connection)가 있고, 그리고 그 관계(=결합)에 일치하는 입류(入流)가 있고, 결과적으로는 다른 것에서 비롯된 한 사물의 생존(生存 · subsistence)이 있다는 것입니다. 이상의 모든 것에서 볼 때 내면적인 것들은 외적인 것 안에 있는 질서 안에 있다는 것입니다. 이와 마찬가지로 선재(先在 · prior)하는 것도, 그와 같이, 계속해서 이어지는 후래(後來 · posterior)하는 것 안에 있습니다. 그것은 마치 목적(目的 · end)이 원인(原因 · cause) 안에 있는 것과 같고, 원인이 결과(結果 · effect) 안에 있는 것과 같습니다. 사람에게서는 의지가 생각 안에 있는 것과 같고, 생각이 언어(=말 · speech) 안에 있는 것과 같습니다.

[3] 그러므로 사람이, 그가 자신 안에서 성언·교회·예배에 속한 외적인 것 안에 있는 거룩함을 지각하고, 그런 성품이 되었을 때, 그는 그것 안에 내적인 것이 있는 외적인 것들을 취합니다. 왜냐하면 이 때의 거룩함은 내적인 것에서 비롯되는데, 그 이유는 그것이 천계에서 왔기 때문입니다. 이것이 여기서 모세가 표징하는 외적인 것입니다. 그러나 사람이, 성언·교회·예배에 속한 외적인 것 안에서 그 어떤 내적인 거룩함을 지각하지 못하는 그런 성품이 되었을 때, 그 때 그 사람은 내적인 것에서 분리된 외적인 것을 취합니다. 이스라엘 민족은 이와 같은 외적인 것 안에 있었습니다(10396항 참조).

10615. 주께서 거룩한 이름 "주"(=여호와)**를 선포하셨다**(=주의 이름(the name of Jehovah)을 선포하셨다).
이 말씀이 믿음과 사랑에 속한 진리들이나 선들에게서 비롯된 주님의 예배를, 따라서 수용을 위한 준비를 뜻한다는 것은 사랑과 믿음에 속한 진리들이나 선들에게서 비롯된 주님의 예배를 가리키는 "주의 이름을 부른다"(=선포한다)는 말의 뜻에서 잘 알 수 있습니다. 왜냐하면 "부른다"(=선포한다·calling on)는 말이 예배를 뜻하기 때문입니다(440·2724항 참조). 그리고 "여호와(=주)의 이름"이, 그것에 의하여 주님께서 예배받으시는 복합체 안에 있는 모든 것을 뜻하고, 따라서 믿음과 사랑에 속한 모든 것을 뜻합니다(2724·6674·9310항 참조). "여호와의 이름"이 신령인성의 측면에서 주님을 뜻한다는 것은 2628·6887항을 참조하시고, 성경에서 "여호와"께서 주님을 뜻한다는 것은 9373항의 인용내용을 참조하십시오. 이렇게 볼 때 우리의 본문, "여호와(=주)의 이름을 부른다"(=선포한다)는 말이 믿음에 속한, 그리고 사랑에 속한, 진리들이나 선들에게서 비롯된 주님의 예배를 뜻한다는 것은 명확합니다. 그리고 그것이 수용을 위한 준비를 뜻한다는 것은, 아래 뒤이어지는 것에서 다루는 주제가 이스라엘 민족의 수용을 뜻하기 때문입니다. 그것을 위하여 모세가 중재(仲裁)하고 있습니다.

10616. 주께서 모세의 앞으로 지나가시면서 선포하셨다.
이 말씀이 외적인 것들을 지배하는 내적인 신령한 것들을 뜻한다는 것은 내적인 것을 영접, 수용하는 것을 가리키는 모세의 표징에서(10607·10614항 참조), 결과적으로는 우리의 본문, "여호와께서 모세의 앞(=모세의 얼굴)을 지나셨다"는 말이 외적인 것을 지배하는 내적인 신령한 것을 뜻합니다.

10617. "주, 나 주는 자비롭고 은혜로운 하나님이다"(=주로다, 자비롭고, 은혜로운 주 하나님이다).
이 말씀이 신령존재 자체, 신령인성, 그리고 모든 선의 근원인 신령발출(神靈發出·the Divine proceeding)을 뜻한다는 것은 주님의 예배를 가리키는 "여호와를 부른다"(=선포한다)는 말의 뜻에서(440·2724항 참조), 잘 알 수 있습니다. 그리고 주님의 신성이 삼겹(a trine)이기 때문에, 말하자면 "성부"(=아버지·聖父·the Father)라고 불리우는 신령존재 자체를, "성자"(=아들·聖子·the Son)라고 불리우는 신령인성(the Divine Human)을, 그리고 "성령"(聖靈·the Holy Spirit)이라고 불리우는 신령발출(the Divine proceeding)이라고 하는 삼겹(三重)이기 때문에, 그러므로 여기서는 "주, 여호와, 하나님"이라고 언급되었습니다. 아버지(=성부)이신 신령존재와 아들(=성자)이신 신령인성이 "주, 여호와"(Jehovah, Jehovah)라고 불리우신 이유와, 그리고 신령발출이 "하나님"(God)이라고 불리우신 이유는, 신령존재 자체와 신령인성의 측면에서 주님은 신령선이시기 때문이고, 신령발출의 측면에서는 그분께서 신령진리이시기 때문입니다. 그러므로 성경에서 신령선이 다루어진 곳에서는 주님께서 "여호와"라고 불리웠고, 신령진리가 다루어진 곳에서는 그분이 "하나님"이라고 불리웠습니다(2769·2807·2822·3921·4402·9167·10158항 참조). 그리고 모든 선이 그분에게서 비롯된 것을 가리키는 "자비롭고, 은혜로운 하나님"의 뜻에서 잘 알 수 있습니다. 왜냐하면 "자비를 보여 준다"는 것은 천적인 선을 부여하시는 것을 뜻하기 때문이고, "은혜를 보여 준다"는 것은 영적인 선을 주시기 때문입니다(10577항 참조). 천적인 선이 무엇인지, 그리고 영적인 선이 무엇인지는 동일한 곳에 인용된 내용을 참조하십시오.

10618. 노하기를 더디 하는 하나님이다.

이 말씀이 신령온화(神靈溫和 · 寬大 · the Divine clemency)를 뜻한다는 것은, 여호와에 관해서 언급되었을 때, 그분께서 사람의 악들을 오래 동안 참으신다는 것을 가리키는 "노하기를 더디 한다"(=참는다)는 말의 뜻에서 잘 알 수 있습니다. 왜냐하면 "오래 참는다"는 말은 오랜 시간 견디고, 참는 것을 뜻하기 때문입니다. 그리고 "분노"(angers)는 사람에게 있는 온갖 악들을 뜻하기 때문입니다. 여호와에 관해서 언급될 때 "분노"가 사람에게 있는 악들을 뜻하는 이유는 악이 분노를 만들기 때문이고, 결코 선을 만들지 않기 때문입니다. 악이 사람에게 있고, 주님에게는 결코 있지 않습니다. 왜냐하면 주님께서는 선 자체이시기 때문입니다. 그럼에도 불구하고, 분노를 주님의 탓으로 돌리는 것은, 사람이 그가 열망하는 것을 얻지 못하였을 때, 그리고 악 때문에 사람이 벌을 받았을 때, 사람에게 그와 같이 보이기 때문입니다. 여호와에 관해서 언급되었을 때, "분노를 오래 참는다"는 말은 사람에게 있는 악들을 오래 참는 것을 뜻하기 때문에 여기에서 뒤이어지는 것은 그 말은 신령온화(=관대)를 뜻한다는 것입니다.

[2] 분노(=성냄)에 관해서 살펴 볼 때, 주지하여야 할 것은 악은 성냄(=분노)이 되지만, 선은 결코 그렇게 되지 않는다는 것입니다. 그런 이유 때문에, 성을 낸다는 것은 다른 자에게 악을 원하는 것이지만, 선은 결코 그렇게 할 수 없다는 것입니다. 왜냐하면 선은 다른 자에 속한 선을 원하는 것에 존재하기 때문입니다. 모든 악은 그것 안에 적의(敵意) · 미움 · 복수 · 잔인함 따위가 내재

해 있습니다. 이런 것들 안에, 그리고 이런 것들로부터 악은 자신의 쾌락을 취합니다. 더욱이 악은 선을 증오(憎惡)하는데, 그 이유는 선이 악의 쾌락들에 대하여 정반대이기 때문입니다. 결과적으로 이와 같은 일은 그런 것을 하는 것을 참는 것에 있는 일이지만, 악이 선을 해칠 수 없을 때, 그것은 처음에는 분해하지만, 그 뒤에는 분노합니다. 여러분이 악을 말하든, 악한 사람이라고 말하든, 그것은 꼭같은 것입니다. 왜냐하면 악은 그것의 복종 안에 있는 것과 같이, 사람 안에 있기 때문입니다. 이런 것이 선에 거스르는 악의 본성(本性)이기 때문에, 그리고 또한 그것이 신령존재에 거스르는 본성입니다. 왜냐하면 그것이 신령존재에게서 비롯되기 때문에 모든 선은 사람에게 있는 신령존재이기 때문입니다. 이렇게 볼 때 비록 겉으로는 사람들 앞에서 다르게 말한다고 해도, 악한 사람은 항상 신령존재에 대하여 분노하고 있습니다.

[3] 그가 속다르게 말한다는 것은, 위선(僞善)에서 비롯된 것이고, 그리고 그가 열망하는 것은 승인, 주어지는 모든 것들 안에 그를 지지, 선호하는 신령존재를 그가 열망한다는 사실에, 그리고 심지어 그가 미워하는 상대에게 복수(復讐)하기 위하여 그에게 능력을 준다는 신령존재를 그가 열망한다는 사실에서 그는 속다르게 말하는 것입니다. 그러나 그가, 이런 일이 행해지지 않는다는 것을 알게 되는 순간, 그리고 특히 만약에 그 자신이 그의 악 때문에 벌을 받게 되면 그 순간, 그 때 그는 하나님에 대하여 노발대발(怒發大發)할 뿐만 아니라, 심지어 하나님을 부인(否認)하고, 그의 마음 속에서는 그분에 대하여 모독(冒瀆)할 것입니다. 이것이 사실이라는 것은 저 세상에서는 명확하게 입증됩니다. 저 세상에서 사람은 그의 내면적인 것에 일치하여 행동하기 때문이고, 그리고 저 세상에서는 이 세상에서와 같이 그의 외면적인 것에 일치하여 행동하지 않기 때문입니다. 그리고 저 세상에서는 그 형벌은 그것의 악에 밀착(密着)되어 있고, 그리고 말하자면 그것은 선천적으로 그것 안에 가지고 있기 때문입니다. "분

노"(anger)가 악을 뜻한다는 것은 6358·6359항을 참조하시고, 분노나 악 따위를 하나님의 탓으로 돌린다는 것, 그럼에도 불구하고 그때 그것들은 사람에게 속해 있다는 것, 그리고 악에 속한 것은 아무것도 하나님에게서 비롯되지 않는다는 것 등등은 9306·10431항에 인용된 내용을 참조하시고, 악이 그것의 형벌을 동반(同伴)한다는 것은 1857·8214·8223·8226·9048항을 참조하십시오.

10619. 한결같은 사랑과 진실이 풍성한 하나님이다(=선함과 진리가 풍성한 주 하나님이시다).

이 말씀이 그분께서는 선 자체시고, 진리 자체이시다는 것을 뜻한다는 것은 신령존재는 무한(無限)하시고, 무한존재(無限存在·the infinite)에 관해서는 그것이 자체이시고(*the Itself*), 또는 존재한다(*It Is*)는 것, 따라서 선 자체이다는 것 이외의 그 어떤 것으로도 언급할 수 없다는 사실에서 잘 알 수 있습니다. 그 이유는 그것이 선 자체이기 때문이고, 또한 그것이 진리 자체이기 때문입니다. 그리고 그것은 모든 진리가 선에 속해 있기 때문입니다. 그러나 그것 자체(*Itself*)는 문자의 뜻에서 "선함과 진리가 풍성하다"는 말에 의하여 표현되었고, 따라서 한정(限定)적으로는, 사람에게 있는 지각의 유한의 상태 때문에 그렇게 표현되었습니다. 신령존재가 선 자체라는 것은 마태복음서에서 명확합니다. 마태복음서의 말씀입니다.

> 예수께서 젊은 사람에게 말씀하셨다. "어찌하여 너는 나에게, 선한 일을 묻느냐? 선한 분은 오직 한 분뿐이시다"(=하나님 한 분 외에는 아무도 없다).
> (마태 19 : 17)

이 말씀은 오직 선이신 주님을 뜻합니다. 따라서 주님께서는 선 자체이십니다. 그분께서 진리 자체이시다는 것은 요한복음서에서 명확합니다. 요한복음서의 말씀입니다.

예수께서 대답하셨다. "내가 곧 길이요 진리요 생명이다."
(요한 14 : 6)

10620. 수천 대에 이르기까지, 한결같은 사랑을 베푸신다(=자비를 수천 대까지 간직한다).
이 말씀이 영원을 뜻한다는 것은, 여호와에 관해서 언급할 때, 선 자체를 가리키는 "선함"(=한결같은 사랑 · 자비 · goodness)의 뜻에서(10619항 참조), 그리고 영원이나 영원까지를 가리키는 "수천 대"의 뜻에서(2575 · 8715항 참조) 잘 알 수 있습니다.

10621. 악과 허물과 죄를 용서하는 하나님이다(=죄악과 허물과 죄를 용서한다).
이 말씀이, 그것이 보이지 않게 하기 위하여 악의 제거나, 그것의 거짓의 제거를 뜻한다는 것은, 이것에 관해서는 아래에서 언급하겠지만, 그것이 보이지 않게 하기 위하여 제거하는 것을 가리키는 "용서한다" 즉 제거한다는 말의 뜻에서, 그리고 악들을 가리키는 그리고 악들 때문에 그것들의 거짓들을 가리키는 "악"(=불법행위 · iniquity) "허물"(transgression) "죄"(sin)의 뜻에서 잘 알 수 있습니다. 왜냐하면 모든 악은 그것 자체의 거짓과 결합하기 때문입니다. 그러나 "악"(=불법행위)이 무엇을 뜻하는지, "허물"이 무엇을 뜻하는지, "죄"가 무엇을 뜻하는지는 9156항을 참조하십시오. "가져간다"(bearing)는 말이나, "악을 제거한다"(taking away evil)는 말이 그것이 나타나 보이지 않게 하기 위하여 옮기는 것(to remove)을 뜻한다는 것은, 사람에게 있는 악들이 제거될 수 없기 때문입니다. 그러나 다만 나타나 보이지 않게 하기 위하여 옮겨질 뿐입니다. 그리고 그것들이 보이지 않을 때 그것들이 제거되었다고 믿습니다. 그러므로 성언의 문자의 뜻에서 그것들은 제거되었다고 언급됩니다. 그리고 전적으로 쫓겨났다고도 합니다. 사람에게 있는 악들이 제거되는 것이 아니고, 보이지 않게 하기 위하여 다만 옮겨지는 것 뿐이라는 것은 10057항의 인용내용에서 볼 수 있겠습니다.

10622. 그러나 나는 죄를 벌하지 않은 채 그냥 넘어가지는 아니한다(=범법자가 결코 깨끗게 되지는 아니한다 · 죄를 용서한다고 해서 면제되는 것은 아니다).

이 말씀이 성취나 달성에까지 가지고 가는 것을 뜻한다는 것은, 죄를 용서하는 것을 가리키는 "용서한다"(absolving)는 말의 뜻에서, 그러나 그것에 "면제되는 것은 아니다"(=죄를 용서하는 것은 아니다)는 말이 부가(附加)되었을 때, 그것은 가져 간다(to bear)는 것을 뜻합니다. 그것이 성취나 달성에까지 가지고 가는 것을 뜻한다는 것은, 그것이 성취되거나, 이행(履行)될 때까지 주님에 의하여 악이 가져 가기 때문입니다. 성경에 두루 언급된 것은 "시대의 종말"(the consummation of the age)이라는 말입니다. 그리고 악에 관해서 언급될 때 "극점에 달하게 되었다"(consummated) 또는 "극점에 달하지 않았다"(not consummated)고 하였는데, 그 때 거기에는 천벌(天罰 · 재난 · visitation)이라는 말이 있습니다. 이것이 우리의 본문, "죄를 용서한다고 해서 면제되는 것은 아니다"(=죄를 벌하지 않은 채 그냥 넘어가지는 않는다)는 말이 뜻하기 때문에, 그것이 뜻하는 것이 무엇인지 간략하게 언급하겠습니다. 일반적으로 "종말"(=마지막 · consummation)은 교회의 마지막(=끝)을 뜻합니다. 교회의 마지막은 곧 거기에 더 이상 어떤 인애도, 어떤 믿음도 있지 않는 때입니다. 그 이유는 그 때 교회는 주님으로부터 완전히 외면, 떠나버렸기 때문이고, 그리고 교회는 더 이상 어떤 선 안에 있지 않고, 다만 악 안에 있습니다. 그 때가 교회의 종말(=마지막)이고, 그리고 그 때 교회의 "천벌"(=재난 · visitation)이 일어납니다. 그 이유는, 그 때 교회의 "재난"(=천벌 · visitation)이 일어나기 때문입니다. 재난(=천벌)이 일어날 때, 악에 빠져 있는 자들은 모두 버려지고(rejected), 선 안에 있는 자들은 모두 영접, 수용될 것입니다. 그런 재난(=천벌)은 저 세상에서도 일어나는데, 거기에서는 교회의 처음부터 마지막까지 교회에 속했던 자들은 모두 함께 모입니다. 그 때 악한 자의 지옥으로의 물리침(rejection)과 선한 자의 구원은 이른바 "최후심판"(最後審判 · the Last Judgment)이라고 불리우는 것입니다.

[2] 종말(=마지막 · 천벌)도 개별적으로는 거의 동일한 방법으로 모든 사람에게 일어납니다. 이러한 일은 사후(死後) 즉시 일어나는데, 각각의 사람이 저 세상에 왔을 때, 각자는 관대(寬大)하게 대접받는데, 심지어 그가 악한 사람이라고 해도 관대하게 대접받습니다. 그러나 어느 정도 시간이 지나면, 그의 내면적인 것들은 공개(公開)됩니다. 만약에 이들이 악한 자들이라면 그 때 그 사람은, 그가 의지의 측면에서 그의 악이 되고, 그리고 이해의 측면에서는 그의 악에 속한 거짓이 될 때까지, 자신의 악에게로 점차적으로 옮겨집니다. 이런 일이 행해졌을 때 악한 사람에게는 그 사람에게 "완성되었다"(to be consummated)고 일러지고, 그 때 그는 지옥으로 내쳐집니다. 이러한 일들이 우리의 본문 "죄를 용서한다고 해서 면제되는 것은 아니다"는 말이 뜻하는 것들입니다. 동일한 내용이 여호와께서 모세에게 하신 말씀이 뜻합니다. 즉, "이제 가서, 내가 네게 말한 장소로 백성을 인도하여라. 보라, 내 천사가 네 앞에 가리라. 그럼에도 내가 감찰하는 날에는 내가 그들의 죄에 대하여 그들을 감찰할 것이다"(출애굽 32 : 34)는 말씀도 동일한 내용을 뜻합니다.

[3] "완성" 또는 "종말"(consummation)은 교회의 종말(=마지막)을 뜻한다는 것은 아래의 장절들에게서 명확합니다.

> 이 말씀은 주께서 이스라엘과 유다를 두고 일러주신 말씀이다……
> "내가 너에게로 가서 너를 구원하겠다.

나 주의 말이다.
내가 너를 쫓아 여러 나라로 흩어 버렸지만,
이제는 내가 그 모든 나라를 멸망시키겠다.
그러나 너만은 멸망시키지 않고,
법에 따라서 징계하겠다.
나는 절대로
네가 벌을 면하게 하지는 않겠다.
나 주가 말한다.
네 상처는 고칠 수 없고,
네가 맞은 곳은 치유되지 않는다.
네 송사를 변호하여 줄 사람이
아무도 없고,
네 종기에는 치료약이 없으며,
너는 절대로 치유되지 않는다."
(예레미야 30 : 4, 11-13 ; 46 : 28)
도성 시온(=시온의 딸)아,
이제 네가 지은 죄의 형벌을 다 받았으니,
주께서 다시는,
네가 사로잡혀 가지 않게 하실 것이다.
에돔의 도성(=에돔의 딸)아,
주께서 네 죄악을 벌하시며,
네 죄를 밝혀 내실 것이다.
(애가 4 ; 22)

하나님께서 너의 백성과 거룩한 도성에 일흔 이레의 기한을 정하셨다. 이 기간이 지나가야, 반역이 그치고, 죄가 끝나고, 속죄가 이루어지고, 하나님이 영원한 의를 세우시고, 환상에서 보이신 것과 예언의 말씀을 이루시고, 가장 거룩한 곳에 기름을 부으며, 거룩하게 구별하실 것이다.…… 한 이레의 반이 지날 때에, 그 통치자는 희생제사와 예물드리는 일을 금할 것이다. 그 대신에 성전의 가장 높은 곳에 흉측한 우상을 세울 것인데, 그것을 거기에 세운 사람이 하나님이 정하신 끝 날을 맞이할 때까지, 그것이 거기에 있을 것이다.

(다니엘 9 : 24, 27)
추수 때는 세상 끝 날이요, 추수꾼은 천사들이다. 가라지는 모아다가 불에 태워 버리는 것과 같이, 세상 끝 날에도 그렇게 할 것이다.
(마태 13 : 39, 40)
제자들이 따로 예수에게 다가와서 여쭈었다. "이런 일들이 언제 일어나겠습니까? 선생님께서 오시는 때와 세상 끝 날에는 어떤 징조가 있을 것인지를, 저희에게 말씀해 주십시오."
(마태 24 : 3)
(예수께서 말씀하셨다.) "보아라, 내가 세상 끝 날까지 항상 너희와 함께 있을 것이다."
(마태 28 : 20)

10623. 아버지가 죄를 지으면(=그 조상들의 죄악을) **본인에게 뿐만 아니라, 그 자손들과 그 자손들의 자손들까지 미치게 하겠다.**

이 말씀이, 긴 시리즈로 악들에 속한 배척(=물리침・排斥)과 영벌(永罰)과 그것에서 파생된 거짓들에 속한 배척과 영벌을 뜻한다는 것은, 그것에 관해서는 아래에서 언급하겠지만, 악들에 속한 쫓아냄(追放)이나 영벌을 가리키는 "감찰한다"(監察・visiting)는 말의 뜻에서, 그리고 선들을 가리키는 "아버지들"(=조상들・fathers)의 뜻에서, 그리고 나쁜 뜻으로는 악들을 가리키는 "아버지들"(=조상들)의 뜻에서(3703・5902・6050・10490항 참조), 그리고 진리들을 가리키는, 나쁜 뜻으로는 거짓들을 가리키는 "아들들"(=자손들)의 뜻에서(1147・10490항 참조), 결과적으로는 "아들들의 아들들"(=자손들・sons' sons)은 긴 연속적인 시리즈 안에 있는 악들에게서 비롯된 거짓들을 뜻한다는 것에서 잘 알 수 있습니다. 악들에 속한 추방이나 영벌, 그리고 그것에서 파생된 거짓들에 속한 추방이나 영벌은 온갖 악들 안에 있는, 그리고 거기서 파생된 거짓들 안에 있는 자들의 추방(=쫓아냄)과 영벌을 뜻합니다. 왜냐하면 악들이나 거짓들은, 사람들을 가리키는 피술자들(被述者 · subjects) 안에 있는 것을 제외하면 존재할 곳을 결코 가질 수 없기 때문입니다. 주지하여야 할 것은 악에 속한 거짓들은 "아들들"(sons)이 뜻한다는 것인데, 그 이유는 그들이 비롯된 근원인 "아버지들"(=조상들 · fathers)이 온갖 악들을 뜻하기 때문입니다. 악에 속한 거짓들이 무엇인지, 그리고 악에 속한 것이 아닌 거짓들이 무엇인지는 10109항의 인용내용에서 볼 수 있습니다.

[2] 성언의 속뜻을 터득하지 못한 사람은 여호와께서 "아버지가 지은 죄를 그 자손들과 그 자손의 자손들까지 미치게 하겠다"는 우리의 본문 말씀을 아주 쉽게 아주 쉽게 믿습니다. 결과적으로는 아들들(=자손들)이 그들의 조상들의 악들에 대한 형벌을 받는다고 믿습니다. 그러나 이 말은 그런 의미를 뜻하는 것이 아니라는 것은 "자식이 지은 죄 때문에 부모를 죽일 수 없고, 부모의 죄 때문에 자식을 죽일 수 없다. 사람은 저마다 자기가 지은 죄 때문에만 죽임을 당할 것이다"(신명기 24 : 16)는 신령율법에서 잘 알 수 있습니다. 이상에서 볼 때 우리의 본문 말씀은 문자적인 뜻 이외의 다른 뜻으로 이해되어야 할 말씀이라는 것은 명확합니다. 우리의 본문, "아버지들"(=조상들)과 "그의 아들들과 그들의 아들들의 아들들"이 뜻하는 것은 긴 연속적인 시리즈 안에 있는 온갖 악들 안에 있는, 그리고 이것에서 비롯된 온갖 거짓들 안에 있는 자들을 뜻한다는 것은 속뜻에서 잘 알 수 있는데, 그 속뜻에서 "아버지들"(=조상들 · fathers)이나 "아들들"(=자손들 · sons)은 온갖 악들이나 거짓들을 뜻합니다. 사람이 성경말씀을 읽을 때 성경말씀을 지각하는 천사들은, 여기서 "아버지들"(=조상들)이나 "아들들"(=자손들)이라는 낱말의 것은 전혀 아무것도 이해하지 못합니다. 그 이유는 천사들이 있는 천계에 있기 때문입니다. 그것은 사람들에게서와 같이, 아버지가 무엇인지, 아들

들이 무엇인지 알지 못하기 때문입니다. 왜냐하면 거기에서는 어느 누구도 그의 아버지로서, 또는 그의 아들로서 어느 누구도 시인하지 않기 때문입니다. 그 이유는 거기에는, 이 세상에서와 같이 태어나는 자가 전혀 없기 때문입니다. 그러므로 성경에서 "아버지"(=조상)이나 "아들"(=자손)이 언급되었을 때 천사들은 이런 표현들을 영적인 출생들에 관계되는 것 등으로 깨닫기 때문입니다. 이들은 곧 선이나 진리에 속한 자들로, 또는 악이나 거짓에 속한 자들로 깨닫기 때문입니다. 그러므로 "아버지들"에 의해서는 그들은 선들이나, 또는 악들로 깨닫고, "아들들"에 의해서는 진리들이나, 또는 거짓들로 깨닫습니다. 그 이유는 선은 진리의 아버지(the father of truth)이기 때문이고, 그리고 악은 거짓의 아버지(the father of falsity)이기 때문입니다.

[3] "방문"(=감찰·순시·visitation)이 쫓아냄(=추방)이나 천벌(天罰·파멸·damnation)를 뜻하는 이유는, 그것에 온갖 악들의 극치(極致·종말·consummation)가 뒤이어지기 때문이고, 그리고 성경에서 "최후심판"(最後審判·the Last Judgment)이 뜻하는 유죄판결(有罪判決)이 선행되기 때문입니다. 왜냐하면 "방문"(=감찰·순시)이 그의 인격의 측면에서 사람의 탐색(探索)이나 수색(搜索) 따위를 가리키기 때문입니다. 그러나 이러한 일은 저 세상에서 이루어집니다. 개별적으로는 이 세상에서 거기에 온 모두에게서 이루어지고, 일반적으로는 교회의 종말(終末)의 때에 모두에게서 일어납니다(10622항 참조). 감찰·방문(visitation)에 관해서는 6588·6895·10509항에 언급, 입증된 내용을 참조하십시오.

10624. 삼사 대 자손에게까지 벌을 내리겠다(=자손들 삼사 대까지 미치게 하겠다).

이 말씀이 거짓들의 유죄판결이나 그것에서 파생된 악들의 유죄판결을 뜻한다는 것은 악에 속한 거짓들을 가리키는 "자손들"(=아들들·sons)의 뜻에서(10623항 참조) 잘 알 수 있습니다. "삼대나 사대에게까지"라고 언급된 이유는 "셋"(3)이 진리들이나 거짓들에 관해서 서술하기 때문이고, "넷"(4)이 선들이나 악들에 관해서 서술하기 때문입니다. 왜냐하면 성경에서 모든 숫자들은 사물(事物)들을 뜻하기 때문이고, 그리고 어떤 숫자들은 영적인 등급에 속한 것들을, 어떤 숫자들은 천적인 등급에 속한 것들을 뜻하기 때문입니다. 숫자들, 즉 셋(3)·여섯(6)·열둘(12)은 영적인 등급에 속하고, 숫자들, 즉 둘(2)·넷(4)·여덟(8)은 천적인 등급에 속합니다. 영적인 등급에 속한 숫자들이 진리들이나, 또는 거짓들에 관해서 서술하고, 천적인 등급에 속한 숫자들이 선들이나, 또는 악들에 관해서 서술합니다. 이렇게 볼 때 "삼대, 사대의 자손들"은 거짓들이나 파생적인 악들을 뜻합니다. 그러나 이들 낱말들의 이런 뜻은 천적인 뜻입니다. 그 이유는, 그것이 그것들은 이런 거짓들이나 악들을 서술한다는 사실에서 야기되기 때문입니다. 악들이나 파생적인 거짓들이 무엇인지, 그리고 거짓들이나 파생적이 악들이 무엇인지는, 10109항의 인용내용을 참조하십시오. 여기서 역시 어떤 것은 악들이나 파생적인 거짓들에 관해서, 그리고 어떤 것은 거짓들이나 파생적인 악들에서 언급되고 있습니다. 악들은 거짓들의 근원을 가리키는데, 그 이유는 거짓들이 악들을 확증하는 것이기 때문이고, 그리고 악들이나 거짓들은, 마치 의지와 이해가 하는 것과 같이, 사람 안에서 활동, 작용하기 때문입니다. 왜냐하면 사람이 행하기를 원하는 것은, 역시 그가 이해하기를 원하는 것이기 때문인데, 그 이유는, 이해에 의하여 그는 자기 자신 앞에서는 그의 악을 형성하기 때문이고, 그리고 다른 자들 앞에서는 언어에서 자신들의 악을 형성하기 때문입니다. 이렇게 볼 때, 악이 무엇인지, 그리고 파생적인 거짓이 무엇인지 확실합니다. 다시 말하면 악에 속한 거짓이 무엇인지 잘 알 수 있겠습니다. 그러나 거짓에 속한 악은, 사람이 자기 자신에게서 악을 확증할 때이고, 그리고 그것이 악한 것이 아니라고 결론을 지을 때이고, 그리고 결과적으로는 그가 그것을 행할 때입니다. 이와 같은 경우, 그 사람은 거짓으로 말미암아 악을 행하는 것입니다. 예를 들어 보겠습니다. 자기 자신에게서 음란 따위들이 악들이 아니라고 확증하고 이것으로 말미암아 그런 것들을 행하고, 범하는 사람은 거짓에 속한 악 안에 빠져 있는 것입니다. 그 이유는 그가 거짓스러운 원칙에서 그런 것들을 행하였기 때문입니다. 거짓에 속한 악들은 주로 종교적인 사안들에서 발견되는데, 그 이유는 교리에 속한 거짓들로 말미암아 사람은, 한 사물이 선한 것이라고 자기 자신을 설득하기 때문입니다. 그럼에도 불구하고 그것은 악한 것입니다. 때로는 어떤 것은 악한 것이라고 하지만, 그럼에도 불구하고 그것은 선하기도 합니다.

10625. 모세가 급히 땅에 엎드려서 경배하였다.
이 말씀이 그 때 외적인 것에 들어온 입류로 말미암은, 그리고 겸비(謙卑)에서 비롯된 예배로 말미암은, 영접을 뜻한다는 것은 정동을 가리키는, 여기서 입류에 의한 영접을 가리키는 "급하게 서두른다"는 말의 뜻에서(7695 · 7866항 참조), 잘 알 수 있습니다. 그 이유는 신령존재에서 비롯된 모든 입류(入流 · influx)는 사람의 정동 안에 유입되기 때문입니다. 그리고 내적인 것을 영접, 수용하는 교회에 속한 외적인 것이나, 예배나 성언에 속한 외적인 것을 가리키는 모세의 표징에서(10607 · 10614항 참조), 그리고 외면적인 겸비(謙卑 · exterior humiliation)를 가리키는 "엎드린다"는 말의 뜻에서(5682 · 7068항 참조), 그리고 예배를 가리키는 "경배한다"는 말의 뜻에서, 잘 알 수 있습니다.

10626. 아뢰었다. "주님, 주께서 저에게 은총을 베푸시는 것이 사실이면, 내가 바랍니다"(=이제 내가 주의 목전에서 은혜를 입었으면, 오 주여, 내가 주께 바랍니다).
이 말씀이 이런 외적인 것이 영접, 수용되었기 때문이다는 것을 뜻한다는 것은 내적인 것을 영접, 수용하는 외적인 것을 가리키는 "모세"의 표징에서(10607 · 10614항 참조), 그리고 모세에 관해서 언급되었을 때, 따라서 만약에 외적인 것이 영접, 수용하였다면, 이 성품 때문에 그가 영접, 수용된 것을 가리키는 "여호와의 목전에서 은혜를 입었다"(=주께서 은총을 베푸시었다)는 말의 뜻에서(10563항 참조) 잘 알 수 있습니다.

10627. 주께서는 우리와 함께 가 주시기 바랍니다(=내가 주께 바라오니 나의 주께서 우리 가운데 가소서).
이 말씀이 신령존재께서 그것 안에 계실 것이다는 것을 뜻한다는 것은 사는 것(to live)을 가리키는 "간다"(going)는 말의 뜻에서(3335 · 4882 · 5493 · 5605 · 8417 · 8420항 참조), 그리고 주님에 관해서 언급되었을 때에는 생명을 주고, 현존하는 것(=임재하는 것)을 가리키는 "간다"(going)는 말의 뜻에서, 그리고 그것 안에 있다는 것을 가리키는 "가운데 있다"(in the midst)는 말의 뜻에서(1074 · 5897 · 6068 · 6084 · 6103 · 9164항 참조) 잘 알 수 있습니다. "주께서 우리와 함께 가 주십시오"(=주께서 우리 가운데 가소서)라는 말이 신령존재께서 외적인 것 안에 있을 것이다는 것을 뜻한다는 것은 모세가, 내적인 것을 영접, 수용하는 것인, 성언에 속한 외적인 것을, 그리고 교회나 예배에 속한 외적인 것을 표징하기 때문입니다. 이런 것들의 외적인 것 안에는 반드시 내적인 것이 있어야 하는데, 그것은 곧 신령한 것입니다. 개별적인 것이든 전체적인 것이든 모든 것은 속뜻을 가지고 있을 때, 외적인 것 안에는 신령 내적인 것이 있는데, 그것은 모든 천계에 있는 천사들을 위한 것입니다. 이것을 이루는 것은 성언의 문자적인 뜻인, 겉뜻(the external sense)은 반드시 순수한 대응들(pure correspondences)로 이루어져야 합니다. 그리고 그것은, 모든 낱말들이나, 그리고 이런 말들의 모든 관계들이 속뜻으로 영적인 것들이나 천적인 것들로 이루어질 때, 순수한 대응들로 이루어집니다. 이런 내용들이 외적인 것 안에 있는 내적인 신령한 것들입니다.

10628. 이 백성이 고집이 센 백성인 것은 사실이다.

이 말씀이 비록 이스라엘 민족이 내면적으로 신령존재를 영접, 수용하지 않았다는 것을 뜻한다는 것은, 신령존재에게서 비롯된 입류를 영접, 수용하지 않았다는 것을 가리키는 "고집이 센 백성"(=목이 곧은 백성 · a stiffnecked people)의 뜻에서(10429항 참조), 따라서 내면적으로 신령존재를 영접, 수용하지 않는다는 것을 가리키는 뜻에서 잘 알 수 있습니다. 왜냐하면 신령존재(=신성 · 神性 · the Divine)는 사람에게서는 안에서부터 유입하기 때문입니다. 여기의 경우가 어떠한 것인지는, 이스라엘 민족에 관해서 위에서 이미 입증된 것에서 명확합니다. 다시 말하면 그들은 예배 · 교회 · 성언에 속한 외적인 것들 안에 있었을 뿐, 전혀 내적인 것 안에는 있지 않았습니다. 결과적으로 그들은 그것 안에 있지 않고, 외적인 것 밖에 있었습니다. 그것 안에 있지 않고, 외적인 것 밖에 있는 것이 무엇인지는 10551 · 10608항을 참조하십시오.

10629. 주께서는 우리의 악과 우리의 죄를 용서해 주십시오(=우리의 죄악과 죄를 용서하십시오).

이 말씀이, 거짓들이나 악들 안에 있는 그들의 내면적인 것들이 제거될 수 있다는 것을 뜻한다는 것은, 그 백성이 처해 있는, 예배 · 교회 · 성언에 속한 외적인 것에 관해서 언급되었을 때, 그들의 내면적인 것들이 제거될 수 있다는 것을 가리키는, "죄악이나 죄를 용서한다"는 말의 뜻에서 잘 알 수 있습니다. 그 이유는 그들이 거짓들이나 악들에 차 있기 때문입니다. 이런 내용이 속뜻 안에 있는 것들의 관계에서 이어지는 낱말들이 뜻한다는 것은, 속뜻에서 다루어지고 있는 주제가 그 민족에게 세워질 교회이기 때문입니다. 그리고 그 교회는, 그것에 의하여 천계와의 교류나 내통이 있는데, 만약에 그들의 내면적인 것들이 열리지 않는다면 그 민족에게 그 교회는 설시될 수 없습니다. 그리고 내면적인 것들은, 주님에게서 비롯된 삶의 선에게서 비롯된 믿음의 진리들 안에 있는 자들을 제외하면, 열리지 않습니다. 그러나 이 백성에게 있는 내면적인 것들은 열릴 수가 없었는데, 그 이유는 그들이, 여호와의 예배에 의하여 다른 자들에 비하여 높은 자리나, 부유(富裕)를 얻는다는 것 이외에는 전혀 아무것도 생각하지 않기 때문입니다. 따라서 그들은, 마음 속에 자기 자신이나 이 세상 이외의 것은 아무것도 가지고 있지 않았습니다. 그리고 이런 것들은 천계를 향하여 내면적인 것들을 닫게 하는 것이고, 그리고 지옥을 향해서는 그것들을 열리게 합니다. 이런 것이 그 민족의 성품이었다는 것, 그리고 그것은 그들이 그 예배 안에 있을 때 닫혀 있었다는 것은 10575항에서 볼 수 있습니다. 그러므로 이런 것들이 그것이 뜻하는 것들입니다.

10630. **우리를 주의 소유로 삼아 주시기를 바랍니다**(=우리를 주의 유업으로 삼아 주소서).
이 말씀이, 그럼에도 불구하고, 거기에 교회가 있을 수 있다는 것을 뜻한다는 것은 주님에게서 비롯된 선을 통한 천계에 속한 삶(=생명)의 수용을 가리키는 "주의 유업"(=주의 소유)의 뜻에서 (9338항 참조), 따라서 하나의 교회가 된다는 것을 가리키는 "주의 유업"(=주의 소유)의 뜻에서 잘 알 수 있습니다. 왜냐하면 하나의 교회가 된다는 것은 주님으로 말미암아 사랑에 속한 선과 믿음에 속한 선에 의하여 천계의 생명(=삶)을 영접, 수용하는 것이기 때문입니다.

10631. 10, 11절. **주께서 말씀하셨다. "내가 이제 너희와 언약을 세운다. 내가 너희 모든 백성 앞에서, 이 세상 어느 민족들 가운데서도 이루어진 적이 없는 놀라운 일을 하여 보일 것이다. 너희 주변에 사는 모든 백성이, 나 주가 너희에게 하여 주는 그**

일이 얼마나 두려운 일인지를 보게 될 것이다. 너희는, 내가 오늘 너희에게 명하는 것을 삼가 지키도록 하여라. 내가 이제 너희 앞에서 아모리 사람과 가나안 사람과 헷 사람과 브리스 사람과 히위 사람과 여부스 사람을 쫓아내겠다."

"주께서 말씀하셨다. '내가 이제 너희와 언약을 세운다'"는 말씀은, 그것에 의하여 성언에 의한 주님과 인류(人類)의 결합이 있게 하는 중요하고, 근본적인 것들을 뜻합니다. "내가 너희 모든 백성 앞에서, 놀라운 일을 하겠다"는 말씀은, 교회를 위한 개별적인 것들이나 전체적인 것들 안에 있는 신령한 성언을 뜻합니다. "이것은 이 세상 어느 민족들 가운데서도 이루어진 적이 없다"는 말씀은 교회가 있는 곳인 이 세상 어디에도 그와 같은 신령한 것이 없다는 것을 뜻하고, 그리고 교회가 있지 않는 곳에는 신령한 것이 결코 있지 않다는 것을 뜻합니다. "너희 주변에 사는 모든 백성이, 나 주가 너희에게 하여 주는 그 일이 얼마나 두려운 일인지를 보게 될 것이다"는 말씀은 성언을 영접, 수용한 자들에 의하여 그것 안에 있는 신령존재를 시인할 것이다는 것을 뜻합니다. "이것은 내가 너희에게 놀라운 일이기 때문이다"는 말씀은 개별적인 것들이나 전체적인 것들 안에 있는 성언의 성질(=본질 · 됨됨이 · quality of the Word)을 뜻합니다. "너희는 내가 오늘 너희에게 명하는 것을 삼가 지키도록 하여라"는 말씀은 만약 그들이 영원한 진리에 속한 중요하고 근본적인 것들을 행한다는 것을 뜻합니다. "내가 너희 앞에서 아모리 사람과 가나안 사람과 헷 사람과 브리스 사람과 히위 사람과 여부스 사람을 쫓아내겠다"는 말씀은 그 때 악들의 제거(=옮김)와 거기에서 파생된 거짓들의 제거(=옮김)를 뜻합니다.

10632. 주께서 말씀하셨다. "내가 이제 너희와 언약을 세운다"

이 말씀이 성언에 의하여 주님과 인류(人類)의 결합이 그것에 의하여 있는 중요하고, 근본적인 것들을 뜻한다는 것은, 결합을 가리키는, 여기서는 여호와의 결합을 가리키는, 다시 말하면 성언에 의한 주님과 인류의 결합을 가리키는, “언약”(言約 · covenant)의 뜻에서(665 · 666 · 1023 · 1038 · 1864 · 1996 · 2003 · 2021 · 6804 · 8767 · 8778항 참조) 잘 알 수 있습니다. 왜냐하면 이 결합은 지금 아래에서 다루어질 주제이기 때문입니다. 이것이 어떤 경우인지는 속뜻으로 그것들의 연관관계에서 명확합니다. 앞에서 다룬 주제는 시내 산에서 공포(公布)되고, 전해진 율법이었고, 그리고 그 율법은 확대된 넓은 뜻으로 성언을 뜻하였습니다(6752 · 7463항 참조). 더욱이 이 율법은 성언의 시작(the beginning of the Word)이었습니다. 왜냐하면 성언은 그 이후에 공포되었기 때문입니다. 그리고 처음에는 모세를 통하여 선포되었고, 그리고 그 뒤에는 다른 모든 자들을 통하여 공표되었기 때문입니다. 다음에 다룰 주제는 이스라엘 민족인데, 그 민족 안에는 성언이 그들 가운데 쓰여질 수 있는 그런 인물들이 아니었습니다. 그렇지 않았다면 성언은 달리 기술되었을 것입니다. 그 이유는 하나의 교회가 그들에게 세워질 수 없었기 때문이고, 그리고 교회가 있는 곳에 성언이 있기 때문입니다. 이런 내용들에 관해서는 이미 언급, 설명된 출애굽기 32장과 33장의 내용과, 그리고 우리의 본문장의 상세한 내용을 참조하십시오.

[2] 그러나 모세는, 여호와께서 그 백성 가운데 계실 것을 주장하였고, 그리고 그들이 유업(=소유)으로서 열납되기를, 그리고 따라서 그들이 가나안 땅에 들어가기를 주장하였기 때문입니다. 속뜻으로 이러한 모든 것들은 그 교회가 그 백성 가운데 제정(=설시)되는 것을 뜻하고, 그리고 따라서 성언이 거기에 기술될 것이라는 것을 뜻합니다. 그 이유는 이런 것이 모세가 그것을 주장하였다는 이유만으로 지금 승낙(承諾), 부여(附與)되었기 때문입니다. 그러므로 지금은 이런 일이 이루어지기 위하여 전적으로 준

수(遵守), 지켜져야 할 중요하고, 근본적인 가르침(敎訓 · the primary precepts)들이 다루어지고 있습니다. 이와 같은 중요하고, 근본적인 계율들(=교훈들)은, 주님께서 홀로 예배받으셔야 한다는 것이고, 그리고 다른 그 어떤 존재도 예배받으면 안 된다는 것이고, 그리고 모든 선과 진리가 주님 그분에게서 비롯된 것이라는 시인이 반드시 있어야 한다는 것, 그리고 그밖에 지금 아래에서 다루어지고 있는 많은 것들이 되겠습니다. 그것들이 지금 아래에서 다루어질 것이라고 하였는데, 그러나 주지하여야 할 것은 이런 교훈들이나 계율들은 말씀의 속뜻 안에 담겨 있다는 것입니다. 그러나 문자의 뜻을 가리키는 겉뜻(the external sense) 안에는 이런 교훈이나 계율들을 표징하는 것들이 담겨 있습니다. 따라서 그것은 그런 것들을 뜻합니다. 이러한 사실이나 내용은 아래에 이어지는 설명이나 내용에서 잘 볼 수 있습니다.

[3] 여호와께서 모세와 맺은 이 언약이 성언에 의하여 주님과 인류의 결합을 뜻한다고 하였는데, 그러므로 이 결합에 관해서 그 경우가 어떠한 것인지 여기서 부연하고자 합니다. 태고시대(太古時代 · the most ancient times)에는 이른바 성경은 없었고, 다만 교회에 속한 사람 앞에 직접적인 계시(immediate revelation)가 있었고, 그리고 그것에 의한 결합이 있었습니다. 왜냐하면 직접적인 계시가 있을 때, 거기에는 천계와 사람의 결합이 있었기 때문입니다. 천계와 사람의 결합은 주님과 사람의 결합을 가리킵니다. 그 이유는 천사들에게 있는 주님의 신령존재(=신성 · the Divine of the Lord)가 천계를 만들기 때문입니다.

[4] 이 직접적인 계시가 소멸되었을 때, 그와 같은 것은 곧 사람이 그가 처해 있었던 선에서부터 외면하였을 때인데, 그 때 다른 계시가 계속 이어졌습니다. 그것은 표징(表徵 · representatives)들에 의한 것으로, 그것에 의하여 그 때 교회에 속한 사람은 참된 것이나 선한 것이 무엇인지 알았습니다. 그러므로 이 교회는

표징적 교회(a representatives church)라고 불리웠습니다. 이 교회 안에는 역시 말씀(a Word)이 있었지만, 그러나 그것은 오직 이 교회를 섬기기 위한 것 중의 하나였습니다. 그러나 이 교회가 황폐하게 되었을 때, 그것은 그들이 그 때 교회와 천계의 결합에 속했던 것들에 의하여 우상적으로 예배를 하기 시작할 때의 경우가 되겠습니다. 그리고 어떤 몇몇의 땅들에서는 그들이 그것들을 마술(魔術 · magic)로 바꾸기 시작하였을 때, 이것까지도 그 때 주님께서 장만하신 것은, 개별적인 것들이나, 전체적인 것들 안에, 심지어 일점일획에 이르기까지, 신령한 것이 내재해 있는 성언(=말씀 · a Word)이 기술되었다는 것입니다. 그리고 그것은 순수한 대응들로 구성되었고, 그리고 이런 방법으로 그것은 모든 천계에 있는 천사들의 지각(知覺)에 맞게 조절하기 위한 것이고, 그리고 동시에 사람의 지각에 맞게 조절되기 위한 것이었습니다. 그것에 의하여 주님과 인류의 결합이 있게 하기 위한 것입니다. 왜냐하면 이런 성언(a Word)에 의한 결합이 없다면, 천계는 사람에게서 완전히 분열(分裂), 떠나버렸을 것이기 때문입니다. 따라서 사람은 깡그리 멸망하였을 것입니다.

[5] 그러므로 아래에 이어지는 주제는 성언(聖言 · the Word)에 의한 결합이고, 그리고 중요하고, 근본적인 계율들(=교훈들 · the primary precepts)이 마감되었는데, 그것은 사람이 성언에 의하여 이 결합 안에 있기 위하여 반드시 준수되어야 할 것입니다. 태고시대 백성이 직접적인 계시를 받았다는 것은 2895 · 3432항을 참조하시고, 그 뒤에 계승된 표징적 교회에 관해서는, 그리고 그 교회의 성언에 관해서는 2686 · 2897 · 3432 · 10355항을 참조하시고, 그리고 성언에 의한 주님과 인류의 결합에 관해서는 10375 · 10452항에 인용된 내용을 참조하십시오.

10633. 내가 너희 모든 백성 앞에서, 놀라운 일을 하여 보일 것이다(=네 모든 백성 앞에서 내가 경이로운 일들을 행할 것이다).

이 말씀이 교회를 목적해서 개별적인 것들이나, 전체적인 것들 안에 신령한 것이 내재해 있는 성언을 뜻한다는 것은, 그 교회가 그들 가운데 제정, 설시되었기 때문에, 교회가 있는 곳을 가리키는 "모세의 백성"의 뜻에서, 그리고 성언에 속한 개별적인 것들이나 전체적인 것들 안에 있는 신령한 것들을 가리키는 여호와(=주)께서 하시려고 하는 "놀라운 일들"의 뜻에서, 잘 알 수 있습니다. 왜냐하면 일점에 이르기까지 그것이 신령하는 것에서 성언은 놀라운 것이기 때문입니다. 왜냐하면 모든 낱말은, 그것 안에 저장되었다는 것을 언급할 수 있도록 어떤 영적인 것에 대응하기 때문입니다. 그 이유는 성언의 영적인 것은, 성언이 사람에 의하여 읽혀질 때, 천사들에게 아주 명확하기 때문입니다. 여기서의 경우는 이러합니다. 자연계에 있는 개별적인 것들이나 전체적인 것들은 영계에 있는 것들과의 대응관계를 가지고 있고, 그리고 이 대응은 모든 낱말에까지 내려와 있습니다. 그리고 성언이, 그것들의 시리즈 안에는, 만약에 사람이 대응에 관한 것을 터득하지 못하였다면, 사람에게 드러나 보이지 않는 영적인 것들을 내포하고 있는 그것의 낱말들도 그와 같이 기술되었기 때문입니다. 이런 방법으로 신령한 것은 성언 안에 숨겨져 있습니다. 이렇게 볼 때 성언은 영적이고, 따라서 그것은 그와 같이 불리웁니다. 그러므로 이것이 여기서 "놀라운 일"이 뜻하는 것입니다. 그 이유는 다루고 있는 주제가 그 백성 가운데 기술될 성언이기 때문입니다.

10634. 그런 일은 온 땅 어느 곳에서도, 어느 민족 안에서도 행해지지 않은 것이다(=이 세상 어느 민족들 가운데서도 이루어진 적이 없다).

이 말씀이, 교회가 있는 곳이든 교회가 있지 않는 곳이든, 이 세상에는 결코 신령한 것이 존재하지 않는다는 것을 뜻한다는 것은, 그것들이 극내적인 것들에게서 극외적인 것들에까지, 또는 가장 중요한 것들에서 마지막 것들에까지, 신령할 때, 그것이 "행해졌다"(=만들어졌다)고 언급된, 성언에 속한 신령한 것들을 가리키는 "놀라운 일들"(=놀라운 것들)의 뜻에서(10633항 참조), 그리고 교회가 있는 곳을 가리키는 "온 땅 어느 곳에서"라는 말의 뜻에서 잘 알 수 있습니다. 왜냐하면 성경에서 "땅"(earth)은 교회를 뜻하기 때문입니다(9325항 참조). 그리고 교회가 있지 않는 곳을 가리키는 "모든 민족에서"라는 뜻에서 잘 알 수 있습니다. 왜냐하면 성경에서, "민족들"은, 즉 "이방인들"은 교회 밖에 있는 자들을 뜻하기 때문입니다. 그 이유는 그들은 성언에서 비롯된 진리의 빛 안에 있지 않기 때문입니다.

[2] "여호와께서 온 땅 어느 곳에서도 행해지지 않은 놀라운 것들을 행할 것"이라고 언급되었습니다. 그 이유는 "행해진 것"(=만들어졌다 · 창조 · creation)이라는 말이 극내적인 것들에게서 극외적인 것들에게까지, 또는 첫째 것들에게서 마지막 것들에게까지 신령한 것을 뜻하기 때문입니다. 왜냐하면 신령존재에서 비롯된 모든 것은 그분 자신에게서 시작하고, 그리고 마지막의 최종 것에까지 이르는 질서에 일치하여 진전하기 때문입니다. 따라서 천계를 통해서 이 세상에 내려와 그것의 마지막 것에서 멈춰 쉬기 때문입니다. 그 이유는 신령질서의 궁극적인 것(=마지막의 것)은 이 세상의 자연 안에 있기 때문입니다. 그것이 바로 우리의 본문에서 "행해진 것"(=만들어졌다 · to be created)이라고 언급된 것입니다. 창조된 이 세상에 있는 모든 것은 이런 질서에서 생성(生成)되고, 그리고 이런 질서 안에서 생존(生存)합니다. 이런 질서 안에는 성언에서 비롯된 진리들에 의하여 주님에 의하여 중생된 교회에 속한 사람도 이런 질서 안에 있습니다. 이것으로 말미암아 주님께서는 성경에서 "창조

주"(the Creator)라고 불리웠고, 그리고 중생된 사람은 "새롭게 창조되었다"(to be created anew)고 언급되었습니다(10373·10545항 참조). 이런 질서 안에는 역시 성언이 존재하고, 그리고 그것이 그러한 것이기 때문에, 그러므로 "창조된 것들"이 놀라운 것들에 관해서 언급되고 있습니다.
[3] 이런 동일한 말들, 다시 말하면 "너희 백성 앞에서 내가 경이로운 일들(=놀라운 일들)을 행할 것이다. 그런 일은 온 땅 어느 곳에서도 어느 민족 안에서도 행하지 않은 것이다"는 말은, 역사적인 뜻으로는 여호와께서 온 땅 어느 곳에서도 들은 적이 없는 그런 일을 이스라엘 백성 가운데서 기적들을 행할 것이다는 것을 뜻합니다. 그러나 속뜻으로 기적(奇蹟)은 기적을 뜻하지 않고, 오히려 주님께서 이런 말씀(such a Word)을 주는 것에 의하여 행하려고 하시는 놀라운 것들(=경이로운 것들)을 뜻합니다. 그런데 그것들에 의하여 거기에는 천계와 교회의 결합이 있을 것이고, 그리고 보편적으로는 주님과 인류의 결합이 있을 것입니다. 성인이 그와 같이 놀라운 것이라는 것은 자연적인 것들과 영적인 것들의 대응에 관한 것을 알지 못하는 자들이나, 그리고 천사들이 있는 영적인 생각에 관해서 어느 것도 알지 못하는 자들은 파악, 이해되지 않는 것입니다. 이런 인물들은, 그것 안에 천계를 가지고 있는 성언의 구체적인 것들 안에 이런 것이 있는 줄도 알지 못합니다. 따라서 그들은 그것 안에 신령생명을 지니고 있다는 것을 알지 못합니다. 그럼에도 불구하고, 성언의 모든 말씀이 대응에 의하여 천사들이 영적으로 지각될 때, 그 때 사람들은 자연적으로 지각합니다. 이런 것으로 말미암아, 그리고 전혀 다른 근원에서 말미암지 않고, 성언은 신령하다는 것이고, 그리고 그와 같이 놀라운 것은 더 이상 존재하지 않는 것은 명확합니다.

10635. 네가 있는 곳 가운데서 모든 백성이 주의 일(=여호와의

일)**을 볼 것이다**(=너희 주변에 사는 모든 백성이 나 주가 너희에게 하여 주는 그 일을 보게 될 것이다).

이 말씀이 성언을 영접, 수용한 자들에 의하여 그것 안에 신령존재가 있다는 것을 시인할 것이다는 것을 뜻한다는 것은 성언을 가리키는 모세의 표징에서(9372항 참조), 결과적으로는 "그가 그들 가운데 있는 백성"은 성언이 있는 교회를 뜻하고, 따라서 그들은 모두 성언을 영접, 수용한 것을 뜻한다는 것에서 잘 알 수 있습니다. 왜냐하면 다른 자들은 결코 어느 누구도 그것 안에 있는 신령존재를 시인하지 않기 때문입니다. 그리고 그것 안에 있는 신령존재를 시인하는 것을 가리키는 "여호와의 일(=주의 일)을 볼 것이다"는 말의 뜻에서 잘 알 수 있습니다. 이 말이 이런 뜻을 가리킨다는 것은 명확한데, 그 이유는 선한 삶 안에 있는 교회 안에 있는 자들은 모두 성언 안에 계신 신령존재를 시인하기 때문입니다. 그 이유는, 그들이 성언을 읽고 있는 동안, 비록 그들이 이런 결과가 대응들에 의하여 이루어진다는 것을 알지 못하지만, 천계로부터 그들에게 거룩한 느낌(a holy feeling)이 유입하기 때문입니다. 그리고 또한 그들은 일반적인 거룩한 감화(a general holy influence) 이외의 다른 것에 의하여 지각되지 않고, 그리고 그 마음이 그것 안에 잡혀 있기 때문입니다. 선한 삶 안에 있지 않는 자들에게는 전혀 다릅니다. 이들에게는 천계를 통한 내적인 것은 닫혀 있습니다.

10636. 이것은 내가 너와 함께 행할 일이 놀라운 것이기 때문이다(=두려운 일이기 때문이다).

이 말씀이, 개별적인 것들이나 전체적인 것들 안에 있는, 성언의 성질(=본질 · the quality of the Word)을 뜻한다는 것은 성언을 가리키는 모세의 표징에서 잘 알 수 있습니다(이것에 관해서는 9372항의 인용내용을 참조하십시오). 결과적으로 "여호와께서 그에게 행하려고 하시는 놀라운 일"은, 신령존재께서 개별적인 것들이나 전체적인 것들 안에 계신다는 것을 뜻합니다(10633항 참조).

10637. 너희는, 내가 오늘 너희에게 명하는 것을 삼가 지키도록 하여라.

이 말씀이, 만약에 그들이 영원한 진리에 속한 중요하고, 으뜸적인 것들을 행한다면을 뜻한다는 것은, 만약에 성언을 시인하는 자들이 그와 같이 할 것이다를 가리키는 "너희는 삼가 지켜라"는 말의 뜻에서 잘 알 수 있습니다. 왜냐하면 모세는, 위에서 보았듯이, 성언을 표징하기 때문입니다. 그리고 영원한 진리에 속한 중요한 으뜸적인 것들을 가리키는 "여호와께서 오늘 명한다"는 말의 뜻에서 잘 알 수 있습니다. 왜냐하면 여호와께서 명령한 것들은 신령진리들이기 때문이고, 그리고 "오늘"(this day)은 영원한 것을 뜻하기 때문입니다(2838 · 3998 · 4304 · 6165 · 6984 · 9939항 참조). 이와 같은 영원한 진리들은, 속뜻으로 그 뒤에 이어지는 본문장의 12-27절 안에 내포된 것들을 가리킵니다. 겉뜻에 담겨 있는 것들은 영원한 진리들이 아니고, 다만 그것들은 내적인 것들을 위하여 이스라엘 민족이 지켜야 할 그런 것들입니다. 왜냐하면 그것들은 이런 것들을 뜻하기 때문이고, 따라서 그것들을 수반(隨伴), 담고 있기 때문입니다. 더욱이 이런 것들은, 주님에 의하여 성언에 속한 내적인 것들이 열릴 때까지, 그 민족이 지켜야 하는 것들입니다. 그러나 이런 것들이 열려졌을 때, 그 때 이런 외적인 것들은 폐지(廢止), 철폐(撤廢)됩니다. 왜냐하면 사람이, 내적인 것들을 가리키는, 주님을 믿는 믿음에서, 그리고 주님사랑에서, 주님을 예배할 때, 그는 이런 내적인 것들을 뜻하는 외적인 것들은 전혀 필요가 없기 때문입니다. 그 이유는 그 사람이 이런 것들 안에 있는 것이지, 결코 그것들의 상징(=표상들 · symbols) 안에 있지 않기 때문입니다. 예를 들어 보겠습니다. 누룩이 없는 빵(無酵餠)의 축제

아빕월(the month Abib)에 지켜졌으며, 그 때 무교병(=누룩이 없는 빵)을 7일 동안 먹었습니다. 그리고 태(胎)를 열고 나온 모든 것은 하나님에게 바쳐졌습니다. 나귀의 맏배는 속량(贖良)되었고, 그것의 목은 꺽이었습니다. 맏아들들은 속량되었고, 주간의 첫째 날은 지켜졌고, 그리고 추수의 명절 역시 준수되었습니다. 1년에 세 번 모든 남정네들은 여호와 앞에 나가야 하고, 그들은 발효(醱酵)된 것을 제물로 바칠 수 없었습니다. 새끼염소는 그것의 어미의 젖에 삶으면 안 되었습니다. 그러나 비록 이런 것들이 폐지되었다고 해도, 그럼에도 불구하고 그것들은 성경말씀에 속한 거룩한 신령한 것들입니다. 그 이유는 그것들 안에 거룩한 내적인 것이 있기 때문입니다.

10638. **내가 이제 너희 앞에서 아모리 사람과 가나안 사람과 헷 사람과 브리스 사람과 히위 사람과 여부스 사람을 쫓아 내겠다.**

이 말씀이 그 때 온갖 악들의 제거(除去)와 그것에서 파생된 거짓들의 제거를 뜻한다는 것은 생각이나 정동에 속한 내면적인 것들로부터 제거하는 것을 가리키는 "너희 앞에서 쫓아낸다"(=면전에서 쫓아낸다)는 말의 뜻에서 잘 알 수 있습니다. 왜냐하면 "쫓아낸다"(=추방한다)는 말은 제거하는 것(=옮기는 것)을 뜻하기 때문입니다. 그리고 "얼굴"(face)은 내면적인 것들을 뜻합니다(9546항의 인용내용 참조). 그리고 사람의 내면적인 것들은 그의 이해와 그의 의지에 속한 것들이기 때문이고, 또한 그의 생각과 그의 정동에 속한 것들이기 때문입니다. 결과적으로 "면전에서 쫓아낸다"(=너희 앞에서 쫓아낸다)는 말은 이런 내면적인 것들에게서 제거하는 것을 뜻합니다. 그리고 온갖 악들이나 거짓들을 가리키는 가나안 땅의 여러 민족들의 뜻에서(9327항의 인용내용 참조) 잘 알 수 있습니다. 그러나 각각의 그 민족이 표징하는 악이 무엇인지, 거짓이 무엇인지는 그들이 다루어진 곳의 설명내용에서 잘 볼 수 있겠습니다. 예를 들면 아모리 사람이 표징하는 것은 6306·6859항을 참조하시고, 가나안 사람이 표징하는 것은 1573·1574·4818항을 참조하시고, 헷 사람이 표징하는 것은 2913·6858항을 참조하시고, 브리스 사람이 표징하는 것은 1573·1574·6859항을 참조하시고, 히위 사람과 여부스 사람이 표징하는 것은 6860항을 참조하십시오. 그러나 이런 것들은 성언에 관해서 언급된 것입니다. 그 이유는 이들의 면전에서 이들 민족을 쫓아 내는 모세는 성언을 표징하기 때문인데, 이러한 것은 앞서의 내용에서 잘 볼 수 있습니다.

[2] 여기의 경우가 어떠한 것인지 간략하게 언급하겠습니다. 만약에 모세의 백성이 여호와께서 명령한 것을 잘 지킨다면, 여호와께서 그들의 면전에서 이 민족들을 쫓아낼 것이라고 언급하였는데, 여기서 이 말씀은, 만약에 그들이 영원한 진리에 속한 중요하고 으뜸적인 계율들을 행한다면, 온갖 악들이나 거짓들이 제서될 것이나는 것을 뜻합니다. 이 계율들이 속뜻으로 이어지는 것들인데, 그것의 중요하고 으뜸적인 것들은, 그들이 주님 이외의 다른 신들(gods)을 시인하지 않는 것이고, 그리고 모든 선이나 모든 진리가 그분에게서 온다는 것이고, 그리고 또한 구원과 영원한 생명(生命)이 그분에게서 온다는 것 등등입니다. 이러한 것들을 믿는 자들에게는, 그리고 그러하다고 그것을 사랑하는 자들에게서는, 그들이 그 성언을 읽는 동안에, 모든 악과 거짓이 제거됩니다. 그 이유는 그 때 주님께서 그들에게 깨우치고, 빛을 비추시고, 그들을 인도하시기 때문입니다. 그리고 그 때 그들이 자기 자신들로부터 생각하지 않고, 또한 자기 자신으로 말미암지 않고 오히려 주님으로 말미암아 감화 감동된다면, 결과적으로 그 어떤 악이나 악에 속한 거짓은 들어오지 못합니다. 그 이유는 주님께서 그런 것들을 모두 내쫓으시기 때문입니다. 이들이 바로 성언을 바르게 이해하는 자들이고, 그리고 진리로 말미암아 진리

들에 의하여 감화 감동된 자들이고, 또한 그것들에 일치하여 살기를 사랑하는 자들입니다.

[3] 그러나 영원한 진리에 속한 이들 중요한 계율들을 시인하지 않는 자들은, 그들이 성경말씀을 읽을 때, 빛을 받지 못하고, 따라서 주님으로 말미암아서 그것 안에 있는 진리들을 보지 못하고, 오히려 그들이 보는 것은 무엇이든 그들이 자기 자아로부터 보는 것이고, 그리고 자기 자아로부터 보는 것은 진리들 대신에 거짓들을 보는 것입니다. 그리고 만약에 그들이 진리들을 보고, 알았다면, 그럼에도 불구하고 그들은 그들 자신들에 의하여 골라서 채택된, 원칙들에 의하여, 그리고 또한 그들 자신들의 사랑들에 의하여 그것들을 거짓으로 바꿀 것입니다. 그들은 그것들에게 진리들로 여겨 향하고, 그리고 이와 같이 그들은 그것에 맞게 적용할 것입니다. 이것으로 인하여 악에 속한 거짓들은 초래(招來)되고, 생겨납니다. 이러한 내용들이 속뜻으로 우리의 본문의 말씀이 뜻하는 것들입니다. 이런 것들이 의미되고 있는 이유는, 사람에 의하여 성경말씀이 읽혀질 때, 속뜻으로 성언을 지각하는 천사들은 모세가 무엇인지 알지 못하기 때문이고, 또한 아모리 사람・가나안 사람・헷 사람・브리스 사람・히위 사람・여부스 사람을 알지 못하기 때문입니다. 왜냐하면 이름들은 천계에 들어오지 못하고, 다만 그것들이 뜻하는 것, 따라서 모세가 성언을 뜻하고, 그리고 이들 민족들이 악들이나 거짓들을 뜻하는 그런 것들만 관계를 맺기 때문입니다.

10639. 12-17절. **너희는 삼가, 너희가 들어가는 땅에 사는 사람들과 언약을 세우지 않도록 하여라. 그들과 언약을 세우면, 그것이 너희에게 올무가 될 것이다. 그러니 너희는 그들의 제단을 허물고, 그들의 석상을 부수고, 그들의 아세라 목상을 찍어 버려라. 너희는 다른 신에게 절을 하여서는 안 된다. 나 주는 '질투'라는 이름을 가진, 질투하는 하나님이기 때문이다. 너희는**

그 땅에 사는 사람들과 언약을 세우지 말아라. 언약이라도 세웠다가, 그들이 자기들의 신들을 음란하게 따르며, 그 신들에게 제사를 드리면서 너희를 초대하면, 너희가 그 초대를 거절하지 못하고, 그리로 가서, 그 제물을 먹지 않겠느냐? 또 너희가 너희 아들들을 그들의 딸과 결혼시키면, 그들의 딸들은 저희 신들을 음란하게 따르면서, 너희의 아들들을 꾀어, 자기들처럼 음란하게 그 신들을 따르게 만들 것이다. 너희는 신상을 부어 만들지 못한다.

"너희는 삼가, 너희가 들어가는 땅에 사는 사람들과 언약을 세우지 않도록 하여라"는 말씀은, 그것 안에 악을 지니고 있는 그 어떤 종교적인 종지(宗旨)에 반드시 부착(附着)이나 집착(執着) 따위가 없어야 한다는 것을 뜻합니다. "그들과 언약을 세우면, 그것이 너희에게 올무가 될 것이다"(=그래야 그것이 너희 가운데 올무가 되지 않을 것이다)는 말씀은 결과적으로 성언 자체에서 잘못 인도(引導)되는 것을 뜻합니다. "그러니 너희는 그들의 제단을 허물러라"는 말씀은 그런 부류의 종지적인 악이나, 결과적인 예배에 속한 악은 반드시 거절(拒絶), 물리쳐져야 한다는 것을 뜻합니다. "그들의 석상(=기둥들)을 부수어라"(=그들의 형상들을 부수어라)는 말씀은 악에 속한 거짓들이 반드시 분산(分散), 흩어져야 한다는 것을 뜻합니다. "그들의 아세라 목상을 찍어 버려라"(=그들의 작은 숲을 찍어 버려라)는 말씀은 그들의 가르침들(=교훈들)이 반드시 전적으로 배척(排斥)되어야 한다는 것을 뜻합니다. "너희는 다른 신들에게 절을 하여서는 안 된다"(=너는 다른 신을 경배하지 말아라)는 말씀은 주님께서 홀로 믿음과 사랑으로부터 예배받으셔야 한다는 것을 뜻합니다. "나 주는 '질투'라는 이름을 가진, 질투하는 하나님이기 때문이다"는 말씀은 만약에 다른 신이 예배된다면, 신령선과 신령진리가 떠나버릴 것이다는 것을 뜻합니다. "너희는 그 땅에 사는 사람들과 언약을 세우지 말아라"는 말씀은 이런 식으로 어떤 종교적인 종지(宗旨)에 속한 악과의 결합을 뜻합니다. "(언약이라도 세웠다가) 그들이 자기들의 신들을 음란하게 따른다"(=그들은 그들의 신들을 음란하게 숭배한다)는 말씀은 결과적으로 악에 속한 거짓들을 뜻합니다. "그들이 그 신들에게 제사를 드린다"(=그들의 신들에게 희생제를 드린다)는 말씀은 따라서 거짓들에게서 비롯된 예배를 뜻합니다. "너희를 초대하면, 너희가 그 초대를 거절하지 못하고, 그리로 가서, 그 제물을 먹지 않겠느냐?"(=누가 너를 청하여 네가 그의 희생제물을 먹는다)는 말씀은 악에서 비롯된 거짓의 매력(魅力)이나 유혹(誘惑), 수용(受容), 전유(專有) 따위를 뜻합니다. "너희가 너희 아들들을 그들의 딸들과 결혼시킨다"(=네가 그들의 딸들을 네 아들들에게 얻어 준다)는 말씀은 진리들과 악에 속한 정동들과의 결합을 뜻합니다. "너희의 아들들을 꾀어, 자기들처럼 음란하게 그 신들을 따르게 만들 것이다"(=네 아들들로 그들의 신들을 음란하게 숭배하게 한다)는 말씀은 이런 식으로 선과 진리의 모독을 뜻합니다. "너희는 신상들을 부어 만들지 못한다"(=너는 주조한 신상들을 만들지 말아라)는 말씀은, 주님에게 속한 예배가 아니고, 자기 자아에 속한 예배를 뜻합니다.

10640. 너희는 삼가, 너희가 들어가는 땅에 사는 사람들과 언약을 세우지 않도록 하여라(=너는 네가 가는 그 땅의 거민들과 언약을 맺지 않도록 조심하여라).

이 말씀이 거기에는, 그것 안에 악을 지니고 있는 그 어떤 종교적인 종지(宗教的 宗旨 • any religious persuasion)와의 부착(附着)이나 집착(執着) 따위가 결코 있으면 안 된다는 것을 뜻한다는 것은 결합하는 것을 가리키는, 따라서 부착하고, 집착하는 것을 가리키는 "언약을 세운다"(=언약을 만든다)는 말의 뜻에서(10632항의 인용내용 참조), 그리고 그것 안에 악을 지니고 있는 종교적인 종지(=종교적인 설득)를 가리키는 "그 땅에 사는 사람들"(=주민 •

거민)의 뜻에서 잘 알 수 있습니다. 왜냐하면 "사는 사람"(=주민·거민·inhabitant)은 선을 뜻하기 때문이고(2268·2451·2712항 참조), 그리고 결과적으로는 반대의 뜻으로는, 악을 뜻하기 때문이고, 그리고 여기서 "땅"(land)은 교회를 뜻하고, 그리고 그 교회에 속한 어떤 것을 뜻한다는 것을 뜻하기(9325항의 인용내용 참조) 때문이고, 따라서 역시 종교적인 종지(=종지적인 설득)를 뜻하기 때문입니다. 그리고 그것 안에 악을 지니고 있는 어떤 종교적인 종지(=종교적인 설득)를 가리키는 "너희가 들어가는 땅"의 뜻에서 잘 알 수 있습니다. 왜냐하면 그들이 들어가려고 하는 가나안 땅에 있는 민족들은 온갖 악들과 그것에서 파생된 거짓들을 뜻하기 때문입니다(10638항 참조). 이상에서 볼 때, 우리의 본문, "너희가 들어가는 땅에 사는 사람들과 언약을 세우지 않도록 하여라"(=언약을 맺지 않도록 조심하여라)는 말씀은, 그것 안에 악을 지니고 있는 그 어떤 종교적인 종지(=종교적인 설득)에 부착, 결합이 결코 있으면 안 된다는 것을 뜻합니다.

[2] 이것이, 그가 성경말씀을 읽을 때, 그것에 의하여 교회에 속한 사람이 빛을 받는 중요하고 으뜸되는 것들의 하나를 뜻하기 때문에, 그리고 이것이 아래에 이어지는 것에서 다루고 있는 주제이기 때문에, 여기서 그 경우가 어떠한지 언급되어야 하겠습니다. 주님에 의하여 빛을 받기를 열망하는 사람은 악이 무엇인지를 지탱하는 그 어떤 가르침들(=교훈들)이 자기 자신에게 전유(專有)되지 않도록 특별한 주의(注意)나 고심(苦心) 따위를 반드시 가지고 있어야 한다는 것을 뜻합니다. 사람이, 그것을 자신에게서 확증할 때 사람은 그것을 자신에게 전유합니다. 왜냐하면 그 사람은 그것에 의하여 그것을 믿음에 속한 것으로 만들기 때문이고, 더욱이 그가 그것에 일치하여 산다면 더욱 그렇기 때문입니다. 이런 일이 행해질 때, 악은 그의 영혼에, 그리고 그의 심령에 각인(刻印)되어 남습니다. 그리고 그가 이런 일을 행할 때 그

는, 그뒤, 주님으로부터 성언에 의하여, 빛을 받고, 교화(敎化)된다는 것은 불가능합니다. 왜냐하면 그의 전 마음은 그의 원칙(=주의 주장)에 속한 믿음이나 사랑 안에 있기 때문이고, 그리고 그것에 거슬러 반대되는 것은 무엇이나 그는 그것을 보려고 하지 않고, 또한 배척, 거절하고, 그것을 위화(僞化)시키기 때문입니다. [3] 예를 들어 보겠습니다. 그의 삶의 성품이 무엇이든, 오직 믿음만으로 구원받는다는 것을 믿는 사람은, 그리고 이것으로 자기 자신을 확증한 사람은, 그리고 그것을 그의 교리의 나머지 모든 것과 결합한 사람은, 그리고 그 때 그는 삶에 관해서는 아무것도 생각하지 않기 때문에, 그리고 다만 오직 믿음에 관해서만 생각하기 때문에, 그리고 그가 성언을 읽는 것이 어떤 것인지 문제가 되지 않기 때문에, 그런 일이 있은 뒤, 그는 삶의 선에 관해서 그것 안에서 아무것도 보지 못합니다. 그리고 종국에 그는 선이 무엇인지, 인애가 무엇인지, 사랑이 무엇인지 알지 못합니다. 그리고 만약에 이런 것들이 언급되면, 그는, 오직 믿음만이 이런 것의 전부이라고 말합니다. 그럼에도 불구하고, 그 때의 오직 믿음은, 또는 이런 것들이 없는 믿음은 마치 속이 빈 그릇과 같고, 영혼이 없는 그런 것과 같습니다. 그런 부류의 사람의 영적인 생명은 심장에서 피가 유입하는 것이 없는 폐장의 호흡(呼吸)에 비유되겠습니다. 그것은, 마치 하나의 형상이나 자동조작제어장치(an automation)를 제외한, 생명이 전혀 없는 것과 같습니다. 이러한 내용들은, 성언을 읽는 사람의 경우가 어떠한지를 알게 하기 위하여 언급된 것입니다. 만약에 악을 지지, 조장하는 어떤 종교적인 종지에 그가 밀착되어 있다면, 그것에 의하여 그가 빛을 받는다는 것은 불가능합니다.

10641. (그들과 언약을 세우면) **그것이 너희에게 올무가 될 것이다**(=그래야 그것이 네 가운데 올무가 되지 않을 것이다).
이 말씀이 결과적으로 성언 자체에서 잘못된 인도(引導)를 뜻한다는 것은 각자의 고유속성적인 악이나 거짓에 의하여 잘못 생각되고, 잘못 인도되는 것을 가리키는 "올무가 된다"는 말의 뜻에서(7653 · 9348항 참조), 그리고 성언을 가리키는 모세의 표징에서(9372항 인용내용 참조), 결과적으로는 "네 가운데 올무가 된다"는 말이 성언 자체 안에 있는 것을 뜻하는 모세의 표징에서 잘 알 수 있습니다. 여기서의 경우가 어떠한지는 바로 위에서 언급된 내용에서(10640항 참조), 잘 알 수 있습니다.

10642. 그러니 너희는 그들의 제단을 허물어라.

이 말씀이 이런 부류의 종교적인 종지에 속한 악이나, 결과적으로는 그것의 예배에 속한 악이 반드시 배척되어야 한다는 것을 뜻한다는 것은 주님에 속한 중요하고, 으뜸되는 표징이나, 선에게서 비롯된 주님의 예배에 속한 중요하고, 으뜸되는 표징을 가리키는 "제단"의 뜻에서(921 · 2777 · 2811 · 4541 · 8935 · 8940 · 9388 · 9389 · 9714 · 9964 · 10242 · 10245항 참조), 잘 알 수 있습니다. 그러므로 그것은, 나쁜 뜻으로, 우상석인 예배, 따라서, 이것에 관해서는 아래에 언급하겠지만, 악에서 비롯된 예배를 가리키는 "제단"의 뜻에서, 그리고 거부, 배척하는 것을 가리키는 "허문다"(=뒤집어엎다 · 부결시킨다 · fo overturn)는 말의 뜻에서, 잘 알 수 있습니다. 왜냐하면 제단들에 관해서 언급된 것은, 그것들이 "허물어진다"는 것이기 때문입니다. 그러나 그 민족들의 제단들이 뜻하는 것은 예배에 속한 악들이었고, 그리고 그것들은 배척되었기 때문입니다.

[2] 우리의 본문절에는 "제단들" · "기둥들"(=석상들) · "아세라 목상"(=숲 · groves) 등이 거명되었는데, 이것들은 일반적으로 우상적인 예배에 속한 모든 것들을 뜻합니다. 여기서 "제단들"은 악에서 비롯된 예배를 뜻하고, "기둥들"(=석상들)은 악에 속한 거짓에서 비롯된 예배를 뜻하고, "숲들"(=아세라 목상)은 이것들에 속한 가르침들이나 교훈들을 뜻합니다. 이런 것들이 멸절(滅絶)되

어야 한다는 이유는, 주님께서 이런 표징들에 의하여 예배받으시는 것이 아니고, 오히려 잡신(雜神)들이, 사람들을 가리키는, 예를 들면, 바알들이나 그밖의 많은 잡신들에 의하여 예배받기 때문입니다. 이러한 예배는 악마적이고, 지옥적인 것입니다. 왜냐하면 주님이신 하나님 그분 대신에 사람들을 예배한다는 것은 악마적인 것이기 때문인데, 그 이유는 사람은, 그가 예배하는 그 존재와 결합하기 때문입니다.

[3] 그러나 여기서의 경우는 이러합니다. 만약에 사람이 잡신으로서 예배를 받는다면, 그 때 지옥에서 비롯된 어떤 것은 그 사람과 결합할 것입니다. 왜냐하면 믿음과 사랑은 결합하기 때문입니다. 진리에 속한 믿음이나 선에 속한 사랑은 주님과 더불어 그 사람과 결합하지만, 그러나 거짓에 속한 믿음이나 악에 속한 사랑(=욕망)은 지옥과 더불어 그 사람과 결합합니다. 왜냐하면 모든 사람에게는 지옥에서 온 영들이 있고, 그리고 또한 천계에서 온 천사들이 있기 때문입니다. 이런 작자들이 없다면 사람은 누구도 살 수 없기 때문입니다. 만약에 어느 누구가 하나의 사람으로 예배받는다면, 그 때 지옥에서 온 영들은, 자기들이 예배받는다고 상상하기 때문입니다. 왜냐하면 지옥에 있는 모두는 하나님으로 예배받기를 원하기 때문이고, 그리고 이런 영들은 그들이 거기에서 온 지옥적인 사회와 이런 예배를 교류하기 때문입니다. 그러므로 이런 것들이 예배받는 것에 비례하여 그와 동일하게 천계에서 온 천사들은 퇴각(退却), 물러납니다. 결과적으로 사람은 지옥적인 탐욕(貪慾)이나 정욕(情欲)들에 빠지게 되고, 종국에는 그의 전 생명의 측면에서 보면 이런 영들과 꼭같이 됩니다. 더욱이 이런 일은 사후(死後)에 그들에게 닥쳐 옵니다. 그러나 다른 한편, 천지(天地)의 하나님이신 주님께서 예배받으실 때 그 때 그 사람과 같이 하는, 천계에서 온 천사들은 예배에 속한 그것 어떤 것도 자기 자신에게 주장, 요구하지 않습니다. 그 이유는

그들이 믿음에 속한 모든 진리나 사랑에 속한 선을 주님의 공(功)으로 돌리고, 자기 자신에게는 아무것도 돌리지 않기 때문입니다. 결과적으로 거기에는 믿음과 사랑 가운데 그들과 주님께서 결합하는, 주님 그분에게 이르는 길이 그것들에 의하여 열림이 있기 때문입니다. 이상에서 볼 때, 주님께서 마태복음 28장 18절에서 말씀하신 것과 같이, 천계와 이 땅의 모든 능력을 가지신 주님 당신을 예배한다는 것은 아주 매우 중요한 것이라는 것을 잘 알 수 있겠습니다.

10643. 너희는 그들의 석상(=기둥들 · pillars)을 부수어라. 이 말씀이 악에 속한 거짓들이 반드시 소멸, 분산되어야 한다는 것을 뜻한다는 것은, 진리들에게서 비롯된 주님의 예배의 표징들을 가리키는 기둥들(pillars)의 뜻에서(4580 · 4582 · 9388 · 9389항 참조), 그리고 반대의 뜻에서는 거짓들에게서 비롯된 우상적인 예배의 표징들을 가리키는 "기둥들"(=석상)의 뜻에서 잘 알 수 있습니다. "기둥들"이 예배에 속한 표징들을 가리키는 이유는, 고대 사람들에게서 기둥들을 세우고, 그것들을 기름으로 바르고, 따라서 그것들을 성별(聖別)하는 관습이 있었기 때문입니다. 고대 사람들은 그들의 예배를 주로 산들에서 행하였고, 그리고 언덕이나 숲에서 행해졌고, 그리고 거기에 그들은 기둥들을 세웠습니다. 그들이 산들에서 예배를 행하였다는 것은, 산들이 주님사랑을 가리키는 천적인 사랑이 다스리는 천계를 뜻하기 때문이고, 그들이 언덕들에서 예배를 드렸다는 것은, 언덕들이 이웃을 향한 사랑을 가리키는 영적인 사랑이 다스리는 천계를 뜻하기 때문이고, 그리고 그들이 예배를 숲(groves)에 드렸다는 것은, 그 숲이 천계적인 지혜나 총명을 뜻하기 때문입니다. 이러한 내용이 뜻하는 것은 대응들에게서 비롯된 것입니다. 거기에 세워진 기둥들은 신령진리를 뜻합니다. 왜냐하면 기둥들은 돌들이었고, 돌은 진리를 뜻하기 때문입니다. 그러므로 신령진리의 측면에서 주님께서

성경에서 “이스라엘의 반석”(the Stone of Israel)이라고 불리셨습니다. 이렇게 볼 때 그 때 “기둥들”은 진리들에게서 비롯된 주님의 예배를 뜻한다고 하겠습니다.

[2] 그러나 고대 사람들에게 존재했던 그 교회의 표징들이 부분적으로 우상숭배로 바뀌기 시작할 때, 그리고 부분적으로 마술(魔術·magic)로 변질되기 시작할 때, 그 때 이런 것들은 폐지(廢止)되었고, 특히 마음 속에서 우상숭배적이었던 이스라엘 민족에게서는 폐지되었습니다. 그러므로 여기서 “기둥들”은 온갖 거짓들에게서 비롯된 우상숭배적인 예배를 뜻합니다. 이것은, 사람이 외적인 것이 되었을 때 모든 예배의 경우가 되겠습니다. 예를 들면 그 때 사람은 목적으로서 자신이나 세상을 중시, 존중(尊重)할 때이고, 그리고 교회에 속한 신령한 것들은 그저 단순한 방편들(=수단들)로 여기기 때문입니다. 왜냐하면 그 때 예배에 남아 있는 자들에게 있는 예배에 속한 모든 것들은 우상적인 것이 되었기 때문입니다. 그 이유는 내적인 것들에게서 분리된 외적인 것들을 예배하였기 때문입니다. 결과적으로 예배나 교회에 속한 진리들은 깡그리 거짓들이 되었기 때문입니다. 왜냐하면 진리들은, 그것들 안에 똬리를 틀고 있는 자기 자아나 세상에 속한 개념들에 의하여 위화(僞化)되었기 때문입니다. 그리고 이런 것들에게, 이런 진리들에게서 비롯된 신령한 것을 움츠리게 한 그밖의 수많은 개념들이 결합되었고, 그것들을 자아나 세상에 옮겨졌고, 전가(轉嫁)되었기 때문입니다. 이러한 내용이, 비록 그들이 이스라엘 민족이 행하는 것과 동일한 방법으로 희생제물을 드렸지만, 그들의 제물들이 올리워진 그 민족들의 제단들이 혐오(嫌惡)나 증오(憎惡) 따위가 되었다는 사실에서 잘 볼 수 있습니다.

[3] 기둥들이 일상적으로 그 민족 가운데서 상용되었고, 그리고 그것이 예배의 거룩한 것을 뜻한다는 것은, 우리가 창세기서에서 그것에 관해서 읽는 것과 같이, 야곱이 돌 기둥을 세웠다는 것에

서 명확합니다. 창세기서의 말씀입니다.

> 야곱은, 다음날 아침 일찍이 일어나서, 베개 삼아 벤 그 돌을 가져다가 기둥을 세우고, 그 위에 기름을 붓고,…… 제가 안전하게 저의 아버지 집으로 돌아가게 해주시면, 주님이 저의 하나님이 되실 것이며, 제가 기둥으로 세운 이 돌이 하나님의 집이 될 것이다.
> (창세기 28 : 18, 21, 22)

우리가 출애굽기서에서 그것에 관해서 읽는, 시내 산 아래에 모세에 의한 열두 기둥들에게서도 잘 알 수 있습니다.

> 모세는 주의 모든 말씀을 기록하고, 아침 일찍 일어나서, 산기슭에 제단을 쌓고, 이스라엘의 열두 지파를 따라 기둥 열두 개를 세웠다.
> (출애굽 24 : 4 ; 9389항 참조)

이런 장절들에게서도 볼 수 있습니다.

> 그 날이 오면,
> 이집트 땅 한가운데
> 주를 섬기는 제단 하나가 세워지겠고,
> 이집트 국경지대에는
> 주께 바치는 돌기둥 하나가 세워질 것이다.
> (이사야 19 : 19)
> 이스라엘 자손도 많은 날을 이렇게 왕도 통치자도 없이, 희생제물도 돌기둥도 없이 살 것이다.
> (호세아 3 : 4)

이들 장절에게서 "기둥들"은 진리들에게서 비롯된 예배를 뜻합니다. 그 이유 때문에, 앞에서 언급한 것과 같이, "돌"(石・stone)

은 신령진리를 뜻하고, “기름을 바른 기둥”은 신령선에게서 비롯된 신령진리를 뜻합니다.
[4] 그러나 이런 표징적인 것들이 우상숭배적으로 예배받기 시작하였을 때, 그 때 그것은, 우리의 본문절에서와 같이, 그리고 출애굽기 23장 24절, 신명기 7장 5절, 12장 3절에서와 같이, 그런 것들이 부수어버리고, 깨버릴 것이 명령되었습니다. 이스라엘 민족이 마음 속에서는 우상숭배적이었기 때문에, 그러므로 그들이 비록 고대 사람들에게 있었던 예배에 속한 거룩한 것들인 그런 것들이 있다고 해도, 그들이 기둥들을 세우고, 숲을 조성(造成)하는 것이 금지되었는데, 그것은 그들이 산이나 언덕, 그리고 숲에 기둥들을 세우고, 그것들을 우상적으로 예배하는 것을 막기 위한 것입니다. 이러한 일이 그 민족에게 금지되었다는 것은 모세의 글에서 명확합니다. 신명기서의 말씀입니다.

> 너희는, 너희가 만든 주 너희 하나님이 제단 옆에, 어떤 나무로라도 아세라 목상을 만들어 세워서는 안 된다. 그리고 주 너희의 하나님이 미워하시는 석상을 만들어 세워서도 안 된다.
> (신명기 16 : 21, 22)

그들이 이런 것들을 우상적으로 예배하였기 때문에 그것이 금지되었다는 것은 아래의 이런 장절들에게서 명확합니다.

> 유다도 주께서 보시기에 악한 일을 하였다.…… 그들도 높은 언덕과 푸른 나무 아래마다, 산당과 돌 우상과 아세라 목상을 만들었다.
> (열왕기 상 14 : 22, 23)
> 또 높은 언덕과 푸른 나무 아래에는 어느 곳에나 돌기둥들과 아세라 목상들을 세웠다.
> (열왕기 하 17 : 10)
> 너희가 새긴 우상을 파괴하여 버리고,

신성하게 여긴 돌 기둥들도 부수어 버려서,
다시는 너희가 만든 그런 것들을
너희가 섬기지 못하게 하겠다.
너희 가운데서
아세라 여신상을 모두 뽑아 버리고,
너희가 사는 성읍들을 파괴하겠다.
(미가 5 : 13, 14)
너희는 상수리나무 사이에서,
모든 푸른 나무 아래에서,
정욕에 불타 바람을 피우며,
골짜기 가운데서,
갈라진 바위 밑에서,
자식들을 죽여 제물로 바쳤다.
(이사야 57 : 5)
그가 말발굽(=느부갓네살의 말의 말발굽)으로
네 거리를 짓밟을 것이고,
칼로 네 백성을 죽일 것이며,
네 튼튼한 돌기둥들도
땅바닥에 쓰러뜨릴 것이다.
(에스겔 26 : 11)

이 밖에도 여러 장절들이 있습니다. 이런 장절들에게서 속뜻으로 "기둥들"이 뜻하는 것이 무엇인지 명확합니다.

10644. 그들의 아세라 목상을 찍어 버려라(=그들의 숲들을 베어 내어라)**.**
이 말씀이 그들의 가르침들(=교리들)이나 교훈들이 전적으로 배척되어야 한다는 것을 뜻한다는 것은, 그 교회에 속한 교리적인 것들을 가리키는, 여기서는 악에서 비롯된 거짓에 속한 가르침이나 교훈인 우상숭배자들 가운데 있는 종교적인 설득(=종교적인 종지)에 속한 것들을 가리키는 "숲들"(=아세라 목상)의 뜻에서 잘 알 수 있습니다. "숲들"(=아세라 목상·아세라·groves)이 이런 가르침이나 교훈(=교리)을 뜻한다는 것은 "나무들"(trees)이 지각들이나 선과 진리의 지식들을 뜻하기 때문입니다. 여기서 지각들은 주님의 천적인 왕국에 있는 자들에게 있는 것을 가리킵니다. 그리고 지식들은 주님의 영적 왕국에 있는 자들에게 있는 것을 가리킵니다. 그리고 나무의 각각의 종과 유는 지각과 지식의 종과 유를 뜻합니다. 이렇게 볼 때, "낙원들"(樂園·paradises)이나 "동산들"(gardens)이 천계적인 총명이나 지혜를 뜻한다고 하겠습니다. 그리고 "숲들"(forests)은 자연적인 사람의 기억지를 뜻합니다. 이상에서 볼 때, 그것에서부터 "숲들"은 교리를 뜻한다는 것, 그리고 그것에서부터 고대 사람들이 숲에서 신령예배를 드렸다는 것 등등은 우리가 잘 알 수 있겠습니다. 왜냐하면 고대 사람들에게 있었던 그 교회는 표징적이었고, 그리고 그것에 속한 모든 외적인 것들은 천계에 있는 것과 같은, 주님에 관한, 주님을 사랑하고 믿는 사랑과 믿음에 관한, 그리고 사랑과 믿음에 속한 것들에 관한, 내적인 것들을 표징하였기 때문입니다. "숲들"(groves) "삼림"(forests) "동산"(gardens) "낙원"(paradises)이 그것들의 종과 유에 일치하여, "나무들"(trees)의 동일한 뜻을 뜻한다는 것은 저 세상에 있는 표징들 안에서 근원(根源)하고 있습니다. 왜냐하면 이런 것들은 천사들의 총명이나 지혜에 일치하여 거기에 나타나기 때문이고, 그리고 거기에 나타남(外現)은 천적인 근원이나 영적인 근원에서 비롯된 것이기 때문입니다. "숲들"(groves)이 교리를 뜻한다는 것, 그리고 고대 사람들이 숲에서 신령예배를 드렸다는 것 등등은 2722·4552항을 참조하십시오. "낙원들"(paradises)이 천계적인 총명이나 지혜를 뜻한다는 것은 3220·4528·4529항을 참조하시고, "동산들"(gardens)도 마찬가지를 뜻한다는 것은 100·108·1588·2722항을 참조하시고, "숲들"(forests)이 자연적인 사람에 속한 기억지를 뜻한다는 것은 9011

항을 참조하시고, “나무들”(trees)이 선과 진리의 지각들이나 지식들을 뜻한다는 것은 103・2163・2682・2972・7962・8326항을 참조하시고, 고대 교회가 이것들의 뜻에 따라서, 숲에서 예배를 드렸다는 것, 그리고 동산이나 나무들 아래에서 예배를 드렸다는 것은 2722・4552항을 참조하십시오.

10645. 너희는 다른 신들에게 절을 하여서는 안 된다.

이 말씀이 오직 주님만이 믿음과 사랑으로 말미암아 예배받으셔야 한다는 것을 뜻한다는 것은 경배하는 것이나 예배하는 것을 가리키는 “어느 누구에게 절한다”는 말의 뜻에서 잘 알 수 있습니다. 그것이 다른 신들은 전혀 없고, 예배받으실 분이 오직 주님이라는 것은, 성경에서 “여호와” “하나님”은 주님을 뜻하기 때문입니다(9315・9373항의 인용내용 참조). 그리고 주님께서 천지(天地)의 하나님이시기 때문이고, 그리고 역시 유일하신 존재 하나님이시기 때문입니다(9194항 참조). 여기서 주님께서는 “믿음과 사랑으로 말미암아” 예배 받으셔야 한다고 언급하였는데, 그 이유는 주님의 예배가 믿음에서, 그리고 사랑에서 비롯되기 때문입니다. 믿음에서 비롯된 예배를 진리들에 일치하는 예배라고 하는데, 그것은 진리들이 믿음에 속한 것이기 때문입니다. 그리고 사랑에서 비롯된 예배는 선에서 비롯된 예배라고 하는데, 그것은 선이 사랑에 속한 것이기 때문입니다. 주님의 영적인 왕국에 있는 자들은 믿음에서 주님을 예배하고, 그리고 주님의 천적 왕국에 있는 자들은 주님을 사랑에서 예배합니다.

[2] 그러나 여기서 믿음에서, 그리고 사랑에서 비롯된 주님의 예배에 관하여 몇 가지를 반드시 언급하여야 하겠습니다. 수많은 대다수의 사람들은, 그들이 교회에 속한 교리의 것들을 믿을 때 믿음에 의하여 주님을 믿는다고 생각하고, 그리고 그들이 주님을 사랑할 때 사랑에 의하여 주님을 예배한다고 생각합니다. 그럼에도 불구하고 주님께서는, 그저 단순하게 믿는다는 것이나, 그저

단순하게 사랑한다는 것에 의하여, 예배받지 않으시고, 오히려 주님의 계명들에 따라서 사는 것에 의하여 예배받으십니다. 그 이유는 이런 인물들만이 주님을 믿고, 그리고 주님을 사랑하기 때문입니다. 주님의 계명들에 따라서 사는 자들이 주님을 믿는 자들이고, 주님을 사랑하는 자들이다는 그 이유는, 주님께서는 그것에 속한 바람(=소원 · willing)이 없는 진리의 이해 안에는 계시지 않기 때문이고, 오히려 주님께서는 그것의 바람(=소원)과 함께하는 진리의 이해 안에 계시기 때문입니다. 왜냐하면 사람이 그것을 원하고, 그 원하는 것에 따라서 그것을 행할 때까지, 진리는 사랑 안에 들어오지 못하고, 그의 것이 되지 못하기 때문입니다. 그 이유는 의지가 그 사람 자신이기 때문입니다. 이에 반하여 이해는 사람이 그것을 의지의 것으로 취하는 것에 비례하여 그 사람입니다.

[3] 더욱이 주님께서는 선에서 비롯된 그 사람의 진리들 안에서 그 사람과 함께 현존하시고, 그리고 선에게서 비롯된 진리들은 그 사람이 원하는 것들이고, 그리고 이것으로 말미암아 행합니다. 그러나 그가 이해하고, 그리고 그것들을 원하지 않는다면, 그들과 함께 주님은 현존하시지 않습니다. 왜냐하면 진정으로 원하는 것 없이 행한다는 것은 위선(僞善 · hypocrisy)이기 때문입니다. 그 이유는 그것은 사람들 앞에서 행한 것이지, 주님 앞에서 행한 것은 아니기 때문입니다. 더욱이 주님께서는 허깨비 사람(an empty man)과 함께 살지 못합니다. 다시 말하면 주님의 진리들을 알지 못하고, 그것들을 행하지 않는 사람과는 함께 살지 못하시기 때문입니다. 주님께서는 선에게서 비롯된 진리들 안에 있는 사람에게 현존하시고, 다시 말하면 사람이 진리들을 원하고, 그것들을 행하는 사람에게 현존하십니다. 왜냐하면 선에게서 비롯된 진리들은 사람과 더불어 교회를 이루기 때문이고, 그리고 그 사람과 더불어 천계를 이루기 때문입니다. 한마디로 주님 당

신은 그 사람과 함께 계시기 때문입니다.

[4] 만약에 사람이 이런 주제에 관해서 깊이 생각한다면, 그 사람은, 이것이 사실이라는 지각에서 능히 추론할 수 있습니다. 왜냐하면 그는, 사람의 이해가 진리들에 의하여 형성된다는 것을 알 수 있기 때문이고, 그리고 그의 의지는 선들에 의하여 이루어진다는 것을 알 수 있기 때문입니다. 그 이유는 우주 안에 있는 삼라만상(森羅萬象)은 진리와 관계를 가지고 있고, 그리고 선과 관계를 가지고 있기 때문입니다. 그리고 사람의 이해는 진리들을 영접, 수용하는 것에 의하여 형성되고, 그의 의지는 선들의 영접, 수용하는 것에 의하여 형성되기 때문입니다. 믿는 바 진리들은 이른바 "믿음의 진리들"이라고 부르고, 기쁨으로 감화감동된 선들은 "사랑의 선들"이라고 부릅니다. 이상에서 밝히 알 수 있는 것은 그것에 의하여 이해가 형성된 믿음의 진리들이 그런 것이라는 것이고, 그리고 그것에 의하여 의지가 형성된 사랑의 선들이 그런 것이라는 것입니다. 이런 것들이 바로 그 사람입니다. 왜냐하면 사람은 이해나 의지로 말미암아서 사람이기 때문입니다. 그러므로 만약에 그의 이해가 신령진리들에 의하여 형성되었다면, 이런 진리들은 그의 믿음을 이루는 진리들입니다. 그리고 만약에 그의 의지가 선들에 의하여 이루어졌다면, 그것은 그의 사랑에 속한 선들입니다. 이것에서 뒤이어지는 것은 그 때 그 사람 안에 천계가 있다는 것이고, 그리고 주님께서, 주님의 천계에서 사시는 것과 같이, 그와 함께 사실 수 있다는 것입니다. 왜냐하면 이해를 이루는 신령진리들이나, 의지를 이루는 신령선들은 모두가 주님에게서 오기 때문이고, 또한 그것은 주님의 것이기 때문입니다. 주님의 것들은 모두가 주님 그분이시기 때문입니다. 이상에서 볼 때 주님을 믿는다는 것은 그의 이해가 믿음에 속한 진리들에 의하여 물드는 것이고, 그리고 주님을 사랑한다는 것은 그의 의지가 사랑에 속한 선들에 의하여 물드는 것이고, 그리고

성언에서 진리들을 배우고, 그것들을 원하고, 그것들을 행하는 것 이외에는 이런 일이 행해질 수 없다는 것 등등을 밝히 알 수 있겠습니다. 여러분께서 원한다, 행한다, 또는 사랑한다고 말하든 그것은 동일한 것입니다. 왜냐하면 그것은 사람이 사랑하는 것이고, 그가 원하는 것이기 때문입니다. 그리고 그가 실제적으로 원하는 것은 그가 사랑하는 것이기 때문입니다.

[5] 이렇게 볼 때 믿음과 사랑으로 말미암아 주님을 예배한다는 것이 무엇인지 우리는 밝히 알 수 있겠습니다. 그것이 사실이라는 것은 주님께서 모두의 구원을 열망하신다는 사실에서 아주 명확합니다. 사람의 구원을 원하신다는 것은 사람을 천계에 계시는 그분에게 데려오기를 원하는 것입니다. 이러한 일은, 그것들이 선에게서 비롯된 진리들로서, 따라서 사람이 믿음에서, 그리고 사랑에서 행하는 주님의 계명들을 가리키는 주님 당신에게서 비롯된 것처럼, 그 사람 안에 있는 그런 것들을 제외하면 그 사람 안에서는 불가능합니다. 그 이유는 사람 안에는 주님이나 천계에 속한 것을 수용하는 것 이외에 다른 것은 아무것도 없고, 있을 수도 없기 때문입니다. 천계 자체는 그밖의 다른 것들로 이루어질 수 없기 때문입니다.

[6] 주님을 믿고, 주님을 사랑한다는 것은 주님의 계명들을 행하는 것이라는 것은 주님께서 친히 요한복음서에서 가르치셨습니다. 요한복음서의 말씀입니다.

> "너희가 나를 사랑하면, 내 계명을 지킬 것이다.…… 내 계명을 받아서 지키는 사람은 나를 사랑하는 사람이요, 나를 사랑하는 사람은 내 아버지의 사랑을 받을 것이다. 그리고 나도 그 사람을 사랑하여, 그에게 나를 드러낼 것이다."…… "누구든지 나를 사랑하는 사람은 내 말을 지킬 것이다. 그러면 내 아버지께서 그 사람을 사랑할 것이요, 우리는 아버지께로 가서 아버지와 함께 살 것이다. 나를 사랑하지 않는

> 사람은 내 말을 지키지 않는다."
> (요한 14 : 15, 21, 23, 24)
> 너희는 내 사랑 안에 머물러 있어라. 너희가 나의 계명을 지키면, 나의 사랑 안에 머물러 있을 것이다.…… 내가 너희에게 명한 것을 다 행하면 너희는 내 친구다.
> (요한 15 : 9, 10, 14)

삶에 반드시 일치하고, 지켜야 할 계명들이나 계율들은 인애와 믿음에 관한 교리*1)에서 그 뜻을 밝혔습니다.

10646. 나 주는 '질투'라는 이름을 가진, 질투하는 하나님이기 때문이다(=그 이름이 질투인 주는 질투하는 하나님이시다).

이 말씀이, 만약에 다른 존재가 예배를 받는다면, 신령선과 신령진리가 떠나갈 것이다는 것을 뜻한다는 것은, 사랑을 받고, 예배받는 그분 이외에는 어느 누구도 담당하지 못한다는 것을 가리키는 "질투한다"는 말의 뜻에서, 그리고 그것에 의하여 주님께서 예배받으시는 모든 것을 가리키는 "여호와의 이름"의 뜻에서(2724·3006·6674·9310항 참조), 잘 알 수 있습니다. 왜냐하면, 신령진리는 천계에 계시는 주님 당신이기 때문입니다. 그리고 그분에게서 발출한 것은 그분이시기 때문입니다. 신령존재로부터는 신령한 것 이외에는 아무것도 발출하지 않고, 그리고 신령존재는 한 존재이기 때문입니다. 이렇게 볼 때 우리의 본문, "그분의 이름은 질투이다"는 말이, 주님께서는 그분 이외에 다른 존재가 예배받는 것을 묵인(默認)하지 않는다는 것을 뜻한다는 것은 명확합니다. 그 이유는 오직 그분에게서, 그것에 의하여 구원이 이루어지는 모든 진리와 모든 선이 비롯되기 때문입니다. 주님께서 "질투하는 분"이라고 하였는데, 그 이유는, 다른 존재가 예배받는 그 즉시 모든 진리나 선이 떠나가기 때문입니다. 왜냐하면 사

---

*1) 예수인이 발간한 "스베덴보리의 사대교리" 중 "인애와 믿음"을 참조하십시오(역자주).

람은, 그분에게서 온 선과 진리에 의하여 주님과 결합하기 때문입니다. 그러므로 다른 존재가 예배를 받으면 그 즉시 분열(分裂)이 일어나고, 그리고 그 때 거짓이 진리의 자리를 대신하고, 악이 선의 자리에 이어지기 때문입니다.

[2] 주님께서 두번 씩이나 "질투한다"고 언급되었는데, 그 이유는 "여호와"(=주)께서 신령선을 뜻하기 때문이고 "하나님"이 신령진리를 뜻하기 때문입니다. 성경에서 주님께서는, 신령선이 다루어지는 곳에서는, "여호와"라고 불리셨고, 신령진리가 다루어지는 곳에서는 "하나님"이라고 불리셨다는 것은 2586 · 2769 · 2921 · 6303 · 6905 · 10158 · 10617항을 참조하십시오. 주님 이외의 다른 존재가 예배되었을 때, 신령선이나 신령진리 양자가 모두 사람에게서 떠나가기 때문에, 주님은 두 번씩 "질투한다"라고 하였습니다.

[3] 주님께서 홀로 예배받으신다고 언급하였습니다. 그 경우가 주님의 예배와 함께 있다는 것을 알지 못하는 사람은, 주님께서 예배받으시는 것을 좋아한다(=사랑한다)고 믿을 것이고, 그리고 주님께서 사람에게서 영광받기를 열망한다고 믿을 것입니다. 그와 같은 것은 사람이 자기 자신이 영예롭게 되기 위하여, 그들이 찾는 것을 다른 자들에게 주는 것과 꼭같기 때문입니다. 그와 같이 믿는 사람은 사랑이 무엇인지 전혀 시인하지 않는 것이고, 더욱이 신령사랑이 무엇인지도 전혀 시인하지 않는 것입니다. 신령사랑은, 사람이나 그의 구원을 제외하고, 그것 자체를 목적하지 않고, 예배나 영광을 열망하는 것에 존재합니다. 왜냐하면 주님을 예배하고, 주님에게 영광을 돌린다는 것은 겸비의 상태(謙卑狀態)에 있기 때문이고, 그리고 자신의 고유속성에 속한 것을 그 겸비의 상태에 있는 사람에서 분리시키는 것이기 때문입니다. 그리고 이런 분리가 있는 것에 비례하여 신령존재는 영접, 수용되기 때문입니다. 왜냐하면, 그것이 악하고 거짓스럽기 때문에, 사

람의 고유속성(man's own)은 신령한 것을 모두 차단(遮斷)하고 막아버리기 때문입니다. 주님의 광영은 그것의 목적을 위하여 주님을 예배하는 것입니다. 자기 자아를 위한 광영은 자기사랑(自我愛)에서 비롯된 것이고, 천계적인 사랑은, 마치 천계가 지옥과 다른 것과 같이, 자기사랑과는 전혀 다릅니다. 더욱이 신령사랑은 그것과 무한히 다릅니다.

10647. 너희는 그 땅에 사는 사람들과 언약을 세우지 말아라.
이 말씀이 이런식으로 종교적인 종지(宗旨)에 속한 악과의 결합을 뜻한다는 것은 결합을 가리키는 "언약"의 뜻에서(665·666·1023·1038·1864·1996·2003·2021·6804·8767·8778항 참조), 따라서 "언약을 세우다"(=언약을 맺는다)는 말은 결합하는 것을 가리키는 언약의 뜻에서 잘 알 수 있고, 그리고 악이 그것 안에 내재해 있는 종교적인 설득(=종교적인 종지·a religious persuasion)을 가리키는 "그 땅에 사는 사람"(=그 땅의 주민)의 뜻에서(10640항 참조), 잘 알 수 있습니다. 여러분이 악이 그것 안에 있는 종교적인 종지(=종교적인 설득)라고 말하든, 종교적인 종지에 속한 악이라고 말하든, 그것은 동일한 것입니다. 지금 그 땅의 주민과 반드시 언약을 맺지 말아야 한다고 재차 언급된 것은 속뜻으로 그 결합을 위한 것입니다.

10648. 언약이라도 세우면, 그들은 그들의 신들을 음란하게 따른다(=그들의 신들을 따르는 우상숭배를 범한다).
이 말씀이 결과적으로는 악에 속한 거짓을 뜻한다는 것은, 악에 속한 거짓들과의 결합을 가리키는 "그 민족들의 신들(=우상들)을 따르는 우상숭배를 범한다"는 말의 뜻에서 잘 알 수 있습니다. 왜냐하면 "우상숭배를 범한다"(=매춘부와 관계한다)는 말은 불법적으로 결합하는 것을 뜻하기 때문입니다. 그리고 "그 민족들의 신들"(=우상들)은 악에 속한 거짓들을 뜻하기 때문입니다. "신들"(=우상들·gods)이 거짓들을 뜻한다는 것은 4402·4544·

7873·8867항을 참조하시고, "그 민족들"이 악들을 뜻한다는 것은 10638항을 참조하십시오. "결과적으로" 악에 속한 거짓들이라고 언급하였는데, 그 이유는 모든 거짓들은 악에서부터 나오기 때문입니다. 악에서 비롯되지 않는 거짓들은 사실은 외적인 형체 안에 있는 거짓들이지만, 그러나 내적인 형체 안에 있는 것은 아닙니다. 왜냐하면 선한 삶 안에 있는 자들에게는 거짓들이 있지만, 그러나 이런 거짓들 안에는 선이 있기 때문입니다. 그런 것은 거짓에 속한 악으로 하여금 제거되게 하기 위한 것입니다. 결과적으로 천사들 앞에서 이런 거짓은 거짓으로 나타나 보이지 않고, 다만 일종의 진리처럼 보입니다. 왜냐하면 천사들은 믿음에 속한 내면적인 것들을 주시하지, 그것의 외면적인 것들을 주시하지 않기 때문입니다. 이렇게 볼 때, 어떤 것이든 모든 종교로 말미암아 누구나 모두 구원을 받을 수 있다고 하겠습니다. 심지어 성언에서 비롯된 진리들을 결코 가지고 있지 않은 이방 사람들까지도, 그들이 그들의 목적으로서 선한 삶을 중시, 주시한다면 구원받을 수 있다고 하겠습니다(2589-2604항 참조).

[2] 성경에는 아주 자주 "우상숭배를 범한다"(=음행을 범한다)는 말이 언급되고 있고, 그리고 그것이 진리와 불법적인 결합을 뜻한다는 것, 그리고 간통(姦通)을 범하는 것이 선과의 불법적인 결합을 뜻한다는 것입니다. 결과적으로 "우상숭배를 범한다"는 것은 진리의 위화(僞化)를 뜻하고, "간통을 범한다"는 것은 선의 섞음질(adulteration of good)을 뜻합니다. 진리의 위화는 세 가지 방법에서 행해집니다. 그 첫째입니다. 만약에 사람이 악한 삶 가운데 있고, 교리에 속한 진리들을 시인하는 것입니다. 왜냐하면 이 경우 악은 그 진리들 안에 있기 때문이고, 그리고 악이 진리를 뜻하기 때문입니다. 그 이유는 악은 천계적인 것을 모두 해산(解散), 흩어지게 하기 때문이고, 그리고 신령한 것을 진리들에게서 추방하기 때문입니다. 그리고 그 대신에 지옥적인 것을 이식

(移植), 활착(活着)시키기 때문입니다. 그것에서부터 위화는 생성되기 때문입니다.

[3] 그 둘째입니다. 만약에 사람이 제일 첫째 자리에 교리에 관한 진리들 안에 둔다면, 그리고 그 뒤에 어떤 다른 교리에 속한 거짓에 뒤이어진다면, 이와 같은 일도 악한 삶 안에 있는 자들에게서 일어나는 것입니다. 왜냐하면 악은 거짓을 추구(追求)하기 때문이고, 그리고 진리로서 그것을 전적으로 사로잡으려고 하기 때문입니다. 그 셋째입니다. 만약에 삶의 측면에서, 악 안에 있고, 교리의 측면에서 거짓 안에 있는 사람이 어떤 다른 교리에 속한 것의 진리들을 사로잡으려고 한다면 그는 역시 진리들을 위화합니다. 그 이유는 그 사람은 자기들의 목적을 위하여 진리들을 시인하지 않기 때문입니다. 그러나 그의 목적은 재물·영예·명성 따위에 속한 그런 것들이었기 때문입니다.

[4] 이와 같은 모든 위화들은 성경말씀에서 "매춘들"(賣春·whoredoms)이라고 불리우고, "매음들"(賣淫·harlotries)이라고 하였습니다. 이런 이유들 때문에 "혼인"(婚姻·marriage)은, 선과 진리의 결합을 가리키는, 합법적인 결합(a lawful conjunction)을 뜻합니다(2727-2759항 참조). 결과적으로 불법적인 결합들은 "매음들"(=매춘들)이 뜻하는 것입니다. 이것이 사실이라는 것은, 내가 여기서 아래의 두 곳을 부연하려는 것과 같이, 성경의 수많은 장절들에게서 잘 볼 수 있겠습니다. 에스겔서의 말씀입니다.

그러나 너는 네 아름다움을 믿고, 네 명성을 의지하여, 음행을 하였다. 지나가는 남자가 원하기만 하면, 누구하고나 음행을 하여 네 이름을 그의 것이 되게 하였다. 너는 네 옷을 가져다가, 가지각색의 산당들을 꾸미고, 그 위에서 음행을 하였다. 이런 일은 전에도 없었고, 앞으로도 없을 것이다. 너는, 내가 네게 준 나의 금과 은으로 만든 장식품들을 가져다가 남자의 형상들을 만들어 놓고, 그것들과 음행을 하였다.…… 너는, 우리 사이에서 태어난 아들들과 네 딸들을 데려다가, 우상들에게 제물로 바쳐 불사르게 하였다. 너의 음욕이 덜 찼느냐? …… 너는, 이집트 남자들, 곧 하체가 큰 이웃 나라 남자들과 음행을 하였다. 너는 수도 없이, 아주 음란하게 음행을 하여, 내 분노를 터뜨렸다.…… 그런데도 너는 음욕이 차지 않아서, 앗시리아 남자들과 음행을 하였다. 그들과 음행을 한 다음에도 네 음욕이 차지 않아서, 너는 저 장사하는 나라 바빌로니아 남자들과 더 많이 음행을 하였다. 그래도 너의 음욕은 차지 않았다.
(에스겔 16 : 15-17, 20, 26, 28, 29)
두 여인이 있는데, 그들은 한 어머니의 딸들이다. 그들은 이집트에서부터 이미 음행을 하였다. 젊은 시절에 벌써 음행을 하였다.…… 거기에서 이미 남자들이 그 처녀의 젖가슴을 어루만졌다. 그들의 이름은, 언니는 오홀라요, 동생은 오홀리바다.…… 오홀라는 사마리아이고, 오홀리바는 예루살렘이다. 그런데 오홀라는 나에게 속한 여인이었으면서도, 이웃에 있는 앗시리아의 연인들에게 홀려서 음행하였다. …… 그들은 모두가 앗시리아 사람들 가운데서도 빼어난 사람들이었는데, 오홀라가 그들과 음행을 하였으며, 또 누구에게 홀리든지 그들의 온갖 우상으로 자신을 더럽혔다. 오홀라는 이집트에서부터 음란한 행실을 버리지 않았다. 그는 젊은 시절에 이미 이집트의 젊은이들과 잠자리를 같이 하였다.…… 오홀리바는 이것을 보고서도, 자기 언니의 음란한 행실보다 더 음란하여, 자기 언니보다 더 많이 홀리고, 타락하였다. 그는 앗시리아의 사람들에게 홀렸는데,…… 그 두 자매가 꼭같은 길을 걸었다. 오홀리바가 더 음탕하였다. 그는 남자들의 모양을 벽에다가 새겨 놓고 쳐다보았는데, 붉은 색으로 새겨진 갈대아 사람들의 모양이었다.…… 바빌로니아 사람들이 그에게 와서, 연애하는 침실로 들어가, 음행을 하여 그를 더럽혔다.
(에스겔 23 : 2-17)

이것들에 관해서 2644·8904항에 설명된 다른 많은 장절들에게서도 볼 수 있습니다.

10649. 그 신들에게 제사를 드린다(=그들의 신들에게 희생제사를 드리다).

이 말씀이 온갖 거짓들에게서 비롯된 예배를 뜻한다는 것은 일반적으로 예배를 가리키는 "제사를 드린다"(=희생제사를 드린다)는 말의 뜻에서(6905·8680·8936항 참조), 그리고 악에 속한 거짓들을 가리키는 "그 민족들의 신들"의 뜻에서(10648항 참조) 잘 알 수 있습니다.

10650. 너희를 초대하면, 너희가 그 초대를 거절하지 못하고, 그리로 가서, 그 제물을 먹지 않겠느냐?(=누가 너희를 청하여 네가 그의 희생제물을 먹는다).

이 말씀이 악에서 비롯된 거짓에 속한 유혹·영접·전유 등을 뜻한다는 것은 유혹이나 영접을 가리키는 "부른다"(calling)는 말의 뜻에서 잘 알 수 있습니다. 왜냐하면 불리움을 받았을 때, 그것에 따르고, 복종하는 자는 유혹받고, 영접, 수용하기 때문입니다. 그리고 전유를 가리키는 "먹는다"(eating)는 말의 뜻에서(3168·3596·4745항 참조), 그리고, 바로 위에서 언급한 것과 같이(10649항 참조), 온갖 거짓들에게서 비롯된 예배를 가리키는, 따라서 예배에 속한 거짓들을 가리키는 "제물"(=희생제물)의 뜻에서, 잘 알 수 있겠습니다. 거짓을 가리키는 모든 거짓 때문에 악에 속한 거짓들을 뜻한다는 것은 거짓이 악에서 비롯되기 때문입니다(10648항 참조).

10651. 또 너희가 너희 아들들을 그들의 딸과 결혼을 시킨다(=또 네가 그들의 딸들을 네 아들들에게 얻어 준다).

이 말씀이 진리들과 악에 속한 정동의 결합을 뜻한다는 것은 혼인에 관해서 언급할 때 결합하는 것을 가리키는 "얻어 준다"(taking)는 말의 뜻에서, 그리고 선에 속한 정동들을 가리키는, 나쁜 뜻으로는 악에 속한 정동들을 가리키는 "딸들"이라는 말의 뜻에서(2362·3963항 참조), 그리고 진리들을 가리키는 "아들들"의 뜻에서(489 · 491 · 533 · 1147 · 3373 · 4257 · 9807 · 10490항 참조), 잘 알 수 있습니다.

10652. 그들의 딸들은 저희 신들을 음란하게 따르면서, 너희의 아들들을 꾀어 자기들처럼 음란하게 그 신들을 따르게 만들 것이다(=그들의 딸들이 그들의 신들을 음란하게 숭배하며, 네 아들들로 그들의 신들을 음란하게 숭배하게 할 것이다).

이 말씀이 이런 식으로 선의 모독(冒瀆)이나 진리의 모독(=위화)을 뜻한다는 것은, 이것에 관해서 위에서 언급한 것과 같이(10648항 참조), 불법적인 결합을 가리키는 "음란하게 따른다"(=음란을 범한다)는 말의 뜻에서, 그리고 악에 속한 정동들(=애욕들)을 가리키는 "그들의 딸들", 즉 그 땅의 주민들의 딸들의 뜻에서, 그리고 진리들과 결합된 악에 속한 정동들(=애욕들)에 속한 거짓들을 가리키는 "그들의 신들"의 뜻에서 잘 알 수 있습니다. 왜냐하면 "그들의 신들"(their gods)은 이스라엘 민족의 아들들과 결합한 그 땅의 주민들의 딸들이기 때문입니다(10651항 참조). 그 결합은 곧 선의 모독을 가리키기 때문입니다. 그리고 진리의 모독(=위화)을 가리키는, 온갖 거짓들과의 진리의 결합을 가리키는 "그들의 신들을 따르면서, 네 아들들로 음란을 범하게 한다"는 말의 뜻에서 잘 알 수 있습니다. 여기서 "신들"(gods)은 거짓들을 뜻하고(4402 · 4544 · 7873 · 8867항 참조), "아들들"은 진리들을 뜻합니다(489 · 491 · 533 · 1147 · 3373 · 4257 · 9807 · 10490항 참조).

[2] 이런 것들이 사실이라고 언급된 것은, "네 아들들로 그 땅의 주민의 딸들을 아내로 취한다"는 말이 뜻하는, 진리들과 악의 정동들(=애욕들)의 첫번째 결합이 아직까지는 모독이 아니기 때문이지만, 그러나 두번째 결합은 모독을 가리키는데, 그 이유는, 이런 일이 악이 진리에 적용될 때, 또는 진리가 악에 적용될 때 일어나기 때문인데, 이런 일은 진리의 잘못된 해석에 의하여 일

어나고, 그리고 악에게 진리의 적용에 의하여 일어나기 때문입니다. 따라서 후자에게의 전자의 삽입(揷入)에 의하여 일어나기 때문입니다. 이것으로 말미암아 진리는 더 이상 진리로 남아 있지 않고, 다만 진리는 죽은 것이고, 섞음질된 것입니다.

[3] 이런 모독은 역시, 우리가 모세의 글에서 읽는 것인 "백성들이 모압 사람의 딸들과 음행을 하기 시작하였다"는 말이 뜻합니다. 민수기서의 말씀입니다.

> 이스라엘이 싯딤에 머무는 동안에, 백성들이 모압 사람의 딸들과 음행을 하기를 시작하였다. 모압 사람의 딸들이 자기 신들에게 바치는 제사에 이스라엘 백성을 초대하였고, 이스라엘 백성은 거기에 가서 먹고, 그 신들에게 머리를 숙였다.…… 주께서 모세에게 말씀하셨다. "너는 백성의 우두머리들을 모두 잡아다가, 해가 환히 비치는 대낮에, 주 앞에서 그것들의 목을 매달아라. 그래야만 나 주의 진노가 이스라엘에서 떠날 것이다." 모세는 이스라엘 재판관들에게 말하였다. "너희는 제각기 너희 남자들 가운데서 바알브올과 결합한 자들을 죽여라." …… 그러나 그 염병으로 이미 죽은 사람이 이만사천 명이었다.
> (민수기 25 : 1, 2, 4, 5, 9)

여기서 "모압"은 섞음질된 선들을 뜻하고(2468 · 8315항 참조), 그리고 "그의 딸들"은 이 악에 속한 정동들(=애욕들)을 뜻하고, 그리고 "그들과의 음행"은 모독을 뜻하고, 결과적으로는 그것의 형벌은 "해가 환히 비치는 대낮에 백성의 우두머리들의 죽임이고, 그리고 이만사천 명의 죽음"을 뜻합니다. 왜냐하면 이 세상의 태양은 자기사랑을 뜻하기 때문이고(10584항 참조), "그 태양 앞에서 나무에 매단다"(=대낮에 목을 매단다)는 것은 천계적인 선의 전적인 절멸(絶滅)을 뜻하고, "이만사천 명"은 "일만이천"이 뜻하는 것과 같이, 복합체적인 모든 진리들을 뜻하고, 그리고 진리에 속한 선들을 뜻합니다(2089 · 3913 · 7973항 참조). 그리고 그들의 죽음은 모든 진리들의 절멸을 뜻합니다. 이러한 일은 모독하는 자들에게서 일어납니다.

10653. 너희는 신상을 부어 만들지 못한다(=너희는 주조한 신상들을 만들지 못한다).

이 말씀이, 주님의 예배가 아니고, 자기 자아의 예배를 뜻한다는 것은 자기사랑과 일치하는 예배를 제정하는 것을 가리키는 "주조한 신상들을 만든다"(=신상들을 부어서 만든다)는 말의 뜻에서(10406·10503항 참조), 그리고 자기사랑에 일치하는 예배는, 주님의 예배가 아닌, 자기 자아의 예배입니다. 왜냐하면 자기 자아의 예배는 목적이기 때문이지만, 주님의 예배는 이 목적에 대한 수단이기 때문입니다. 목적은 지배하는 것을 가리키고, 수단은 섬기는 것을 가리킵니다. 또한 마치 종이 주인에 의하여 고려되지 않는 것과 꼭같이 어떤 방법으로는 목적이 수단으로 고려되는 것은 없습니다. 이러한 내용이, 수단으로서 교회에 속한 거룩한 것들을 중요시하는 자들에게 있는 예배이고, 목적으로서 통치권을 행사하는 자들에게 있는 예배입니다.

10654. 18-23절. **너희는 무교절을 지켜야 한다. 내가 너희에게 명한 대로, 아빕월의 정한 때에, 이레 동안 누룩을 넣지 않은 빵을 먹어라. 이것은, 너희가 아빕월에 이집트에서 나왔기 때문이다. 태를 처음 열고 나온 것은 모두 나의 것이다. 너희 집짐승 가운데 처음 난 수컷은, 소의 맏배이든지 양의 맏배이든지, 모두 나의 것이다. 나귀의 맏배는 어린 양을 대신 바쳐서 대속하게 해야 한다. 그렇게 대속하지 않으려거든, 그 목을 부러뜨려야 한다. 너희 아들들 가운데 맏아들도 모두 대속해야 한다. 그리고 아무도 내 앞에 빈 손으로 나와서는 안 된다. 너희는 엿새 동안 일을 하고, 이렛날에는 쉬어야 한다. 밭갈이 하는 철이나 거두어들이는 철에도 쉬어야 한다. 너희는 밀을 처음 거두어들일 때에는 칠칠절을 지키고, 한 해가 끝날 때에는 수장절을 지켜야 한**

다. 너희 가운데 남자들은 모두 한 해에 세 번 이스라엘의 하나님, 나 주 앞에 나와야 한다.

“너희는 무교절을 지켜야 한다”는 말씀은, 악에서부터의 해방이나 악에 속한 거짓들로부터의 해방 때문에 주님의 예배와 주님에게 드리는 감사를 뜻합니다. “이레 동안 누룩을 넣지 않은 빵을 먹어라”는 말씀은 그 때의 거룩한 상태를 뜻하고, 그리고 악으로부터, 그리고 악에 속한 거짓들로부터 정화된 신령진리의 전유(專有)를 뜻합니다. “내가 너희에게 명한 대로……”라는 말씀은 신령진리에 일치하는 것을 뜻하고, “아빕월의 정한 때”라는 말씀은 새로운 상태를 뜻합니다. “이것은, 너희가 아빕월에 이집트에서 나왔기 때문이다”라는 말씀은 그 때 거기에 지옥으로부터의 해방(=자유)이 있기 때문이다는 것을 뜻합니다. “태를 처음 열고 나온 것은 나의 것이다”는 말씀은 이노센스의 모든 선, 그리고 인애나 믿음에 속한 모든 선은 주님에게 돌려드려야 한다는 것을 뜻합니다. “너희 집짐승 가운데 처음 난 수컷은 나의 것이다”는 말씀은 그것이 진리에 의하여 바쳐지는 것을 뜻하고, “소의 맏배이든지 양의 맏배이든지 모두 나의 것이다”는 말씀은 겉사람이나 속사람 안에 있는 것을 뜻합니다. “나귀의 맏배는 어린 양을 대신 바쳐서 대속하게 해야 한다”는 말씀은 단순한 자연적인 믿음은 주님에게 돌려드리지 못한다는 것을 뜻합니다. “그렇게 대속하지 않으려거든, 그 목을 부러뜨려야 한다”는 말씀은, 만약에 이노센스에 속한 진리가 그것 안에 있지 않다면 그것은 반드시 분리되어야 하고, 반드시 추방되어야 한다는 것을 뜻합니다. “너희 아들들 가운데 맏아들도 모두 대속하여야 한다”는 말씀은 선이 없는 믿음의 진리들은 필히 주님에게 돌려드리면 안된다는 것을 뜻합니다. “아무도 내 앞에 빈 손으로 나와서는 안된다”는 말씀은 자비(慈悲)에서 비롯된 수용을 뜻하고, 그리고 감사를 뜻합니다. “너희는 엿새 동안 일을 하여라”는 말씀은 중생의 첫째 상태를 뜻하는데, 그 때 사람은 진리들 안에 있고, 그 때 싸움들 안에 있습니다. “이렛날에는 너희는 쉬어야 한다”는 말씀은 중생의 두번째 상태를 뜻하는데, 그 때 사람은 선 안에 있고, 그 때 평화의 상태 안에 있습니다. “밭갈이하는 철이나 거두어들이는 철에도 너희는 쉬어야 한다”는 말씀은 선 안에, 그리고 그것의 수용 안에 있는 진리의 이식(移植)이나 활착(活着)에 관한 것을 뜻합니다. “너희는 밀을 처음 거두어 들일 때에는 칠칠절을 지켜야 한다”는 말씀은 선 안에 있는 진리의 이식 때문에 주님의 예배와 감사를 뜻합니다. “한 해가 끝날 때에는 수장절을 지켜야 한다”는 말씀은 중생을 뜻하고, 그리고 영벌이나 저주로부터 완전한 해방이나 자유를 뜻합니다. “너희 가운데 남자들은 모두 한 해에 세 번 이스라엘의 하나님, 나 주 앞에 나와야 한다”는 말씀은 믿음의 진리들 안에 있는 계속적인 표현(=현현·顯現)이나, 주님의 현존을 뜻합니다.

10655. 너희는 무교절을 지켜야 한다.

이 말씀은 악에서 비롯된 해방(=자유) 때문에, 그리고 악에 속한 거짓들로부터 해방(=자유) 때문에 드리는 주님의 예배나 감사를 뜻한다는 것은 예배와 감사를 가리키는 “명절”(=축제·feast)의 뜻에서(7093·9286·9287항 참조), 그리고 악이나, 악에 속한 거짓들로부터 정화된 것들을 가리키는 “누룩을 넣지 않은 것”(=무교의 것들·unleavened things)의 뜻에서(9992항 참조), 잘 알 수 있습니다. 결과적으로 “누룩을 넣지 않은 것의 명절”(=무교절·無酵節)은 악에서, 그리고 악에 속한 거짓들에게서 비롯된 해방(=자유) 때문의 예배와 감사를 뜻합니다. 이 명절(=축제)이 이런 것을 뜻한다는 것은 9286-9292항을 참조하십시오.

[2] 이 명절에 관해서 주지하여야 할 것은 그것이 주님의 인성의 영광화(the glorification of the Lord's Human)를, 따라서 이것의 기억과 그것 때문의 감사를 명확하게 뜻한다는 것입니다. 왜

냐하면 주님에 의한 이 영광화와 지옥의 정복(征服)에 의하여 사람은 온갖 악들에게서 해방(=자유)을 얻었고, 그리고 구원을 얻었기 때문입니다. 왜냐하면 주님께서는 구분의 인성(His Human)을 지옥에 거스르는 싸움들과 그리고 동시에 그것을 제압하는 계속적인 승리들에 의하여 영광화하셨습니다. 그 최후의 싸움과 승리가 십자가 위에 있었습니다. 그러므로 그 때 주님께서는 그분 자신을 충분하게 영화하셨습니다. 이러한 것은 주님께서 아래의 장절에서 가르치셨습니다.

> 유다가 나간 뒤에, 예수께서 말씀하셨다. "이제는 인자가 영광을 받았고, 하나님께서도 인자로 말미암아 영광을 받으셨다. 하나님께서 인자로 말미암아 영광을 받으셨으면, 하나님께서도 몸소 인자를 영광되게 하실 것이다. 이제 곧 그렇게 하실 것이다."
> (요한 13 : 31, 32)
> 예수께서 이 말씀을 마치시고, 눈을 들어 하늘을 우러러보시고, 말씀하셨다. "아버지, 때가 왔습니다. 아들을 영광되게 하셔서, 아들이 아버지께 영광을 돌리게 하여 주십시오."…… "아버지, 창세 전에 내가 아버지와 함께 누리던 그 영광으로, 나를 아버지 앞에서 영광되게 하여 주십시오."
> (요한 17 : 1, 5)
> 그리스도가 반드시 이런 고난을 겪고서, 자기 영광에 들어가야 하지 않겠습니까?
> (누가 24 : 26)

"인자(=사람의 아들 · the Son of man)를 영광되게 한다"는 것은 그분의 인성을 신령하게 완성하는 것을 뜻합니다. 이런 내용들이 주님의 십자가의 고난에 관해서 언급된 것이다는 것은 확실합니다.

[3] 십자가의 고난(the passion of the cross)을 가리키는 이 마지

막 싸움에 의하여 주님께서 충분하게 지옥을 정복하셨는데, 주님께서는 요한복음서에서 이렇게 가르치셨습니다. 요한복음서의 말씀입니다.

> 예수께서 그들에게 대답하셨다. "인자가 영광을 받을 때가 왔다."…… "지금 내 마음이 괴로우니, 내가 무슨 말을 하여야 할까? '아버지, 이 때를 벗어나게 하여 주십시오' 하고 말할까? 아니다, 내가 바로 이 일을 위하여 이 때에 왔다. '아버지, 아버지의 이름을 영광되게 하여 주십시오.'" 그 때에 하늘에서 소리가 들려 왔다. "내가 이미 영광되게 하였고, 앞으로도 영광되게 하겠다."…… (예수께서 대답하셨다.) "지금은 이 세상이 심판받을 때이다. 이제는 이 세상의 통치자가 쫓겨날 것이다. 내가 땅에서 들려 올라갈 때에, 나는 모든 사람을 나에게로 끌어올 것이다." 이것은 예수께서 자기가 당하실 죽음이 어떠한 것인지를 암시하려고 하신 말씀이다.
> (요한 12 : 23, 27, 28, 31-33)

전체적으로 지옥은 "이 세상의 통치자"라고 불리웠고, "악마"라고 하였습니다. 이상의 모든 것에서 볼 때 주님께서는 십자가의 고난에 의하여 지옥을 정복하고, 복종시켰을 뿐만 아니라, 그분의 인성을 충분하게 영화하셨다는 것은 아주 명확합니다. 이것으로 말미암아 구원이 인류에게 온 것입니다. 왜냐하면 이 목적을 위하여 주님께서는 이 세상에 오셨기 때문입니다. 이러한 것을 요한복음서 12장 27절에서 말씀하셨습니다. 이러한 일련의 내용의 기억을 위하여 무교절(無酵節)이나 유월절(逾越節)이 근본적으로 제정된 것입니다. 그러므로 주님께서는 이 명절 때에 다시 사신 것입니다.

[4] 그것이 악으로부터 해방(=자유)을 목적한 것이고, 악에 속한 거짓들로부터의 해방(=자유)을 목적한 것이다는 것은 악에서부터의 모든 해방이 주님에 의한 지옥의 정복에 의한 것이기 때문이

고, 주님 인성의 영광화에 의한 것이기 때문입니다. 이런 것들이 없다면 그와 같은 해방은 전무(全無)하였을 것입니다. 왜냐하면 사람은, 주님께서 영들에 의하여 지옥으로부터 방향을 바꾸기 때문이고, 그리고 천사들에 의하여 천계 밖으로 나가기 때문입니다. 그러므로 만약에 지옥이 완전히 정복되지 않았다면, 그리고 또한 주님의 인성이 신령존재 자체와 합일되지 않았다면, 따라서 인성이 신령하게 되지 않았다면, 사람은 어느 누구도 지옥으로부터 해방되는 것은 불가능하고, 그리고 구원 받을 수 없습니다. 왜냐하면 지옥은 변함없이 위세(威勢)를 떨치고, 만연(蔓延)할 것이기 때문입니다. 그 이유는 사람은, 자기 자신으로 말미암아 지옥에 속한 것 이외의 것은 아무것도 생각하지 못하는 그런 존재가 되었기 때문입니다. 이렇게 볼 때, 그것으로 인하여 동일한 축제가 악에서, 그리고 악에 속한 거짓들로부터의 해방(=자유) 때문에 비롯된 예배와 감사를 뜻한다는 것은 아주 명확합니다.

10656. 너는 이레 동안 누룩을 넣지 않은 빵을 먹어라(=너는 칠 일 동안 누룩 없는 빵을 먹어라).

이 말씀이 그 때의 거룩한 상태를 뜻한다는 것, 그리고 악이나, 악에 속한 거짓들로부터 정화된 신령진리의 전유(專有)를 뜻한다는 것은, 시작부터 마지막까지, 거룩한 상태를 가리키는 "이레 동안"(=7일 동안)이라는 말의 뜻에서 잘 알 수 있습니다(23·487·488·493·893·2788·3462·3785·4850항 참조). 그리고 여기서 "일곱"(=이레·7)이 거룩한 것을 뜻한다는 것은 395·433·716·881·5265·5268항을 참조하시고, "일곱 날들"(=이렛 날·7일)이 처음부터 마지막까지 거룩한 상태를 뜻한다는 것은 728·6508·9228·10127항을 참조하십시오. 그리고 전유(專有)하는 것을 가리키는 "먹는다"(eating)는 말의 뜻에서(3168·3513·3596·4745항 참조), 그리고 악이나 악에 속한 거짓들로부터 정화된 신령진리를 가리키는 "누룩을 넣지 않은 것들"의 뜻에서

(9992항 참조), 잘 알 수 있습니다.

10657. 내가 너희에게 명한 대로,……

이 말씀이 신령질서에 일치하는 것을 뜻한다는 것은, 여호와께서 말씀하셨을 때, 신령질서에 일치하는 것을 가리키는 "명령한다"는 말의 뜻에서(10119항 참조), 잘 알 수 있습니다.

10658. 아빕월의 정한 때…….

이 말씀이 새로운 상태(a new state)를 뜻한다는 것은, 새로운 상태의 시작을 가리키는, 그 해의 첫째 달인, "아빕월"의 뜻에서 잘 알 수 있습니다(8053·9291항 참조).

10659. 이것은, 너희가 아빕월에 이집트에서 나왔기 때문이다.

이 말씀이, 그 때 거기에 지옥으로부터의 해방(=자유)이 있었기 때문이다는 것을 뜻한다는 것은 새로운 상태의 시작을 가리키는 "아빕월"의 뜻에서(10658항 참조), 그리고 온갖 거짓들에 의한 엄습(掩襲)에서부터의 해방(=자유)을 가리키는, 따라서 지옥으로부터의 해방이나 자유를 가리키는 "이집트에서 나왔다"는 말의 뜻에서(9292항과 8866·9187항의 인용내용 참조) 잘 알 수 있습니다. 이상의 모든 것들에게서 볼 때, 무교절(無酵節)이라고 하는, 유월절(逾越節)은 주님에 의하여 지옥으로 구출된 사람의 해방의 기억에 제정된 것이라는 것을 밝히 알 수 있겠습니다. 이 해방(=자유)이 주님의 지옥의 정복과 주님인성의 영광화에 의한 것이라는 사실은 10655항의 설명내용에서 잘 볼 수 있습니다.

[2] 교회 안에 있는 대부분의 사람들이 믿는 것은, 십자가의 고통을 통하여 아버지(聖父·the Father)와 화해(和解)하기 위하여 주님께서 이 세상에 오셨다는 것이고, 그리고 주님께서 그들을 위해 중재(仲裁)하신 그들이 영접, 수용한 뒤에, 그리고 또한 그렇지 않았다면 모두가 죄인으로 판결(判決)될 주님 홀로 율법을 성취하는 것에 의한 영벌(永罰)에서 주님께서 사람을 구출(救出)

하셨다는 것, 따라서 확신과 신뢰(信賴)를 가지고 이 믿음을 지킨 사람은 모두가 구원받을 것이라는 것 등등을 믿고 있습니다. 그러나 천계에서 비롯된 조요(照耀)의 상태에 있는 자들은, 사랑 자체이시고, 자비 자체이신, 신령존재께서 인류를 그것 자체에게서 내쫓고, 그리고 인류를 지옥에 보내는 유죄판결을 한다는 것, 그리고 아들(聖子)의 십자가의 고통에 의하여 화해한다는 것 등등은 가능하지 않다는 것을 볼 수 있다는 것입니다. 그리고 또한 이런 식이든, 전혀 다른 방법이든, 그것이 자비로 말미암아 감동된다는 것, 그리고 그것으로 인하여 생명은, 만약에 어느 누구가 이 화해 안에 있는 확실한 믿음을 가지고 있다면, 정죄되지 않는다는 것, 그리고 모든 구원은 믿음을 통하여 자비로 말미암아 성취한다는 것 등등을 대부분 믿고 있다는 것입니다. 이와 같이 생각하고 믿는 사람은 전혀 아무것도 알지 못합니다. 그들은 말을 하지만, 그러나 그들은 아무것도 이해하지 못합니다. 그러므로 그들은 이 모든 것들을 불가사의(不可思議)한 것이라고 하고, 그리고 그것은 믿어야 할 것이지만, 그러나 그 어떤 이해에 의해서도 파악되지 않는다고 합니다. 이상에서 뒤이어지는 것은 성언에서 비롯된 모든 조요는 배척된다는 것인데, 그것은 그렇지 않다는 것을 입증하기 때문입니다. 그 이유는 천계에서 비롯된 빛은, 서로 모순되는 것들에게서 비롯된 매우 큰 어둠이 지배하는 곳에는, 들어올 수 없기 때문입니다. "어둠"이라고 불리운 것은 전혀 이해되지 않습니다.

[3] 그러나 조요상태에 있는 자들에게는 주님께서 그들이 믿는 것을 이해하게 하시고, 그리고 그들이 성경말씀을 읽을 때, 그들이 빛을 받게 하시고, 그리고 주님을 시인하고, 그분의 계명들에 따라서 사는 것이 그분을 사랑하는 것이라는 것을 이해하게 하십니다. 그러나 그들이 믿는 것을 말하지만, 그것에 의하여 살지 않는 자들에게는 그런 것들을 주시지 않습니다. 왜냐하면 주님께

서는 사람의 생명에 입류하시고, 그리고 이 입류로 말미암아 그의 믿음에 입류하시지만, 그러나 삶에서 분리된 믿음에는 입류하지 않기 때문입니다. 결과적으로, 주님에 의하여 성언을 통한 조요의 상태에 있는 자들은, 주님께서 지옥을 정복하시기 위하여 이 세상에 오셨다는 것, 그리고 이 세상과 천계에 있는 모든 것들을 질서에 맞게 회복시키기 위하여 오셨다는 것을 이해하고, 그리고 이러한 일은, 주님의 인성에 의한 것을 제외하면, 불가능하다는 것도 이해합니다. 왜냐하면 이런 것으로 말미암아 주님께서는 지옥에 대항하셔서 싸우실 수 있었지만, 그러나 그분의 인성이 없다면, 신성은 불가능하였기 때문입니다. 그리고 또한 주님께서는 정복하셨던 것들을 질서에 맞게 영원히 그것에 의하여 간수하기 위하여 주님은 자신의 인성을 영화하시기 위한 것입니다. 이것으로 말미암아 인류의 구원은 온 것입니다. 왜냐하면 지옥은 모든 사람을 에워싸고 있기 때문입니다. 그 이유는 사람은 누구나 온갖 종류의 악들 가운데 태어났고, 지옥이 거기에 있는, 악들이 있는 곳에 태어났기 때문입니다. 만약에 이런 것들이 주님에 속한 신령능력에 의하여 쫓겨나지 않았다면, 사람은 어느 누구도 구원받을 수 없었습니다. 성경말씀이 그와 같이 가르치고 있다는 것, 그리고 그들의 삶(=생명)에 주님께서 들어오시는 것을 허락한 자들은 이런 모든 것들을 이해, 파악합니다. 그리고 앞에서 언급한 것과 같이 주님을 시인하고, 주님의 계명들에 일치하는 삶을 사는 것을 사랑하는 자들에게는 위에 언급한 것이 사실이라는 것을 이해, 파악합니다. 이러한 것에 관해서는 9937·10019·10152·10579항에 인용된 것이나 설명된 것들을, 그리고 다른 많은 것들을 참조하십시오.

[4] 온갖 악들에게서 철회(撤回), 물러난다는 것, 그리고 중생한다는 것, 따라서 구원받는다는 것은 자비(慈悲)일 뿐이고, 그리고 그것은 믿은 결과도 아니고, 직접적인 것도 아니고, 오히려 간접

적이라는 것입니다. 왜냐하면 악을 단념(斷念)한 자들은, 그리고 그래서 주님에게서 믿음의 진리나 사랑의 선을 그들의 삶에 허입(許入)하였기 때문입니다. 직접적인 자비(immediate mercy), 다시 말하면 모두는 그저 하나님의 좋은 즐거움이다는 그런 것은 신령질서에 어긋나기 때문입니다. 그리고 신령질서에 어긋나는 것은 하나님에게도 거스르는 것이기 때문입니다. 그 이유는 질서가 하나님에게서 오기 때문입니다. 그리고 천계에 있는 주님의 신성(His Divine)은 질서이시기 때문입니다. 어느 누구의 자아에 질서를 영접, 수용한다는 것은 구원을 받기 위한 것이고, 그리고 이러한 일은 주님의 계명들에 따라서 사는 것에 의해서만 오직 이루어지기 때문입니다. 사람은, 그가 자신에게 천계의 질서(the order of heaven)를 영접, 수용하기 위하여 중생하는 것입니다. 그리고 사람은, 믿음이나 인애를 가리키는, 믿음의 선에 의하여 중생됩니다. 자신 안에 질서를 가지고 있는 사람은 천계 안에 있습니다. 그리고 또한 그는 어떤 형상(a certain image)의 천계입니다. 그러나 그것을 가지지 못한 사람은 지옥에 있는 것이고, 그는 어떤 형상의 지옥입니다. 전자는 직접적인 자비에 의하여 후자에게 변화될 수도 없고, 그리고 옮겨질 수도 없습니다. 왜냐하면 그들은 상반되기 때문입니다. 그 이유는 악은 선에 정반대이기 때문이고, 그리고 선 안에는 생명과 천계가 존재하기 때문이지만, 그러나 악 안에는 죽음이나 지옥이 있기 때문입니다. 전자가 후자에게로 옮겨진다는 것은 누가복음서에서 주님 친히 가르치셨습니다. 누가복음서의 말씀입니다.

(아브라함이 그 부자에게 말하였다.) "그뿐만 아니라, 우리와 너희 사이에는 큰 구렁텅이가 가로 놓여 있어서, 여기에서 너에게로 건너가고자 해도 갈 수 없고, 거기에서 우리에게로 건너오지도 못한다."
(누가 16 : 26)

더욱이 만약에 직접적인 자비가 가능하다면, 이 세상의 모두는, 그 어떤 예외(例外)도 없이, 구원을 받을 것입니다. 그리고 역시 지옥 또한 전혀 존재하지 않을 것입니다. 왜냐하면 주님께서는 자비 자체시기 때문입니다. 그리고 주님께서는, 모두를 구원하시고, 어느 누구의 멸망(=죽음)도 원하시지 않는, 사랑 자체이시기 때문입니다.

10660. 태를 처음 열고 나온 것은 모두 나의 것이다(=태를 여는 모든 것은 나의 것이다).

이 말씀이 이노센스의 모든 선이나, 인애의 모든 선이나, 믿음의 모든 선도 주님의 공으로 돌려야 한다는 것을 뜻한다는 것은 주님으로 말미암아 태어나는 것을 가리키는 "태를 처음 여는 것"(=태를 여는 것)이라는 말의 뜻에서 잘 알 수 있습니다. 왜냐하면 사람은 자연적으로 그의 부모로 말미암아 수태(受胎)되고 태어나지만, 그러나 영적으로는 주님으로 말미암아 수태되고, 태어나기 때문입니다. 이 후자의 출생(=탄생)은 속뜻으로 "태를 여는 것"이 뜻하는 것입니다. 그렇지 않다면 여호와의 것의 가축의 처음 태어나는 것이 무슨 뜻이겠습니까? 다시 말하면 주님의 것이 무슨 의미가 있겠습니까? 더욱이 중생 중에 있는 사람은 새롭게 수태되고, 태어나고, 그리고 성장합니다. 그리고 이런 식으로 그 사람은, 그가 그의 부모에게서 취한 자연적인 상태에 속한 온갖 악들로부터, 후퇴, 물러납니다. 여기서 다루는 주제는 가축의 첫번째 태어남이지만, 그러나 "가축"은 사람에게 있는 선들이나 진리들을 뜻합니다. 왜냐하면 모든 종류의 가축은 사람에게 속한 그런 정동들에 대응하기 때문입니다. 이것에 관해서는 9280항에 인용된 내용을 참조하십시오. 이상의 모든 것에서 볼 때, 우리의 본문, "태를 열고 나오는 것"이, 주님으로 말미암아 새롭게 태어난 자들에게 있는, 다시 말하면 중생한 사람에게 있는 이노센스·인애·믿음의 선을 뜻한다는 것은 잘 알 수 있습니다. 이런 것들이 주님의 공로로 돌려져야 한다고 언급하였습니다. 다시 말하면 그것들이 주님에게서 온 것이라고 시인되어야 한다고 하겠습니다. 왜냐하면 만약에 그것들이 주님에게서 온 것이라고 시인되지 않고, 그리고 믿어지지 않는다면, 그것들은 선들이 아니기 때문입니다. 그 이유는 모든 선은 주님에게서 비롯되고, 그리고 주님에게서 비롯되지 않은 것은 사람에게서 비롯되기 때문입니다. 비록 겉모양으로 그것이 선하게 보인다고 할지라도, 사람에게서 비롯된 것은 무엇이나 악한 것이기 때문입니다. 그 이유는 사람의 고유속성의 것은 무엇이나 악 이외에 아무것도 아니기 때문이고, 그리고 선은 결코 악으로부터는 생성될 수 없기 때문입니다.

10661. 너희 집짐승 가운데 처음 난 수컷은, 모두 나의 것이다.

이 말씀이 진리에 의하여 주어진 것을 뜻한다는 것은 "진리"를 가리키는 "수컷"(male)의 뜻에서 잘 알 수 있습니다(2046·4005·7838항 참조). 여기의 경우는 이러합니다. 사람이 주님에게서 취하는 모든 선은 진리에 의하여 그에게 주어집니다. 왜냐하면 사람은 온전한 무지(無知)의 상태에 태어나고, 그리고 그가 나이를 먹음에 따라서 그는 자기 자신으로 말미암아 영적인 것들에게서는 아주 짙은 흑암을 취합니다. 왜냐하면 그 사람은 하나님에 관해서도 전혀 아무것도 알지 못하기 때문이고, 그리고 주님이나 천계, 지옥, 즉 사후(死後)의 삶에 관해서도 아무것도 모르기 때문입니다. 그가 자기 자신으로 말미암아 안다는 것은 이 세상과 자기 자신에 관한 것 뿐입니다. 그리고 그는 자기 자신을 지지하는 것을 이 세상에 있는 선이라고 부르고, 그리고 그는 이것을 확증해주는 것을 참된 것이라고 부릅니다. 그러므로 그는, 자기 자신이나 이 세상보다 그가 더 사랑하게 될 선을 가리키는,

천계적인 선을 가지기 위해서는, 자기 자신을 위하여 반드시 성언으로부터 진리들을 배워야 하고, 그리고 또한 성언에서 비롯된 교회의 교리를 배워야 합니다. 그는, 그가 그것들을 알 때까지 이런 진리들을 애지중지할 수 없습니다. 그 이유는 그 무엇을 알고자 하는 어떤 정동도 불가능하기 때문입니다. 이상에서 얻는 것은, 그것에 의하여 사람이 선을 갖는 것은 진리이다는 것입니다. 사람에게 있는 진리는, 그 사람이 그것을 사랑할 때, 선이 됩니다. 왜냐하면 사랑을 받는 것은 선이기 때문입니다. 사랑한다는 것은 원하는 것이고, 행하는 것입니다. 그 이유는 사람이 사랑하는 것을 그 사람은 원하는 것이고 행하는 것이기 때문입니다. 이런 식으로 진리는 선이 됩니다. 그 때 이것은 우리의 본문, "모든 집짐승(=가축)의 수컷은 나의 것이다"(=네 가축 가운데 수컷은 모두 나의 것이다)는 말씀이 뜻하는 것입니다.

10662. **소의 맏배이든지 양의 맏배이든지** (처음 난 수컷은) **모두 나의 것이다**(=네 가축 가운데 소나 양의 수컷은 모두 나의 것이다).

이 말씀이 겉사람이나 속사람 안에 있는 것을 뜻한다는 것은 사람에게 있는 외적인 선이나 내적인 선을 가리키는, 소 떼나 양 떼, 즉 "소나 양"의 뜻에서 잘 알 수 있습니다(2566・5913・6048・8937・9135・10609항 참조).

10663. **나귀의 맏배는 어린 양을 대신 바쳐서 대속하게 해야 한다**(=나귀의 첫새끼는 어린 양으로 대속할 것이다).

이 말씀이 단순한 자연적인 믿음은 주님의 공로로 돌리지 못하지만, 그러나 그것 안에 있는 이노센스의 진리(the truth of innocence)는 주님의 공로로 돌려야 한다는 것은, 같은 말이 나오는 곳에서, 언급, 입증된 내용에서 잘 알 수 있습니다(8078항 참조).

10664. **그렇게 대속하지 않으려거든, 그 목을 부러뜨려야 한**

다(=만일 대속하지 않으면, 그 목을 꺾을 것이다).
이 말씀이, 만약에 그것 안에 이노센스의 진리가 있지 않다면 그것은 반드시 분리되어야 하고, 배척되어야 한다는 것을 뜻한다는 것은, 같은 말이 나오는 곳에서 이미 언급된 내용에서 잘 알 수 있습니다(8079항 참조).

10665. 너희 아들들 가운데 맏아들도 모두 대속해야 한다(=네 아들들 중 모든 첫 태생은 대속해야 한다).
이 말씀이 선이 없는 믿음의 진리들은 주님에게 돌려드리지 못한다는 것을 뜻한다는 것은, 동일한 말이 나오는 곳에서 입증, 언급된 내용에서(8080항 참조), 잘 알 수 있습니다.

10666. 아무도 내 앞에 빈 손으로 나와서는 안 된다(=아무도 내 앞에 빈손으로 나오지 말아라).
이 말씀이 자비에서 비롯된 수용과 그리고 감사(感謝)를 뜻한다는 것은, 같은 말이 나오는 곳에서 이미 입증된 것에서(9293항 참조), 잘 알 수 있습니다.

10667. 너희는 엿새 동안 일을 한다(=너는 육 일 동안은 일할 것이다).
이 말씀이, 사람은 진리들 안에 있고, 그리고 동시에 싸움들 안에 있을 때인, 중생의 처음 상태(the first state of regeneration)를 뜻한다는 것은, 사람이 진리들 안에 있고, 그리고 동시에 악들이나 거짓들에게 대항하여 싸우는 싸움들 안에 있는 때인, 중생의 처음 상태를 가리키는 애씀의 날들(days of labor)이나 일하는 날들이라고 하는 "엿새"(=육 일 · six days)의 뜻에서 잘 알 수 있습니다(8510 · 8888 · 9431 · 10360항 참조).

10668. 이렛날에는 쉬어야 한다(=일곱째 날에는 쉬어라).
이 말씀이, 사람이 선 안에 있고, 그리고 그 때 평화의 상태에 있는, 중생의 둘째 상태를 뜻한다는 것은, 사람이 선 안에 있고, 그리고 그 때 평화 안에 있는, 그리고 주님과 함께 천계에 있는 때인, 중생의 둘째 상태를 가리키는 "쉼의 날"(the day of rest)이라고 하는, 즉 안식일(安息日 · the sabbath)의 뜻에서(8494 · 8495 · 8510 · 8890 · 8893 · 9274 · 9431 · 10356 · 10360 · 10367 · 10374항 참조) 잘 알 수 있습니다.

10669. 밭갈이하는 철이나 거두어들이는 철에도 쉬어야 한다 (=너는 이삭이 팰 때와 추수 때에도 쉬어라).

이 말씀이 선 안에 있는 진리의 이식(移植)이나 그것의 수용에 관한 것을 뜻한다는 것은, 이것에 관해서는 아래에 언급하겠지만, 선 안에 있는 진리의 이식(the inplanting of truth in good)을 가리키는 "밭갈이"(=밭을 간다 · plowing)의 뜻에서, 그리고 선 안에 있는 진리의 수용(the reception of truth in good)을 가리키는 "추수"(=거두어들인다 · harvest)의 뜻에서 잘 알 수 있습니다. "추수"가 이런 뜻을 가지고 있다는 것은 "밭에서 자라고 있는 농작물"(standing crop)은 개념 가운데 있는 진리를 뜻하기 때문이고(9146항 참조), 그리고 "이삭"(ear)은 수용된 진리(the containant truth)를 뜻하기 때문이고, 그리고 이삭으로 있는 "밀이나 보리"(wheat and barley in the ear)는 수용된 선(the recipient good)을, 그리고 또한 영접된 선(the received good)을 뜻하기 때문입니다. 그러나 여기서 이것이 소멸하게 될 것과의 관계에서 사람의 애씀(the man's labor)을 뜻합니다. 왜냐하면 "안식일에는 쉬어라"는 말이, 사람이 평화의 상태에 있고, 그리고 천계에 있고, 그리고 주님에 의한 인도에 있는, 중생의 둘째 상태를 뜻하기 때문입니다. 그 이유는 그 때 이러한 것들은 사람의 노력(=애씀)이나 수고(exertion) 없이 생기기 때문입니다. "추수"가 선에 의한 진리의 수용을 뜻한다는 것은 9295항에서 볼 수 있고, "안식일"이 사람이 주님에 의하여 인도될 때, 평화의 상태(the state of peace)를 뜻한다는 것은 10668항을 참조하십시오.

[2] "밭갈이"(plowing)가 선 안에 있는 진리의 이식을 뜻한다는

것은, "밭"(field)이 선의 측면에서 교회를 뜻하기 때문이고, 따라서 역시 교회에 속한 선을 뜻하기 때문입니다. 그리고 파종(播種)된 씨(=씨앗·종자)는 믿음의 진리를 뜻하기 때문입니다. "밭"(field)이 선의 측면에서 교회를 뜻한다는 것은 2971·3196·3310·3317·7502·9139·9141·9295항을 참조하시고, "씨"(=종자·씨앗·seed)가 믿음의 진리를 뜻한다는 것은 1940·3310·3373·3671·6158항을 참조하십시오.

[3] 성경에는 "땅"(earth)·"대지"(ground)·"밭"(field)·"파종기"(seedtime)·"추수"·"밭에 있는 낟알"(standing crop)·"탈곡마당"(=탈곡장·threshing-floor)·"낟알"(grain)·"밀"·"보리" 따위가 자주자주 언급되고 있는데, 이런 것들은 교회의 설시에 속한 것들을 뜻하고, 그리고 교회 안에 있는 사람의 중생에 속한 것들을 뜻합니다. 따라서 이런 것들은, 그 교회가 그것에서 비롯된 믿음의 진리나, 사랑의 선과 관계를 가지고 있기 때문입니다. 이런 것들이 뜻해지는 것은 대응에서 비롯된 것입니다. 왜냐하면 지상에 있는 모든 것, 심지어 지상의 식물계(植物界)에 있는 것들까지도 천계에 있는 영적인 것들에 대응하기 때문입니다. 이러한 사실은 앞에서 살핀 것들에게서 아주 명확합니다. 왜냐하면 천계에는, 이 지구에 있는 것과 같은 그런 것들, 즉 밭들·휴경지(休耕地)들·평지들·화단들·추수들·작은 숲들이나 이런 것들과 비슷한 것들이 있기 때문입니다. 그리고 천계에 속한 이런 것들이나, 따라서 교회에 속한 이런 것들이 그들의 눈 앞에 이런 식으로 보인다는 것은 주지의 사실입니다.

[4] 성경말씀을 읽는 사람은 누구나 성경 안에 있는 그런 것들이 그저 단순한 비유들이라고 믿지만, 그러나 그들이 주지하고 있는 것은 그것들이 진정한 대응들이라는 것입니다. 예를 들면 이사야서의 이런 말씀들이 되겠습니다.

너희는 귀를 기울여서,
나의 목소리를 들어라.
주의 깊게 내가 하는 말을 들어라.
씨를 뿌리려고 밭을 가는 농부가,
날마다 밭만 갈고 있겠느냐?
흙을 뒤집고 써레질만 하겠느냐?
밭을 고르고 나면,
소회향 씨를 뿌리거나
대회향 씨를 뿌리지 않겠느냐?
밀을 줄줄이 심고,
적당한 자리에 보리를 심지 않겠느냐?
밭 가장자리에는 귀리도 심지 않겠느냐?
농부에게 밭농사를 이렇게 짓도록
일러주시고 가르쳐 주신 분은,
바로 하나님이시다.
(이사야 28 : 23-26)

이런 것들은 마침 비유들처럼 보입니다. 그러나 그것들은 진정한 대응들을 가리키는데, 그것에 의해서는 교회에 속한 사람의 개혁(改革 · the reformation)과 중생(重生 · the regeneration)이 기술되었습니다. 그러므로 "이는 그의 하나님께서 그를 바르게 분별하도록 지시하시고 그를 가르치셨다"라고 언급되었습니다. "바르게 분별하도록 지시한다"는 것은 그 사람에게 총명을 주는 것을 뜻합니다. 왜냐하면 "판단한다"(=분별한다 · judgment)는 것은 진리에 속한 총명을 뜻하기 때문입니다(2235항 참조). 그리고 "그를 가르친다"는 것은, 하나님에 의하여 이런 일이 행해질 때, 그 사람에게 지혜를 주는 것을 뜻합니다. "밭을 간다" "써레질한다" "소회향 씨를 뿌린다" "대회향 씨를 뿌린다" "줄줄이 밀을 심고, 적당한 자리에 보리와 귀리를 심는다"는 말이 무엇을 뜻하는지 잘 알 수 있겠습니다. 다시 말하면 "밭을 간다"는 것은 선 안에 진리를 이식하는 것을 뜻하고, "소회향"과 "대회향"은 기억지들을 뜻합니다. 그 이유는 이런 것들이 사람이 총명을 영접, 수용하기 위하여 배워야 할 처음 것들이기 때문입니다. 여기서 "밀"이 속사람에 속한 사랑의 선을 뜻한다는 것은 7605항을 참조하시고, "보리"가 겉사람에게 속한 사랑의 선을 뜻한다는 것은 7602항을 참조하시고, "귀리"가 그것의 진리를 뜻한다는 것은 7605항을 참조하십시오.

[5] "밭을 간다"(plowing · 밭갈이)는 말이, 비유가 아니고, 대응으로 말미암아 일반적으로는 교회에 속한 첫째 것을 뜻하고, 개별적으로는 중생과정에 있는 자들에게, 또는 교회가 되어가는 과정에 있는 자들에게 있는 교회의 첫째 것을 뜻한다는 것은 아래의 모세의 글에서 잘 드러나고 있습니다. 신명기서의 말씀입니다.

> 너희는 포도나무 사이사이에 다른 씨를 뿌리지 말아라. 그렇게 하면, 씨를 뿌려서 거둔 곡식도 포도도 성물이 되어 먹지 못한다. 너희는 소와 나귀에게 한 멍에를 메워 밭을 갈지 말아라. 너희는 양털과 무명실을 함께 섞어서 짠 옷을 입지 말아라.
> (신명기 22 : 9-11)

여기의 장절들은 선의 상태나 진리의 상태가 서로 뒤죽박죽 썩이지지 않아야 한다는 것을 뜻합니다. 왜냐하면 여기서 포도밭은 진리의 측면에서 교회를 뜻하고, "밭"(field)은 선의 측면에서 교회를 뜻하기 때문입니다. "소가 밭을 간다"는 것은 선에 의하여 준비하는 것을 뜻하고, "나귀가 밭을 간다"는 것은 진리에 의하여 준비하는 것을 뜻합니다. 그리고 "양털"(wool)은 선을 뜻하고, "무명실"은 진리를 뜻합니다. 왜냐하면 그 경우는 이러하기 때문입니다. 주님의 천적 왕국에 있는 자들은 선의 상태에 있지만,

이에 반하여 주님의 영적 왕국에 있는 자들은 진리의 상태에 있습니다. 그리고 전자의 상태에 있는 사람은 후자의 상태에 있을 수 없습니다. 위의 구절들이 보다 깊은 뜻을 뜻한다는 것을 누구가 알겠습니까? 왜냐하면 그렇지 않다면 악한 것은 뒤썩이어서 포도밭에 심어지기 때문이고, 또한 소와 나귀가 함께 밭을 갈기 때문이고, 양털과 무명실로 썩어 짠 옷을 입을 것이기 때문입니다.

10670. 너희는 밀을 처음 거두어들일 때에는 칠칠절을 지켜라.

이 말씀이 선 안에 진리의 이식(移植) 때문에 주님의 예배와 감사를 뜻한다는 것은, 동일한 말씀이 등장하는 곳의 설명, 입증에서(9294・9295항 참조), 잘 알 수 있습니다.

10671. 한 해가 끝날 때에는 수장절을 지켜야 한다.

이 말씀이 결과적으로 선의 이식 때문에, 따라서 영벌(=저주)로부터의 중생이나 완전한 해방(=자유) 때문에, 감사하는 마음에서 비롯된 예배를 뜻한다는 것은 이 명절에 관한 설명 내용에서 잘 알 수 있습니다(9296항 참조).

10672 너희 가운데 남자들은 모두 한 해에 세 번 이스라엘의 하나님, 나 주 앞에 나와야 한다.

이 말씀이 역시 믿음의 진리들 안에 있는 주님의 계속적인 드러냄(顯現・manifestation)과 임재(=현존・臨在・presence)를 뜻한다는 것은 동일한 이 말씀의 설명에서 잘 알 수 있습니다(9297항 참조).

10673. 24-27. **내가 뭇 민족을 너희 앞에서 쫓아내고, 너희의 영토를 넓혀 주겠다. 너희가 한 해에 세 번, 주 너희의 하나님을 뵈려고 올라올 때에, 아무도 너희의 땅을 점령하지 않을 것이다. 너희는 나에게 바치는 희생제물의 피를, 누룩을 넣은 빵과 함께 바치지 말아라. 유월절 제물은 이튿날 아침까지 남겨 두어**

서는 안 된다. 너희는 너희 땅에서 난 첫 열매 가운데서 제일 좋은 것을 주 너희의 하나님의 집으로 가져 오너라. 너희는 새끼 염소를 그 어미의 젖으로 삶아서는 안 된다. 주께서 모세에게 말씀하셨다. "너는 이 말을 기록하여라. 내 이 말을 기초로 해서, 너와 이스라엘과 언약을 세웠기 때문이다."

"내가 뭇 민족을 너희 앞에서 쫓아내었기 때문이다"(=내가 민족들을 네 앞에서 쫓아내었다)는 말씀은 악의 제거(除去)와 악에 속한 거짓들의 제거를 뜻하고, "너희의 영토를 넓혀 주겠다"(=네 경계를 넓힐 것이다)는 말씀은 선에게서 비롯된 진리의 증대(增大 · multiplication)와 확장(擴張 · extension)을 뜻합니다. "아무도 너희의 땅을 점령하려 하지 않을 것이다"(=다른 사람이 네 땅을 욕심내지 못할 것이다)는 말씀은 온갖 악들이나 악에 속한 거짓들 안에 있는 자들의 영역에 있는 교회에 속한 그런 것들에 대한 미움(嫌惡)을 뜻하고, "너희가 한 해에 세 번, 주 너희의 하나님을 뵈려고 올라올 때"(=네가 일 년에 세 번씩 주 너희의 하나님 앞에 나오기 위하여 올라갈 때)라는 말씀은 주님의 임재(=현존)가 역시 믿음의 진리들 안에 있을 때를 뜻합니다. "너희는 나에게 바치는 희생제물의 피를, 누룩을 넣은 빵과 함께 바치지 말아라"(=너는 내 희생제물의 피를 누룩과 함께 드리지 말아라)는 말씀은 교회에 속한 진리들에게서 비롯된 주님의 예배는 결코 악에서 비롯된 거짓들과 뒤섞여서는 안 된다는 것을 뜻하고, "유월절 제물은 이튿날 아침까지 남겨 두어서는 안 된다"(유월절의 희생제물도 아침까지 남기지 말아라)는 말씀은 예배의 선은 사람의 고유속성에서 비롯된 것이 아니고, 오히려 언제나 주님에게서 비롯된 새로운 것이라는 것을 뜻합니다. "너희는 너희 땅에서 난 첫 열매 가운데서 제일 좋은 것을 주 너희의 하나님의 집으로 가져 오너라"(=네 땅의 첫열매들의 처음 것은 주 너희의 하나님의 집에 가져 올 것이다)는 말씀은 선에 속한 모든 진리들이나, 진리에 속한 모든 선들은 거룩하다는 것을 뜻하는데, 그 이유는 그것들이 모두 오직 주님에게서 온 것이기 때문입니다. “너희는 새끼 염소를 그 어미의 젖으로 삶아서는 안 된다”는 말씀은 그 뒤의 상태에 속한 이노센스의 선은 종전 상태의 이노센스의 진리와 뒤섞여서는 안 된다는 것을 뜻합니다. “주께서 모세에게 말씀하셨다. ‘너는 이 말을 기록하여라’” 라는 말씀은 반드시 기억되어야 하고, 행해져야 하는 중요한 진리들에 관한 정보(=가르침 · information)를 뜻하고, “내가 이 말을 기초로 해서, 너와 이스라엘과 언약을 세웠기 때문이다”(=내가 이 말들이 의미하는 그대로 너와 이스라엘과 더불어 언약을 맺었다)라는 말씀은 그것들에 의한, 외적인 예배나 내적인 예배에 있는 자들과의 결합이 있다는 것을 뜻합니다.

10674. 내가 뭇 민족을 너희 앞에서 쫓아내었다(=내가 민족들을 네 앞에서 쫓아내었다).
이 말씀이 악의 제거(除去)나 악에 속한 거짓들의 제거를 뜻한다는 것은 사람에게 있는 온갖 악들이나 거짓에 관해서 언급될 때, 제거하는 것을 가리키는 “쫓아낸다”(driving out)는 말의 뜻에서 잘 알 수 있습니다. 왜냐하면 온갖 악들이나 거짓들은 사람에게서 쫓겨나지 않고, 다만 제거되기(=옮겨지기) 때문입니다(10057항의 인용내용 참조). 그리고 악들이나, 악에 속한 거짓들을 가리키는 “가나안 땅의 민족들”의 뜻에서(9327항 인용내용 참조), 잘 알 수 있습니다.

10675. 너희 영토를 넓혀 주겠다(=네 경계를 넓히겠다).
이 말씀이 선에게서 비롯된 진리의 증대와 확장을 뜻한다는 것은 선에게서 비롯된 진리의 증대나 확장을 가리키는 “영토를 넓힌다”(=경계를 넓힌다 · enlarging the border)는 말의 뜻에서(8063항 참조) 잘 알 수 있습니다. “경계를 넓힌다”는 말이 이런 것을 뜻한다는 것은 온갖 악들이나 악에 속한 거짓들이 제거되는 것에 비례하여 선에게서 비롯된 진리들이 증대되기 때문입니다. 그 이유는 온갖 악들이나 악에 속한 거짓들 이외에는 아무것도 주님에게서 비롯되는 진리들의 입류를 막지 못하기 때문이고, 그리고 사람에게 있는 그것들의 증대를 막지 못하기 때문입니다. 그러므로 온갖 악들이나 거짓들이 제거되는 것에 비례하여 진리들은 그것들의 자리에 승계되기 때문입니다.
[2] 이것은 사람에게 있는 이해의 경우입니다. 그것이 선에게서 비롯된 진리들로 이루어지든, 그것이 악에서 비롯된 거짓들로 이루어지든 그것은 마찬가지입니다. 그것은, 그것들이 서로 상반되기 때문에 서로 함께 이루어질 수는 없습니다. 그리고 그것은 진리들을 영접, 수용하고, 진리들에 의하여 형성되는 사람의 이해입니다. 왜냐하면 사람의 이해 안에 있는 것은 무엇이나 진리와 관계를 가지고 있기 때문입니다. 이렇게 볼 때 악에서 비롯된 거짓들이 제거되는 것에 비례하여 선에게서 비롯된 진리들이 증대될 수 있는 것은 잘 알 수 있겠습니다. 이러한 내용은 가나안 땅에서 그 민족들의 쫓겨남(追放)이 표징합니다. 왜냐하면 거기에 있는 민족들은 온갖 악들이나 거짓들을 표징하기 때문입니다(10057항의 인용내용 참조). 그리고 이스라엘 자손은 선들이나 진리들을 표징하기 때문입니다.
[3] 사람의 이해가 진리들을 영접, 수용하고, 그리고 진리들에 의하여 형성된다고 언급하였는데, 그 이유는 본연의 뜻에서 보면, 선에게서 비롯된 진리들에게서 비롯된 것을 제외하면 이해라고 불리우는 것은 아무것도 없기 때문입니다. 악에 비롯된 거짓들에게서 비롯된 것은 이해가 아닙니다. 그 이유는 총명이나 지혜는 악에서 비롯된 거짓들에 관해서 서술할 수 없기 때문인데, 그 이유는 악에서 비롯된 거짓들은 철저하게 총명이나 지혜를 파괴하기 때문이고, 그리고 그것은 그것들의 자리에 광기(狂氣)나 어리석음(foolishness)을 끌어드리기 때문입니다. 그러므로 사람의 이해는, 사람이 진리들을 지각하고, 진리들을 사랑하는 때를 제

외하면, 결코 열리지 않습니다. 진리에 속한 지각이나 사랑은 선에게서 비롯됩니다. 결과적으로 이해의 근원을 가리키는 진리들은 선에게서 비롯된 것입니다.
[4] 사람은 누구나 교회에 속한 진리들에 거스르는 놀라운 방법으로 추론할 수 있는 이해를 소유할 수 있다고 믿는 사람은 매우 큰 과오를 범하는 것입니다. 왜냐하면 이런 부류의 인물들은 자기 자신 안에서 아무것도 볼 수 없고, 다만 자기 자신 밖에 있는 것을 보기 때문입니다. 자신의 자아 안에서 본다는 것은 천계로 말미암아 보는 것이고, 자기 자아 밖에서 본다는 것은 이 세상으로 말미암아 본다는 것입니다. 그리고 오직 이 세상으로 말미암아 보는 사람은 가짜 빛(a deceptive light)으로 말미암아 보는 것인데, 그 빛은, 천계에서 빛이 그것에 유입하게 되면, 아주 짙은 흑암이 됩니다.

10676. 아무도 너희의 땅을 점령하려 하지 않을 것이다(=다른 사람이 네 땅을 욕심내지 못할 것이다).
이 말씀이, 온갖 악들 안에, 그리고 악에 속한 거짓들 안에 있는 자들의 영역에 있는 교회에 속한 것들에 대한 혐오(嫌惡)를 뜻한다는 것은 온갖 악들이나, 악에 속한 거짓들 안에 있는 자들에 관해서 언급될 때, 그리고 그들이 선들이나, 선에 속한 진리들을 보고, 지각할 때, 혐오감을 느끼는 것을 가리키는 "열망하지 않는다"(=몹시 탐내지 않는다 · not coveting)는 말의 뜻에서 잘 알 수 있습니다. 왜냐하면 악들과 선들 사이에는 변함없는 증오(=불화 · 不和)가 있기 때문입니다. 그리고 악들은 선들에 대하여 혐오하고, 미워하기 때문이고, 그리고 선들은 악들에 대하여 혐오하고, 그리고 그것에 대하여 도망하기 때문이고, 또한 멀리 피하기 때문입니다. 그리고 교회를 가리키는, 그리고 그 교회에 속한 것을 가리키는 "땅"(land)의 뜻에서(9325항 참조), 잘 알 수 있습니다.

10677. 너희가 한 해에 세 번, 주 너희의 하나님을 뵈려고 올아올 때(=네가 일 년에 세 번씩 주 너희의 하나님 앞에 나오기 위하여 올라갈 때).
이 말씀이 주님의 현존(=임재)이 역시 믿음의 진리들 안에 있는 때를 뜻한다는 것은 앞에서 언급된 내용에서 잘 알 수 있습니다(9297항 참조).

10678. 너희는 나에게 바치는 희생제물의 피를, 누룩을 넣은 빵과 함께 바치지 말아라(=너는 내 희생제물의 피를 누룩과 함께 드리지 말아라).
이 말씀이 그 교회에 속한 진리들에게서 비롯된 주님의 예배는 반드시 악에서 비롯된 거짓들과 뒤섞이지 말아야 한다는 것을 뜻한다는 것은 9298항의 동일한 말씀의 설명에서 잘 알 수 있습니다.

10679. 유월절 제물은 이튿날 아침까지 남겨 두어서는 안 된다.(=유월절의 희생제물도 아침까지 남기지 말아라).
이 말씀이 예배에 속한 선은, 사람의 자아(=고유속성)에서 비롯된 것이 아니고, 오히려 언제나 주님에게서 비롯된 새로운 것이라는 것을 뜻한다는 것은 위에서 설명된 내용에서 잘 알 수 있습니다(9299항 참조).

10680. 너희는 너희 땅에서 난 첫 열매 가운데서 제일 좋은 것을 주 너희의 하나님의 집으로 가져 오너라(=네 땅의 첫 열매들의 처음 것은 주 너희의 하나님의 집에 가져 오너라).
이 말씀이, 그것들이 오직 주님에게서 온 것이기 때문에, 선에 속한 모든 진리들이나, 진리에 속한 선들이 거룩하다는 것을 뜻한다는 것은 9300항에 언급된 내용에서 잘 알 수 있습니다.

10681. 너희는 새끼 염소를 그 어미의 젖으로 삶아서는 안 된다(=너는 새끼 염소를 그 어미의 젖으로 삶지 말아라).
이 말씀이 그 뒤의 상태의 이노센스에 속한 선은 앞서의 상태의 이노센스에 속한 진리와 반드시 섞지 말아야 한다는 것을 뜻한다는 것은 꼭같은 말이 나오는 곳에서 이미 언급한 내용이나 설명된 내용에서(9301항 참조), 잘 알 수 있습니다.

10682. 주께서 모세에게 말씀하셨다. "너는 이 말을 기록하여라."

이 말씀이 반드시 기억하고, 행하여야 하는 중요한 진리들에 관한 정보(=가르침 · information)를 뜻한다는 것은, 주께서 모세에게 말씀하셨을 때 정보(=가르침)를 가리키는 "말씀한다"(saying)는 말의 뜻에서(10280항 인용내용 참조), 그리고 행하여야 할 것인, 기억을 위한 것을 가리키는 "기록한다"(writing)는 말의 뜻에서(8620항 참조), 그리고 중요한 진리들을 가리키는 "이 말들"(these words)의 뜻에서 잘 알 수 있습니다. 왜냐하면 일반적으로 "말들"(=낱말들 · words)은 사물들을 뜻하기 때문이고, 특별하게는 진리들을 뜻하기 때문입니다. 여기서는 중요한 진리들을 뜻하는데, 그것들은 그 교회의 표징적인 예배가 이스라엘 민족 가운데 제정되기 위하여 기억하여야 하고, 실천되어야 하기 때문입니다. 그리고 거기에 기록된 성언이기 때문입니다. 이러한 내용은 우리의 본문장의 앞절들에서 설명되었습니다.

10683. 내가 이 말을 기초로 해서, 너와 이스라엘과 언약을 세웠기 때문이다(=내가 이 말들이 의미하는 그대로 너와 이스라엘과 더불어 언약을 맺었다).

이 말씀이 그것들에 의하여 외적인 예배나 내적인 예배 안에 있는 자들과의 결합을 뜻한다는 것은, 지켜져야 할 중요한 진리들에 의한 것을 가리키는 "이 말을 기초로 한다"는 말의 뜻에서(10682항 참조), 그리고 결합을 가리키는 "언약을 세운다"(=언약을 맺는다)는 말의 뜻에서(665 · 666 · 1023 · 1038 · 1864 · 1996 · 2003 · 2021 · 6804 · 8767 · 8778항 참조), 그리고 내적인 것 안에 있는 성언의 외적인 것이나, 교회나 예배의 외적인 것을 가리키는, 언약이 세워졌다고 언급된, 너와 이스라엘인 모세의 표징에서(10563·10571·10607·10614항 참조), 그리고 교회와 예배의 내적인 것을 가리키는 "이스라엘"의 뜻에서(4286·4292·4570·6426항 참조) 잘 알 수 있습니다. 이것에서 얻는 것은, "이스라엘 자손"이라고 하지 않고, "모세와 이스라엘"과 언약을 맺었다고 언급되고 있다는 것입니다. 왜냐하면 우리의 본문장이나, 앞서의 장에서 "이스라엘 자손"은 내적인 것이 결여된 교회의 외적인 것이나, 예배나 성언의 외적인 것 안에 있는 자들을 뜻하기 때문입니다(10454·10457·10461·10498·10549-10551·10570·10575·10629항 참조).

[2] 여기서는 성언의 내적인 것이 무엇인지, 그리고 교회나 예배의 내적인 것이 무엇인지에 관해서 간략하게 언급하고자 합니다. 그리고 그것 안에 내적인 것이 내재해 있는 그것들의 외적인 것이 무엇인지도 간략하게 언급하고, 그리고 내적인 것이 결여된 외적인 것이 무엇인지도 간략하게 설명하고자 합니다. 성언의 내적인 것이나, 그리고 교회나 예배의 내적인 것 안에는 내적인 정동에서 비롯된 진리를 목적해서 진리를 실천하기를 애지중지하는, 따라서 영적인 정동에서 비롯된 진리를 목적해서 진리를 행하는 것을 애지중지하는 자들이 있습니다. 내적인 것이 그것 안에 내재해 있는 그것들의 외적인 것 안에는 진리를 목적해서 진리를 애지중지하는, 그러나 외적인 정동에서, 따라서 자연적인 정동에서 진리를 목적해서 진리를 애지중지하는 자들이 있습니다. 이런 후자들은 교회의 외적인 것에 속한 사람들을 가리킵니다. 그러나 전자들은 내적인 교회에 속한 사람들을 가리킵니다. 왜냐하면 모든 교회 안에는 내적인 사람들이 있고, 그리고 외적인 사람들이 있기 때문입니다. 그러나 내적인 것이 결여된 외적인 예배 안에 있는 자들은 진리를 목적해서 진리를 애지중지하지 않고, 오히려 이 세상에 있는 재물(=이윤)을 목적해서 진리를

애지중지합니다. 따라서 진리들 자체를 목적하는 것을 제외하고 진리들을 실천하는 것을 사랑하지 않는 자들, 또는 그들은 누구에게 보이기 위하여 진리들을 실천하는 것을 애지중지합니다. 이러한 자들은 교회에 속한 자들이 아니고, 오히려 교회 밖에 있는 자들입니다.

[3] 내적인 정동, 즉 영적인 정동으로 말미암아 진리를 목적해서 진리를 실천하는 것을 애지중지하는 자들이 진리들에 순종할 때 그들은 기뻐하고, 그리고 그들은 그것들에 일치하는 삶에 관해서 깊이 생각합니다. 그러나 외적인 정동, 즉 자연적인 정동으로 말미암아 진리를 목적해서 진리를 애지중지하는 자들이 진리에 순종할 때, 그들 역시 즐거워하지만, 그러나 그들은 그것에 일치하는 삶에 관해서는 깊이 생각하지 않습니다. 뿐만 아니라 그들에게 내적인 것에서 유입하는 것을 전혀 알지 못합니다. 그러나 이 세상에 있는 재물(=이윤)을 목적해서 진리를 애지중지하는 자들은 그런 삶에 관해서 전혀 생각하지 않으며, 또한 내적인 것에서부터 어떤 것이 유입한다는 것에 대해서도 전혀 생각하지 않습니다. 왜냐하면 그들이 그것들에 관해서 언급하게 되면, 그들은 진리들을 오직 기억에 속한 것들로 만들기 때문입니다.

[4] 진리를 목적해서 진리를 실천하기를 애지중지하는 자들은 주님을 사랑합니다. 그 이유는 진리가 주님에게서 비롯되기 때문이고, 그리고 주님께서는 그것들을 원하는 것이나 그것의 실천을 통하여 그것으로 하여금 선이 되게 하시기 때문입니다. 그러므로 그것은 그 사람에게 있는 생명이 되게 하십니다. 왜냐하면 진리는, 그것이 의지에 들어오기 전까지는 생명이 되지 않기 때문입니다. 의지 안에 있는 것은, 그 사람이 그것을 실천한다는 사실에서 잘 알 수 있고, 지각될 수 있습니다. 더욱이 그것을 실천하는 그의 사랑에서 잘 알 수 있고, 지각할 수 있습니다. 왜냐하면 사람이 진리들을 원하는 것에 비례하여 그는 그것을 사랑하기

때문입니다.
[5] 진리를 목적해서 진리를 애지중지한다는 것, 그리고 그것에 일치하는 삶을 목적해서 진리를 애지중지한다는 것은 마태복음서에서 주님에 의하여 이와 같이 기술되었습니다. 마태복음서의 말씀입니다.

> "너희를 맞아들이는 사람은 나를 맞아들이는 것이요, 나를 맞아들이는 사람은 나를 보내신 분을 맞아들이는 것이다. 예언자를 예언자로 맞아들이는 사람은, 예언자가 받을 상을 받을 것이요, 의인을 의인이라고 해서 맞아들이는 사람은, 의인이 받을 상을 받을 것이다. 내가 진정으로 너희에게 말한다. 이 작은 사람 가운데 하나에게, 내 제자라고 해서 냉수 한 그릇이라도 주는 사람은, 절대로 자기가 받을 상을 잃지 않을 것이다."
> (마태 10 : 40-42)

성언의 속뜻을 터득하지 못한 사람은 "예언자를 예언자로 맞아들인다, 의인을 의인이라고 해서 의인을 맞아들인다, 내 제자라고 해서 제자로 맞아들인다"는 말씀이 뜻하는 것이 무엇인지 알 수 없고, 그리고 이들이 그 수용에 일치하는 상을 받을 것이라는 것이 무엇을 뜻하는지 알 수 없습니다. 왜냐하면 만약에 이런 뜻이 없다면, 어느 누구가 "내 이름으로 어느 누구를 맞아들인다"는 말이 뜻하는 것을 알겠습니까?
[6] 그러나 속뜻 가운데 있는 자들은 사람에 관심을 두지 않고, 오히려 그 사람이 뜻하는 것에 관심을 갖습니다. 따라서 제자나 예언자에게 관심을 두지 않고, 오히려 제자나 예언자가 뜻하는 것들에 관심을 둡니다. 속뜻으로 "제자"는 삶에 속한 진리를 뜻하고, "예언자"는 교리에 속한 진리를 뜻하고, 그리고 "어느 누구의 이름으로"라는 말은 그의 성품 때문이라는 것을 뜻합니다. 이상에서 볼 때 주님의 말씀들이 뜻하는 것이 무엇인지, 다시 말

하면 진리를 목적해서 진리를 애지중지하고, 진리를 목적해서 진리를 실천하는 것을 사랑하는 자들은 주님을 사랑하고, 그들 자신에게 천계를 영접, 수용합니다. 왜냐하면 주님에게서 비롯된 상급은 진리를 목적한 진리에 속한 정동이기 때문입니다. 그리고 천계는 진리를 목적한 진리에 속한 정동 안에 있기 때문입니다.
[7] "제자들"이 복합적으로 사랑에 속한 모든 것들이나 믿음에 속한 모든 것들을 뜻한다는 것, 따라서 특별하게는 주님에 의하여 인도되는 자들을 뜻한다는 것은 3488 · 3858 · 6397항을 참조하시고, 그리고 "예언자"가 교리에 속한 진리를 뜻한다는 것은 2534 · 7269항을 참조하시고, 그리고 "이름"(name)이 성품(=성질 · quality)을 뜻한다는 것은 144 · 145 · 1896 · 2009 · 2724 · 6674 · 9310항을 참조하시고, "상급"(=상 · reward)이 진리의 정동이나 선의 정동을 뜻한다는 것은 3956 · 6388항을 참조하십시오. 속뜻으로 사람(=인물)이 사물의 개념으로 바뀐다는 것은 5225 · 5287 · 5434 · 8343 · 8985 · 9007 · 10282항을 참조하시고, 진리를 목적해서 진리를 행하는 것이 주님을 사랑하는 것을 뜻한다는 것은 10336항을 참조하십시오.

10684. 28-35절. **모세는 거기서 주와 함께 밤낮 사십 일을 지내면서, 빵도 먹지 않고, 물도 마시지 않고, 언약의 말씀, 곧 십계명을 판에 기록하였다. 모세가 두 증거판을 손에 들고 시내 산에서 내려왔다. 그가 산에서 내려올 때에, 그의 얼굴에서는 빛이 났다. 주와 함께 말씀을 나누었으므로 얼굴에서 그렇게 빛이 났으나, 모세 자신은 전혀 알지 못하였다. 아론과 이스라엘의 모든 자손이 모세를 보니, 모세 얼굴의 살결이 빛나고 있었다. 그래서 그들은 그에게로 가까이 가기를 두려워하였으나, 모세가 그들을 부르자, 아론과 회중의 지도자들이 모두 그에게로 가까이 갔다. 모세가 먼저 그들에게 말을 거니, 그 때에야 모든 이스라엘 자손이 그에게로 가까이 갔다. 모세는, 주께서 시내 산에서**

자기에게 말씀하신 모든 것을 그들에게 명하였다. 모세는, 그들에게 하던 말을 다 마치자, 자기 얼굴을 수건으로 가렸다. 그러나 모세는, 주 앞으로 들어가서 주와 함께 말할 때에는 수건을 벗고, 나올 때까지는 쓰지 않았다. 나와서, 주께서 명하신 것을 이스라엘 자손에게 전할 때에는, 이스라엘 자손이 자기의 얼굴에서 빛이 나는 것을 보게 되므로, 모세는, 주와 함께 이야기하러 들어갈 때까지는, 다시 자기의 얼굴을 수건으로 가렸다.

"모세는 거기서 주와 함께 밤낮 사십 일을 지냈다"는 말씀은, 거기에 교회에 속한 내적인 것이나, 예배나 성언에 속한 내적인 것이 있기 전의 시험들을 뜻합니다. "그는 빵도 먹지 않고, 물도 마시지 않았다"는 말씀은 그러는 동안, 거기에는 사랑에 속한 선의 전유나 믿음에 속한 진리의 전유가 전혀 있지 않았다는 것을 뜻합니다. "그는 언약의 말씀을 판에 기록하였다"는 말씀은 그것을 통한 천계와 사람의 결합이 있는, 성언을 뜻합니다. "십계명들"(=열 성언들)은 그것 안에 있는 모든 신령진리들을 뜻합니다. "모세가 그것을 시내 산에서 내려왔다"는 말씀은 성언의 외적인 것이나, 교회나 예배의 외적인 것에 유입한 내적인 것의 입류를 뜻하고, "모세의 손에 들고 있는 두 증거판"은 성언의 표징을 뜻합니다. "모세는 주와 함께 말씀을 나누고 있을 때 그의 얼굴의 살결이 빛나고 있었으나, 모세 자신은 그것을 전혀 알지 못하였다"는 말씀은 그것을 지각하는 외적인 것 밖에 있는 그것의 외적인 것에서 빛을 발하는 성언의 내적인 것을 뜻합니다. "아론과 이스라엘의 모든 자손이 모세를 보았다"는 말씀은 내적인 것들이 없는 교회의 외적인 것들이나, 예배나 성언의 외적인 것들 안에 있는 자들에 의한 인지(認知·앎·noticing)를 뜻합니다. "모세 얼굴의 살결이 빛나고 있었다"는 말씀은 내적인 것이 외적인 것을 통하여 빛을 발하였다는 것을 뜻합니다. "그래서 그들은 그에게 가까이 가기를 두려워하였다"는 말씀은, 그것이 이런 성품이었을 때 그들은, 교회에 속한 외적인 것이나, 예배나 성언의 외적인 것을 참고, 견딜 수 없다는 것을 뜻합니다. “모세가 그들을 불렀다”는 말씀은 외적인 것에 대한 그 민족의 근접을 뜻하고, “아론과 회중의 지도자들이 모두 그에게로 가까이 갔다”는 말씀은 내적인 것이 결여된 외적인 것들 안에 있는, 그럼에도 불구하고 내적인 것들을 표징하는, 자들의 우두머리를 뜻합니다. “모세가 먼저 그들에게 말을 걸었다”는 말씀은 가르침(=교육)을 뜻하고, “그 때에야 모든 이스라엘 자손이 그에게로 가까이 갔다”는 말씀은 내적인 것이 결여되었지만, 그럼에도 불구하고 내적인 것들을 표징하는 외적인 것들 안에 있는 모두를 뜻합니다. “모세는, 주께서 시내 산에서 자기에게 말씀하신 모든 것을 그들에게 명하였다”는 말씀은 천계에서부터 계시된 것을 표징하려고 하는 중요한 진리들에 관한 명령을 뜻합니다. “모세는 그들에게 하던 말을 다 마치었다”는 말씀은 외적인 것들 안에 있는 표징하려고 하는 중요한 진리들에 관한 정보(=가르침)가 있은 뒤를 뜻합니다. “모세는 자기의 얼굴을 수건으로 가렸다”는 말씀은 교회에 속한 내적인 것이나, 예배나 성언의 내적인 것에 속한 것이 이스라엘 민족에게는 나타나 보이지 않았고, 다만 내적인 것이 결여된 외적인 것만 그들에게 나타나 보였다는 것을 뜻합니다. “그러나 모세가 주 앞으로 들어가서 주와 함께 말할 때”라는 말씀은 주님으로부터 내적인 것이 입류할 때, 그리고 외적인 것이 정보를 영접할 때, 외적인 것의 상태를 뜻합니다. “모세는 수건을 벗고, 나올 때까지는 수건을 쓰지 않았다”는 말씀은 그 때의 조요의 상태를 뜻합니다. “나와서, 주께서 명하신 것을 이스라엘 자손에게 전할 때”라는 말씀은, 내적인 것을 통하여 그가 알게 된 것들에 관한 내적인 것이 결여된 외적인 것들 안에 있는 자들과의 교류(=내통)를 뜻합니다. “이스라엘 자손이 자기의 얼굴에서 빛이 나는 것을 보게 되었다”는 말씀은 이스라엘 민족은 성언 안에 내적인 것이 있다는 것을 사실 시인하였지만, 그러나 그들은 그것의 성질을 알기를 원하지 않았다는 것을 뜻합니다. "모세는 그의 얼굴을 수건으로 가렸다"는 말씀은, 이런 이유 때문에 내적인 것들이 그들에게 차단되었다는 것을 뜻하고, "모세가 주와 함께 이야기하러 들어갈 때까지"라는 말씀은 그들이 알기 위해서는 그 어떤 것도 전혀 문제가 되지 않는다는 것을 뜻합니다.

10685. 모세는 거기에서 주와 함께 밤낮 사십 일을 지냈다(=모세가 주와 함께 사십 일 낮과 사십 일 밤을 그 곳에 있었다).
이 말씀이, 교회에 속한 내적인 것이나, 예배나 성언에 속한 내적인 것이 있기 전의 온갖 시험들을 뜻한다는 것은 사람에게 있는 교회에 관해서 언급할 때, 시험의 상태들을 가리키는 "밤낮 사십 일"(=사십 일 낮과 사십 일 밤)의 뜻에서(730·862·2272·2273·8098항 참조) 잘 알 수 있습니다. 교회에 속한 내적인 것이나, 예배나 성언의 내적인 것이 있기 전의 시험들을 뜻한다고 하였는데, 그 이유는 속사람이라고 불리우는 내적인 것은 온갖 시험들에 의하여 열려지고, 그리고 사람에게 주어지기 때문입니다. 그러므로 여기서 얻는 것은, 중생과정에 있는 사람은 모두 시험들을 겪는다는 것입니다. 내적인 것이 온갖 시험들에 의하여 개방되고, 주어지는 이유는, 악들이나 거짓들에 거슬러 싸우는 싸움들을 가리키는 온갖 시험들 안에 사람이 빠져 있을 때, 주님께서는 그 사람을 위하여 안에서부터 입류하시고, 싸우시기 때문입니다. 이러한 사실을 사람은 그가 시험들 안에 있을 때, 그 사람이 내적으로 저항(抵抗)한다는 사실에서 알 수 있습니다. 왜냐하면 만약에 그 사람이 내적으로 저항하지 않는다면, 그 사람은 시험들을 극복, 정복하지 못할 것이고, 오히려 그는 포기(抛棄), 정복될 것이기 때문입니다. 이와 같은 내면적인 저항은 그 때 그 사람의 인지(認知)에는 이르지는 않습니다. 그 이유는 그가 시험들에 빠져 있을 때, 그 사람은, 그 사람을 공격(攻擊)하는 악으로 말미암아, 그리고 악에 속한 거짓들로 말미암아 불영명의 상태에 있기 때문입니다. 그러나 이런 시험들이 끝난 뒤에는, 이러한 것은 진리의 영접, 수용 안에 있는 자들에 의하여 인지됩니다. 왜냐하면 주님에 의하여 사람의 내적인 것에 소개된 것들은, 그가 이 세상에 사는 동안에는 그에게 알려지지 않기 때문입니다. 그 이유는 그 때 그 사람은 겉사람, 즉 자연적인 사람 안에서 생각하고, 그리고 그가 저 세상에 들어오기까지는 속사람 안에서는 지각되지 않기 때문입니다. 그럼에도 불구하고 그 사람이 온갖 시험들에게서 승리하게 되면, 그는, 자기 스스로 싸운 것이 아니고, 주님께서 그를 위하여 싸우셨다는 것을 반드시 알아야 하고, 시인하여야 합니다.

10686. 모세는 빵도 먹지 않고, 물도 마시지 않았다.
이 말씀이 그러는 동안 거기에는 사랑에 속한 선이나 믿음에 속한 진리의 전유(專有)가 없었다는 것을 뜻한다는 것은 사랑에 속한 선을 가리키는 "빵"(bread)의 뜻에서(2165 · 2177 · 3464 · 3478 · 3735 · 3813 · 4211 · 4217 · 4735 · 4976 · 8410 · 9545항 참조), 그리고 믿음에 속한 진리를 가리키는 "물"(water)의 뜻에서(10238항 인용내용 참조) 잘 알 수 있습니다. 성경에서 "빵과 물"(bread and water) 일반적으로는 모든 선들과 진리들을 뜻합니다(9323항 참조). 그리고 선의 결합이나 선의 전유(專有)를 가리키는 "먹는다"(eating)는 말의 뜻에서(2187 · 2343 · 3168 · 3513 · 3596 · 4745 · 5643 · 8001항 참조), 그리고 진리의 영접이나 진리의 전유를 가리키는 "마신다"(drinking)는 말의 뜻에서(3069 · 3089 · 3168 · 8562항 참조) 잘 알 수 있습니다. 여기서의 경우는 이러합니다. 사람이 온갖 시험들 안에 빠져 있을 때, 사랑의 선들이나 믿음의 진리들은 그 때 그 사람에게 전유되지 않고, 다만 시험들이 끝이 난 뒤에 전유됩니다. 왜냐하면 시험들이 지속되는 동안, 사람 안에 있는 악들이나 악에 속한 거짓들은 한쪽에서는 자극되고, 그리고 그 사람 안에 있는 선들이나 선에 속한 진리들은 다른 쪽에서 자극되기 때문입니다. 그러므로 그 사람은, 열려 있는 내적인 것이 그것 안에 내재한 매우 거친 상태(a turbulent state)에 있습니다. 그러나 시험들은 고요한 상태에서 이어집니다. 그리고 이런 상태에서 선들이나 선에 속한 진리들은 지금 막 열린 내적인 것에 주님에 의하여 소개됩니다. 이상에서 볼 때 시험들이 지속되는 동안 사랑의 선의 전유나 믿음의 진리의 전유가 없었다는 것이 무엇을 뜻하는지 잘 알 수 있겠습니다. 이러한 내용은 모세가 "사십 일 낮과 사십 일 밤 빵도 먹지 않고, 물도 마시지 않았다"는 말이 뜻하는 것입니다.

10687. 모세는 언약의 말씀 (곧 십계명)**을 판에 기록하였다**(=모세는 언약의 말씀들을 그 판들 위에다 기록하였다).

이 말씀이, 그것을 통하여 천계와 사람의 결합이 있는, 성언(聖言·the Word)을 뜻한다는 것은, 성언을 가리키는 율법(律法·the Law)이 그 위에 기록된 "판들"(=돌판들·the tables)의 뜻에서(9416·10375·10376·10453·10461항 참조), 그리고 결합을 가리키는 "언약"(言約·covenant)의 뜻에서(10632항의 인용내용 참조) 잘 알 수 있습니다. 천계와 사람의 결합을 뜻하는 이유는, 성언(聖言·the Word)이 전적으로 대응(對應)들에 의하여 기술되었기 때문이고, 그리고 결과적으로 그것의 성질은 천계와 사람이 결합하기 위한 그런 것이기 때문입니다. 왜냐하면 천계는 성언의 속뜻 안에 있기 때문이고, 그리고 겉뜻은 속뜻에 대응하기 때문입니다. 그러므로 성언이 사람에 의하여 읽혀질 때, 그 사람과 함께 하는 천사들은 그것을 영적인 뜻으로 지각하는데, 그 영적인 뜻이 곧 속뜻입니다. 그 결과는, 그 결합이 이루어진 것을 가리키는, 천사들에게서 비롯된 거룩한 것의 입류입니다. 이런 목적을 위하여 이런 성질의 성언(a Word)이 이루어졌습니다. 성언에 의하여 사람과 주님과의 결합이 있고, 따라서 사람과 천계와의 결합이 있다는 것은 10375항의 인용내용에서 볼 수 있습니다. 그것에 의하여 성언이 기술된 대응(對應 · correspondence)이 무엇인지는 우리의 책에 두루 설명된 내용에서 입증되었습니다.

10688. 곧 십계명(=십성언 · the Ten words)**을 판에 기록하였다.**

이 말씀이 그것 안에 있는 모든 신령진리들을 뜻한다는 것은 모두를 가리키는 "열"(10)의 뜻에서(4638항 참조), 그리고 신령진리들을 가리키는 "말씀들"(words)의 뜻에서(9987항 참조) 잘 알 수 있습니다. 이상에서 볼 때 그 판들 위에 기록된 명령들은 숫자적으로 열(10)이었다는 것입니다.

10689. 그것이, 모세가 시내 산에서 가지고 내려온 것이다.

이 말씀이 성언에 속한 외적인 것들, 교회나 예배에 속한 외적인 것들에 유입된 내적인 것의 입류(入流)를 뜻한다는 것은, 내적인 것이 그것 안에 내재해 있는 성언의 외적인 것을 표징하는, 모세에 관해서 언급되었을 때, 성언의 내적인 것을 통하여 성언의 외적인 것에 유입한, 주님의 입류를 가리키는 "내려왔다"(=내려온다 · going down)는 말의 뜻에서 잘 알 수 있습니다. 우리의 본문 "내려왔다"는 말이 이런 내용을 뜻한다는 것은 5406항에서 볼 수 있습니다. 그리고 내적인 것이 그것 안에 내재해 있는 성언의 외적인 것이나, 교회의 외적인 것이나, 예배의 외적인 것을 가리키는 모세의 표징에서(10563 · 10571 · 10607 · 10614항 참조), 그리고 주님께서 계시는 곳인 천계를 가리키는, 따라서 율법, 즉 성언이 비롯된 곳인 천계를 가리키는 "시내 산"의 뜻에서(9420항 참조) 잘 알 수 있습니다.

10690. 모세가 그 증거의 두 판을 모세의 손에 들고 내려왔다.

이 말씀이 성언의 표징(a representative of the Word)을 뜻한다는 것은 전체적인 복합체로 율법(律法 · the Law)을 가리키는, 따라서 성언(聖言 · the Word)을 가리키는 "증거의 두 판"(the two tables of the Testimony)의 뜻에서(10687항 참조), 그리고 성언의 표징을 가리키는 "모세의 손 안에 있다"는 말의 뜻에서 잘 알 수 있습니다. 모세가 성언을 표징한다는 것은 9372항의 인용내용에서 볼 수 있습니다. 이런 이유 때문에 그의 손 안에 있는 판들은, 표징의 증표로서, 성언을 뜻합니다.

10691. **주와 함께 말씀을 나누었으므로 얼굴에서 그렇게 빛이 났으나, 모세 자신은 전혀 알지 못하였다**(=모세가 하나님과 말하는 동안 자기 얼굴 피부에서 빛이 난 것을 알지 못하였다).
이 말씀이 그것을 지각하는 외적인 것 밖에 있는 성언의 외적인 것 안에서 빛을 발하는 성언의 내적인 것(the internal of the Word)을 뜻한다는 것은, 그것 안에 내적인 것이 있는 성언의 외적인 것을 가리키는 모세의 표징에서(10563 · 10571 · 10607 · 10614항 참조), 그리고 지각하지 못하는 것을 가리키는 "알지 못한다"는 말의 뜻에서, 그리고 빛이 나는 것을 가리키는 "빛이 났다"는 말의 뜻에서 잘 알 수 있습니다. 왜냐하면 모세의 얼굴의 피부에서 빛남은 안에서 비롯된 빛을 발하는 것에서 말미암은 것이기 때문입니다. 그리고 진리의 외적인 것이나, 선의 외적인 것을 가리키는 "피부"(=살갗 · skin)의 뜻에서(3540 · 5554 · 8980항 참조), 그리고 내면적인 것들을 가리키는 "얼굴"(face)의 뜻에서(9546항 참조) 잘 알 수 있습니다. 따라서 "얼굴의 피부에서 빛남"은, 성언의 문자적인 뜻을 가리키는, 여기서는 성언의 외적인 것 안에 있는 내면적인 것들의 빛남을 뜻합니다. 그 이유는 모세가, 그것 안에 내적인 것이 있는, 성언의 외적인 것을 표징하기 때문입니다. 그리고 입류를 가리키는 "말한다"는 말의 뜻에서 잘 알 수 있습니다. 여호와에 관해서 언급할 때, 말한다는 말이 입류(入流 · influx)를 뜻한다는 것은 2951 · 5743 · 5797 · 7270 · 8128 · 8660항을 참조하십시오. 이상에서 볼 때, 우리의 본문,

"모세가 주와 함께 말할 때 그의 얼굴에서 그렇게 빛이 났으나, 모세 자신은 전혀 알지 못하였다"는 말씀이, 그것을 지각하는 외적인 것 밖에 있는 성언의 외적인 것 안에서 빛을 발하는 성언의 내적인 것을 뜻한다는 것은 명확합니다. 여기서 주지하여야 할 것은 외적인 것 안에 있는 성언의 내면적인 것들의 빛남(the shining forth)이 외적인 것 안에 있는 속뜻을 뜻한다는 것입니다. 왜냐하면 속뜻은 계속해서 자기 자신을 밝히 드러내기 때문이고, 그리고 외적인 것에서 빛을 발하기 때문입니다. 그러나 이러한 내용은 내적인 것들 안에 있는 자들에 의해서만 인지(認知)된 것입니다. 그리고 그것은 그것 안에 내적인 것이 있는 외적인 것 안에 있는 자들에 의해서는 지각되지 않습니다. 그 이유는 그들이 외적인 교회에 속한 사람들이라고 불리우기 때문입니다. 그리고 그럼에도 불구하고 그들에게는 그것이 현존한다는 것, 그리고 그들을 감동시킨다는 것은 알려져 있지 않습니다. 이런 자들이 곧 성언의 내적인 것 안에, 그리고 교회나 예배의 내적인 것 안에 있는 자들이라는 것, 그리고 그것 안에 내적인 것이 있는 외적인 것 안에 있는 자들이라는 것 등은 10683항을 참조하십시오. 그러나 이스라엘 민족과 같이, 내적인 것이 전혀 없는 외적인 것 안에 있는 자들은 내적인 것에 속한 것이나, 또는 외적인 것 안에 있는 그것의 빛에 속한 그 어떤 것도 인정할 수 없습니다. 그러므로 아래에서 그들에 관하여, 그들은 모세에게 가까이 가는 것을 두려워하였다고 언급되었고, 그리고 모세가 그들과 말을 할 때 모세는 수건으로 그의 얼굴을 가렸다고 언급되었습니다. 그 이유가 속뜻이 빛을 발할 때이다는 것은 거기에 신령진리가 있기 때문이고, 그리고 그러한 것은 천계에 존재하기 때문이고, 그리고 주님에게서 발출하는 신령진리는 천사들에게 마치 빛처럼 보이기 때문입니다. 더욱이 신령진리는 천계의 빛(the light of heaven)이기 때문입니다. 이러한 내용은 9548・9684항에 인용된 내용을 참조하십시오.

10692. 아론과 이스라엘의 모든 자손이 모세를 보았다.

이 말씀이 내적인 것들이 결여된 교회에 속한 외적인 것들 안에, 그리고 예배나 성언에 속한 외적인 것 안에 있는 자들에 의한 인지(=깨달음·認知·noticing)를 뜻한다는 것은 인지하는 것을 가리키는 "본다"(seeing)는 말의 뜻에서(2150·3764·4567·4723·5400항 참조), 그리고 내적인 것들이 결여된 교회에 속한 외적인 것들 안에 있는, 그리고 예배나 성언에 속한 외적인 것들 안에 있는 자들을 가리키는 지금의 본문장이나 앞에서 두 장들 안에 있는 "아론과 이스라엘 자손"의 표징에서 잘 알 수 있습니다. 아론에 관해서는 10397항을 참조하시고, 그리고 이스라엘 자손에 관해서는 9380·10396항의 인용내용을 참조하시고, 더 상세한 내용에 관해서는 10397·10454-10457·10461-10466·10492·10498·10500·10526·10531·10533·10535·10549-10551·10566·10570·10575·10603·10629·10632항을 참조하십시오.

10693. 모세 얼굴의 살결이 빛나고 있었다(=보라, 그의 얼굴 피부에서 빛이 나고 있었다).

이 말씀이 내적인 것이 외적인 것을 통하여 빛을 발하고 있다는 것을 뜻한다는 것은 바로 위에서 언급된 내용에서(10691항 참조) 잘 알 수 있습니다.

10694. 그래서 그들은 그에게 가까이 가기를 두려워하였다.

이 말씀이, 외적인 것이 이런 성질이었을 때, 그들은 교회에 속한 외적인 것이나 예배나 성언에 속한 외적인 것을 인정할 수 없었다는 것을 뜻한다는 것은, 참고, 인정하지 않는 것을 가리키는 "가까이 가기를 두려워한다"는 말의 뜻에서 잘 알 수 있습니다. 왜냐하면 내적인 것들을 인정할 수 없는 자들은 가까이 가는 것을 두려워하기 때문입니다. 그리고 내적인 것이 내재해 있는 성언에 속한 외적인 것이나, 교회나 예배에 속한 외적인 것을 가리키는 모세의 표징에서(10563·10571·10607·10614항 참조) 잘 알 수 있습니다. 여기의 경우는 이러합니다. 내적인 것이 결여된 교회에 속한 외적인 것들이나, 예배나 성언에 속한 외적인 것들 안에 있는 자들은 내면적인 것들을 참고, 인정할 수 없습니다. 그 이유는, 내적인 것이 결여된 외적인 것들 안에 있는 자들은 자기사랑이나 세상사랑 안에 있기 때문입니다. 그리고 이것으로 말미암아 자연적인 빛이라고 부르는 빛 안에 있기 때문입니다. 그러나 외적인 것들 안에 있고, 그리고 동시에 교회에 속한 내적인 것들이나, 예배나 성언에 속한 내적인 것들 안에 있는 자들은 이웃을 향한 사랑이나, 주님사랑 안에 있고, 그리고 그것으로 말미암아 천계의 빛 안에 있습니다. 이런 사랑들은 정반대이기 때문에, 그리고 결과적으로 그 빛들이 서로 반대이기 때문에, 그러므로 전자는 후자를 인정할 수 없습니다. 왜냐하면, 주님사랑이나 이웃사랑을 가리키는 천계적인 사랑은, 자기사랑이나 세상사랑을 가리키는 세속적 사랑들(earthly loves)에 유입할 때, 그것은 사망에 속한 것들과 같은 고통이나 고민 따위들을 야기(惹起)시키기 때문입니다. 그리고 천계적인 빛이 이 세상에 속한 빛에 유입할 때, 그것은 짙은 흑암을 야기시키고, 결과적으로는 인사불성(人事不省)의 멍청함을 야기시키기 때문입니다. 이상에서 볼 때 여기서 얻는 사실은, 내적인 것이 결여된 외적인 것은, 내적인 것이 그것 안에 있는 한, 외적인 것을 참고, 인정할 수 없다는 것입니다. 유대 민족이 이런 성품이었기 때문에 그들은 주님의 말씀을 경청할 수 없었고, 그리고 성언에 속한 내면적인 것들이나, 그리고 교회나 예배에 속한 내면적인 것들을 가리키는 주님사랑이나 주님을 믿는 믿음에 순종할 수 없었습니다. 그 때 이런 것들은 이스라엘 자손이 모세에게 가까이 가는 것에 대한 두려움을 뜻합니다. 그 이유는 모세의 얼굴의 살결이 빛났기 때문입니다. "모세의 얼굴의 살결"이 뜻하는 것이 무엇인지는 10691항에서 볼 수 있습니다.

10695. 모세가 그들을 불렀다.

이 말씀이 외적인 것에 대한 그 민족의 근접(近接)을 뜻한다는 것은, 그 민족의 근접(=접근)을 가리키는 "그들을 불렀다"는 말의 뜻에서 잘 알 수 있습니다. 왜냐하면 불리운 자는 가까이 가기 때문입니다. 그리고 내적인 것이 내재해 있는 성언에 속한 외적인 것을 가리키는 모세의 표징에서 잘 알 수 있습니다. 이 주제에 관해서는 10694항을 참조하십시오.

10696. 아론과 회중의 지도자들이 모두 그에게로 가까이 갔다 (=아론과 회중의 모든 지도자들이 그에게로 돌아왔다).

이 말씀이, 내적인 것들이 결여된 외적인 것들 안에 있는, 그럼에도 불구하고 내적인 것들을 표징하는 자들의 지도자를 뜻한다는 것은 내적인 것이 결여된 외적인 것들 안에 있는 자들의 지도자를 가리키는 아론과 회중의 지도자들의 표징에서 잘 알 수 있습니다. 왜냐하면 아론은 그들의 우두머리였고, 지도자들은 그들의 선도자(先導者)들이었기 때문입니다. 아론이 내적인 것이 결여된 외적인 것을 뜻한다는 것은 10397항에서 볼 수 있고, "지도자들"이 그들의 우두머리들을 뜻한다는 것은 1482 · 2089 · 5044항에서 볼 수 있습니다. 이들이 내적인 것들을 표징한다는 것은 아래의 10698항을 참조하십시오.

10697. 모세가 먼저 그들에게 말을 걸었다.

이 말씀이 가르침(=교육 · instruction)을 뜻한다는 것은 가르침(=교육)을 가리키는 "말한다"(speaking)는 말의 뜻에서(10280항 참조) 잘 알 수 있습니다.

10698. 그 때에야 모든 이스라엘 자손이 그에게로 가까이 갔다(=그 후에야 모든 이스라엘 자손이 가까이 왔다).

이 말씀이, 내적인 것이 결여되었지만, 그럼에도 불구하고 내적인 것들을 표징하는, 외적인 것들 안에 있는 모든 자를 뜻한다는 것은, 이것에 관해서는 10692항에 언급되었지만, 내적인 것이 결여된 외적인 것들 안에 있는 자들을 가리키는 이스라엘 자손의 표징에서 잘 알 수 있습니다. 우리의 본문이 내적인 것들을 표징하는 자들을 뜻한다는 것은, 비록 그들이 그들 가운데 결코 교회가 세워질 수 없는 그런 성품이지만, 모세가 그 민족 가운데 세울 표징되는 교회에 대한 허락을 획득하였기 때문입니다. 왜냐하면 거기에는 내적인 것이 결여된 외적인 것들 안에 있는 자들 가운데에는 결코 교회가 있을 수 없기 때문입니다. 그 이유는 교회는 사람에 속한 내적인 것 안에는 있지만, 이것이 결여된 외적인 것 안에는 있지 않기 때문입니다. 왜냐하면 천계와 사람의 교류나, 주님과 사람의 교통은 내적인 것을 통한 것이기 때문입니다. 거기에 내적인 것이 없을 때, 다시 말하면 내적인 것이 닫혔을 때, 거기에는 지옥과의 교류가 있기 때문입니다. 그러나 비록 이스라엘 자손이 내적인 것을 통하여 천계와 그들의 교류가 가능한, 그런 성품이라고 할지라도, 그럼에도 불구하고 그들은 교회나, 천계에 속한 그런 것들을 표징할 수 있었습니다. 이와 같은 일은 단순히 내적인 것들에 대응되는 외적인 것들에 의하여 행해졌습니다. 그리고 이런 이유 때문에 그것들이 영접, 수용되었습니다. 그 민족에게 교회가 존재하지 않았고, 다만 교회에 속한 표징만 있었다는 것은 9320・10396항에 인용된 내용을 참조하십시오. 그리고 천계와의 교류가 내적인 것들을 표징하는 외적인 것들에 의하여 행해졌다는 것은 9320・10396항의 인용내용이나, 10492・10500・10549-10551・10570・10575・10602・10629항을 참조하십시오.

10699. 모세는, 주께서 시내 산에서 자기에게 말씀하신 모든 것을 그들에게 명하였다.

이 말씀이, 천계에서 계시된 것을 가리키는, 그들이 표징하려고 하는 중요한 진리들에 관한 명령(a command)을 뜻한다는 것은 여호와께서 모세에게 말씀하실 때, 하나의 명령을 가리키는 "명하였다"(=명령한다 · commanding)는 말의 뜻에서 잘 알 수 있습니다. 그리고 그것이, 그들이 표징하려고 하는 주요한 진리들에 관한 명령을 뜻한다는 것은 그런 것들이 명령되었다는 사실에서 명확합니다. 그리고 그러한 내용은, 그것들이 표징하려는, 우리의 본문장 12절부터 27절에 내포된 것들이 중요한 진리들인데, 그래서 그것들은 영접, 수용되었습니다(10637항 참조). 그리고 천계에서 계시된 것을 가리키는 "여호와(=주)께서 시내 산에서 그와 말씀하신 것들"의 뜻에서 잘 알 수 있습니다. 왜냐하면 "여호와(=주)께서 말씀하셨다"는 말은 계시된 것을 뜻하기 때문이고, 여기서 "시내 산"은, 신령진리가 그것에서 비롯된, 천계를 뜻하기 때문입니다(9420항 참조).

10700. 모세는, 그들에게 하던 말을 다 마치었다(=모세가 그들에게 말하는 것을 마칠 때까지……).
이 말씀이, 외적인 것들 안에서 표징하려고 하는 중요한 진리들에 관한 정보(=가르침)가 있은 뒤를 뜻한다는 것은 바로 앞에서 언급된 내용에서(10699항 참조) 잘 알 수 있습니다.

10701. 모세는 자기의 얼굴을 수건으로 가렸다.
이 말씀이 교회에 속한 내적인 것이나, 예배나 성언에 속한 내적인 것이 그 민족에게 나타나 보이지 않았고, 다만 내적인 것이 결여된 외적인 것만 그들에게 보였다는 것을 뜻한다는 것은, 내적인 것이 닫혀진 것을 가리키는 "그의 얼굴을 수건으로 가렸다"는 말의 뜻에서 잘 알 수 있습니다. 그러므로 내적인 것이 결여된 외적인 것만 나타나 보일 수 있었습니다. 왜냐하면 "모세의 얼굴의 살결이 빛이 났다"는 말이 외적인 것들 안에 있는 성언에 속한 내적인 것이나, 교회나 예배에 속한 내적인 것이 빛을 내기 때문입니다(10691항 참조). 이 민족이 내적인 것이 결여된 외적인 것들 안에 있다는 것, 그리고 오늘날도 그러하다는 것 등등은 10692항에 인용된 내용에서 볼 수 있습니다. 이렇게 볼 때 그 민족에게 있는 성언에 속한 외적인 것이나, 교회나 예배에 속한 외적인 것이 어떻게 해서 천계에 나타나 보이는지, 다시 말하면, 사실은 사람의 얼굴처럼이 아니고, 다만 얼굴을 가린 수건과 같이 나타나는지 잘 알 수 있겠습니다. 왜냐하면 이와 같은 불영명의 상태에서 그것들은 성언의 내면적인 것들에 관한 것이기 때문입니다.

10702. 그러나 모세는, 주 앞으로 들어가서 주와 함께 말할 때…… (=모세가 대화하기 위해 주 앞에 들어갈 때……).
이 말씀은 주님에게서 비롯된 내적인 것이 입류되고, 그리고 이 외적인 것이 정보를 영접, 수용하였을 때의 외적인 것의 상태를 뜻한다는 것은 그것 안에 내적인 것이 있는 그 외적인 것을 가리키는 모세의 표징에서, 그리고 이것에 관해서는 아래에 언급하겠지만 주님께서 입류하실 때 이 외적인 것의 상태를 가리키는 "여호와(=주) 앞으로 들어간다"는 말의 뜻에서 그리고 정보(=가르침)을 가리키는 "말한다"(speaking)는 말의 뜻에서(10280항 참조), 잘 알 수 있습니다. 내적인 것이 그것에 입류할 때 외적인 것을 "모세가 주 앞으로 들어갈 때"라는 말이 뜻한다고 하였는데, 그 경우는 이러합니다. 교회에 속한 것들이나 그리고 예배나 성언에 속한 것들의 측면에서 사람들에게는 두 상태들이 있습니다. 어떤 것은 주님에게 들어오고 따라서 천계에 들어오지만, 그러나 어떤 것은 자기 자신이나 이 세상에게로 들어옵니다. 주님이나 천계에 들어온 자들은 그것에서 비롯된 입류를 영접, 수용하고, 그리고 조요의 상태에 있고, 따라서 내적으로 진리의 지각의 상태에 있습니다. 이와 같은 입류는 내적인 것을 통하여 외적인 것에 유입한 주님으로 말미암아 생겨납니다. 여기서 이것이 우리의 본문인, "여호와 주 앞에 들어간다"는 말이 뜻합니다. 그러나 자기 자신이나 이 세상을 향한 자들은 주님에게서, 또는 천계에서 비롯된 어떤 입류도 영접, 수용할 수 없습니다. 따라서 그들은 그 어떤 조요의 상태나, 진리의 지각의 상태에 있을 수 없습니다. 왜냐하면 자기 자신이나 이 세상을 우러르는 것이 입류하는 것은 천계에서 비롯된 것을 무엇이나 완전히 소멸시키고, 쫓아버리고, 왜곡하고, 악용하기 때문입니다. 결과적으로 그것들은 교회에 속한 모든 것들이나, 그리고 예배나 성언에 속한 모든 것들에 대하여 칠흑 같은 흑암에 있기 때문입니다. 이러한 것이 바로 "모세의 얼굴을 가린 수건"이 뜻하는 것입니다. 더욱이 사람의 내면적인 것들은 그의 여러 사랑(=애욕들)에 일치하여 실제적으로 자신들을 바꿉니다. 주님을 사랑하는 자들에게서 내면적인 것들은 자기 자신을 주님을 향하게 하고, 또는 천계를 향하게 합니다. 따라서 내면적으로 향하게 합니다. 그러나 자기 자신을 사랑하는 자들에게서 그들은 이 세상을 향하게 하고, 따라서 외적으로 향하게 합니다. 어느 누구의 자아를 주님을 향하게 한다는 것은 주님 당신에 의하여 방향을 바꾸는 것을 가리킵니다. 왜냐하면 사람은 자기 자신으로 말미암아 그의 내면적인 것들을 위로 제고(提高)할 수 없기 때문입니다. 그러나 자기 자아를 자기 자신에게 향하게 하는 것은 지옥에 의하여 방향을 바꾸는 것이고, 그리고 이런 일이 행해질 때, 그 때에 사람이 두 주인을 섬기는 것을 막기 위하여 속사람에 속한 것들은 폐쇄(閉鎖)되고, 단절(斷絶)됩니다.

10703. 모세는 나올 때까지 수건을 쓰지 않았다.
이 말씀이 그 때의 조요의 상태를 뜻한다는 것은 내적인 것의 나타남을 가리키는 "수건을 쓰지 않았다"(=수건을 벗었다)는 말의 뜻에서 잘 알 수 있습니다. 왜냐하면 수건이 벗겨졌을 때 얼굴과 얼굴의 살결의 빛남이 드러나기 때문입니다. 그리고 "얼굴"이 내면적인 것들을 뜻하기 때문이고, 그리고 "빛나다"(=빛남 · shining)

는 말이 외적인 것 안에 있는 것에서 비롯된 빛을 뜻하기 때문입니다. "얼굴"(faces)이 내면적인 것을 뜻한다는 것은 9546항의 인용내용에서 볼 수 있고, "모세의 얼굴의 살결의 빛남"이 빛을 발하는 것, 즉 성언의 외적인 것 안에 있는 내적인 것에서 비롯된 빛을 뜻한다는 것은 10691항을 참조하십시오. "빛"(light)이라고 언급하였는데, 그 이유는 사람의 내적인 것을 밝게 하는 빛은 주님에게서 발출하는 신령진리이기 때문입니다. 이것이 천계의 빛이고, 따라서 그것으로 말미암아 천사들이나 영들이 보는 빛이라는 것, 그리고 또한 조요의 상태에 있는 사람이 그것으로 말미암아 지각이나 총명을 취한다는 것 등등은 9548·9684항의 인용내용에서 볼 수 있습니다. 성언에 속한 외적인 것 안에 있는 빛이 성언의 내적인 것에서 비롯된 것이라고 언급하였는데, 그러나 거기에는, 사람이 성언을 읽을 때 그것의 내적인 것에서 비롯되는 사람의 외적인 것 안에 있는 빛을 뜻합니다. 왜냐하면 성언은, 내적인 것에서 비롯된 빛 안에 있고 사람의 눈 앞에 있는 것을 제외하면 그것 자체에서 빛을 비추지 않기 때문입니다. 이것이 없다면 성언은 그저 단순한 문자일 뿐입니다. 이렇게 볼 때, 모세의 얼굴의 살결에서 온 빛이 무엇인지 그리고 속뜻으로 이것이 뜻하는 것이 무엇인지 잘 알 수 있겠습니다.

10704. 모세는 나와서, 주께서 명하신 것을 이스라엘 자손에게 전하였다(=그가 명령받은 일을 이스라엘 자손에게 고하였다).
이 말씀이, 내적인 것을 통하여 그에게 일러진 것들에 관한 내적인 것이 결여된 외적인 것들 안에 있는 자들과의 교류(=내통)를 뜻한다는 것은, 교류를 가리키는 "나와서, 말하였다"는 말의 뜻에서 잘 알 수 있습니다. 왜냐하면 모세가 여호와로부터 들은 것을, 그가 나왔을 때, 그가 이스라엘 자손에게 전하였기 때문입니다. 그리고 내적인 것이 결여된 외적인 것들 안에 있는 자들을 가리키는 이스라엘 자손의 표징에서(10692항 참조), 그리고 주님께서 모세에게 일러진 것에 관한 것들을 가리키는 "주(=여호와)께서 명하신 것"의 뜻에서, 잘 알 수 있습니다. "명하여졌다"는 것이 일러진 것을 뜻한다는 것은 명확합니다. 그리고 성경에서 "여호와"가 주님을 뜻한다는 것은 9373항의 인용내용을 참조하십시오.

10705 이스라엘 자손이 모세의 얼굴에서 빛이 나는 것을 보았다(=이스라엘 자손이 모세의 얼굴, 즉 모세의 얼굴의 피부에서 빛이 나는 것을 보았다).

이 말씀이, 사실 이스라엘 민족은 성언에 내적인 것이 존재한다는 것을 시인하고 있지만, 그러나 그들은 그것의 성질(=본성)을 알기를 원하지 않는다는 것을 뜻한다는 것은 지각(知覺)·이해(理解)·믿음을 가리키는 "본다"(seeing)는 말의 뜻에서(2150·2325·2807·3764·3863·3869·4403-4421·4567·4723·5114·5400·6805·7650·9128항 참조), 그리고 결과적으로 시인(是認)을 가리키는 "모세의 얼굴"의 뜻에서(10703항 참조), 그리고 외적인 것들 안에 있는 내적인 것의 빛남을 가리키는 "그의 얼굴의 피부에서 빛이 났다"는 말의 뜻에서(10703항 참조) 잘 알 수 있습니다. 우리가 알수 있는 것은 그 민족이 성언에 내적인 것이 있다는 것을 시인한다는 것입니다. 왜냐하면 그들은 신령비밀들(Divine secrets)이, 심지어 모든 일점일획 안에 축적(蓄積)되어 있다고 말하기 때문입니다. 그러나 그들에게 이러한 비밀들은 주님에 관한 것이고, 천계와 지상에 있는 그분의 나라에 관한 것이고, 그리고 주님사랑과 주님을 믿는 믿음에 관한 것이라고 일러지게 되면, 그들은 그것을 알기를 원하지 않습니다. 이러한 사실이 그 민족이 성언에 내적인 것이 있다는 것을 시인하지만, 그러나 그것의 성질(=본성)을 알기를 원하지 않는다는 말이 뜻하는 것입니다. 그러므로 그 뒤에 이어지는 결론이나 명제(命題)는 "모세는 그의 얼굴을 다시 수건으로 가렸다"는 것인데, 이 말은 이런 이유 때문에 내적인 것이 그들에게 단절(斷絶)되었다는 것을 뜻합니다.

10706. 모세는(주와 함께 이야기하러 들어갈 때까지는) **다시 자기의 얼굴을 수건으로 가렸다.**

이 말씀이 이런 이유 때문에 그들에게 내적인 것이 단절, 폐쇄(閉鎖)되었다는 것을 뜻한다는 것은, 성언을 표징하는, 모세에 관해서 언급될 때, 성언에 속한 내적인 것들이 단절, 폐쇄되는 것을 가리키는 "그의 얼굴을 다시 수건으로 가렸다"는 말의 뜻에서(10701항 참조), 잘 알 수 있습니다. 이것에 관해 그 경우가 어떠한지는 10705항 말미까지에 언급된 내용에서 알 볼 수 있습니다.

10707. 모세가 주(=여호와)**와 함께 이야기하러 들어갈 때까지….**

이 말씀이 그들로 하여금 알게 하는 것이 전혀 문제가 되지 않는다는 것을 뜻한다는 것은 주님으로 말미암아 내적인 것이 입류할 때 이 외적인 것의 상태를 뜻하는, 그리고 그것이 정보(=내용)을 영접하는 것을 뜻하는 "모세가 여호와와 이야기하러 들어갈 때까지"라는 말의 뜻에서(10702항 참조) 잘 알 수 있습니다. 여기서 이 말씀이 그들로 하여금 알게 하는 것이 전혀 문제가 되지 않는다는 것을 뜻한다는 것은, 모세가 내적인 것이 그것 안에 내재해 있는 성언의 외적인 것을 표징하기 때문입니다(10694항 참조). 그리고 그가 여호와 앞에 들어가고, 나아가고, 그리고 그것들을 알게 되었기 때문입니다. 왜냐하면 "들어가고 나아간다"는 말은 교류(=내통)를 뜻하기 때문이고(5249·6901항 참조), 그리고 "말한다"(speaking)는 말은 정보나 지식을 뜻하기(10280항 참조) 때문입니다. 그들이, 주님에게 관계되는 것이나 주님의 나라, 주님사랑, 주님을 믿는 믿음에 관계되는 것들인, 성언에 속한 내적인 것이나, 교회나 예배에 속한 내적인 것들에 관해서 그 어떤 것도 알기를 원하지 않는다고 하였는데, 그것은 그들이 이 세상에 있을 때 성언으로 말미암아 그것에 관해서 알려지게 되었을 때 전혀 주님을 시인하려고 하지 않았다는 사실에서 잘 알 수 있고, 그리고 비록 그들이 기독교인들 가운데 살고, 그리고 메시아, 즉 그리스도께서 강림하실 것이다고 성경에 예언된 것을 안다고 해도, 그들은 역시 전혀 주님을 시인하지 않았고, 현재도 시인하지 않는 이유는 그들이 성경에 속한 모든 것들을 자기 자신들에게 적용(適用)・응용(應用)하였기 때문이고, 그리고 다른 민족들에 비하여 자신들의 신분의 우월함에 응용하기 때문이고, 따라서 자기사랑이나 세상사랑을 가리키는 자기 자신들의 욕망들의 지지에 응용하였기 때문입니다. 이런 짓을 하는 자는 모두가 천계에서 비롯되는 것은 전혀 아무것도 알지 못하고, 깨닫지도 못합니다. 천계를 향해 열려져야 할 그들의 내적인 것은 닫혀졌고, 그러므로 그들은 이 근원에서 비롯되는 빛을 전혀 취하지 못합니다. 이런 이유 때문에 그들은, 영적인 것들에 관해서, 따라서 성언이나, 교회, 예배에 속한 내적인 것에 관해서는 칠흑 같은 흑암의 상태나 장님의 상태에 있습니다. 성언에 속한 내적인 것은 영적인 것입니다. 그리고 그것의 외적인 것은 자연적인 것입니다. 성언에 속한 내적인 것이 언급될 때 교회에 속한 내적인 것이나 예배에 속한 내적인 것이 역시 의미되고 있습니다. 그 이유는 교회는 성언이 있는 곳에 있기 때문이고, 그리고 교회는 성언으로 말미암아 존재하기 때문입니다. 그리고 예배 또한 성언 안에 있는 것들로 말미암아 존재하기 때문입니다. 따라서 이런 사실이 사람의 이해를 가리키고, 그리고 그것이 그 사람 안에 있는 교회이고, 그리고 그것이 그 사람의 예배입니다.

별들의 창공에 보여진 넷째 지구에 관한 속편[2]

10708. 내가 그들의 말하는 방법으로 더 많은 것을 터득하였을 때 그들이 내게 한 말은, 그 지구의 주민들은, 내가 지금 가지고 있는 것과 같은 유절적인 언어(articulate speech)를 가지고 있지 않다는 것입니다. 그럼에도 불구하고 여전히 이른바 유절적으로 말하는 방법과 같은 격조(格調) 높은 것에 종결됩니다. 그것이 바로 이와 같은 유사한 유절적인 말이 이런 낱말들에 의하여 이루어지는 것이 아니라고 설명된 것입니다. 그러나 사람이 말을 할 때 사람이 그것 안에 존재하는 가장 근사(近似)한 생각 안에 있는 개념들에 의한 것입니다. 이러한 개념들은 사람이 말을 할 때 그 사람이 그것 안에 있는 내면적인 생각들에 속한 것들과는 분명하게 다르지만, 그러나 그것은 그것들에 관한 판단을 형성합니다. 따라서 이렇게 볼 때 대화의 개념들에 의하여 꾸며진 낭랑한 음성은 낱말들에 의해서 꾸며진 대화에 비하여 아주 충분하게 지각됩니다. 왜냐하면 사람의 언어의 음성 가운데 있는 일반적인 정동(=감정)은, 그것이 개념들에 의하여 이와같이 꾸며졌기 때문에, 보다 더 내면적인 것을 제공하고, 그리고 따라서 보다 더 충분한 지각을 주기 때문입니다.

10709. 그들은 더 상세하게 말하였습니다. 그들이 한 말은, 그들이 그들 가운데서 말할 때 그들은 대부분 아홉 번째 선용에 진전하였다는 것, 그리고 우주에 있는 어떤 자들은 말을 할 때 다섯 번째 선용에 진전하고, 어떤 자들은 일곱 번째 선용에, 어떤 자들은 열 번째 선용에, 어떤 자들은 열다섯 번째 선용에, 어떤 자들은 스무 번째 선용에, 그리고 어떤 자들은 쉰 번째 선용에 진전한다고 하였습니다. 나는 이런 것이 무엇을 뜻하는 것인지 이상하게 생각하였을 때 그것이 설명되었습니다. 다시 말하면

그것은 대화의 주제에서 멀리 떨어져서 말하는 것에 존재한다는 것입니다. 이러한 내용은 예를 들어서 밝히 말할 수 있겠습니다. 예를 들면 어떤 자가 예배의 장소에 있을 때, 그리고 그가 어디에 있는지 질문되었을 때, 그들은 그가 거기에 있다고 말하지 않고, 오히려 그는 집에 있지 않다고 말하고, 그리고 그는 그의 집에서 멀리 떨어져 있다고 말합니다. 이런 식으로 그들은 그가 하나님과 함께 있다는 것을, 따라서 예배의 장소에 있다는 것을 뜻합니다. 왜냐하면 예배의 장소에 있는 자는 주님과 함께 있기 때문입니다. 그리고 그가 하나님과 함께 있는 것에 비례하여 그는 집에 있는 것이 아니고, 또는 자기 자신의 집에 있는 것이 아니기 때문입니다. 그 사람 자신의 집에 있다는 것은 그들이 집에 있다는 것을 뜻합니다. 또 다른 예를 들어 보겠습니다. 어느 누구가 마치 그의 사랑에 속한 어떤 것들에 의하여 구속, 묶여 있을 때, 그들은 그에게, "그대는 그것이 어떠한 것인지 알고 있습니까?" 또는 "지금 그대는 그것 안에 있습니까?" 또는 "지금 그것은 그대 안에 있습니까?" 또는 그것이 우회(迂回)적으로 표현된다면 그와 달리 말하게 될 것이라는 등등을 말하였습니다. 이것이 다섯 번째, 아홉 번째, 열 다섯 번째, 스무 번째, 심지어는 쉰 번째 선용에 대해서 말한 것입니다. "그 선용에 대하여 말한다"는 것은 천계에서는 하나의 일상적인 표현입니다. 그리고 그것의 뜻은, 주제를 가리키는 사물에서 먼 정도에 따라서 일치합니다. 말하는 것이 이상하지만, 어느 누구가 이와 같은 우회적인 방법으로 말할 때, 그들은 헤아림이 없이도 그것이 어느 정도 진전하는지 그 즉시 압니다. 그 지구의 주민들이 사용하고 있는 깊이 생각하는 어투(語套 · the cogitative speech)에 있는 자들은, 그리고 얼굴이나 입술에 의하여 동일한 방법으로 말하고 있으며, 그리고 생각의 개념들에 따라서 변화하는 격조(格調) 높은 것에 의하여 말하는 다른 많은 자들도 그와 같이 언급된 것들을 그 즉시 깨닫습니다. 왜냐하면 생각 자체는, 상대적으로 물질적인 것인, 낱말들의 언어에 의한 것보다는 이런 언어에 의하여 매우 충분하게 밝혀지고, 공고되기 때문입니다.

10710. 이런 식으로 생각하고, 말하는 방법 때문에 그 지구의 영들은 우리 지구의 영들과 함께 있을 수 없습니다. 그 이유는 우리 지구의 영들은 한 사물 자체로 말미암아 생각하고, 말하지만, 그것에서 멀리 떨어져서는 그렇게 하지 못하기 때문입니다. 그리고 그들은 수성(水星)의 영들과도 함께 할 수 없는데, 그 이유는 이들이 역시 가장 가까운 선용에 머물러 있기 때문입니다. 그러므로 그들은 될 수만 있으면 이들 양자에게서 멀리 떨어져 있습니다.

10711. 그들은 수염을 기르고, 늙은이로 보이기를 원합니다. 그런 이유 때문에 그들은, 언제나 자신들 위에, 이른바 자신들의 왕이나 대제사장으로 수염이 있는 노인들을 둡니다. 보통사람은 그 사람을 예배하고, 그리고 그의 살아가는 방법에 일치하여 사는 것을 좋아합니다. 그것은 그들이, 그의 삶(=생명)이 그들에게 교류된다고 믿기 때문이지만, 그러나 그들 중에서 총명한 자들은 하나님을 예배합니다. 그들의 대제사장이었던 수염이 많은 노인들이 나와 함께 했던 자들 중의 하나였습니다. 그는 보통의 영들에게서 비롯된 예배를 받아들였기 때문에, 그리고 그들로 하여금 그의 생명이 그들에게 교류된다는 것을 믿게 하였기 때문에, 그 사람은 심한 벌을 받았는데, 그것은 천(=피륙)으로 둘둘 감겨서, 주위를 빙빙 돌린 뒤에, 그 자신의 지구에 가까이에 있는 지옥으로 던져졌습니다.

10712. 그들이 나의 눈을 통하여 이 지구의 대상물들을 보는 것이 허락되었을 때, 그들은 그것에는 거의 주의하지 않았습니다. 그 이유는 그들에게서는 가장 가까운 대상물에서 멀리 떨어져서 생각하고, 그리고 그들의 상태에 있는 것을 제외하면, 그런

것들을 보는 것에 주의하지 않는 것이 일상적인 것이었기 때문입니다. 왜냐하면 이런 것이 사람의 생각이고, 그리고 그의 시각이기 때문입니다. 그 이유는 그것이, 외면적인 것들에서, 그리고 그것을 통하여 보는 생각에 속한 내면적인 시각이기 때문입니다. 그 때 그들은, 그들의 지구는 매우 거친 바위들로 되어 있다는 것, 그리고 그 바위들 사이에 경작된 약간의 골짜기가 있다고, 말하였습니다. 그러나 이들 백성이 사는 곳이 다만 그러하고, 그리고 다른 곳은 그와 같지 않다는 것이 지각되었습니다. 그들은 거의 하루 종일 나와 함께 있었습니다.

10713. 별들의 창공에 보여진 다섯 번째 지구에 관해서는 아래에 이어지는 장의 말미에 기술되겠습니다.

≪표징적 교회 28권≫ 끝

옮긴이 약력

이 영 근 서강대학교 경상대학 경제학과, 중앙대학교 사회개발 대학원 사회복지학과, 한국 새교회 신학원에서 공부하였으며, 예수교회 목사로 임직한 이후 예수교회 공의회 의장을 역임하였고, 월간 「비지네스」 편집장, 월간 「산업훈련」 편집장, 한국 IBM(주) 업무관리부장을 역임하였다. 현재 예수+교회 제일예배당 담임목사이고, 「예수+교회」 발행인 겸 편집인, 도서출판 〈예수인〉 대표이다. 역서로는 스베덴보리 지음 〈순정기독교 상・하〉 (공역・1995), 〈최후심판과 말세〉 (1995), 우스터 지음 〈마태복음 영해〉 (1994), 스베덴보리 지음 〈천계비의1권〉 아담교회・2권 노아교회[1]・3권 노아교회[2]・4권 표징적 교회[1]・5권 표징적 교회[2]・6권 표징적 교회[3]・7권 표징적 교회[4]・8권 표징적 교회[5]・9권 표징적 교회[6]・10권 표징적 교회[7]・11권 표징적 교회[8]・12권 표징적 교회[9]와 13권 표징적 교회[10]・14권 표징적 교회[11]・15권 표징적 교회[12]・16권 표징적 교회[13]・17권 표징적 교회[14]・18권 표징적 교회[15]・19권 표징적 교회[16]・20권 표징적 교회[17]・21권 표징적 교회[18],・22권 표징적 교회[19],・23권 표징적 교회[20],・24권 표징적 교회[21], ・25권 표징적 교회[22], ・26권 표징적 교회[23], ・27권 표징적 교회[24], ・28권 표징적 교회[25], ・29권 표징적 교회[26], ・30권 표징적 교회[27], 〈천계와 지옥(上・下)〉 (공역・1998), 〈신령사랑과 신령지혜〉 (공역・1999), 〈혼인애〉 (2000), <스베덴보리 신학 총서(上・下)>(2002), 〈영계일기[1]〉 (공역・2003)・영계일기[2]〉 (공역・2006), 〈영계일기[3]〉 (공역・2008), 〈영계일기[4]〉 (공역・2009), 〈영계일기[5]・[6]〉 (공역・2011), 〈새로운 교회의 사대교리〉 (2003), 〈묵시록 해설 1권・2권・3권〉 (공역 2008)과, 〈묵시록 계현 1권・2권・3권・4권・5권〉 (2009-2010), 저서로는 <이대로 가면 기독교 또 망한다> (2001), 성서영해에 기초한 설교집 <와서 보아라>[1]・[2](2004)와 [3](2005)이 있다.

천계비의 제31권

표징적 교회[28]
—출애굽기 32・33・34장 영해—

2013년 4월 20일 인쇄
2013년 4월 28일 발행
지 은 이 임마누엘 스베덴보리
옮 긴 이 이 영 근
펴 낸 이 이 영 근
펴 낸 곳 예 수 인

1994년 12월 28일 등록 제 11-101호
(우) 157-014
연락처・예수교회 제일예배당・서울 강서구 화곡 4동 488-49
전 화・0505-516-8771・2649-8771・2644-2188
대금송금・국민은행 848-21-0070-108 (이영근)
우리은행 143-095057-12-008 (이영근)
우 체 국 012427-02-016134 (이영근)

ISBN 97889-88992-10-4 04230(set) 값 17,000원
ISBN 97889-88992-59-3 04230